政治学原論

方法・理論・実証

加藤淳子──［著］

東京大学出版会

Political Science
Methods, Theories, and Empirical Analyses
Junko KATO
University of Tokyo Press, 2025
ISBN978-4-13-032238-6

はじめに

　本書は，筆者が東京大学法学部で「政治学」として行ってきた授業の講義録に基づいている。赴任が決まった直後に政治学に関わる科目の再編が行われ，「政治学」は，政治理論・政治思想や政治史以外の，実証政治学の入門講義としてカリキュラムの最初に位置づけられた。政治学の専門科目を学ぶための準備として，実証分析に関わる基本的な概念や考え方を網羅するという要請に基づき，参照する既存の講義がないまま構成された。政治学の講義が，通常，担当者の専門や政治学に対する考え方により構成されることを考えると，あまり例を見ない成り立ちである。特に，自分が専門としない，研究業績のない分野も含むことは，かなりの負担でもあった。その一方で，講義が行われている20年以上の間に，急速に専門分化が進んだ政治学において細分化していく分野を把握することを余儀なくされ，曲がりなりにも統一した観点から政治学を見る機会にも恵まれることとなった。これは本書の特徴ともなっている。

　本書のもう一つの特徴としては，理論や一般化された枠組を中心に取り扱っていることがあげられる。限られた時間で広い分野を横断して対象とする講義に基づき書かれたためである。これは必ずしも初学者にとって学びやすい構成ではない一方，政治学において，どのように問題を設定し対象への理解を深めていくかを学ぶには適している。政治学の専門分化が進む一方，各分野では体系的に知識が提供されるようになり，政治学を学ぶ際に，知識が積み上げられてきた過程が見えにくくなっている。理論や一般化された枠組を紹介する際にも，そこに至る過程，より正確には，政治学者の思考や政治学者間の議論の過程をたどれるように留意して講義を行ったため，本書もそれに留意して書かれている。どのような知識でも古くなっていくことは避けられないが，知識を得る過程を学ぶことで，自分でそれを新しくしていくことができるのである。

　このような背景もあり，本書は必ずしも最初から順に読む必要はないよう構成されている。政治学の方法に関わる，第1章と第18章は，出版に際し，今後の政治学の展開を方法から見越す形で講義では扱わなかった内容を含み，さ

らに第2章から第17章までの主題にも言及していることもあり，他の章より難解である。そこで，第2章から第17章までの章を読んでから，第18章とともに第1章を読むこともできるように書かれている。第2章は権力の概念，第3章と第4章は，合理性の概念に基づいた方法論的個人主義に関わるアプローチと，政治学の各分野に関わる，抽象的な内容となっている。それに対し，第5章から第17章は，具体的な主題を扱っている。他の章の内容に関連する場合は適宜参照し，興味を持つどの章から読むこともできるよう留意して書かれているので，読者の興味関心や既に持っている知識にあわせて読んでいただければと思う。大学院レベルで，必ずしも専門としない分野に興味を持った時にも活用できるよう構成されている。

　本書を通じて最も伝えたいことは，政治という現象の不可思議さであり，政治学の面白さである。政治は，革命や戦争・虐殺から，民主主義における代表や平等の追求まで，異質で多様な現象を含む。社会や人間の幅広い側面に向き合い対応してきた政治学の考え方は，政治学や社会科学を専門としないとしても，社会における様々な問題の解決にも応用できる。政治学を学ぶことを超えて，より多くの人に本書を楽しんでいただけたら望外の喜びである。

目　次

はじめに

第1章　政治学の方法 ──────────────────────1

1. 事実と一般化　　1

2. 科学的研究としての政治学の方法　　4

3. 分析の対象──変数間の関係　　8

4. 定量的分析の方法──その論理とリサーチ・デザイン　　13

5. 定性的分析の方法──比較の論理と比較政治学の方法　　15

6. 比較政治学のリサーチ・デザインと定性的分析の方法　　20

第2章　権力の概念 ──────────────────────30

1. 権力の二側面──主体間の強制的権力と集団の発揮する力としての権力　　30

2. ルークスの権力の三次元　　34

3. 政治過程分析の道具としての権力の概念　　36

第3章　個人の合理性──ゲーム理論・公共財・集合行為理論 ──────39

1. 合理的選択論とは？　　39

2. ゲーム理論　　40

3. 公共財と集合行為理論　　50

4. 集合行為や公共財の供給は可能か？　　53

第4章　個人の合理性──選好の表現と空間理論 ────────────56

1. 個人の選好の表現　　56

2. 空間理論　　64

3. 社会的選択論　　68

iv

第5章　個人の政治的態度──政治文化と政治参加────────72

1. ポリアーキーとしての民主主義　72
2. 政治文化　74
3. 政治的態度の継承と変化　77
4. 政治参加と価値観　79
5. 民主主義の制度を超えて　83

第6章　政　党────────────86

1. 政党はなぜ存在するのか？　86
2. 政党の定義　88
3. 政党の目的と機能　89
4. 政党の起源と歴史的変遷　91
5. 民主主義の安定の下での政党組織の変遷と政党政治の変化　93
6. 政党の政策とイデオロギー　97
7. ポピュリズムとポピュリスト政党　103

第7章　政党システム────────117

1. 政党システム形成の歴史的説明──凍結仮説　117
2. 政党システム形成の合理的選択論的説明──ダウンズの空間理論　121
3. 政党システムと選挙制度──デュヴェルジェの法則　124
4. サルトーリによる政党システムの分類　126

第8章　選挙制度と投票行動────────131

1. 選挙制度を決める条件（1）──投票　131
2. 選挙制度を決める条件（2）──議席配分の決定方式と選挙区　132
3. 決定方式の多様性──移譲式・非移譲式・混合制　135
4. 投票と政治的態度　140
5. 投票行動モデル　142

目 次 v

第9章　利益集団————————————————146

1. 利益集団とは何か？　146
2. 利益代表の概念　149
3. コーポラティズムの概念と比較政治体制　151

第10章　議　会————————————————154

1. 議会内の行為者と対立　154
2. 議会内の対立に影響を与える要因　157
3. 議会の機能の評価と類型　159
4. 米国連邦議会と合理的選択論　164

第11章　政党の連合と連立————————————167

1. 政党の連合と連立をめぐる理論枠組　167
2. 政権追求モデル　169
3. 政策追求モデル　172
4. 連合理論と現実政治——日本の事例を中心に　180

第12章　官僚制————————————————185

1. 官僚の行動分析——公共選択論アプローチと組織論アプローチ　185
2. 政治家と官僚——政官関係の理論と実証研究　188
3. 政治経済学的分析——強い国家 vs 弱い国家から異なる組織合理性へ　191

第13章　民主主義の制度————————————198

1. 民主主義の制度に関する相対立する考え方　198
2. ウェストミンスター・モデルとコンセンサス・モデル　200
3. 政府・政党次元　201
4. 連邦・単一国家次元　206
5. 民主主義の二次元概念図とパフォーマンス　208

vi

第14章　政治体制の移行と安定―――――――――――――――211

1. 歴史的事例としての欧米諸国の民主化　211

2. 権威主義と従属的発展論　213

3. 競争的権威主義と国際環境要因　218

4. グローバリゼーション以降の経済的要因――経済発展・租税・平等　223

5. デモクラティック・バックスライディング　230

第15章　民主主義と資本主義―――――――――――――――234

1. 民主主義と資本主義――民主化・経済発展から福祉国家へ　234

2. 民主主義と資本主義――経済危機への対応の国際比較研究　235

3. 資本主義の多様性　237

4. 資本主義の多様性の継続と展開　243

第16章　福祉国家――――――――――――――――――249

1. 民主主義，資本主義，福祉国家　249

2. エスピン - アンデルセンの福祉レジーム論　251

3. エスピン - アンデルセンへの批判とその後の展開　255

4. 社会的投資と資本主義の多様性　261

第17章　国際関係と国内政治――――――――――――――265

1. 合理的な単一行為者としての国家と無政府状態の国際関係　265

2. ネオリアリズム　267

3. 覇権安定論とネオリベラリズム　269

4. 国家間の相互依存の下での国際制度の形成　271

5. コンストラクティヴィズム　273

6. 国際関係と国内政治経済　275

第18章　方法論の展開――実験と定量的分析・定性的分析―――――283

1. 定量的分析と定性的分析――再論　283

2. 実験の方法――その基本と種類　288

目　次　　　　　vii

　　3. 実験研究の妥当性　　293

　　4. 実験の論理の現実への応用　　299

　　5. 方法の混合から方法の交差へ　　308

引用文献　　313

あとがき　　358

索引（人名・事項）　361

第1章 政治学の方法

　本章では，この本で扱う実証的・経験主義的な政治学の方法を紹介する。実証的（positive）・経験主義的（empirical）とは，観察に基づいて証明したり，反論したりすることを意味し，ここで言う観察には，観察者が自ら行動することで可能になる，世論調査のような社会調査，統計分析や実験も含む[1]。本書は実証的・経験主義的政治学を対象とするので，以下では「政治学」で「実証的・経験主義的政治学」を意味することとする。

　政治学の方法を学ぶことで，本書で学ぶ知識が，どのように研究され確立されてきたのかを理解するのが，本章の目的である。方法を最初に学ぶことには，難しさもある。その場合は，この後の各章を読んだ後，本章に戻られたい。

1. 事実と一般化

事実に関心を持つことで一般化が始まる

　政治学で何を学ぶのかを理解する例として，まず日本政治史で保守合同と呼ばれるできごと（1955年）を見てみよう[2]。1955年に何が起こったかとその後の経緯をまとめると，たとえば下記のようになる。

　1955年10月左右社会党が合同し，財界も保守合同を強く希望すると表明し，自由党のリーダーである大野伴睦や石井光次郎，日本民主党のリーダーであ

---

1)　観察に基づかない，抽象的論理のみで完結するものは，実証的・経験主義的ではない。また，事実に関わる判断でなく，明示的な価値判断を含み，何をすべきかといった含意を持つものは，価値自由の問題から，実証的・経験主義的ではない。価値自由についてはヴェーバー（1998 [1904]）参照。
2)　第二次世界大戦後から現代までの戦後日本政治史については境家（2023）参照。

る三木武吉や岸信介の話し合いの結果，11月，自由民主党が結成された。この「保守合同」後，自民党は1993年まで長期にわたり政権を維持し続けた。

　起こったことを問いかけの対象とすることから，政治学が始まる。例えば「なぜ二つの政党が一つの政党としてまとまったのか，なぜ保守合同したのか」に興味が湧くかもしれない。既に書かれていることだけからでも，「社会党の左派と右派が合同し，社会党が統一されたので，自由党と民主党も，一つの保守党となるよう合同した」といった説明が考えられる。1955年という時点と，財界が「保守合同を強く希望」したという記述からは，資本主義体制維持が重要課題であった1950年代の冷戦期において，保守政権の安定を財界が望み，政党がそれに応じ保守合同したのではないかという説明もできそうである。

　いずれの説明も，1955年に日本で起こった保守合同という「事実」を対象としていながら，それにとどまるものでなく，この「事実」が，他の国や他の年に起こった出来事とも共通性を持つ可能性を示唆する。例えば，社会党や共産党のような左翼政党や，自由党や民主党のような保守政党は，他の国にも存在し，互いに競争関係にある。財界のような支持団体も他の国でも存在し，政党と関係を持つ。さらに，冷戦構造は，他の国の政治にも影響を与えたからである。これが「事実」の「一般化」の第一歩である。政治学では，観察の対象となるのは「事実」であり，事実の理解や説明のために，「一般化」が目的とされるのである。

なぜ一般化するのか

　日本で1955年に起きた保守合同（「事実」）を，他の（国や時代の）例にも当てはめること（「一般化」）が，どのようにできるのか，さらに見てみよう。例えば，自由党と民主党が合同し保守陣営が統一され（その後）保守政権が維持されたことが重要であると考えれば，「保守政党が合同して結成された政党が政権を維持し続けた」となる。このように言い換えれば，日本以外の国で，保守政党が合同した事例があるか，そこでも長期の保守政権が維持されているか検証し，日本と同じであるか異なるか，それはなぜかを考えることができる。

また，日本の事例では，社会党は同じように合同しても，その後，1993年まで政権を担うことはなく，自民党との競争で有利にならなかった。1955年当時の日本政治について調べれば，自民党の結成により保守政党は一党となり，保守陣営は統一されたが，社会党が合同しても共産党が存在していたので，左翼陣営は統一されなかったことがわかる。政党の競争においては，陣営を統一した方が有利になる可能性が考えられる。これを，「左翼政党が分裂し，保守政党が統一されている場合は，保守政権が形成・維持される可能性が高く，保守が分裂し左翼が統一されている場合は，左翼政権が形成・維持される可能性が高い」として，他の国の事例にあてはまるか考えることもできる。

　さらに，1950年代の冷戦構造下において，資本主義体制の維持が重要とされたことは，財界が保守合同を希望したことと関係があると考えられる。ここから「支持集団が政党に働きかけることによって，国際政治経済の対立構造が，国内政治上の変化を引き起こす」といった，国内政治と国際関係の相互作用を前提とした一般化も可能である（第17章参照）。

　「一般化」とは，このように（1）特定の事実から，他の例に応用できる含意を得て，（2）その本質的含意を，複数の事例に応用することに意義がある。

事実の特殊性は一般化と両立する

　事実のどの側面に着目したかは一般化に影響する。1955年の保守合同にしても，既に説明したように，保守政党の合同のみに着目するのと，社会党や共産党の存在を踏まえて，保守・左翼陣営の統一や分裂から考えるのとでは異なる。また，国内的要因だけでなく国際的要因にも着目すると，また異なる一般化となる。知られていなかった出来事や注目されていなかった現象を把握することによって，より意義のある一般化となる可能性もある。事実を広く包括的に把握して初めて，より広く応用でき重要な含意を引き出せる，様々な一般化が可能となる。

　今までの見方とは逆に，決定に携わった政党リーダーのパーソナリティや人間関係など特殊な要因が，保守合同を引き起こしたのではないかという見方もできる。このような起こった出来事の特殊性を重視する見方とも，一般化は両立するのであろうか。確かに，保守合同のような，熾烈な競争関係にあった政

党の合同も，引き続いての一党による継続的政権の維持も，他にあまり例を見ない。その一方で，一党が政権を維持し続ける一党優位は稀であっても起こり得る現象であり，1970年代に一党優位制（第7章）が競争的政党システムとして定義され，自民党政権はその重要な例の一つとなった。起こったことが稀で特殊であっても，一般化につながることをよく示している。

　自民党による一党政権を終わらせた1993年の自民党の分裂とそれに続く政権交代も，同じように他に例を見ない出来事である。自民党分裂以前は，（今後も政権を維持できる可能性がある）政権党の分裂は，想定されていなかった。政権党が分裂のために政権を失うことは予想外であり，自民党分裂は極めて稀な例である。しかし一回限りの特殊性を持つ事実が，政治学において意味を持たないわけではない。通常起こる事例（＝政権党は分裂しない）との比較により一般化が可能だからである。自民党の分裂は，議員の政党間の移動と連合理論（第11章参照）を結びつける重要な実証例であり，政党の連合と政党の分裂や合同を，共通の枠組で理論化する出発点となった事例でもある。

2. 科学的研究としての政治学の方法

　政治学で学ぶ知識は，全て，政治学の研究者が考え発表し，互いに議論する過程を経て，得られたものである。これから学ぶ知識がどのようにして得られたかを知ることが，政治学の方法を学ぶ意義である。政治学の方法の特徴は，研究を科学的に行おうとする姿勢である。ここでは，政治学の方法の体系的教科書として提示され，その後の方法論の議論に大きな影響を与えたキングらの『社会科学のリサーチ・デザイン』（King, Keohane, and Verba 1994＝2004）にそって，科学的研究としての政治学に関わる基本的な考え方を紹介する。

推論とデータ

　前節では，どのように一般化するのか，考えてきた。このように考えることを「推論する」と言い，より具体的には「知らないことについて学ぶために知っている事実を用いること」である。「知っている事実」は，収集，集約された形では「データ」と呼ばれる。「知っている事実」でも，推論の目的に役立

たない事実はデータとはみなされない。

　ある国のある年における政党の平均的支持率を知ることを目的とし，3カ月ごと第三木曜に世論調査をしたとする。その年に，政党Aの汚職問題が起こり，それをスクープした雑誌の発売日が水曜であったため，偶然ではあるが，全ての調査が，汚職問題について新たな事実が発覚した直後に行われたとしよう。その年のその国の政党の支持率を知りたいのであれば，この調査結果のみをデータとして用いるのは不適切である。政党Aの支持率が他の政党と比較した場合，低く出ることが予想されるからである。

　それに対し政党Aの支持率が，問題となる事実の発覚により，他の政党と比較してどの位低下するかに関心がある場合は，どうであろうか。ここで，例えば，その直前の火曜日にも全く同じ世論調査をしていたとしよう。その場合は，問題に関わる新たな事実発覚直前の火曜日と直後の木曜日の調査結果を比較することによって，事実発覚前後で，政党Aの支持率が，他の政党より大きく変化するかを知ることができる。

　つまり，推論の目的――どの「知らないこと」について「学ぶ」ことを目的としているか――によって，同じ事実でもデータになるかならないかは異なるのである。

記述的推論と因果的推論

　推論は，分析を行うために用いるもので，記述的推論と因果的推論がある。分析の対象に一定の規則性やパターンを発見して記述するのが記述的推論であり，対象とする現象を起こす要因を特定して記述するのが因果的推論である。

　両者の相違を理解するために，急速な産業化の例である日本（1950年代半ばから1960年代）と韓国と台湾（1980年代以降）を取り上げる。

　〈記述的推論〉急速な産業化に成功した日本，韓国，台湾は，市場に介入する政策を行う官僚制を持っている。

　〈因果的推論〉日本，韓国，台湾の官僚制は，市場に介入する政策により，急速な産業化に成功した。

　これら二つを比較すれば，同じ現象に言及しながら異なることを言っていることがわかる。記述的推論が，急速な産業化に成功した三国に，市場に介入す

る政策を行う官僚制が存在することを述べているだけなのに対し、因果的推論は、その官僚制が急速な産業化の成功を引き起こしたとしている。

高度経済成長期の日本に続き、韓国と台湾が急速な産業化に成功した1990年代前半には、官僚制がこれらの国の産業化の成功の理由であるとする因果的推論に基づいた主張が展開された。その一方で、上記の記述的推論を出発点に、官僚制と経済発展の間に因果関係を想定せず、経済発展を引き起こしたと考えられる、他の様々な要因も含めた研究も行われた（これら官僚制に関わる一連の研究や説明については第12章参照）。このように、政治学では、記述的推論と因果的推論の両者を用いて研究が行われる。

手続きとしての科学的研究

権力現象（第2章）も対象とする政治学においては、方法が恣意的であったり、研究者個人の価値が影響したりすることは、客観性や価値自由に関わる様々な問題を引き起こす（本章注1参照）。そのため、科学的な方法で分析を行うこと、そのために研究の手続きを明確にすることに関しては合意がある。手続きとしての科学的研究の条件として『社会科学のリサーチ・デザイン』（King, Keohane, and Verba 1994＝2004）は次をあげている。

①目的は推論である

事実を体系的に集め、記述的推論や因果的推論を行い、法則性や因果関係を考えられることが前提条件であることは、既に説明したとおりである。

②手続きが公開されている

目的が推論である以上、推論をどのように行ったかを明確にすることが必要になる。事実を集めた場合、どういう基準で集めたかは公開する必要がある。たとえば、内閣支持率について世論調査を行った場合には、いつ（例えば奇数月5日）どのように調査したか（例えば回答者を選択する方法について）公開する。公表することにより、例えば、政府の短期経済見通しが、ある月の調査の前日に発表されたといったことがわかり、それが支持率に影響を与えている可能性を、他の研究者も知ることができるからである。

数量的に表されないデータを集める場合はどうであろうか。ある政策（例えば医療制度改革）において、改革（政策）の方向性が決定されるのに首相のリ

第1章　政治学の方法　　7

ーダーシップがどの位重要であったか調べたとしよう。こうした場合には，政府の公式文書や発表・国会議事録・新聞記事などの文書データの他，関係者にインタビューも行ったりして首相の行動や発言に関わる事実を集めるが，その手続きを公開することになる[3]。

③結論は不確実である

推論の過程が不確実であるなら，結論も不確実となる。「知っている事実」には確実な（と保証できる）ものはなく，それを用いて行う推論から確実な結論は生まれないことになる。どの位不確実であるか自覚している方が重要であるので，手続きを公開することが必要になるとも言える。

④科学とは方法である

上記の点をまとめれば，科学的研究は，一連の推論のルールを厳守することにより可能になり，いかなる場合でも結論によるものではない[4]。

これら4条件の背後には，重要な前提がある。それは「科学的な研究であるには社会的に[5] 行われなければならない」というものである。勝手に一人で行うのでなく，研究者の集団のような一定の社会共同体において，研究の方法や過程が共通に理解され，共有されることが前提である。こうして，先行研究に積み重ねる形で研究を行うことが可能になる。本書で学ぶ政治学の知識もその積み重ねの成果である。

理　論

科学的手続きに沿って研究を進めるには，推論が重要である。記述的推論や

---

3)　参照した文書やインタビュー相手など対象を明らかにしても，事実に関わる恣意的な選別・偏見・誤認がないかまで完全に確認できるよう公開する手続きはない。その意味では，数量で表されるものの方がそうでないものより「公開」の手続きが一般的に容易である。しかし，数量で表されるデータでも（予想に反して）影響力のある重要な要因を全て適切に把握する形でデータとして公開しているかといった問題は残る。

4)　この点は，当たり前のようであるが，研究者でも間違いを犯しやすい点でもある。たとえば「有権者は自分に利益のある政策を実現してくれる人に投票する」と言った場合と，「有権者は候補者のイメージや直近の出来事に影響されて投票する」といった場合で，どちらの方が「科学的」に聞こえるであろうか。どちらが科学的に聞こえるかに左右されず，現実にどちらが起こっているかを科学的手続きで検証することが重要なのである。

5)　原文では「社会的事業（social enterprise）として」という言葉が使われている。

因果的推論をできる限り単純明快で正確に提示し，実際に検証を進められるような形にしたものを特に理論と呼ぶ。理論は，課題（知りたいこと）に対する答えとその理由を論理的かつ正確に記述したものであり，そのために次のような条件が必要とされる（King, Keohane, and Verba 1994: 20＝2004: 22）。

第一に，理論は間違っていることを立証できる可能性，すなわち，反証可能性がなければならない。反証するには，内容に関する具体性（実質性）と境界（どこまで意味しているのか）が必要となる。反証可能性を持つ理論にするには，「観察可能な含意」を「できるだけ具体的に」持つことが必要である。観察可能な含意があれば，理論が反証されるか否かが判断できる。反証可能性を確かめられるように，理論はできる限り，具体的に述べられなければならない。

「有権者は候補者の人柄を最も重視して投票する」と言った場合，これは反証できない。このように，あまりにも漠然としてどうとでも解釈されるため間違っていると言い切れない理論より，反証されてしまった理論の方がずっと有用である。これを観察可能な含意を持つように変えるやり方の一つとして，世論調査や社会調査を行い，有権者が，支持する候補者を「人柄が良い」と思う具体的理由を選んでもらったり自由回答を求めたりすることなどが考えられる。例えば，所得の平等を図り弱者を守る政策を支持・推進するから人柄が良いとする回答が多いのであれば「政策への支持を理由に候補に投票する」として，観察可能な含意を持つように変えられる[6]。このように，「観察可能な含意」「できる限り具体的に」の条件は，反証可能性を確保するために重要となる。

3. 分析の対象——変数間の関係

政治学では，出来事，制度や行動などに着目し（これらを変数と呼ぶ），こ

---

6) 観察可能な含意を持たせるやり方はこれだけではなく，複数ある。例えば「人柄がよい」と思ったきっかけが，実際に会って／テレビを見て／新聞の公約を読んで／知人の話を聞いて，なのかを聞いてみることも考えられる。実際に会うと，他の場合と比較して人柄がよいと判断する割合が高いとすれば，「有権者は候補者に接触すると投票する可能性が高まる」と観察可能な含意を持たせることもでき，反証可能である。さらに，候補者との接触の仕方（街頭でか演説会でかなど）や頻度（一回か複数回か）を「できるだけ具体的に」聞いて，それらと投票との関係を調べることも考えられる。

第1章　政治学の方法　　　　　9

れら変数の間に同時に存在する・生じるといった関係があるか，或いは，変数の間に原因や結果の関係があるか，を分析の対象とする。変数間の関係——相関関係——や，原因と結果という因果関係を検証する場合には，様々な問題がある。

相関関係——擬似相関と交絡要因

　変数間の関係の検証に関しては，この手続きを行えば，絶対誤りがないという確実な方法はない。しかしながら，前もって注意をしなければならない，陥りやすい問題と，それへの対処法は存在する。二つの変数の間の関係のことを一般に相関関係と呼び，関係がある場合に，統計学などでは「相関関係がある」という。見せかけの相関が生じる，擬似相関は，分析の上で大きな問題である。

　ある仮想国において，政治参加の度合がなぜ人によって異なるのかに興味を持ち，受けた教育のレベルがそれに影響を与えるのではないかと考え，性別や年齢，居住地域の偏りがないように回答者を選択して調査を行った結果，表1-1a のような結果になったとしよう。大学を卒業した 1000 人中，政治参加の度合が高い人が 820 人，すなわち 82%，卒業していない人 1000 人中，政治参加の度合が高い人が 180 人，すなわち 18% と偏りがみられ，大学での教育の有無と政治参加の度合が高い（低い）という関係があるようにみえる。

　この例のように，一つの変数がある（ない）と，もう一つの変数が高い（低い）というように，二変数（の変化）が体系的に対応する場合は，両者に関係がありそうに見える。しかし，本当に関係があるかは，検証しなければならない。

　例えば，ここで，回答者の親の所得水準も調査していたので，親の所得水準別に表を作ることにしたところ，表1-1b のような分布になったとしよう。ここでは，教育と政治参加の関係はなくなっており，親の所得水準が高い場合は，大学教育の有無にかかわらず，政治参加の度合は高いことがわかる。親の所得水準が高いと，政治参加の度合が高くなり，大学教育を受ける傾向も強くなるのであれば，教育と政治参加に，関係がないのに関係があるように見える。これを擬似相関と呼ぶ。

表1-1 政治参加と教育の関係

a 全体

	政治参加高	政治参加低	計
大学教育有	82% （820）	18% （180）	100% （1000）
大学教育無	18% （180）	82% （820）	100% （1000）
	100% （1000）	100% （1000）	（2000）

b 親の所得水準で分割：親の所得水準が交絡要因となる場合

親の所得水準高

	政治参加高	政治参加低	計
大学教育有	90% （810）	10% （90）	100% （900）
大学教育無	90% （90）	10% （10）	100% （100）
	（900）	（100）	（1000）

親の所得水準低

	政治参加高	政治参加低	計
大学教育有	10% （10）	90% （90）	100% （100）
大学教育無	10% （90）	90% （810）	100% （900）
	（100）	（900）	（1000）

擬似相関は，今回の例では，図1-1のように表される。政治参加のように説明の対象となる変数を従属（被説明）変数（dependent [explained] variable），その説明に用いる，教育レベルのような変数を独立（説明）変数（independent [explanatory] variable）と呼ぶ。独立変数と従属変数の両者に影響を及ぼし，擬似相関の理由となる変数を交絡要因（confounding factor）と呼び，今回の場合は親の所得水準がそれにあたる。

大学教育の有無，政治参加の高低といった，ある状態やレベルに属していることだけがわかる質的データを用いる場合は，表1-1のような分割表（contingency table）を作成すれば，擬似相関であることがわかる。一方，教育のレベルや政治参加の度合を何らかの指標を用いて数値で表し[7]，親の所得水準を年間所得で表すなど，量的データとして考える場合は，変数間の関係に関わる定量的分析も行うことができる。しかし，その場合でも，質的データを扱った上記の例と同様，交絡要因（この場合は親の所得水準）を分析の対象としない限り，擬似相関が見逃されることは全く変わらない。

図 1-1 交絡要因と擬似相関

　国のレベルの変数を対象にする場合でも，擬似相関や交絡要因は考えられる。先の日本・韓国・台湾の官僚制と急速な産業化の関係では，東アジアという地域の社会に共通に見られる特性，例えば，伝統的制度或いは教育や勤勉を重視する社会規範が，交絡要因となって，両者に影響を与えている可能性も考えられる。しかし，国を対象とする場合は，対象とする国の数が少なく，分割表で傾向を発見することはできない場合も多い。同じ理由で，急速な産業化を経済成長率で表し質的データを数値化しても，定量的分析（後述）を用いることも難しい。このような場合は，観察やそれに基づいた分析や評価で，変数間の関係の有無を判断することになる。

因果推論と因果関係

　因果関係は，相関関係と異なり，二つの変数の関係を原因と結果と考える。ミル（Mill 2011b［1843］）による次の3条件は，定量的分析・定性的分析に共通する，因果関係の定義である[8]。原因となる変数を独立変数（X）とし，それによって説明される結果を表す変数を従属変数（Y）とすると，下記のようになる。

1) X が Y より時間的に先行する

---

7) 例えば，教育に費やした年月に加え修了した教育のレベル（中学・高校・大学・大学院修士・大学院博士）を加味した指標で教育程度を数値化する，様々な政治参加に費やしている時間や投票に行っているかなどの行動も加味して政治参加を数値化するなどが考えられる。

8) このミルの定義は，統計学者による因果推論の研究書でも採用されており，質的データの場合も量的データの場合も用いることができる。

2) X と Y に関係がある

3) X と Y の関係に関する代替的説明がない

　二点目の「X と Y に関係がある」という条件は相関関係と同じである。しかし，この条件が満たされたとしても，さらに他の二条件が満たされなければならない。一点目の「X が Y より時間的に先行する」という条件は，先述の教育程度（X）と政治参加（Y）の場合でも，例えば，調査時点までの教育と調査時点での政治参加をデータとすれば良いといった単純なものではない。政治参加のレベルが元々高い傾向にある人が，より高い教育を受けようとする，逆の因果関係が成立する可能性もあるからである。さらに，三点目の「X と Y の関係に関する代替的説明がない」という条件は，教育（X）以外に政治参加（Y）を説明する変数がないか検証する必要があることを示す。例えば，親の政治参加の度合が高いほど（子の）政治参加の度合が高くなる，或いは，青年期に起こった政治的事件が政治参加の度合に影響する，といった代替的説明も反証しなければならない。

　因果関係の場合は，相関関係より検証しなければならないことが多くなる。また，これが，国レベルの変数の場合は，さらに難しくなる。そのため，既に紹介したように，日本・韓国・台湾の官僚制と産業化の関係では，両者の因果関係を主張する立場に対し，代替的説明による反論も多く存在したのである。

定量的分析と定性的分析

　今までの説明からも，政治学では，政党支持率や経済成長率や所得額，或いはその他の何らかの指標のように，数量的に表すことができる量的データを変数として用いて説明を行う場合もあれば，高度経済成長や政党の合同といった出来事の有無や官僚制の類型（市場介入型がそうでないかに関わる観察に基づいた分類）といった質的データに基づき説明を行う場合もあることがわかる。政治学では，十分な数の数値データがある場合の，統計分析／定量的分析（quantitative analysis）[9] の方法と，数値化がそもそも不可能か不適切で，観察対象の数も少ない場合の定性的分析（qualitative analysis）の方法が，区別される。定量的分析・定性的分析とも，量的変数・質的変数と対象の違いはありながらも，変数の間の関係を検証する点に関しては問題意識を共有する一方，

方法としては大きく異なる。

4. 定量的分析の方法——その論理とリサーチ・デザイン

　現在では，様々な量的データが存在し，それを元に定量的分析が行われる。しかし，定期的に様々な媒体で調査されている，政党支持率や内閣支持率にしても，かつては（量的データに基づかない）支持の高低の観察が先にあり，その影響を確かめるために量的データの収集が始まった。そして支持率という数値化された量的データを用いて，それが，選挙や政策などとどのような関係を持つか，様々な定量的分析が行われるようになったという経緯がある。この観点から，定量的分析の方法の論理とリサーチ・デザインを考えてみよう。

観察対象を数量で表現し定量的に分析する

　政権や政権党への支持は，経済状況が良ければ高まる或いは安定し，悪ければ低下したり不安定化したりすることは，よく観察される。成長率が高い（或いは安定する），失業が少ない，物価が安定しているという状況では支持が高まり，反対であれば支持は下がる。経済状況と支持の関係を前提として，政権党や政権は，選挙のタイミングを選んだり，選挙前に景気刺激策を行ったりして，良い経済状況下の選挙で，より高い支持を得ようともする。こうした一連の観察があった場合，データを数値化し定量的分析を行えば，支持率の変化やそれに反応する政権党の行動についても，より理解が深まる。

　経済状況に関しては，成長率・失業率・物価上昇率・実質所得のレベルなどの定量的データを得ることが可能であり，政権への支持は，内閣支持率や選挙における政権党の得票率などで表される。成長率が高まったり失業率が低下したりして，支持率が上がるという観察を，例えば，成長率が0.5%高まり（或いは失業率が1%下がり），支持率が0.5%上昇したなど，数字で表現できれば，

---

9)　本書では統計分析と定量的分析を互換的に用いる。定性的分析と比較対照する時には，定量的分析の呼称が使われることが多い。また，これらを総称して，データ分析という言葉も使われる。政治学における入門書としては，Imai（2017＝2018）や Llaudet and Imai（2022＝2025）がある。

確かに具体的でわかりやすくなる。このようにデータが存在すれば，どの経済指標が政治的支持に影響を与えるのか，定量的分析を行い検証することも可能になる。

下の式は成長率・失業率・物価上昇率・実質所得のレベルなどの経済指標を，独立変数（＝X）とし，得票率或いは支持率を，従属変数（＝Y）とする回帰分析モデルによる分析であり，係数 β を推定の対象とするものである[10]。

$$Y = \beta_0 + \beta_1 X_1 + \beta_2 X_2 + \cdots + \beta_m X_m + \varepsilon$$

上記のような観察に基づいたモデル化により，実際に，ポリティカル・ビジネスサイクル（political business cycle）という研究分野が，1970 年代，米国の事例を中心に確立した。まず，政権や政権党が，経済状況の良い時に選挙を行ったり，さらには選挙前に景気刺激策を行い経済を好転させたりするという，現実政治の観察，すなわち定性的観察があった。その結果，経済指標や選挙時の得票率，政権の支持率の具体的関係が注目され，定量的分析も行われた。米国を対象に，経済状況が政権や政権党の（不）支持に影響を与えることが確認された（Kramer 1971; Tufte 1975; 1978; Fair 1978）。

このように独立変数や従属変数の関係が統計モデルとして表されていれば，当初の米国の事例のみでなく，他国も分析に加えることができる。さらに，左翼政党か保守政党かといった，政権党の党派性により，実施する経済政策——高インフレ志向か低インフレ志向かなど——に相違があるか検証する場合（経済指標を従属変数とする場合）も，同じ考え方で分析できる。実際に，他の民主主義国のデータも用い，党派性を独立変数として経済政策を説明する分析も行われるようになり，重要な研究分野となった（先駆的な研究として Hibbs 1977）。

ここでは，経済状況が政権党や政権の選挙における支持に影響を与えるという前提に基づいた，政治学者による実証研究を主に紹介した。その他，ポリテ

---

10) X_k は，従属変数 Y を説明する k（＝1, 2, $\cdots$, m）番目の独立変数を表す。i（＝1, 2, $\cdots$, n）回目の選挙や調査で観察される従属変数 Y_i，独立変数 X_{ki} をデータとし，β_k を推定する。

$$Y_i = \beta_0 + \beta_1 X_{1i} + \beta_2 X_{2i} + \cdots + \beta_m X_{mi} + \varepsilon$$

β_0 は定数項であり，ε は誤差項である。

ィカル・ビジネスサイクルの分野では，政権（党）が経済状況に鑑み選挙のタイミングを決めたり，選挙への影響を考え景気刺激政策を行ったりといった観察にも基づき，経済学から政治学を横断する，様々な研究が行われた（Drazen 2000）[11]。現在では，経済指標のような経済変数と政権支持や得票率のような政治変数の関係を考えることは研究の定石になっている。

定量的分析の論理とリサーチ・デザイン

　ポリティカル・ビジネスサイクルの例は，経済状況と政権（党）支持の関係という定性的な観察に基づき，両者を量的変数に置き換え関係付けることで，より明確な説明となることを示している。このように，定量的分析でも，最初の出発点は，経済状況と政権（党）支持の間に関係があるという観察であり，そこから統計モデルを考え分析をおこなうことになる。

　観察された質的変数を量的データとできない場合でも，同じように推論することは可能であるため，キングらの『社会科学のリサーチ・デザイン』は，統計分析のような定量的分析の方法を中心に説明した。数や量で表されるデータを扱う定量的分析の方が，質的データを扱う定性的分析より説明が明確でわかりやすいと考えたからである。一方で，数量で表すことが不適当であり，定性的分析の方法によらなければならない問題も，政治学の重要な対象である。次節では，こうした定性的分析の方法を扱う。

5. 定性的分析の方法——比較の論理と比較政治学の方法

　政治学で体系化された定性的分析の方法としては，比較の方法（comparative method）がある。政治学の中でも，事例や国を比較する，比較政治学の分野で発展してきた方法であり，比較政治学の方法とも呼ばれる。比較の論理——ミルによって提唱された差異法（method of difference）と一致法（method of agreement）——を用いる方法である。

---

11)　こうした実証研究の含意と符合して，政治的要因が経済政策を通じて経済サイクルを決定するという理論化も，経済学者により行われた（Nordhaus 1975）。

比較の論理——差異法と一致法

　差異法は，異なる結果を説明する際に用いられる論理である。例えば，ある結果 Y_1 が A の場合には起こり（$Y_1=1$），B の場合には起こらない（$Y_1=0$）としよう（表 1-2a）。ここでは，この例のように，結果を表す従属変数 Y が観察される場合を 1，されない場合を 0，同様に結果を説明する独立変数 X が観察される場合を 1，されない場合を 0 とする。このような場合，A と B の間の結果の相違を説明する独立変数は，X_1・X_2・X_3・X_4 のどれであろうか。まず結果である Y が異なるのであるから，A・B 両者で存在する $X_1(=1)$，存在しない $X_2(=0)$ は除かれる。原因となる要因の存在が結果を引き起こすと考えるのであれば，X_3 は A に存在し（$X_3=1$），B には存在しない（$X_3=0$）ので，A のみに Y_1 の結果（$Y_1=1$）を引き起こしたことになる。さらに，Y_1 とは逆に，A ではなく B にのみに結果が起こる場合（$=Y_2$）は，どのように説明されるであろうか。この場合は，X_4 が原因であると考えられる。なぜなら X_4 は，A には存在せず（$X_4=0$），B には存在する（$X_4=1$）からである。

　ここで注意しなければならないのは，ある要因が原因となり，結果が起こる場合もあれば，ある要因がないことが原因で結果が起こる場合も考えられることである。その場合は，$X_3(=0)$ が存在しない B のみに Y_2 の結果（$Y_2=1$）が起こり，$X_4(=0)$ が存在しない A のみに Y_1 の結果（$Y_1=1$）が起こる。このように，異なる結果を説明するために，（有無が）異なる要因を原因とするのが，差異法の論理である。

　それに対し，同じ結果を説明する際に用いられる一致法（表 1-2b）の論理は，差異法の場合と逆のやり方で X_1・X_2・X_3・X_4 を特定していく。まず両者間で要因の有無に関して異なる X_3 と X_4 は除かれる。そして，A・B 両者に存在する $X_1(=1)$ や存在しない $X_2(=0)$ が，両者ともに同じ結果である $Y_1(=1)$ や $Y_2(=0)$ を説明することになる。

　結果が異なるか同じかの相違はあるものの，差異法も一致法も，ある現象を起こした要因を特定するのに，「結果と同じパターンを示して変化するものに着目してそこから要因を探し，結果と無関係に変化する或いは変化しないものは無視する」点では同じである（[解説] 差異法と一致法の論理）。ここでは，A・B それぞれの例で変数が合致するか異なるかを二項比較で表現しているが，そ

第 1 章　政治学の方法　　　　17

表 1-2　差異法と一致法

a　差異法

	X_1	X_2	X_3	X_4	Y_1	Y_2
A	1	0	1	0	1	0
B	1	0	0	1	0	1

b　一致法

	X_1	X_2	X_3	X_4	Y_1	Y_2
A	1	0	1	0	1	0
B	1	0	0	1	1	0

［解説］差異法と一致法の論理

　差異法と一致法の論理は日常生活でも普通に用いられる。今までの説明が抽象的でわかりにくかった場合は，下記を参照されたい。例えば，2 人の学生 A・B が同じ店で同じ弁当を買い，猛暑の日にピクニックに出かけ，A だけが食中毒になり翌日の試験が受けられなくなったとしよう。このように両者の結果が異なる時に用いるのが，差異法の論理である。なぜ A だけ食中毒になったか調べるには，まず，2 人がどの弁当の具を食べたかを調べ，2 人とも食べた・食べなかった具を除き，食中毒になった A のみが食べた具を原因として探すであろう。表 1-2a で言えば，両者とも食べた具（X_1：両者とも 1）や食べなかった具（X_2：両者とも 0）は除かれ，食中毒になった A のみが食べた具（X_3：A は 1，B は 0）を原因として探すであろう。また，保冷剤が B の弁当に付いていたのに対し A の弁当についていなかったら（X_4：A は 0，B は 1），保冷剤がなく腐敗が進んだのが原因ではないかとも考えられる。X_3 と X_4 の両者とも，Y_1（A は 1，B は 0：食中毒になったか否か）と Y_2（A は 0，B は 1：翌日試験が受けられたか否か）と対応して変化しており，それに着目して，原因を探していることになる。

　それに対して同じ結果が観察される，例えば，A・B とも食中毒になり（Y_1：A・B 共に 1）翌日の試験が受けられなかった（Y_2：A・B 共に 0）という結果になった場合は，どうであろうか（表 1-2b）。今度は結果が同じなので，両者で異なる X_3 や X_4 は除かれ，両者で同じ要因，たとえば，両者とも食べた具があるか（X_1：両者とも食べたので 1），両者の弁当とも保冷剤は入っていたか（X_2：入っていなかったので両者とも 0），のように，原因を探すことになる。これが一致法の論理である。

　なお，表 1-2 のように質的二項変数（有無）をそれぞれ「1」「0」に置き換えて表すやり方は，論理を「1」「0」の二項変数の演算として考えるブール代数と同じである。社会学者であるレイガンら（Ragin 1987＝1993; 2000; 2008; Rihoux and Ragin 2009; Schneider and Wagemann 2012）は，これを定性的分析の方法を説明するのに用いている。差異法も一致法も，変数分布のパターンから法則性を発見する定性的分析の方法として一般化できる（George and Bennett 2005: 195＝2013: 224; Goertz and Mahoney 2012＝2015）。

れらを数量で表現する場合も，全く同じ論理を用いることが可能で，その場合は共変法（concomitant variation）と呼ばれる。

比較政治学の方法とは

　ミルは，社会科学において，差異法や一致法をそのまま使うことに関しては消極的であった（George and Bennett 2005: 154＝2013: 173; Brady and Collier 2010: 337 note 8＝2014: 348 注 3; Mill 2011a [1843]）。前項では，結果（Y）を説明する独立変数（X）が特定されることを前提に，二例の単純な比較を用いて，論理を説明してきた。しかし，実際の政治現象や歴史過程を対象とする場合は，独立変数（X）は観察可能とは限らないし，観察できるものを網羅したとしても，結果（Y）の原因が特定できるように X が分布しているとは限らない。差異法も一致法も，その論理に沿って，独立変数が従属変数を説明するように分布している場合であれば，威力を発揮する。その一方で，政治学における比較の検証では，その条件は満たされないことが多い。レイプハルト（Lijphart 1971）は，比較政治学の方法を，実験の方法や統計の方法と対比し，政治学における比較の論理の応用の難しさを示した。

　例えば，雨の日の選挙では，晴天の日より，組織された支持者（組織票）を多く持つ政党が有利であるとよく言われる。差異法の論理による検証であれば，雨と晴という天気の状態のみを変え，同じ地域で同じ日に投票を行い，雨の日の方が組織票を持つ政党の方が有利という結果となるか比較することになる。このように，結果を引き起こすと考えられる変数（ここでは天気）のみを変え，他の変数を同一に保つという統制を前提とする点では，差異法の論理は，実験の論理と共通性を持つ。しかし，現実の現象において，実験のような変数の統制を行うことは不可能である。比較政治学では，結果を引き起こす変数以外の，他の条件ではなるべくよく似た選挙区を比較する——すなわち不完全な形で差異法の論理を用いる——ことになると，レイプハルトは指摘する。

　一致法の論理は，従属変数と同じように変化する（共変する）独立変数に着目し，その他の変数がランダムにばらついている場合に，前者を原因として特定する。着目する変数以外の変数がランダムにばらついているといった形の理想的分布の場合であれば，一致法の論理で原因が特定できる。これは統計の方

第1章　政治学の方法　　19

[解説] 単一事例研究

　比較（政治学）の方法は，単一事例研究（ケーススタディ）の方法と区別される一方で，両者の関係は深い。第1節で説明したように，単一事例研究は，一事例を広く詳細に検証し記述できるという強みがある。他の事例に応用できる一般的含意を引き出し，理論形成の基本となる事実の検証を徹底したり，それに基づいて，新たに仮説を形成したり，既存の理論を反証したりできる場合もある。

　例えば，既存の理論が成立する条件を完全に満たしながら，理論の予測に反する結果となる場合などは，一事例であっても反証に十分な決定的事例（critical case）となる。他に事例がない，逸脱事例（deviant case）も，既存の理論の批判的な検証や代替的仮説の形成に有用であることは，第1節の保守合同の例からもわかる。単一事例研究から得られた一般的含意やそれに基づいた理論は，比較研究にも生かすことができる。

　比較研究も，個々の事例を調べた上でそれらを比較することから始まる。比較の前提として，単一事例研究がある。このため，事例を用いて一般化や理論化[12]を試みる際の論理は，次節で紹介する比較の論理と深い関係にある。また，単一事例研究の新しい発展方向については，第18章で紹介する。

法の論理と同じである。しかし，十分な数（N）のデータは得られない，すなわちデータ数が少ない——いわゆる Small N——の場合は，統計の方法を用いて定量的分析を行うことはできない。レイプハルトは，比較政治学においては，一致法の論理も必ずしも理想的な形で用いることはできないとする。

　比較政治学では，比較の論理を共有しながらも[13]，実験のような統制を行えず，統計のように十分な数の理想的なデータセットを持たない。しかし，個々の事例を研究する場合（[解説] 単一事例研究）とは異なり，差異法や一致法を用いて，変数間の関係について，何らかの一般的含意を検証する。これら比較の論理のみで原因を特定しようとすることは非現実的である（Lieberson 1994）一

---

12)　実際の研究を行う際の専門的な話となるが，事例研究の方法を，目的別に分類し説明することは，レイプハルト自身が行い（Lijphart 1971: 691-693），他にも著名な例がある（Eckstein 1975; Gerring 2007）。さらに，事例研究から比較研究へ進むという，現実の研究の進め方に即して，事例研究のデザインや実施から（George and Bennett 2005: Chapters 4-6＝2013: 第4-6章），比較政治学の方法へという順に，方法を説明する場合もある。またこうして一般化され理論化された事例研究は，比較研究として位置付けられることが多い。

方, 比較の論理は（結果が生じる）必要条件を探すのには妥当性が高い（Goertz 2003; Della Porta 2008: 204）。比較政治学では，差異法や一致法を組み合わせて，変数の分布のパターンを見出し，それを元に，検証の対象となっている結果（Y）を説明する要因（X）は何か，比較されている事例を詳細に検証しながら推論を行う。次節では，これをリサーチ・デザインの観点から説明する。

6. 比較政治学のリサーチ・デザインと定性的分析の方法

どのような事例を選択し比較するかに関わるのが，リサーチ・デザインである。よく似たシステムデザイン（Most Similar Systems Design）と違ったシステムデザイン（Most Different Systems Design）が区別される。両者は，最類似システムデザイン／最相違システムデザイン（George and Bennett 2005＝2013; Brady and Collier 2010＝2014）と訳されることもある[14]。

システムレベルの分析──よく似たシステムデザイン

システムレベルで，なるべくよく似ている例を取り上げ，比較するという差異法の論理に基づいて研究を設計するのが，よく似たシステムデザインであり，レイプハルト（Lijphart 1971）により有効性が主張された。研究の手続きとしては，(1) 対象とする政治的結果に関して異なる結果を持ち，(2) なるべくよく似ているシステムをとりあげ，(3) システムレベルで同一の条件を消していき，何が異なる結果を生んだかを見る。システム（例えば国）レベルの質的変数の二項比較が中心となることが多く，データ数が少ない，いわゆる Small N の制約がある。各国の歴史的事例を比較する比較歴史研究でよく用いられるシス

---

13) このように比較の論理を共有していることを重視して，比較政治学の方法とともに，実験・統計の方法を全て比較分析の方法とみる見方は以前から存在した（Della Porta 2008: 201）。実験の方法が政治学で使われ，定量的分析や定性的分析の方法と組み合わせて使われるようになったことからも，そうした考え方は妥当性を増している。この点については第 18 章で扱う。

14) 方法の説明としては，英語の most similar は「なるべくよく似た」，most different は「なるべく違った」事例を用いるという含意なので，ここでは，その含意を優先した訳とした。

第1章　政治学の方法　　21

表1-3　よく似たシステムデザインによる市場経済の比較

	X_1　党派性	X_2　人口	X_3　労使関係	X_4　生産様式	Y　市場経済
国	左翼優位＝1 左翼優位で ない＝0	多い＝1 少ない＝0	協調＝1 対決＝0	大量生産方式・ 非熟練労働＝1 品質重視・ 熟練労働＝0	自由主義的＝1 調整型＝0
A	0	1	0	1	1
B	0	1	0	1	1
C	0	1	1	0	0
D	0	1	1	0	0
E	1	0	1	0	0
F	1	0	1	0	0

テムデザインでもある。

　高度に産業化され安定した民主主義国として共通性を持つ（＝よく似ている）A・B・C・D・E・Fにおける市場経済のあり方（＝Y）を説明するとしよう。説明する要因として，システム（＝国）レベルの変数（＝X）で，政権を担う政党を表す党派性（＝X_1），国の人口（＝X_2），労働組合と経営者団体の労使関係（＝X_3），産業の生産様式（＝X_4）を考える（表1-3）。ここでも，市場中心で自由主義的な市場経済の場合はYの値が1，国や産業セクターを通じ市場の調整が行われる場合は0，Xの場合も，左翼政権の長期継続が観察される場合は，政府の党派性を表すX_1の値を1，そうでない場合は0のように二項変数で表している。

　市場経済（Y）に関しては異なる一方，左翼優位でなく（X_1＝0）人口は多い（X_2＝1）A・B・C・D4カ国をまず比較する。市場中心の自由主義的なA・Bと，市場の調整を行う調整型のC・Dでは，X_3・X_4の値がそれぞれ異なっている。A・Bは労使関係が対決型（X_3＝0）で，非熟練労働者による大量生産方式（X_4＝1）をとっている一方，C・Dは労使関係が協調的（X_3＝1）で，熟練労働による品質や差別化を重視した生産様式（X_4＝0）となる。差異法の論理によれば，これらがYの相違に関わる。

　これらの国を実際に観察した結果，A・Bでは，対決的な労使関係下，解雇などで転職率が高くなり，非熟練労働でも可能な大量生産が中心となっている一方，C・Dでは，労使関係が協調的なため，安定した雇用下で熟練労働者が

品質重視の生産に従事していることが分かったとしよう。これは，A・Bと
C・Dを比較した場合，労使関係（X_3）と生産様式（X_4）には関連があること，
これらが同時に市場経済のあり方（Y）の相違に関わる可能性を示している。
このように，実際に比較を行う場合は，比較の論理で，変数の分布を機械的に
見ていくだけでなく，事例に照らして変数を関係づけながら説明を行うことに
なる。

　ここで，同じ調整型の市場経済（$Y=0$）を持つE・FをC・Dと比較する。
E・Fは，党派性（X_1）と人口（X_2）の値はC・Dと異なるが，労使関係（X_3）・
生産様式（X_4）の値（$X_3=1, X_4=0$）は，C・Dと同じである。これは，C・
DとE・Fで異なる，党派性（X_1）と人口（X_2）ではなく，C・DとE・Fで
同じ，労使関係（X_3）・生産様式（X_4）の変数の値が，調整型という市場経済
のあり方（$Y=0$）に影響を与えることを示している。労使関係（X_3）と生産
様式（X_4）が，市場経済（Y）を自由主義的か調整型に分けることは，A・B
とC・Dの比較の場合と同じである。しかし，調整型経済（$Y=0$）という同
じ結果を持つC・DとE・Fの比較では，値が異なる変数（$X_1・X_2$）を無視し，
値が同じ変数（$X_3・X_4$）に着目するという一致法の論理が使われていることに
着目されたい。このように，差異法の論理でデザインされたリサーチ・デザイ
ンでも，推論の過程で一致法の論理も使われる。

　表1-3の例は，資本主義の類型（第15章）における，自由主義（非調整型）
市場経済と調整型市場経済の対比を，方法の説明のために簡便化したものであ
る。この例が示すように，比較政治学では，「結果と同じパターンを示して変
化するものに着目し，結果と無関係に変化する・変化しないものを無視する」
という差異法や一致法を一般化した論理が用いられ，必要に応じて，国を場合
分けしたり，各国の事例を参照したりしながら推論が行われる。福祉国家レジ
ームの類型の区別（第16章）も，民主主義の制度の類型の区別（第13章）も同
様である（[解説] 比較の論理と類型論・歴史的新制度論）。

[解説] 比較の論理と類型論・歴史的新制度論

　資本主義の類型と深い関係を持つ，福祉国家レジームの類型（第16章）では，
社会民主主義・保守主義・自由主義のレジームが区別されている。このように三類

型を同時に学ぶと，当初から対象となる国が網羅され，それぞれの国の特徴を記述した結果，これら類型が形成されたかのように思える。しかし，研究の実際の発展のあり方は全く異なる。

エスピン-アンデルセンは，当初，デンマーク・スウェーデン・ノルウェーの北欧諸国に焦点を絞り研究した（Esping-Andersen 1985）。これら3カ国が選ばれた理由は，市場原理に抗い福祉国家を形成した事例として他の欧米諸国と比較した場合，明らかに異なると考えられたからである。3カ国研究で，北欧諸国を他の福祉国家と区別するのに重要である要因（社会保障給付のあり方や階級連合の歴史的形成など）を明らかにした。そして，それらを基準として，次の段階で，欧米と日本の18カ国で比較を行い，北欧諸国の特徴を社会民主主義レジームと定義し，それと対比される，保守主義レジーム・自由主義レジームを区別したのである（Esping-Andersen 1990＝2001）。

差異法・一致法の比較の論理の観点からも，研究の進展を説明できる。18カ国の中から北欧3カ国を研究事例として選ぶ際には差異法の論理，北欧3カ国を対象として社会民主主義レジームを定義する際には一致法の論理を用いたことになる。18カ国の比較を行う際には，社会民主主義・保守主義・自由主義のそれぞれ異なるレジームを持つ国の間の比較では差異法の論理，同じレジームを持つ国の間の比較では一致法の論理が使われたのである。

レイプハルトによる研究である民主主義の制度の類型（第13章）も，ウェストミンスター（多数決型）・モデルとコンセンサス（合意形成型）・モデルを区別する（Lijphart 2012＝2014）。しかし，これも，当初から，民主主義国を網羅して比較し，作られた類型ではない。詳しい説明は第13章を参照されたい。

差異法や一致法の論理を積み重ね，焦点を絞る要因を段階を追って特定する過程を経て，類型が区別されるというやり方は，資本主義・福祉国家・民主主義の類型全てに共通している。

このように制度の歴史的形成に着目し，少ない数の対象（国）を比較する場合には，比較の論理は有用である。そのため，よく似たシステムデザインは比較歴史研究では，よく用いられる。これら研究では，必ずしも公式の制度のみを対象とするのではなく，制度を広く定義し（例えば表1-3の労使関係や生産様式なども広義の制度とみなし）分析の対象とすることが多く，歴史的新制度論（公式な制度のみでなく，非公式なものも含む新しい制度論という含意）とも呼ばれる。資本主義・福祉国家・民主主義に関わる研究以外にも，民主化や政治体制変動（第14章）でも，比較政治学の論理を応用した歴史的新制度論による研究が見られる[15]。

---

15) 民主化・革命・福祉国家といった比較歴史研究の問題関心を論じた歴史的新制度論の代表的研究書としてはMahoney and Thelen（2015）。制度を広く定義し歴史的事例に焦点を絞った歴史的新制度論のわかりやすい解説としてはグライフ（2006）。

比較政治学の推論の手続きに着目し，より明示的に，定性的分析の方法を説明しようとする試みも行われている（George and Bennett 2005; Brady and Collier 2010; Goertz and Mahoney 2012）[16]。興味のある読者は，章末の［解説］同一結果帰着性，［解説］必要条件・十分条件と集合論を参照されたい。

システムレベル以下の比較──違ったシステムデザイン

差異法の論理に基づく違ったシステムデザインの研究の手続きは，（1）対象とする政治現象に関して同じ結果を持ち，（2）システムレベルでなるべく異なる国を取り上げ，（3）何が同じ結果を生んだかを見るためにシステムレベル以下のレベル（多くの場合は個人であるが，組織や集団，共同体，地方自治体の場合もある）に着目する。なるべく違った国を対象とするため，システムレベルでなく，システム以下のレベルの分析が主体となり，分析レベルが変化する。システム以下のレベルの分析では，十分な数（N）のデータが得られ統計分析が可能な場合もあり，定量的分析の方法とも親和性が高い。これを提唱したプシェヴォルスキーら（Przeworski and Teune 1970）も，回帰分析の論理を用いて，どのように検証を進めるかを説明している[17]。

仮想世界を考え，そこで，世論での宇宙開発への支持が高い国と低い国が観察されたとしよう。なぜ，国によって，支持の高低が異なるのであろうか。支持の高い国と低い国では何が異なるのか，システム（＝国）レベルの比較を行っても，支持の高低を説明する要因が見つからない場合は，システム以下，すなわちそれぞれの国の中の要因を調べることになる。ある高支持国 A では，学歴など個人的特性と宇宙開発支持を対象とする世論調査が行われているので，その結果を分析した結果，理系の高学歴者の割合が高く，さらに，彼らが宇宙開発を支持していることがわかったとしよう。この個人レベルの学歴と支持の

16）　この定性的分析の方法の展開を批判的に検討したものとしては向山（2024）がある。

17）　キングらの『社会科学のリサーチ・デザイン』（King, Keohane, and Verba 1994＝2004）が定量的分析の論理で方法の説明を試みる，20 年以上前から，プシェヴォルスキーら（Przeworski and Teune 1970）は，回帰分析の論理で，違ったシステムデザインを説明し，比較の方法として提唱していた。レイプハルト（Lijphart 1971: 685）も，違ったシステムデザインによる比較研究では，統計の方法で分析できる場合が多いことを，よく似たシステムデザインによる研究との重要な相違点としている。

関係の検証は，A国と全く異なる国でも検証できる。そうしたシステム以下のレベルの検証を行うリサーチ・デザインである。

　気をつけなければならないのは，例えば，他の国で，理系の高学歴者が多いと支持が高いというシステムレベルの傾向が観察されたとしても，個人の学歴が支持を決定するという（A国と同じ）個人レベルの関係が成立するとは限らないことである。理系の高学歴者が，必ずしも高い支持を表明しなくても，理系の高学歴者が多い社会では，理系高学歴者の割合と相関する他の要因（例えば宇宙開発に関わる情報が多く流布されることによる人々の理解の高まり）により，国や社会全体として支持が高くなるという，システムレベルでの関係が成立している場合も考えられる。個人のレベルで関係が成立するのか，システムレベルで関係が成立するのかは，必ず検証しなければならない。そして，こうした検証は，検証の目的に沿ったデータがある場合は，実際に定量的分析で行う。

　さらに，システムレベルの変数が，システム以下のレベルの関係に影響を与えている場合は，システム以下からシステムへ分析レベルを上げることになる。たとえば，宇宙開発の高支持国が全て，それぞれ何らかの安全保障上の問題を持ち，それへの対応の一環として理系教育と宇宙開発に力を注いでいる場合は，高学歴者の多寡も支持の高低の関係も，システム（国）レベルの属性である，安全保障上の要因から生じている可能性がある。その場合は，分析は国のレベルに移り，安全保障の要因に加えて，支持に影響を及ぼすと考えられる国レベルの変数，たとえば，経済成長など経済変数や政権の安定性など政治変数も考慮に入れ，何が高支持率に繋がっているかが検証される。これもデータがあれば定量的分析が可能である。

　違ったシステムデザインが威力を発揮した例としては，プシェヴォルスキー自身の見解としてコリアー（Collier 1991: 17）が紹介しているように，民主化研究，特に1970年代以降の民主化の研究がある。共通の外在的要因により進んだ欧米諸国の民主化に対し，後発の民主化はラテンアメリカからアジア・アフリカさらに南欧と広い地域に散らばる様々な国で起こったが，そのような場合に共通要因を見つけるのに適しているのが，違ったシステムデザインである。プシェヴォルスキー自身も経済的要因と民主化の関係の研究で貢献している

26

（詳しくは第14章参照）。

　この章では，政治学の方法を，統計を典型とする定量的分析の方法と，比較政治学の方法を典型とする定性的分析の方法を対比するという形で説明してきた。研究を行うに際しては，定量的分析を行うには，統計学を学び統計分析ができるようにならなければならず，定性的分析を行うには事例を調べ比較していかなければならない。両者はそれぞれ異なる専門的トレーニングを要する方法であるため，政治学では方法として両者を区別する。その一方で，比較の論理や比較のリサーチ・デザインに見られるように，定量的分析・定性的分析の方法の論理には共通性もある。現在では，政治学の方法に，実験の方法も加わるようになっているが，これらの点については第18章で再論する[18]。

［解説］同一結果帰着性

　異なる変数（の組み合わせ）で同じ結果が説明される，同一結果帰着性も，比較政治学の方法としては重要である。資本主義の類型（表1-3）を例に説明してみよう。労使関係（X_3）・生産様式（X_4）の値が同じ（$X_3=1$, $X_4=0$）で，調整型市場経済となっているC・D・E・F国を，さらに調べてみたところ，調整の仕方に相違が発見されたとする。協調的な労使関係の維持や雇用の安定，熟練労働者の育成といった調整が，C・D国では産業セクターレベルで行われているのに対し，E・F国では政府と労働組合や経済団体などの頂上団体といった国レベルで行われていた。調整の行われるレベル（X_5）という変数を定義すれば（表1-4），C・Dは産業セクターレベル（＝1），E・Fは国レベル（＝0）と値が異なり，C・Dは（$X_3=1$, $X_4=0$, $X_5=1$），E・Fは（$X_3=1$, $X_4=0$, $X_5=0$）という異なる変数の組み合わせで，同じ調整型市場経済（$Y=0$）となる。これは，実際に，調整型市場経済において，調整が国レベルで行われる北欧諸国（E・F）と産業レベルで行われる日本・ドイツなど（C・D）が区別された推論の過程でもある。

　第15章では，自由主義型に対し，国レベルの調整型，産業レベルの調整型を区別し，資本主義の類型として紹介しているが，実は，これらは最初から同時に区別されたわけではない。最初に，米国を典型とする自由主義型（A・B）とは異なる類型として対比されたのは，北欧諸国（E・F）であった。そのため，当初は，左

---

18) 第18章第1節では，その後の因果推論をめぐる議論の展開も紹介している。政治学の方法に特に関心のある読者は，第2章以下を読む前に参照されたい。

第1章　政治学の方法　　27

表1-4　調整型市場経済の区別

	X_1 党派性	X_2 人口	X_3 労使関係	X_4 生産様式	X_5 調整のレベル	Y 市場経済
国	左翼優位＝1 左翼優位で ない＝0	多い＝1 少ない＝0	協調＝1 対決＝0	大量生産様式・ 非熟練労働＝1 品質重視・ 熟練労働＝0	産業セクター レベル＝1 国レベル＝0	自由主義的＝1 調整型＝0
C	0	1	1	0	1	0
D	0	1	1	0	1	0
E	1	0	1	0	0	0
F	1	0	1	0	0	0

翼政権（X_1）という特徴を持つ北欧小国（X_2）に，調整を行う市場経済が存在すると考えられていた。その後，日本・ドイツなども，自由主義型とは異なること，さらに，労使関係（X_3）や生産様式（X_4）においては北欧諸国と共通性を持つことから，これら共通性を持つ要因（X_3やX_4）で特徴付けられる調整を行う市場経済と考えられるようになった。その上で，先述した，調整のあり方の相違——調整のレベルが国レベルか（北欧諸国）産業レベルか（日本・ドイツなど）——が着目され，調整のレベル（X_5）を，両者間の相違を説明する要因として特定するに至ったのである。

　このように，異なる変数の組み合わせで，同じ結果（調整型市場経済）が説明される場合，これを同一結果帰着性（equifinality）と呼ぶ。以上の説明からも，差異法や一致法といった比較の論理を組み合わせ，変数分布のパターンを探す方法が，同一結果帰着性を発見する際に，強みを持つことは理解できるであろう。

［解説］必要条件・十分条件と集合論

　レイガンら（Ragin 1987＝1993; 2000; 2008; Rihoux and Ragin 2009; Schneider and Wagemann 2012）は，ブール代数法（［解説］差異法と一致法の論理参照）の他に集合論の論理にも着目し，定性的比較の方法（qualitative comparative method）としているが，これも，ガーツとマホーニー（Goertz and Mahoney 2012＝2015）らにより，政治学にも紹介されている。

　ガーツとマホーニーが題材としたのは，本書の第14章でも紹介する，欧米諸国（と日本）の民主化に関わる，ムーアの研究（Moore 1966＝2019）である。ムーア以前の既存研究では，強いブルジョワジー，すなわち産業化により出現した都市商工業者の存在が，民主化が進むのに重要であるとしていた。ムーアは，民主化には，

図1-2 必要条件・十分条件・INUS条件

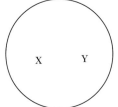

a

XはYの必要十分条件である
X＝X「強いブルジョワジー」
Y＝Y「民主化」

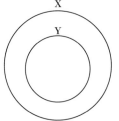

b

XはYの必要条件である
X＝X「強いブルジョワジー」
Y＝Y「民主化」

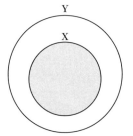

c

XはYの十分条件である
$X = [X \cap Z_1] \cup [X \cap Z_2]$　Y＝Y「民主化」
X：強いブルジョワジー
Z_1＝ブルジョワジーより社会経済的力が弱い貴族階級
Z_2＝ブルジョワジーと連携する貴族階級

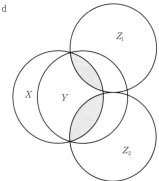

d

X, Z_1, Z_2 は Y の INUS 条件である

　強いブルジョワジーの出現に加え，封建制下で大土地所有者であった貴族階級に関わる条件も必要であるとする。具体的には，強いブルジョワジーの条件に加え，貴族階級の政治経済的力が相対的に弱い場合，或いは，貴族階級がブルジョワジーと連携する場合に，民主化が進むとした。
　マホーニーら（Mahoney, Kimball, and Koivu 2009）は，歴史的観察に基づいたムーアの主張を，変数に関わる必要条件や十分条件といった集合論の論理で表すことができるとした。集合論の論理により，ムーアの主張をわかりやすく再構成してみよう。
　「強いブルジョワジー」の出現が，民主化に必要であり，かつ，「強いブルジョワジー」が出現すれば（他の条件がなくても）「民主化」が起こるとしよう。この考え方のように，「強いブルジョワジー」（これを符号 X とする）の出現がそのまま「民主化」（これを符号 Y とする）を意味する場合，「強いブルジョワジー」（X）

は「民主化」（Y）の必要十分条件である（図 1-2a）。

　それに対し，ムーアは「強いブルジョワジー」（X）は「民主化」（Y）の必要条件である（図 1-2b）一方，民主化にはそれ以外の条件も必要であると考えた。そして「民主化」（Y）が起こるのに，「強いブルジョワジー」（X）に加えて，「社会経済的力が弱い貴族階級」（Z_1），「ブルジョワジーと連携する貴族階級」（Z_2）のいずれかが必要であると考えた。

　すなわち $[X \cap Z_1]$ と $[X \cap Z_2]$ のいずれかの場合（$[X \cap Z_1] \cup [X \cap Z_2]$）に，「民主化」（$Y$）が進むとしたのであるが，これは $[X \cap Z_1]$ と $[X \cap Z_2]$ のそれぞれが，Y の十分条件となることと同じである（図 1-2c）。この X, Z_1, Z_2 と Y の関係をまとめて表すと，図 1-2d となり，この重なった網掛けの部分で民主化が進むというのが，ムーアの主張を表す。

　マホーニーらは，網掛けの部分を指して，X, Z_1, Z_2 が Y の INUS 条件であることを表しているとする。INUS 条件は，「結果を引き起こすのに，必要でないけれども相互排他的に十分である条件（すなわち十分条件）の一部をなす，必要であるけれど十分でない条件（必要条件）」とされる。英語の原文の表現 "An insufficient (I) but necessary (N) part of a condition which is itself unnecessary (U) but exclusively sufficient (S) for the result"（Mackie 1965: 245）を短縮して INUS 条件と呼ばれる。

　ムーアの著名な民主化のテーゼを INUS 条件として表現することが，定性的分析の方法をよりわかりやすくするかどうかは意見の分かれるところかもしれないが，ムーアが歴史から導き出した民主化の条件が，集合論の論理と整合的に説明できることは特筆に値する。

第2章 権力の概念

　権力の行使は，政治の本質的部分であり，政治を理解するに欠かせない現象である。権力の概念をめぐる議論は，現実の権力現象の複雑さと多様性を理解する鍵でもあり，権力現象を理解することで，政治という現象の複雑さと多様性を理解することができる。権力といえば，政府や社会全体における決定に影響を与える場合を考えることが多いが，例えば，集団や組織の中にも，権力は存在する。もちろん，全ての権力現象が等しく重要性を持つわけではない一方，社会の様々な側面においてあまねく存在すること自体が，その複雑さの本質を表しているとも言える。現実の権力現象をどう分析するかという観点に立ち，1974年の初版（Lukes 1974＝1995）から2021年の第3版（Lukes 2021）まで約半世紀にわたり，権力の実証分析に大きな影響を与えたルークスの権力の概念の議論を追うことで，権力現象についての理解を深める。

1. 権力の二側面——主体間の強制的権力と集団の発揮する力としての権力

　権力現象は，一見全く異なる二側面を持つ。第一の側面は，ある主体が，他の主体への強制により何らかの価値を剥奪する権力に着目し，第二の側面は，主体が集団となり価値の増大を目指し発揮する権力に着目する[1]。

第一の側面——ラッセル，ウェーバー，ダール

　権力の第一の側面は，他者を強制する側面である。ある主体（個人，組織，国家など）が他の主体を強制し，権力を行使された側に，何らかの価値の剥奪

---

1) これらは，異なる概念化（Lukes 2005: 32-35）や理念型（佐々木 2012: 50）としてとらえられることもあるが，ここでは権力を考える異なる観点として，二側面と呼び，両者を対比する。

が起こる一方，権力を行使した側には価値の増大が起こるという，ゼロサムの結果となる。この非対称的な価値配分からもわかるように，一方が他方に対し相対的優位に立つことになる。権力を語る場合，最初に連想される側面であり，権謀術数の代名詞ともなったマキャヴェリズムや，万人の万人に対する闘争としての自然状態を前提に国家主権の確立を考えたホッブズ（Hobbes 1946［1651］＝1992）の立場もこれに該当し，最も人口に膾炙している権力に対する見方である。

　第一の側面においては，主体間の（被）強制関係と優劣から明示的に権力が定義される一方，その定義の現実への応用は意外に難しい。まず，ラッセル（Russell 1938＝1951）による「意図した効果（intended effect）の実現」という，短い定義を単純な事例に応用して考えてみよう。

　小選挙区の区割り改定後の初めての選挙で，同じ政党の現職議員，A・Bともに，以前のそれぞれの選挙区の大部分を含む，新しい小選挙区で政党の候補として公認されることを目指していたとしよう。公認候補には1人しかなれないので，政党の公認をAが得ることができればBが，Bが得ることができればAが，別の選挙区に移ることになる。この状況で，Aが公認を得て，Bは別の選挙区へ移ったとしよう。Bを犠牲にして，Aが意図した効果（＝新しい小選挙区での公認）が実現しているが，これはAがBに対し権力を行使した結果と言えるだろうか。

　たとえば，この政党が集権的な構造を持つ組織で，執行部が他からの介入を排し公認候補を決定した場合は，Aではなく執行部がAの公認という結果を実現したことになり，AのBへの権力の行使とは考えられない。それに対し，政党の構造が集権的でなく，Aが執行部に圧力をかけ，Bを別の選挙区へ移らせ公認を得たのであれば，これは，AのBに対する権力行使と考えられる。しかし，もしAが執行部へ圧力をかける以前から，Bが公認が得られない場合に備え，新しい選挙区で支持基盤の形成に努め，そこに移り，しかも計画通り当選したのであれば，どうであろうか。もしBが自主的に移り当選したのであれば，Aが意図した効果を実現したとは言い難い。

　これらの例に見られるような，ある主体（ここではA）が本当に「意図した効果」を実現したのかの問題を考えれば，「意図した効果を実現する能力」と

「実際の或いは潜在的な抵抗の存在」を含む，ウェーバー（Weber 1978［1910-14］: 941-948）による定義の方が，より現実への応用には役立つ。Bを別の選挙区に追いやるAの「能力」や，Bの側に選挙区を移りたがらないという実質的な「抵抗」が存在するかに，着目することで，より具体的に権力の行使を特定しているわけである。

　しかしながら，ウェーバーの定義も問題を全て解決したわけではない。たとえば，執行部が候補者公認を集権的に決定する仕組を持っている政党であっても，候補者によっては（この場合はA）表面化しない形で執行部の構成員に圧力をかけ決定に影響を及ぼす「能力」を持つこともあり得る。現実の事例においては「能力」があるかないかの判断も，実は容易ではない。また，逆に，Bが選挙区の移動を前提に自ら支持基盤の形成を図り当選をした場合でも，Bにとっては移動せずに楽に当選する方がより望ましかったかもしれない。権力を行使されたかもしれない側（この場合はB）の抵抗の有無も問題なく判断できるとは限らないのである。ラッセルの定義の「意図」「効果」の特定が現実において難しい一方で，ラッセルの定義に「能力」「抵抗」を加えたウェーバーの定義も，現実に権力行使が起こったか判断する際の問題から完全に自由になったわけではない。

　観察に基づき権力現象を実証分析の対象とすることを重視したのは，ダール（Dahl 1957: 202-203）の多元主義的権力概念である。「AがBに対し，Aの働きかけや行為がない限り，Bが行わないことをさせる限りにおいて，AはBに対し権力を持つ」という行動の観察のみに基づく定義である。ラッセルやウェーバーの定義における問題を踏まえて，批判的に検討すれば，観察することができる，すなわち観察可能な行為／行動とその統制のみで，権力の存在を特定する，極めて機械的な定義となったのも理解できよう。

第二の側面──パーソンズとアーレント

　第一の側面である主体間の強制的権力に対し，第二の側面は，集団の持つ権力，人間が集団として発揮する権力であり，ゼロサムでなくポジティブサムの価値配分を前提とする。第二の側面は，個人間でなく，社会や集団において行使される権力の行使に関心を向け，第一の側面とは異なる権力の側面をあぶり

出す。たとえば，パーソンズは，権力を集団と結びつけ，その構成員の合意に基づいた目標を達成する能力であると一般化する。権力は，集合体の目標により正統性（legitimacy）を持ち，その目標のために制裁も行われる（Parsons 1967: 308）が，権力の第二の側面においては，これは，個人として行う強制ではない。制裁の対象となる個人に優先して決定を行う権利を持つ個人が，その集合体の一部として，集合体の利益を効率的に達成する過程で行われ，正統性を持つからである（Parsons 1967: 318）。パーソンズは「権威の制度化（institutionalization of authority）に依拠して集合行為のために行使されること」（Parsons 1967: 318）に，権力の本質を見出す。それゆえ正統性を持たない強制や抑圧は権力の行使と呼ばれるべきでない（Parsons 1967: 331）とする。これは，少数のエリート集団が他の大多数を支配するという，ミルズ（Mills 1956＝2020）を典型とするエリート主義的権力観への批判でもある。

　アーレントも，パーソンズ同様，権力を集団と正統性に結び付ける権力概念を提唱している。「権力はけっして個人の性質ではない。それは集団に属するものであり」，個人が権力の座にあるということは「ある一定の数の人から，かれらに代わって行為する権能を与えられている」（Arendt 1970: 44＝2000: 133）ことを意味する。ここでは，権力の本質は，支配・従属関係でなく正統性，すなわち人々の間の同意（consent）であり，だからこそ，権力の行使により，人々が強制でなく共同で行動できることになる。そして，権力は，目的を達成する手段や道具であり，決して正統化されない暴力と，区別される（Arendt 1970: 52＝2000: 141）。

　しかしながら，パーソンズもアーレントも，人間が共同で作り上げた組織や集合体が，いつも合意に基づいて権力を行使するとは主張していない。「あらゆる政治制度は権力の顕現であり物質化である」一方，「人民の生きた権力がそれを支えるのをやめてしまえばたちまち石化し，ぼろぼろに朽ちてしまう」（Arendt 1970: 41＝2000: 130）からである。こうした規範的側面から，集団レベルの権力のあり方の多様性を前提に定義したのが，第二の側面のパーソンズやアーレントなら，第一の側面の定義は，個人間の強制的権力に焦点を合わせながらも，多元的政治過程も含意する定義とも言えるかもしれない。ルークス（Lukes 2021: 35-42）は，このように既存の議論を踏まえた上で，第一の側面の

強制的権力を批判し，より現実の権力行使の多様性に着目した権力概念——権力の三次元——を提唱した。

2. ルークスの権力の三次元

ダールの多元主義的権力概念が，権力の行使を行動から観察できるとする，観察可能性に依拠し，実証分析に応用することを重要な目的としていたことは既に述べた。ルークスの権力の三次元の議論の出発点は，この多元主義的権力概念の批判である。

一次元的権力——ダールの多元主義的権力概念

多元主義（pluralism）の考え方は，エリート論（Mills 1956＝2020）への批判として，現実の政治過程における一部のエリートに偏らない多元的な権力の分布の観察に基づき提唱された（Dahl 1961＝1988）。政治過程における個人や組織間の利害対立とその解決を，行動の観察から明らかにするのが，多元主義的権力概念ではあるが，必ずしも直接観察されるに至らない，行為者の利害（関係）も，その存在が明確でさえあれば，分析の対象となる。たとえば，再選を望む政治家は，陳情や抗議を直接受けない場合でも，世論や支持者が反対する政策は行わない。利益集団の組織的支持に依存する政治家は，改めて要求されなくても，その集団の利益に合致する補助金政策や規制政策を進める。このように，重要な利害対立は，行為者に正しく認識され，政治過程において反映されることを前提とするのが，多元主義的権力概念である。

ルークス（Lukes 1974＝1995; 2021）は，この利益や利害対立が観察可能であるという前提が，政治過程が多元主義的であるという結論を導き出すとして，多元主義的権力概念を批判した。様々な争点や異なる利害対立の存在が政治過程において観察され，それらに基づいて決定が行われるという，観察可能性の前提からは，権力の偏在でなく，権力の多元性しか導き出されないというのが，その批判の要諦である。

二次元的権力——非決定権力

　ルークスは，多元主義的権力概念を一次元的権力と呼び，その批判として，権力行使が必ずしも行動として観察されないことに着目する。そのために最初に取り上げたのは，バックラックとバラッツ（Bachrach and Baratz 1962＝2013; 1963）による非決定権力概念で，これを二次元的権力と名づける。利害対立の争点化を前提とする一次元的権力概念に対し，二次元的権力概念は，明白（overt）な対立と異なる，隠された（covert）利害対立も考え，それらは，政治過程に現れない潜在的争点（potential issue）となるとする。権力を持つものにとって，利害対立が表面化し争点として政治問題化されること自体，不利益となる。そうであれば，争点を表面化させず利害対立を存在しないものとした上で，決定自体を回避する，非決定が望ましい。一次元的権力の強制とは異なる，非決定という結果を実現する権力が，二次元的権力である。これは，利害対立を争点化・政治問題化するか否か，すなわち解決すべき対象とするか否か，に関わる，アジェンダ・コントロールの問題として一般化可能である。議会の例で考えれば，議題にならない問題はそもそも審議や議決の対象とならない。それと同じように，決定自体を避ける権力である。

　二次元的権力の実証分析には，存在するにもかかわらず，政治過程において表面化せず争点化しない利害対立をどう証明するか，という問題がある。こうした問題を抱えるにもかかわらず，二次元的権力の概念が受け入れられたのは，大気汚染のような環境問題がその事例として取りあげられたことも大きい（Crenson 1971）。バックラックとバラッツが非決定権力の概念を提唱した1960年代，環境問題は，経済発展の結果生じた新しい未知の問題であった。住民が健康被害を受ける不利益が存在していた場合でも，工場が存在することによる経済的財政的利益により，環境問題が表面化・政治問題化されず，それゆえ政策決定がなされない「非決定」の事例は，1960 〜 70 年代当時，頻繁に見られたからである。

三次元的権力

　二次元的権力概念は，一次元的権力概念の観察可能性を，行動に着目する行動論的バイアスとしたが，その批判をさらに徹底したものが，ルークスによる

三次元的権力概念である。表面化せず政治問題化しない段階とはいえ、二次元的権力は、利害対立と関係づけられる。人々の選好（たとえば環境問題への対応の支持）は表現されず、利害対立は利害対立として観察できないが、その一方で、潜在的な不平や要求といった形では存在する。しかし、権力は、認識・選好・信念を人々の利害に反して形作り、不平不満や要求として表現させないようにすることも可能である。選好の存在のみならず、その認識さえ確認できない状況において、権力は最も巧妙で陰湿に行使される。この最も徹底した権力行使を、ルークスは三次元的権力と名づける。

　三次元的権力概念は、主体間の支配・従属関係や価値の剝奪・増大を前提とし、第一の側面である、個々の主体間の強制的権力の系譜に連なる一方、集合体の発揮する権力にも関わる。そのため、権力の第二の側面にも示唆を与える。三次元的権力概念は、集団や社会に合意が存在すると観察される場合でも、それが、権力による人々の認識・選好に対する操作や信念の形成による可能性を示唆する。ルークス以外の論者も、同じような権力観を提唱している。

　例えば、フーコー（Foucault 1978 [1975] ＝2020; 1980）は、権力は、真の利益や選好、信念に働きかけ、その行使がなければ意識に上ったはずのものが無意識の領域におかれると考える。しかし、フーコーは、人間の選好、信念、認識が全て権力行使の結果であると考え、権力行使なくしての人間の意識、認識はあり得ないという立場をとる。そのため、パーソンズやアーレントが主張する、集団や社会で正統性を持ち行使される権力の存在も全面的に否定する。その点がルークスとの重要な相違点である。フーコーが、主体の意図・意志の存在を否定し、権力行使の分析自体を否定するのに対し、ルークスは、権力の存在を現実に示すことに意義を見出し、三次元的権力を批判の対象のみならず、実証分析の対象にできると考える（Lukes 2021: 93-112）（［解説］権力概念と実証分析）。

3. 政治過程分析の道具としての権力の概念

　それでは、権力の三つの次元、特に三次元的権力の実証分析はどのように行えるのであろうか。ルークスの概念を現実に応用し、その有効性を示したのは、ガヴェンタの、米国中央アパラチア地方の事例研究（Gaventa 1980）である。

第2章 権力の概念　　37

［解説］権力概念と実証分析

　ルークスの権力の三次元の考え方は，三次元的権力を観察可能で分析対象とできるとしたことから始まる。これはまた 1970 年代当時，権力論において影響力の強かったネオ・マルクス主義への批判でもあった。ルークスは，ネオ・マルクス主義においては，集合体の発揮する権力は，集合体の構造に起因する決定と必ずしも明確に区別されないと批判する。国家は，資本家階級の階級支配の道具であると主張するミリバンド（Miliband 1969＝1970）の道具主義も，資本主義の再生維持自体が国家の目的であり，資本の支配は権力の行使でなく構造による決定であるとするプーランザス（Poulantzas 1973＝1978-81）の構造主義も，決定論であることは変わらない。こうした構造決定論に対し，ルークスは，反実仮想をすること，すなわち，集合体の構成員が現実とは異なる行動をとった場合を考えることにより，あくまでも実証的に集合体における権力行使の分析が可能であるという立場をとる（Lukes 2005: 59-63）。その結果，虚偽意識を前提とするフーコーとは異なり，ルークスは，階級支配が，資本家階級にとっては合意に基づいた正統性を持つ権力行使である一方，労働者階級にとっては強制であり，価値の剥奪を伴う権力行使であると考える。

　三次元的権力が実証分析できるという主張が影響力を持つに至ったのは，ルークスの著書の初版（Lukes 1974＝1995）が出て，程なくしてガヴェンタの研究書（Gaventa 1980）が出版されたことも大きい（第3節参照）。出版当時，大きな影響力を持った研究をまとめたガヴェンタは，オックスフォード大学におけるルークスの弟子である。

英国多国籍企業と地元住民や炭鉱労働者の関係を分析し，そこに権力の三つの次元が時系列的に現れることを示し，実証分析の可能性を示した。

　ガヴェンタは，英国の多国籍企業が地方に進出し，独占的土地所有により豊かな鉱物資源から巨大な利益を得るようになる 19 世紀末期の過程まで遡り，企業帝国とも言える強力な産業支配下にある地方の社会経済構造の形成を活写する。地域経済の振興が企業に依存する中で，地域の住民や炭鉱労働者は，貧困を強いられ，環境破壊による健康被害に苦しみつつ，構造的不平等を内面化して受け入れる。三次元的権力の行使の結果である。20 世紀に入り，住民や労働者が不平等や環境破壊を認識し不満を抱くようになっても，企業による経済支配とそれに付随する政治的影響力により，認識や不満は表現されることなく，問題は争点化しない。こうした二次元的権力の行使の時期を経て，労働組

合が形成され，抗議とその抑圧が繰り返されるなど，政治問題化や抵抗により一次元的権力の存在が確認されるようになるまでの一世紀近くの過程を追う歴史分析となっている。

　ガヴェンタの研究は，アパラチア地方を事例として，時代や時間の推移の中で，一つのスペクトラムとして三次元から一次元までの権力を時系列的に分析できる可能性を示した。時系列的変化の比較と同じように，各国間事例の同時の比較でも，三次元的権力の存在は特定できる。現代の新興国でも，環境破壊による健康被害や構造的貧困の不平等が生じても認識されない状況は観察される。経済発展途上の国では，経済発展が最優先課題とされ，そのことが人々の認識や選好に働きかけるため，経済発展を牽引する企業が引き起こす環境問題を認識するには抵抗がある。しかし，これらの国と，欧米や日本など経済発展を達成した産業化国を比較し，高度経済成長下にある新興国において，三次元的権力がはたらいているのではと考える反実仮想は可能である。このように，時代が異なる同一国事例（過去と現在の産業化国）に加え，同じ時代の複数国事例（現在の新興国と産業化国）を比較することも，権力の三次元の実証分析を行うのに有用である[2]。

　本章では，ルークスの議論に沿って，権力の三次元の理論を紹介した。とはいえ，ガヴェンタの研究が示すように，これら理論を現実の事例にどう応用するかが最も重要であることは論を俟たない。権力の概念は，あくまでも実証への応用に意義があるとする考え方が，権力の三次元の理論の根幹を成している。

---

[2]　本章では，三次元的権力概念を環境問題を例に説明したが，これをジェンダーの問題に結び付けた平易な解説としては，羅・前田（2023: 26-29）がある。

第3章 | 個人の合理性——ゲーム理論・公共財・集合行為理論

　個々の行為者（人，組織など）の行動を中心に，政治社会の現象に対する理解を深める考え方を方法論的個人主義と言い，本章では，そのアプローチに関わる様々な理論の内，ゲーム理論と集合行為や公共財の理論を扱う。これら理論は，抽象的論理体系に基づきながらも，現実の社会の問題を理解するのに有用である。それを理解することが本章の目的である。

1. 合理的選択論とは？

経済学的合理性

　方法論的個人主義による分析やアプローチは，政治学では，合理的選択論（rational choice）と総称されることが多い。合理的選択論は，経済学的方法により政治現象を分析するアプローチである。政治学であるのに，経済学的合理性に基づく方法[1]がなぜ用いられるのであろうか。政治と経済には現象自体に深い関係があり，政治学・経済学は相互に関心が深いことに加え，政治学では元来，学問の境界を超えた様々な方法を用いることが多いことも理由になる。政治現象や政治に関わる行動には，人間の様々な側面が現れ，その一つに合理性があるからである。

　経済学的合理性に基づく方法は，対象（物，結果，人）に対する個人の選好を効用関数により定義し，個人がそれに基づいて行動／決定するという前提に立って分析を行う。AよりBを好む（A≺B）というように順序を表す序数的

---

1)　経済学的合理性と対比される合理性の概念としては，サイモン（Simon 1972; 1985; 1997［1947］）による限定合理性（bounded rationality）の概念がある。効用の最大化でなく充足（satisfaction）とし，個人の認識や情報収集能力の限界を認めた上で，個人の合理的行動は組織的環境と不可分であるとする点に特徴がある。

40

効用と，A より B がどの程度好ましいか定量化する基数的効用がある。

　政治学の合理的選択論は，このような経済学的合理性を前提とした上で，政治制度下で起こる現象や行動を分析するアプローチである。合理的選択論によく似た分野としては，公共選択論（public choice）や社会的選択論（social choice）＝規範的公共選択論（normative public choice）があり，これらは経済学的合理性によるアプローチを政治現象や行動に応用した学際的分野である。公共選択論が実証分析（positive analysis）に主眼を置くのに対し，社会的選択論は望ましいあり方（たとえば平等，公平，民主主義的決定など）の規範的分析（normative analysis）を行う。これらと合理的選択論は，基本的には同じ方法をとり，重複している理論やアプローチも多い。合理的選択論の特徴と言えば，政治学内で発展したため，様々な政治制度下の環境（状況）やそれから生じる制約を考慮に入れ，理論化に貢献してきたことである。制度の特徴や制約まで考慮に入れ分析を行う場合，合理的選択新制度論（rational choice new institutionalism）と呼ばれることもある。本書でも，議会制度（第 10 章）や政権形成（第 11 章），官僚制（第 12 章）などの制度の影響を加味したアプローチを紹介している[2]。

2. ゲーム理論

　ゲーム理論は政治学に応用される経済学的方法の中で最も早く使われた主要な方法の一つである。利害対立のある状況で，行為者（プレイヤーと呼ばれる）の合理的行動の選択とその結果について分析する際に有用である。政治現象においても利害対立の存在は，分析の出発点である。ゲーム理論のプレイヤーは，統一的主体として行動するのであれば，個人に限らず，複数の個人からなる集団や組織，国家であっても良い。そのため，後述するように，社会における集合行為や，国際関係など，政治学の対象となる様々な状況の分析に応用されている。

---

[2]　合理的選択新制度論の包括的レビューとしては，例えば，Shepsle（2008）参照。合理的選択新制度論は，歴史的新制度論（第 1 章［解説］比較の論理と類型論・歴史的新制度論参照）と対比される（第 18 章第 1 節参照）。

第3章　個人の合理性——ゲーム理論・公共財・集合行為理論　　41

囚人のジレンマゲーム

　ゲーム理論の中で，最もよく知られている囚人のジレンマゲームは，ゲーム理論の基本を学ぶのにも適している。ゲームの構造を理解するために，囚人（プレイヤー）2人が，別々に取り調べられている状況を想定してみよう。2人は銀行強盗容疑をかけられているが証拠はなく，2人とも黙秘していれば，別件での軽罪となる。そこで，取調側は取引をする。自白し銀行強盗の証拠を差し出した方は，捜査協力で大幅な減刑となり，最後まで黙秘していた方は重罪となるというのである。2人は，それぞれ相手を裏切り自白するか，相手と協力し黙秘するかの選択を迫られる。後述するように，囚人の例はゲーム理論の専門家が説明のために考えたもので，同じゲームの構造が存在すれば，もちろん他の状況でもゲームは成立する。

標準型（戦略型）ゲームと展開型ゲーム——ペイオフ表とゲームの木

　このような場合，当然ながら，相手が自白するか黙秘するかにより結果が変わることを考え，戦略を選ばなければならない。表3-1は，プレイヤーの戦略ごとに結果——それぞれの利得で表される——をまとめたもので，標準型（戦略型）ゲーム（normal/strategic form game）と呼ばれる。人生から刑期分（たとえば2年）が失われることになり，刑期は短いほど良いので，利得として考える場合は，刑期にマイナスをつけて（たとえば刑期2年なら−2）考えるとわかりやすい。両者とも裏切らず黙秘した時の刑期は2年，黙秘する相手を裏切って自白した場合は執行猶予付きの1年（執行猶予期間が無事に経過した場合は0年）でそれより短くなる。逆に相手が裏切って自白し自分は協力して黙秘した場合は10年の重罪となる。両者とも自白するという裏切り合いとなった時の刑期は両方とも8年になる。利得は，自分が相手を一方的に裏切り自白した時に一番高く（0），次がお互いに協力し黙秘した時（−2），お互いに裏切りあって自白した時（−8）と続き，自分が相手に一方的に裏切られた時に最も低い（−10）。このように，同じ戦略を選択しても，相手の戦略である自白や黙秘によって利得が変わり，結果の持つ意味が変わるのがゲームである。

　相手の出方がわからない状態で戦略を選ばなければならない場合は，まず相手がどう出るか場合分けして，自分の選択を考えるとわかりやすい。たとえば

表3-1 囚人のジレンマゲーム：標準型ゲーム

		プレイヤー（囚人）II 黙秘（協力）	プレイヤー（囚人）II 自白（裏切）
プレイヤー（囚人）I	黙秘（協力）	−2, −2	−10, 0
	自白（裏切）	0, −10	−8, −8

図3-1 囚人のジレンマゲーム：展開型ゲーム

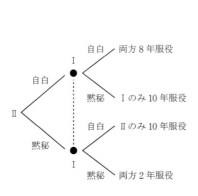

あなたがプレイヤーIで，相手のプレイヤーIIが自白（黙秘）した場合，自白した方が良いか黙秘した方が良いか考えるのである（図3-1）。結果は，相手が自白した場合も，黙秘した場合も，自白した方の利得が高くなり，相手が自白しようがしまいが，自分は自白した方が良いということがわかる。

このようにして，それぞれの選択と結果を順に表し，ゲームの進行やすべての可能な結末を伝える表し方を展開型ゲーム（extensive form game）と言い，図3-1のように「ゲームの木」を書くことになる。囚人のジレンマゲームのような，プレイヤーが同時に戦略を決定する同時手番ゲーム（simultaneous [move] game）では，ゲームの木は，上記の例のように場合分けして考える際に使うことができる。プレイヤーIIの選択（自白か黙秘か）に関して情報がないままのプレイヤーIの選択を表していることに注意されたい[3]。ここでは扱わないが，プレイヤーが交互に戦略を決めていく交互手番ゲーム（sequential [move] game）では，ゲームの木が進行を説明し，展開型ゲームで，情報や均

衡の問題も含め，ゲーム全体を表すことになる。

支配戦略・最適反応・ナッシュ均衡

　相手の出方によって結果が変わる場合も，相手がどうしようとどちらかの戦略（この場合は自白）が良いとなれば，その戦略が選択される。このような戦略を支配戦略（dominant strategy）と呼ぶ。これは「他のプレイヤーの取り得る全ての戦略に対し，利得を最大にする」戦略であり，そのプレイヤーにとっての最適反応である。これはプレイヤー II にも当てはまるので，プレイヤー II も自白し，結果は両者とも自白で 8 年の刑となる。両者の最適反応戦略の組であり，必ずその結果が生じる。このような最適反応戦略の組をナッシュ均衡と呼ぶ。

　しかし，このお互いに裏切って自白した 8 年の刑期は，お互いに協力して黙秘した時の 2 年の刑期より長く，両者にとって黙秘した方が良かったということになってしまう。この両者黙秘と比べた場合，どちらかが裏切る結果になった場合には，裏切った方は利得が増えるが，裏切られた方は利得を減らす。どちらかの利得を減らさないでもう一方の利得を増やせないということを考えれば，この（両者黙秘の）状態から動くよりは，とどまる方がよいことになる。経済学ではこれをパレート最適と呼ぶ。それに対し，両者とも自白を選び 8 年の刑期となる結果（ナッシュ均衡）は，両者にとってより好ましくない。両者黙秘のより好ましい（パレート優位）結果でなく，両者自白のより好ましくない（パレート劣位）結果となってしまう，これが「ジレンマ」というゲームの命名の由来となっている。

拘束的合意と非協力ゲーム

　相手の戦略を場合分けして，自分がどちらを選択した方が良いか考える過程

---

3) 展開型ゲームでは，プレイヤーが決定をする際に用いる（得る）ことができる情報全体を情報集合と呼ぶが，ここでは，プレイヤー II の選択（自白・黙秘）により分かれた分岐点（ノード）が一つの情報集合となっていることになる。図 3-1 でノードが点線でつながっているのは，これら分岐点二つで一つの情報集合である，すなわち，プレイヤー I が，自分がどちらの分岐点にいるかわからないまま選択していることを表している。これは，図 3-2 も同様である。

（図 3-1）を追えば，両者とも自白するという状況を避けることができない，すなわちジレンマに陥ってしまうことがよくわかる。相手が（自白するという）戦略を変えない限り，自分が（自白するという）戦略を変更しても利得は増加しない，だから戦略を変えないということになるからである[4]。たとえば，両者が事前にこうした場合はお互い黙秘すると決めていたとしても，相手が約束を守るという確証，すなわち拘束的合意（enforcing agreement）がない限り，自白しようという誘因は残る。このように拘束的合意が不可能な状況でのゲームを非協力ゲーム（non-cooperative game）と呼ぶ。

　囚人のジレンマゲームは，国際関係では，軍拡競争への応用でよく知られる（第 17 章参照）。対立関係にある二国とも，社会経済問題などに国家予算を振り向けたくても，相手国が軍拡を止める保証がないため，自国も軍拡を続け，国力を衰退させるというジレンマである。

チキンゲーム

　囚人のジレンマゲームとともに，国際関係で着目されるゲームに，チキンゲームがある。2 台の車が異なる方向から猛スピードで突進し，そのままでは正面衝突してしまうという状況で，先にハンドルを切って回避する臆病者，すなわちチキン（chicken）を決める肝試しゲームに名前が由来する。好ましい結果を順番に並べると，最も好ましいのが，相手が回避して自分が突進し勝者となる場合，次が両者とも回避し勝者はいない場合，その次が自分が回避して相手が突進し勝者となる場合で，両者とも回避せず正面衝突する場合は，両者とも死亡する可能性が高く利得が最も低くなる（表 3-2）。相手の戦略の選択で場合分けして考えた場合（図 3-2 の展開型ゲーム）を見れば，相手が回避するなら突進，突進するなら回避と，相手がどうするかにより自分の戦略が変わることがわかる。この点が，自白という支配戦略があった囚人のジレンマゲームと異なる。そのため，どちらかが回避し，どちらかが突進する場合がナッシュ均衡となる。突進を選び勝者になったプレイヤーは当然のことながら行動を変えないが，回避したプレイヤーも死亡の可能性のある突進に行動を変えることはな

---

4) これは，この結果が，両者の最適応戦略によるナッシュ均衡であるという理論的含意とトートロジーである。

第3章　個人の合理性——ゲーム理論・公共財・集合行為理論　　45

表3-2　チキンゲーム：標準型ゲーム

		プレイヤーⅡ	
		回避（協力）	突進（裏切）
プレイヤーⅠ	回避（協力）	1, 1	0, 1.5
	突進（裏切）	1.5, 0	−3, −3

図3-2　チキンゲーム：展開型ゲーム

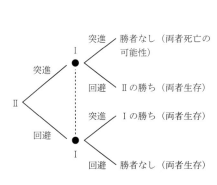

い，すなわち勝者が異なるナッシュ均衡が二つあることになる[5]。

　二つのナッシュ均衡間で，利得がプレイヤー間で対称になっており，どちらのプレイヤーも自分に得な方を選びたい。チキンゲームは，国際関係論では瀬戸際政策（brinkmanship）の状況を表しているとされる。たとえば，二国間で利害が先鋭に対立し，このままでは戦争になるという一触即発の状況であるとしよう。両国にとって戦争は致命的である時に，開戦も辞さないとする瀬戸際政策下で，どちらかが相手国の妥協を引き出すこともあれば，両国とも望まない戦争に突入する場合もある，そのような状況をよく表しているゲームである。

---

[5]　両方とも回避した場合は，突進して勝者になれば良かったという誘因が生じるし，両方とも突進し死亡したり重傷を負ったりした場合は，負けても回避した方が良かったということになる。このように行動を変えれば良かったという誘因が生じないのが，ナッシュ均衡であると考えることもできる。

ゲーム理論は現実の理解に役立つか？

ナッシュ均衡などゲーム理論が定式化された後，囚人のジレンマゲームのようなわかりやすいたとえを持って広まったのが 1950 年代に入る頃であったこともあり（Dixit and Nalebuff 2008: 66＝2010: 80），第二次世界大戦後の冷戦構造の下での軍拡競争や瀬戸際政策など国際関係の現象を通じ，ゲーム理論は，早くから政治学の分野で注目されることになった。囚人のジレンマゲームの例で言えば，裏切（自白）が軍拡，協力（黙秘）が軍縮にあたり，東西両陣営のような対立陣営や対立国にとって，軍縮がより望ましいのに，相手に裏切られ一方的に軍拡を進められる際の損害（最も低い利得）を避けるために，軍拡が支配戦略となる。チキンゲームも，核戦争の危機が現実のものと考えられたキューバ危機をよく表しているとされた（第 17 章参照）。

このように，現実への含意から関心を抱かれたゲーム理論であるが，現実の理解に役立つのであろうかという疑問は政治学の内部にもある。個人は利己的であり，主権国家が国益を追求する国際関係は無政府状態である一方，個人や国家が協力を選ぶ場合も多くある。そうでなければ，世界も文明も存続しないはずである。こうした疑問に対する一つの答えが繰り返しゲームである。いつ終わるかという最終ラウンドがわからない状態で，囚人のジレンマゲームを繰り返す場合，必ずしも裏切でなく協力を選ぶ傾向が高まる。囚人のジレンマの繰り返しゲームのシミュレーションを行ったアクセルロッド（Axelrod 1984＝1998）は，相手の協力には協力で返し裏切には裏切で返す，しっぺ返し（tit-for-tat）戦略が最も有利であることを示し，その後の研究に大きな影響を与えた（第 17 章参照）。

また，ゲーム理論が対象とするような極端な状況が，現実にそれほど起こりうるかという疑問もある。たとえば，国際関係でも，東西両陣営間の対立のような，政治経済体制の選択をめぐる先鋭で明確な対立は，冷戦期に見られただけである。しかし，ここで気をつけなければならないのは，ゲームの構造が表す状況が，現実に，誰の目から見ても，客観的かつ明示的に存在していなくても，当事者がゲームの構造に沿って行動する場合であれば，ゲーム理論による分析は可能であるという点である（[解説] ゲームの構造は現実の中に発見される）。

今までの説明では，プレイヤー 2 人や二国間という前提でゲームの説明を行

第3章　個人の合理性——ゲーム理論・公共財・集合行為理論　　47

ってきたが，ゲーム理論は，もちろん，プレイヤーが多数いる場合でも応用できる。そのため，ゲーム理論は，社会における複数の個人や集団が関わる現象にもよく応用される（［解説］鹿狩りゲームと買い占め）。次節で紹介する公共財や集合財の供給も，その一例となっている。

［解説］ゲームの構造は現実の中に発見される

　瀬戸際政策を考えてみよう。国家が戦争のような最終的手段を辞さない（チキンゲームで言えば，突進する）姿勢を示し，相手国の妥協を引き出す（チキンゲームで言えば，自国にとって有利なナッシュ均衡の結果とする）政策である。瀬戸際政策が成功するのは，当該国が相手国に対し，チキンゲームと同じ状況であると信じさせ，かつ，妥協しない（突進する）と信じさせる場合である。瀬戸際政策をとる国は，チキンゲームのゲームの構造を相手に信じさせ，そこで自国にとって有利な展開を引き出そうとしているとも言える。これは，当事者がゲームの利得構造を前提としてそれに沿って行動する（戦略を選択する）のであれば，ゲーム理論を応用することができることを示している。そして，それは，当事者以外の誰の目から見てもゲームの構造と同じ状況が存在していると確認できることとは全く別である。
　たとえば，第三国Aが，近隣する二国B・Cに対し，それぞれの相手国が（BにはCが，CにはBが），将来の侵攻のため軍備を増強していると虚偽の情報を伝え，当事国（B・C）がそれを信じ軍拡を始めたとしよう。ジレンマの前提となる事実（相手国への侵攻の意図や計画）が現実には存在せず虚偽であった場合も，当事国が虚偽を信じる限りにおいては，囚人のジレンマゲームと同じ状況が生じる。第三国Aが，B・C二国の国力の衰退を望んでいる場合は，こうしたジレンマの状況を予測して引き起こすことも考えられる。これは，認識や考え方，信念などに働きかける三次元権力の行使（第2章）とも考えられ，A国（のリーダー）がB・C国の（リーダーらの）現実認識を操作することにより，ゲームの構造を現実にしたことになる。
　このことはまた，政治現象や行動を観察することで，ゲームの構造が現実に発見される可能性があることも示している。今まで他の説明がされてきた現実の状況や歴史上の出来事でも，ゲーム理論に沿って説明できる可能性があることも示唆する。このような観点から，比較政治や米国政治の専門家らが，ゲーム理論に沿った事例分析を行った研究もある（Bates et al. 1998）。

［解説］鹿狩りゲームと買い占め

　公共財や集合財の供給以外でも，ゲーム理論で社会における現象が説明できる良

い例として買い占めがある。2020年にトイレットペーパー買い占め騒動が起こった。同じような買い占めは，石油危機下の1973年にもあったが，この時は原油価格に連動して原材料費が高騰すると考えられたのに対し，2020年の例は，コロナ禍の期間ではあったものの医療品でもないトイレットペーパーの品薄が危惧された。まずこの状況を理解するために，次のA・Bの会話を見てほしい。

　A「トイレットペーパーの買い占めだけど，なくなるはずないものを買いに走るなんて，合理的じゃないと思うよ。」

　B「でも，なくなるはずがないものでも，他の皆が1年分とか買いに行ったら，本当になくなってしまうじゃない？　それなら買いに行って確保しておこうとするのも合理的だと思うけれど。」

　A「確かにそうだけど，そもそも普段は誰も買い占めになんて行かないよ。」

　B「確かに。一体どちらが合理的だろう？」

買い占め騒動を囚人のジレンマゲームと見る報道などに対し，安田洋祐氏は，囚人のジレンマゲームでは，普段は買い占めが起こらないことが説明できないと指摘し，この状況を鹿狩りゲームで説明した（他のメディア媒体でも数多く取り上げられたが，ここでは「買い占めに走る消費者は『間抜け』なのか？：ゲーム理論『協調ゲーム』で考える消費者行動の合理性」https://business.nikkei.com/atcl/seminar/19/00030/030900081/ 参照）。鹿狩りゲームは，1人で狩りに行けば，うさぎしか狩れないが，2人で行けば鹿を狩れるという設定の協調ゲーム（coordination game）である。協調ゲームの説明としても，ゲーム理論が現実を理解するのに有用であることを理解するにも，優れた例であるので，少し長くなるが，ここで紹介する。

安田氏による鹿狩りゲーム（表3-3）の設定では，買い占めに行かないで「あわてない」のが「協力」で，買い占めに行って「急いで買う」のが「裏切」となる。ペイオフ表に沿っての説明は次のようになる。2人とも「あわてない」のは，在庫が豊富にあり，自分が買いたいタイミングで商品が買える時で，両者の利得は2である。自分だけ「急いで買う」のは，商品は買えるが，買いに急ぐ分のコストが1だけ余計にかかるので，利得は1になる。2人とも「急いで買う」と品薄状態になり，商品を買えないリスクで利得がさらに1下がって，利得は0になる。自分だけ「あわてない」と，品切れにより，必要なときに商品が買えなくなってしまうので，利得は−1となる。

普段の状態であれば，周りがあわてるはずがない（品薄状態にならない）ので，2人ともあわてる必要はなく，両方ともあわてない両者「協力」がナッシュ均衡になる。しかし買い占めが起こっている状態では，まわりがあわててしまったら豊富にある在庫もなくなり，買いにいかない自分が損するので，両方とも急いで買う両者「裏切」がナッシュ均衡となる。ナッシュ均衡が二つある鹿狩りゲーム（協調ゲーム）と，一つだけの囚人のジレンマゲームの相違がわかる。二つのナッシュ均衡

第 3 章　個人の合理性——ゲーム理論・公共財・集合行為理論　　　49

表 3-3　鹿狩りゲーム

		プレイヤー II	
		協力	裏切
プレイヤー I	協力	2, 2	−1, 1
	裏切	1, −1	0, 0

協力＝あわてない
裏切＝急いで買う

の内，「いつもの均衡」の方が望ましいのに，一旦実現した「買い占め均衡」に陥ると，そこから逃れるのが難しいと，説明は終えられている。自分の行動だけでなく他者の行動により結果が決まる協調ゲームである鹿狩りゲームの均衡のわかりやすい説明となっている。

　普段（いつも）と買い占めの状態両者を（均衡として）説明する鹿狩りゲームは，まわりがあわてて買いに行くと思って買い急ぐ人が多かったことを示唆する。現実はどうであったのであろうか。この点に関し，買い占め時にどのように情報が流れたのか実証した研究（Iizuka et al. 2022）が非常に興味深い示唆を与えてくれる（各種メディアで紹介されたが，最も詳しい説明としては「訂正情報がもたらす社会的混乱：コロナ禍のトイレットペーパーデマの詳細分析」https://www.t.u-tokyo.ac.jp/press/pr2022-04-28-003 参照）。

　品不足の情報がソーシャルメディアで拡散し，分析可能なデータも得られることから，東京大学の鳥海不二夫氏らが，買い占めが起こった 2 月下旬から 3 月中旬までの「トイレットペーパー」を含む約 460 万件のツイートを分析したところ，「不足はデマ」として否定するツイート（「訂正情報」）は大量に拡散している一方，「トイレットペーパーが不足する」というツイート（「誤情報」）はごく少数であることがわかった。これは多くの消費者がデマを信じていたわけでないことを示唆する。さらに，ツイートを説明変数，トイレットペーパーの売上指数を被説明変数とした売上予測モデルは，「不足はデマ」とする訂正情報が買い占めを引き起こしていたことを示した。訂正情報が，発信者の意図に反し，他者がデマに踊らされて買いに行っていると伝えることになり，社会的混乱を引き起こしていたことになる興味深い結果である。これはまた，他者が急いで買いに行くなら自分も行くという，鹿狩りゲームの「買い占め均衡」の状態と合致し，その均衡の罠通りの結果が実現したことを示している。安田氏が，「みなさん冷静に」「必要な方が買えるように配慮を」というメッセージで「問題が解決するのであれば，そもそも買い占め騒動はここまで大きな問題になってはいない」と指摘していたのと符合する結果である。

　さらに興味深いのは，情報の拡散に関わる変数を変えてみたシミュレーションの結果である。「不足はデマ」とする訂正情報が拡散する設定では，買い占めが起こ

るのに対し，その拡散が減少する設定に変えると，買い占めも抑制されることがわかったのである。本来なら望ましい訂正情報を減らすことが，社会的混乱の解決となるという，意外な政策的示唆であるが，これは，鹿狩りゲームでいえば，皆が急いで買いに行かなければ自分も行かないという「いつもの均衡」に戻ることで説明できる。シミュレーションの示唆する解決が，鹿狩りゲームに二つの均衡が存在することの持つ含意と合致するのも，特筆に値する。

買い占めがなぜ起きたかというデータによる実証と，鹿狩りゲームの説明が一貫することになり，両者の説明を通じ，ゲーム理論が，現実の社会の問題の理解にも解決にも非常に有効であることがよくわかる。

3. 公共財と集合行為理論

個人の合理性と社会の問題が結びつき，定式化されたものに公共財の供給と集合行為理論がある。

公共財

市場で取引され配分される私的財に対し，市場では供給が困難であるのが，公共財（public goods）である。公共財は，それの生み出す利便を享受するために他者が同時にそれを享受することを排除する必要のない財やサービスであり，非競合性（non-rivalness）と非排除性（non-excludability）を持つと定義される。私的財との比較でわかりやすく説明してみよう。たとえば，あなたが気に入った洋服を見つけ，一晩迷って次の日に買いに行ったら，既に完売してしまっていたとする。これは，他の誰かが洋服を買ってしまった，すなわち，他者との競合性があり，そのために，あなたが着ることができなくなった，すなわち排除性がある，ということになる。こうした競合性・排除性を持たないのが公共財である。

非競合性と非排除性の観点からわかりやすい例としては，たとえば，都市の治安がある。犯罪が少ない，安心して暮らせる都市であれば，夜一人で歩いていても犯罪に巻き込まれることはまずなく，そこで暮らす人全てが，他者と競合することなく排除されることなく，治安の良さは享受できる。これが公共財であることは，治安が悪い場合と比較するとよくわかる。治安が悪い場合は，

時間や移動する手段を考えなければならない。たとえば，夜一人で歩くのは危ないので，なるべく昼間に移動する，夜移動しなければならない時は必ず車で移動するとなった場合，これは余分な時間も手間も金銭も必要となることはよくわかるであろう。「治安」は具体的な存在が目に見えるものではない。しかし治安が良い都市では，たとえば警察のパトロールが行われていたり，死角をなくし街灯を多くすることが留意されていたり，あるいは経済を安定させ失業を生じないようにしたり，福祉による保護などで貧困から生じる犯罪を防止したりという，直接間接の形での政策やサービスが存在する。これらをもって治安の良さという公共財が供給されていることになる。

　非競合性と非排除性を持つ純粋公共財に対し，競合性を持ちながら非排除性を持つ公共財もあり，こちらの方が実は多い。たとえば，料金も取らず誰でも通ることができる道路は非排除性を持つが，便利なため利用が多くなれば，渋滞が生じる。（自由に入ることができる）桜の美しい公園には，誰でも花見に行けるが，より近くで楽しむには場所取りをしなければならない。両者とも競合性の結果である。

　公共財の非排除性からフリーライド（ただ乗り）の問題が生じる。供給のための費用を払わなくても，排除されずにその便益を享受できるからである。

集合行為理論と集合財

　公共財のフリーライドの問題を集団の行動に適用し，合理的個人と集団の関係を分析したのがオルソン（Olson 1965＝1996）の集合行為理論（collective action theory）である。集団全体の利益や目的が達成され，その成員である限りそれらの便益を享受できるのであれば，それは集団内で公共財が提供されたのと同じであり，そうであれば，当然，フリーライドの問題が生じるとして問題提起したのである。市場において供給されず，政府によって供給される財であることに公共財の名は由来するが，集団内でその構成員に対しどのように供給するかという問題を扱う時は，公共財でなく，集合財（collective goods）と呼ばれることも多いので，ここからは適宜，集合財の呼称も用いる[6]。

　集団における共通の目的や利益が達成された場合，集団の構成員は（何もしなくても）その恩恵にあずかることができるので，集合財と考えることができ

る。公共財の供給と同様，集合財の供給にもフリーライドの問題が生じる。構成員の多い集団では，共通の利益や目的の達成へのフリーライドは，個人の行動を強制したり動機づけさせたりする特別の工夫がない限り生ずるとオルソンは考える。そのフリーライドを防ぐ特別な工夫として考えられるのが，選択的誘因（selective incentive）であり，これは，具体的には，オルソンが集団の例とした労働組合では，組合員だけ参加できるリクリエーションや社交的会合，或いは組合員だけ加入できる共済保険制度などであり，労働組合に加入しなくても達成できる労働条件や賃金引き上げなどといった労働者共通の利益（集合財）とは無関係な誘因である。

　オルソンは，大きな集団ほど，個人が費用を支払わなくても目立たず，フリーライダー発見が困難なのに対し，小さな集団ほど，集合財の価値と供給が認識されやすく，構成員に自発的に費用を払おうという動機づけが生じると考えた。しかし，現在では集団のサイズと集合財・公共財の供給の関係はより複雑であり，必ずしも大集団が不利であるとは限らないと考えられるようになっている。構成員の集団への関わり方の相違や構成員の選好が同質であるか異質であるかなど，様々な変数の相互作用で公共財の供給が決まるからである（Ostrom 2007）。国際関係における公共財である，軍事同盟や国際経済制度などでは，メンバー国に等しくフリーライドの動機付けが生じるとは限らない。軍事同盟の存続をより強く望む国ほどより多く費用を払う場合や，国際経済制度を支える国際機関では，経済規模が大きい国が多く費用を分担する傾向も見られる。

合理的個人とフリーライド

　そもそも，非排除性があると，なぜフリーライドが生じるのであろうか。公共財や集合財の供給におけるフリーライドの問題は，実は，一対多（もしくは多対多）の囚人のジレンマゲームとして解釈が可能である。たとえば，多国間の軍拡競争や保護貿易を考えてみよう。軍拡や保護貿易が問題であるとしても，もし自国のみが軍備拡張をやめたり自由貿易原則を守ったりした場合は，甚大

---

6)　オルソン（Olson 1965: 14＝1996: 13）は「集合財あるいは公共財は……たとえ n 人から成る集団 X のどの個人 X_i がそれを消費しても，当該集団内の他者が利用できなくなることのないような財」と定義しており，両者を特に区別していない。

第3章　個人の合理性——ゲーム理論・公共財・集合行為理論　　53

な損害を被る。しかし，全ての国が軍拡や保護貿易に走った場合には，経済発展の阻害や大恐慌，戦争といった国際関係全体への悪影響が生じるので，それよりは，国家間の協力を進め，軍縮を進めたり自由貿易主義を守ったりした方がずっとよい。囚人のジレンマゲームの構造である。

　チキンゲームも同様である。たとえば，二つの都市の間に，過去に洪水の被害を引き起こした川があり，その堤防建設をお互い押し付け合っている間に台風が来てしまい，両都市に大被害が生じたとする。単独で費用を負担することになっても，それが大洪水の被害より好ましいのであれば，堤防という公共財をめぐるチキンゲームの構造が存在することになる（Mueller 2003: 16）。公共財や集合財の供給は，ゲーム理論で説明できる集合行為の問題なのである。

4.　集合行為や公共財の供給は可能か？

　前節では，集合行為や公共財の供給が困難である，合理的個人による解決が難しいという観点から，ゲーム理論の応用を考えてきた。逆に，集合行為がどのような時に可能であるか，或いは公共財の供給が可能であるか，という問題意識に基づいた議論もある。

共有地の悲劇と共有資源管理

　集合行為の問題の解決が難しい事例として，ハーディン（Hardin 1968）が取り上げた「共有地の悲劇」と，共有資源管理によるその解決は，そうした議論の代表的な例である。誰にも開放されている共有地があったとしよう。牧草が生え，小川が流れ，牧畜には好適な土地であるため，多くの牧畜業者が，牛などの家畜を連れてきて，なるべく多くの利益を得ようと，なるべく多くの家畜を放牧したとしよう。どのように広々とした共有地であっても，牧草や水など，家畜を放牧し飼育するための共有資源には限界があるので，ある時点から一頭あたり得られるミルクや肉は減少していくことになる。しかしながら，もう一頭飼うことで得られる便益は全てその牧畜業者に帰属するのに対し，過剰飼育による損失は利用者全員で負担することになるため，それぞれの業者は，共有地が全く利用できなくなるまで自分の飼育頭数を増やすことになる。結果とし

て，資源が完全に枯渇し，共有地は利用できなくなる，共有地の悲劇が起こる
というのである。

　共有地の悲劇は，例えば，ヒートアイランド現象にもかかわらず，都市の中
心で高層ビルの建築ラッシュが起こるなど，環境に関わる幅広い問題に応用可
能である。こうした状況を踏まえた上で，その解決に関わる研究を行ったのが，
政治学者のオストロム（Ostrom 1990＝2022）である。現実の共有地や共有資源
管理の事例を分析し，成功している場合，どのようにそれがなされるかを探り，
市場への介入や政府による規制といった，従来考えられていた解決手段ではな
く，共同体による管理に着目した。そして，現実の事例に基づき，利用者の共
同体が，資源や利用者を特定し，現実的な利用供給の規則を作り，利用を監視
し，規則を守らない場合の段階的制裁も行い，紛争解決のメカニズムも準備す
るといった，具体的な解決の方法を提示した。集合行為や公共財の供給の問題
（の解決）に広く関わる研究である。

退出・抗議・忠誠──市場と組織

　ハーシュマン（Hirschman 1970＝2005）は，経済学者ながら，市場原理の限界
を指摘する一方，市場とは異なるメカニズムが組織で働くことに着目し，集合
行為や公共財の供給の問題の解決に示唆を与えた。ハーシュマンによれば，市
場原理は，一方的な退出（exit）による原理である。ある商品が気に入らなけ
れば消費者は買わなくなり，売れ行きが悪くなると，製造する企業はそれに気
づき対応する。そうした対応に失敗した企業は衰退するか倒産する。退出のメ
カニズムが本当に効率的であるかに，ハーシュマンは疑義を呈する。そのため
に挙げた例は，長距離輸送における競争の結果，利用側が，トラック輸送など
別の代替輸送手段に切り替え（退出），衰退していったナイジェリアの鉄道で
ある。利用側が，鉄道会社にサービスの向上を訴え改善を求める，すなわち抗
議（voice）のメカニズムが働かなかったため，鉄道の大量輸送手段としての
強みが活かされず，鉄道敷設の投資が無駄になってしまった例であり，ハーシ
ュマンは，ここに市場原理の限界を見出した。

　市場とは異なり，組織や集団では，メンバーが組織・集団の方針に不満を抱
いても，そこから離脱するという選択，すなわち退出を必ずしも最初にとらず，

現状を変えようと，組織集団内で声を上げる，すなわち抗議するという選択肢がある。そして，退出でなく抗議を選択するのは，メンバーの組織や集団に対する忠誠心が高い場合である。ハーシュマンは，市場原理の限界とその解決を示唆しただけでなく，退出と抗議というメカニズムで，市場から組織や集団一般へと分析を広げ，両者を連続的にとらえる視座を提供し，その後の研究に大きな影響を与えた（［解説］退出・抗議と組織）。

　本章では，ゲーム理論から公共財や集合行為理論について扱った。数学に基づいたフォーマル・モデルとも呼ばれる分野であるが，これらの理論は，全て，現実に対する問題意識や関心に発していることは，既に述べた通りである。

［解説］退出・抗議と組織

　ハーシュマンのフレームワークは，市場における商品の質の劣化や低下に対する消費者の反応である退出——その商品を買わなくなり他に乗り換える——に対する問題意識から発し，消費者が生産者に対し，商品の質を回復或いは改善するよう抗議をする代替メカニズムを考える。退出と抗議のどちらを選択するかは，主にそれらにかかる期待費用による一方，忠誠心——商品，究極的には生産する会社に対する——にも左右される。退出を遅らせ，抗議が行われれば，質の低下は止まり，退出と抗議が効果的に組み合わさることが，組織（ここでは会社）を回復に導くというのが，規範的含意である。ハーシュマンは，市場では退出の選択が主で抗議が働きにくいとする一方，組織でも必ずしも抗議がその衰退をとめるようには働かない場合もあるとし，政治組織の問題にも言及している。例えば，政党のような組織でも，構成員が組織の方針に抗議せずに，或いは抗議しても組織から応答がないと，退出すなわち離党して，他の政党に移動したり新党を結成する場合もある。ハーシュマンの退出・抗議・忠誠の考え方に基づいて，1993 年の自民党の分裂を説明した研究もある（Kato 1998）。

第4章 個人の合理性——選好の表現と空間理論

　合理的な決定の前提となるのは，個人の選好であり，個人の選好が反映され，社会の決定がなされる。この章では，それに関わる空間理論を扱い，理論の持つ現実社会への含意を理解することを目的とする。

1. 個人の選好の表現

選好とは

　前章では序数的選好について学んだが，好きな順番，優先順位とも言い換えられる，この選好順序にも異なる種類がある。たとえば，小選挙区の選挙で，a・b・c三候補者がおり，あなたは最も好ましいaに投票するがaは落選，cが当選したとしよう。その選挙結果を振り返る際のあなたの反応を考えてみよう（図4-1）。例えば「aが当選しないなら，bの方がcより良かった」と思う反応が考えられる。そして，明確にbがcよりが好ましいと思う場合もあれば，どちらかと言えばbがcより好ましいくらいの場合もあるだろう。さらには「aが当選しないなら，bもcも同じだ」という反応で，bとcの好ましさが同じ場合も考えられる。以上，三つの場合とも共通に，aが最も好ましいが，cよりbがどれだけ好ましいかに関して相違がある（図4-1中段）。

　こうした場合を区別する方法として選好順序がある（図4-1下段）。個人kの選好順序を表す場合，「bがcより好ましい」と明確に選好順序をつけるのが，強順序（preference）であり，bP_kcと表現される。それに対し，弱順序（reflection）は「bがcより少なくとも同程度に好ましい」と定義され，bR_kcと表現される。三番目の「bとcが同程度に好ましい（好ましくない）」は，無差別（indifference）でbI_kcとなる。また弱順序で，強順序と無差別を定義でき，強順序はbR_kcだがcR_kbでない，無差別はbR_kcかつcR_kbと定義できる。

第4章　個人の合理性——選好の表現と空間理論　　　57

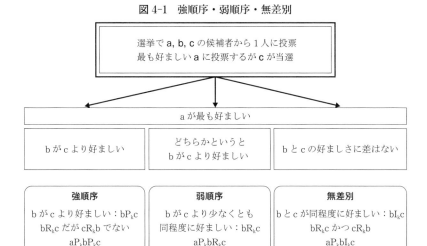

図 4-1　強順序・弱順序・無差別

社会全体の選好順序を表す場合は，単に P, R, I で表す。

　三者に対する選好順序が強順序で定義される場合，最も好ましい候補者 a が落選するのであれば，当選可能性のある候補の内より好ましい方 b の当選を望むことがわかる。こうした場合，もし a の落選が確実に予想できるのであれば，最も好ましくない c の当選を阻むために，二番目に好ましい b に投票することもある。これを戦略投票といい，選好順序が投票行動に影響を与える興味深い関係を示唆する例でもある（第7・8章）。

投票のパラドックス——コンドルセ・パラドックスと劣位勝者のパラドックス

　上記のように定義できる，個人の選好順序であるが，選挙での選択のような社会的決定にそれを反映する過程には，様々な問題がある。簡単な例でこれを説明してみよう。友人3人で一緒に旅行に行こうと考え，パリ，ハワイ，プーケット間の旅先の選択をしているとしよう。表 4-1a で上から順に並べたように3人（V_1, V_2, V_3）の選好順序は異なっていたとする。一番行きたいところでは決着がつかないので，二つの選択肢の間で多数決を取り，勝ち抜き方式で決めることにしたとすると，どのような結果になるであろうか。

　例えば，海があるという点で似ているハワイとプーケットについてまず多数

表 4-1　投票のパラドックス

a　コンドルセ・パラドックス

V₁	V₂	V₃
パリ	ハワイ	プーケット
ハワイ	プーケット	パリ
プーケット	パリ	ハワイ

・ハワイとプーケットではハワイ P プーケット　ハワイとパリではパリ P ハワイ　→パリに決定
・プーケットとパリではプーケット P パリ　プーケットとハワイではハワイ P プーケット　→ハワイに決定
・パリとハワイではパリ P ハワイ　パリとプーケットではプーケット P パリ　→プーケットに決定
　　　　　　　パリ P ハワイ P プーケット P パリ…と循環

b　劣位勝者のパラドックス

V₁	V₂	V₃
パリ	ハワイ	プーケット
トロント	プーケット	パリ
ハワイ	パリ	トロント
プーケット	トロント	ハワイ

パリ，プーケット，ハワイ，トロントの順で比べると，トロントが選ばれるが，
全員が，最初に否決されたパリをトロントより好む

決をとり，そこで選ばれたハワイと，残るパリで多数決をとると，最終的にパリになる。とはいえ，どの順番で多数決をとってもパリになるわけではない。例えば，米国外の旅先をまず比べるということで，プーケットとパリをまず多数決にかけると選ばれたプーケットよりは，ハワイが好まれ選ばれる。さらに，航空券代の高いハワイとパリから多数決にかけると，今度は，最後に選ばれるのはプーケットになる。言い換えれば，多数決にかける（都市のペアの）順番で，最終的に旅先として選ばれる都市が異なってしまうことがわかる。

　さらに，多数決による2選択肢間の選択を組み合わせるとパリ P ハワイ P プーケット P パリ P ハワイ P プーケット…のように循環していることがわかる。このように3以上の選択肢のある単純多数決における循環（cycling）の発生をコンドルセ・パラドックス（Condorcet 1785）という。このように，二つの選択肢で多数決をとる勝ち抜き戦方式の決定では，採決にかける順番によって結果が異なることがある。循環がある場合，どの選択肢にあたっても多数の支持を得て勝利する選択肢，すなわちコンドルセ勝者はいないことになる。これは，アジェンダ（議事）により結果を変えることができるアジェンダ・コン

第 4 章　個人の合理性——選好の表現と空間理論　　59

［解説］アジェンダ・コントロールと制度の生み出す均衡

　旅先の選択の事例（表 4-1）は，選択肢を多数決にかける順番，すなわちアジェンダ（議事）を変えることで，自分の好ましい決定を行うことができることを示している。二次元的権力の概念では，自身にとって好ましくない決定を非決定にするという消極的なアジェンダ・コントロールについて説明した（第 2 章）。それに対し，ここでは，2 選択肢間で多数決を行う順番を変える，より積極的なアジェンダ・コントロールの可能性を提示している。循環が生じることを前もって知っていれば，自身にとって最も好ましい選択肢が決定されるように多数決の勝ち抜き戦をする，すなわち議事を操作することも可能である。例に書いたように，最初に海のある観光地を比較する，或いは米国外でまず比較する，というように提案し，順番を左右することは可能である。このように，循環の問題は，アジェンダによる操作の可能性と，それを前もって知っている個人の戦略的優位を示唆する。

　このように，循環は，どの選択肢が選ばれるかの操作を可能にするという問題を持つ一方で，逆に，循環により決定自体ができなくなるのも問題である。これらへの対応として，当事者間で順次選択肢を多数決していく決定の手続きを決めることで，安定した結果を導くという解決も考えられる。そのため，アジェンダ・コントロールは，安定した決定を導くための制度的工夫とみなされることもあり，米国議会はそうした制度的工夫を行っている例とされている（第 10 章第 4 節参照，より理論的な説明としては Mueller 2003: 114-120 がある）。

トロールが可能であることを意味する（［解説］アジェンダ・コントロールと制度の生み出す均衡）。

　政策決定の問題，たとえば，公共事業の予算を三候補地のどれにつけるかの決定でも同じことが起こり得る。公共事業のどの条件に着目するか——例えば，治水目的か干拓か（海があるかないか），本州内か外か（米国内外），事業にかかる費用（航空券代）——により，多数決を取る順番を変えると，選ばれる候補地が変わってしまうことが示唆される。

　さらに上記の旅先の例にトロントを加えてみよう（表 4-1b）。パリ，プーケット，ハワイ，トロントの順で比べていくと，プーケット P パリ，ハワイ Pプーケット，トロント P ハワイとなり，トロントが選ばれる。しかし，選好順序を改めて確認すると，3 人全員が最初に否決されたパリをトロントより好むことがわかる。これを特に，劣位勝者のパラドックスと呼ぶ。

このように，コンドルセにより定式化された選好順序の循環は，様々な形態のパラドックスを生み，単純多数決でない投票方法を用いても必ずしも回避できない（第6章第3節，第8章第3節）投票のパラドックスの問題となる（この点についての包括的かつ正確な解説としては，佐伯 2018［1980］: 第1章参照）。

単峰性を持つ選好と非単峰性を持つ選好──選好の同質性

循環は，どのような時に起こるのであろうか。これについては，先述の三つの旅先の選好順序（表4-1a）を，旅先の選択肢を日本から遠い順にX軸で，選好順位を高い順に上からY軸で表すと図4-2のようになる。V_1のように片端に単峰（peak）がある場合や，V_2のように真中に峰がある場合を，単峰性がある選好と呼ぶ。それに対しV_3のように真中の峰が下向きになっている場合を，非単峰性を持つ選好と呼ぶ。このように，単峰性を持つ選好に対し，非単峰性を持つ選好が存在する場合には循環が起こりやすい。

しかし非単峰性を持つ選好が存在すれば，必ず循環が起こるわけではない。選好順序の同質性が高いか低いかも問題となる。例えば，V_1, V_2, V_3に新たに仲間のV_4, V_5, V_6が加わり6人で決定する場合で簡単に説明してみよう。V_1, V_2, V_3の選好順序もバラバラであったが，新たに加わるV_4, V_5, V_6も全く異なる選好順序を持っていたとする。旅先は三つなので，選好順序としては6（＝3×2）通りが考えられるが，全ての異なる選好順序を6人のそれぞれが持っている状態である。循環が生じ決定できないのは容易に理解できるであろう。このように，全ての可能な選好順序が同じ確率で発生すると，循環は最も生じやすい。

逆に，新たに加わるV_4, V_5, V_6が，V_1, V_2, V_3の内1人の選好順序と同じ選好順序を持つとすれば，4人が共有する選好順序が多数決により選ばれることは容易に理解できるであろう。このように集団内の選好順序の同質性が高まると多数決による決定も行えることになる。また，これは，V_4, V_5, V_6が，V_3と同じ選好順序を持っていた時にもあてはまる。V_3は，V_1, V_2, V_3 3人の元の集団では，非単峰性を持つ選好とされていた。このことから，また選好順序の非単峰性が循環の発生に与える効果は，あくまでも他の選好順序との関係によることがわかる。

図 4-2 単峰性を持つ選好と非単峰性を持つ選好

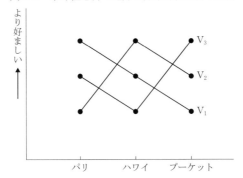

非単峰性を持つ選好と選好順序の同質性

選好の（非）単峰性やそれに伴う循環の問題は，どのように，現実の政治的決定に関わるのであろうか。例として労働者の雇用に関する次の 3 政策選択肢を考えてみる。政策 A は，失業した労働者へ給付を行うことに重点を置いた失業給付政策である。それに対し，B は，給付より職業訓練などで就業を促すことに重点を置いた積極的労働市場政策であり，C は，労働市場への介入を最小限とする市場中心政策とする。

財政への長期的影響を考えると，失業者への給付を中心とする A が最も財政への負担が高く，B は雇用を確保し失業者を減らすことで A より財政負担を抑制し，政策介入を最小限とする C が最も財政への負担が低いとしよう。政策選択肢としては，財政負担の高い順に ABC と並べられ，六つの異なる選好順序が考えられる（図 4-3a）。財政負担の高い順あるいは低い順の選好順序（左上がりの線で結ばれる ABC と右上がりの線で結ばれる CBA）に加え，中間レベルの財政負担を第一とする中庸を優先した選好順序（BAC と BCA）は，財政負担に関わる選択として理解できる。これらは全て単峰性を持つ選好である。

しかし，残りの二つ（ACB と CAB）は，財政負担から考えると，それぞれ，高低中の順と低高中の順の選好順序であり，財政負担の高低に反応しているとは考えられない。これらはまた，選好順序を結ぶ線（破線）の真ん中が一番低い位置になる構造を持つ非単峰性を持つ選好である。この例が示すように，非

図4-3 失業給付政策（A）・積極的労働市場政策（B）・市場中心政策（C）の選好順序

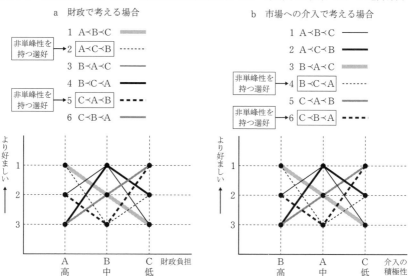

単峰性を持つ選好とは，単峰性を持つ選好と別の基準で考えた選好順序である。そのため，非単峰性を持つ選好があると循環は生じやすくなるのである。

非単峰性を持つ選好と政策次元

財政負担から考える場合，ACBやCABのような選好順序——非単峰性を持つ選好——を持つ個人が多いとは考えにくい。より多くの個人が，財政政策という観点から考えれば，こうした，財政負担のレベルとは無関係に選好順序が決まる，非単峰性を持つ選好は生じにくくなる。

しかし，政策はさまざまな側面を持っており，必ず一つの側面から考えられるとは限らない。これを理解するために，A，B，Cの選択を異なる観点——労働市場への介入——から考えてみよう。政策内容を見ればわかるように，Bが最も労働市場に積極的に介入する政策であり，次が給付を行うAで，現状維持で何もしないCが最後となる。この基準に沿って，政策を並び替えると，今度はBACの順となる（図4-3b）。そして，非単峰性を持つ選好は，介入の積極性のレベルとは無関係に決まる選好順序（BCAとCBA）である。財政負担

第 4 章　個人の合理性——選好の表現と空間理論　　63

> **［解説］選好の単峰性と非単峰性**
>
> 　なぜ，非単峰性を持つ選好が存在すると循環が生じ決定が難しくなるのか。単峰性を持つ選好のみ存在する場合の方が，なぜ循環が生じにくいのであろうか。図4-3からも，aとbそれぞれの基準に合致した選好順序が単峰性を，そうでないものが非単峰性を持ち，このためaとb両者で非単峰性を持つ選好が異なることがわかる。つまり，単峰性を持つ（同じ基準で考える）選好とは，選択肢が並べられている一直線上で，最も好ましい点に近いほど好ましく，遠いほど好ましくないという前提が成り立つ選好である。非単峰性を持つ選好の場合は，これが成立しない。最も好ましい点に近いほど好ましく，遠いほど好ましくないという前提が成立するため，単峰性を持つ選好のみの場合には，決定が容易となり，この前提が成立しない非単峰性を持つ選好のみの場合には，逆に決定が困難となると考えれば，理解しやすい。この単峰性の仮定は，選択肢を連続的な変数として考える次節の空間理論でも重要である。投票者が単峰性のある選好を持つと，多数決は均衡解を持つ（循環は生じない）というブラックの定理である（Black 1948）[2]。

を基準にした場合の非単峰性を持つ選好であった選好順序（ACBとCAB）は，ここでは単峰性を持つ。既に述べたように，非単峰性を持つ選好は，必ず他の選好との関係で生じ[1]，単峰性を持つ選好とは（他と）同じ基準で考える選好（同士）ということになる。

　現実の政治現象においても，選挙などで政策が争点化されると，世論の賛否が定まり，政策の実行（或いは廃止）が決まるということはよく観察される。争点化により，個々人が同じ基準で選好順序を考えるようになったと考えれば，上記の理論的な示唆——非単峰性を持つ選好順序が生じにくくなると決定が容易になる——と一貫する。また，逆に，決定が行われる直前に，政策の別の側面が問題になり，賛否が分かれ，決定が難しくなることもある。これは，同じ基準で選好順序を考え（非単峰性を持つ選好順序が生じにくくなり）決定が可能になった場合でも，他の問題が提起され，異なる観点で考える選好順序（すなわち非単峰性を持つ選好）を持つ個人が増えると，決定が難しくなるという理論的示唆と合致する（［解説］選好の単峰性と非単峰性）。

---

1)　この点についての説明は，Riker（1982: 126-128＝1991: 147-151）に詳しい。

2)　佐伯（2018 ［1980］: 38-39, 110）のブラックの定理の説明も同じ点を指摘している。

2. 空間理論

　個人の選好順序を考える場合，最も選好順位が高い点を理想点（ideal point）という。個人の理想点を集計し，その位置を理想点とする有権者の分布を考え，どこが選択されるかを分析するのが空間理論（spatial theory）である。

空間理論の基礎——ダウンズ＝ホテリング・モデル

　店をどこに出店するのが有利かというホテリングの空間競争（spatial competition）モデルが，イデオロギーや政策位置に関わる競争にも応用できると考えたのがダウンズ（Downs 1957＝1980）である。政治学の空間理論の基本の考え方を理解しやすい例で説明してみよう。広い道路が中心を走っている町があり，道路沿いにほぼ均一に同じような家族構成の住居が存在していたとする。他の町や市から少し離れている，この町の消費者を対象に，道路沿いにスーパーマーケットを出店するのであれば，どの位置が好ましいであろうか。多くの読者が，町を走る道路の真ん中の位置と答えるのではないだろうか。それはなぜだろうか。例えば，道路のどちらかの一番端の町境に出店したらどうであろうか。その位置に近い住民にとっては便利だが，他の住民にとっては遠い。真ん中の位置は，他の位置と比較した場合，より多くの住民にとってより近い位置なので，より有利なはずと選んだことになる。

　こうした企業の出店に関わるモデルを，政治における競争を説明する空間モデル（spatial model）に応用したのが，空間理論である。有権者は，自分とより近いイデオロギーや政策の立場を持つ政党や候補者を支持する。住居の位置が有権者個人にとって最も好ましい点である理想点であり，出店の位置が，政党や候補者のイデオロギーや政策的立場を表す点になる。より多くの有権者の理想点に近い位置の政策やイデオロギーを持つ政党や候補者が，より多くの支持を受けることになる。

メディアン・ヴォーター定理

　先の出店の例で選ばれた店舗のように，投票者を右から数えても左から数え

図 4-4 メディアン・ヴォーターの優位

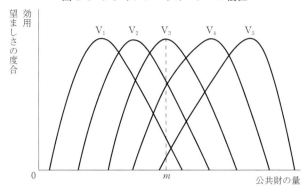

出典:Mueller(2003: Figure 5.4)より作成

ても真ん中となる位置をメディアンの位置という。「一次元で表せる政策対立（争点）で全ての個人が単峰性の選好を持つ場合，メディアンの位置が多数決で敗れることはない」とするのがメディアン・ヴォーター（median votor: 中位投票者）定理（Black 1948）である。メディアンの位置の有利については，出店モデルの，消費者の住居と店舗の位置の関係からよくわかる。

ここで，単峰性を持つ選好という条件が必要であるのは，既に説明したように（[解説] 選好の単峰性と非単峰性参照）理想点に近いほど好ましく，遠いほど好ましくないという関係が成立することが必要だからである。これを理解するために，5人の投票者 V_1 から V_5 を考えてみよう（図4-4）。V_1 から V_5 のそれぞれの選好を表す曲線の単峰の部分が理想点であり，曲線は，そこに近いほど選好順位が高く，遠いほど選好順位が低くなることを表している。メディアンの位置 m は，両端から投票者を数えた場合のちょうど真ん中なので V_3 の理想点に合致する。これと他の投票者の理想点を二項比較し多数決をとった場合，メディアンの位置は，他のどの位置より，必ずより多くの投票者の理想点に近くなり，敗れることはないことは容易にわかる。

理想点の分布とメディアンの優位

メディアン・ヴォーター定理は，多数決による決定の有効性を示唆する強力な定理である一方で，全ての有権者（すなわち選好順位が問題となる集団）が

投票すると仮定しており，棄権の可能性を考えると，これは非現実的である。棄権はどのような時に起こりやすいのであろうか。個人が棄権の動機付けを持つのは「疎外」或いは「無差別」の状況が起こる場合である。たとえば，自分にとって，最も近い候補者や政党の位置であっても，大きくかけ離れている場合，有権者は投票に行かず，棄権する動機付けが高くなる。これを疎外（alienation）と呼ぶ。逆に，自分の理想点に近い立場の候補者や政党が複数存在する場合，有権者にとっては，それらの内，どの候補者が選ばれても，どの政党が政権をとっても構わないということになる。これを無差別（indifference）と呼び，やはり棄権の可能性を高める。

多数の有権者がいて，このように，棄権の可能性がある場合でも，メディアンの優位が揺らがない条件はあるであろうか。例えば，左から右へ横軸上に連続的に選択肢（たとえば公共財の量）を並べ，それぞれの位置を理想点とする有権者（数）の分布を表した場合，単峰型（unimodal）で対称的（symmetric）な，正規分布のような分布であれば，メディアンの優位は揺らがない。なぜなら，メディアンの位置を理想点とする有権者が最も多くなっていることに加え，メディアンの位置から離れるほど有権者の数が減っていくため，疎外や無差別による棄権があったとしても，メディアンにとっては（他の位置に対し）有利になったり不利になったりする影響がないからである。単峰型で対称的な理想点の分布が予想される場合は，候補者や政党は，メディアンの位置を占めることで最も支持を受けることになる[3]。

メディアン・ヴォーター定理を含む空間理論は，有権者の支持や政策をめぐる政党政治のダイナミズムの説明に応用された。その典型的な例が，二党制や多党制のダイナミズムを説明するダウンズ（＝ホテリング）・モデルである。これについては第7章で扱う。

---

3) 言い換えれば，この条件が崩れると，メディアンの優位は揺らぐことになる。たとえば，単峰型でも非対称的な有権者の分布では，メディアン m の位置を理想点とする有権者の数が最も多い，すなわち m の位置がモード（最頻値／最多値）になるという条件が崩れる。その結果，疎外による棄権の可能性がモードから遠ざかる裾野で大きくなり，メディアンからモードへ位置を変えることで，政党や候補者は，より多くの有権者の支持を得ることになる。

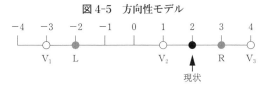

図 4-5　方向性モデル

出典：Merrill and Grofman（1999: Figure 1.1）より作成

近接性モデルへの批判——方向性モデルとヴァレンス

　今までの空間理論は，より近いほどより好ましいという前提に基づいており，支持が距離の長短から決まる前提から近接性（proximity）モデルとも呼ばれる。有権者が，近接関係から支持を決めるには，自分の位置とともに，全ての候補者や政党の位置が必要であり，要求される情報量は多い。それを非現実的として批判することから考えられたのが方向性（directional）モデルである（図 4-5）。方向性モデルは，現状（status-quo）から見た政策の変化の方向により支持が決まるとするものである。例えば，有権者 V_2 は，自分の位置から遠くても現状から自分の支持する位置の方向へ動く政党 L を，自分の位置と近くても現状から自分の支持する位置と反対の方向へ動く政党 R より支持することになる（Merrill and Grofman 1999）。メリルとグロフマンは，米国，ノルウェー，フランスにおける投票行動を分析し，有権者が近接性と方向性の二つの異なる基準で支持を決めている可能性を提示した。また，政党は政権に就いても必ずしも主張通りに政策を実現しないという理由で，有権者は政党の主張は割り引いて（discounting）評価する。そのため，政党の主張の強さ／極端さは評価の割り引き（＝引き下げ）を緩和する場合もある。

　近接性モデルは，メディアン・ヴォーター定理にも見られるように収斂へ向かうダイナミズムがある。それに対し，方向性モデルは分極化へと向かうダイナミズムを持ち，主張の強さへの評価が加わると，さらにそれが強化されることになる。

　現在では，こうした様々な観点から空間理論は考えられている。どの国のどの選挙か，またその時にどのように政策が争点化され，どのような政党が存在し競争したかなどにより，近接性，方向性や主張の割引のどれの影響力が強まるかが検証の対象となっている（Tomz and Van Houweling 2008）。

さらに根本的な反証や批判としては，ヴァレンス（ヴェイレンス）・イシュー・モデル（valence issue model）がある（Green 2007; Green and Hobolt 2008）。経済成長，治安といった争点に関しては，どの政党も賛成するし，有権者も支持する。反対に，政治腐敗に対してはどの政党も有権者も批判するであろう。政党や有権者の理想点が一致するため，どの政策位置を取るかという競争自体が生じなくなり，近接性モデル・方向性モデルといった空間モデルが意味をなさなくなる。

ヴァレンス・イシュー・モデルは，二大政党の政策位置の収斂のように，政党の立場が近似したとしても，これが必ずしも近接性モデルが予測する収斂の結果でない可能性を示す。実際，英国で保守党と労働党の位置が近づいていることを，ダウンズ（＝ホテリング）・モデルが予測する二党の収斂の結果ではないとする考え方から，ヴァレンス・イシュー・モデルは形成されてきた。

ヴァレンス・イシューで有権者の支持を得ようとする場合は，政党の立場により競争するのでないため，政党のリーダーシップが世論にどれだけ効果的に訴えかけるかなど，選挙キャンペーンを含む戦術が政党の競争にとって重要になる。成熟した民主主義において政策の差別化がしにくいことや，ヴァレンス・イシューには世論の関心が高いことを考えると，安定した民主主義の現実のダイナミズムを説明するのには，空間モデルと並んで，有用なモデルと考えられる。

3. 社会的選択論

公共選択論でも特に規範的なアプローチは，社会的選択論と呼ばれる。アローの一般可能性定理とセンのリベラル・パラドックスを紹介する。

アローの一般可能性定理
第1節で説明したように，弱順序で選択肢間における選好の順序を定義できる。そこで，アロー（Arrow 2012［1951］＝1977）はまず，個人の選好順序の条件として，弱順序が成立すると仮定する（［解説］弱順序が成立する条件）。

次にアローは民主主義であれば満たすと考えられる条件を四つ考える。

第4章　個人の合理性——選好の表現と空間理論　　69

［解説］弱順序が成立する条件

　選択肢の集合（set）S に対する，個人 k の選好順序を考えた場合，弱順序が成立するには，以下のような条件が必要である。

　　・反射性（reflexibility）

　　　S における全ての要素に対し $x\mathrm{R_k}x$ が成立する

　　・完備性（completeness）

　　　S の全ての x, y のペア（$x{\neq}y$）に対し $x\mathrm{R_k}y$ か $y\mathrm{R_k}x$ が成立する，

　或いは両者が成立，すなわち $x\mathrm{I_k}y$ が成立する

　　・両者をまとめた連結性（connectedness）

　　　$x\mathrm{R_k}y$, $y\mathrm{R_k}x$ のどちらかが成立する

　　・推移性（transitivity）

　　　S における 3 選択肢 x, y, z に対し $x\mathrm{R_k}y$, $y\mathrm{R_k}z$ なら $x\mathrm{R_k}z$ が成立する。

　反射性・完備性・推移性といった馴染みのない言葉が使われている一方で，実質的には，弱順序が成立する条件の定義である。これも一般可能性定理の証明の重要な部分となる（佐伯 2018［1980］: 第 2 章第 2 節参照）。

・定義域の非限定性

　選択肢に対しどのような個人の選好順序も可能とする。

・無関係選択肢からの独立性

　選択肢のある部分に関する全ての個人の選好が一致するのであれば，その部分に関する社会的選択は，他の部分の選択肢に（それらが個人間で大きく異なっていたとしても），影響されない。

・市民の主権性（経済学のパレート原理）

　いかなる選択肢のペアにおいても社会的選好は個人の選好に依存する。すなわち社会的選好が $x\mathrm{R}y$ という形で決まっていることはない。

・非独裁性

　いかなる個人の選好も独裁的に社会的選好を決定しない。

　個人の選好の条件として弱順序が成立するという仮定にしても，民主主義であれば満たすべきとされた四つの条件も，いずれも特に満たすのが難しい条件とは思われない。アローの一般可能性定理は，弱順序が成立する個人の選好の条件を満たし，民主主義であれば満たすと思われる条件を全て満たすことはできないことを証明し，大きな反響を呼んだ。言い換えれば，これら個人の選好

の条件を満たした上で，社会的選択をしようとすると，民主主義的手続きと考えられて提示された四条件の何かが失われることになる。

アローの一般可能性定理は，投票のパラドックスと論理的に一貫するものであるが，より一般的な証明である。特定の投票手続きにより社会的選択の推移性が損なわれるという例示はよくなされるが，それら個別特殊な問題が起こる背景に，アローの定理がある。

センのリベラル・パラドックス

さらに少ない条件，すなわち市民の主権性，定義域の非限定性と個人の選択に関わる部分の自由を持ち込むと矛盾が生じることを示したのが，センのリベラル・パラドックスである（Sen 1970）。道徳的に問題のある記述を含む本を，A・Bの2人が読むか読まないかの選好順序を考えるものである。Aは，その本を道徳的に問題のある悪書と考え，Bは頭の硬い人間を柔軟にする効果のある本と考える。その本を読むか読まないかの道徳家Aと放蕩家Bの選択は次の通りである。

A：両方読まない≻A（自分）だけ読む≻B（相手）だけ読む≻両方読む

B：両方読む≻A（相手）だけ読む≻B（自分）だけ読む≻両方読まない

道徳家Aは放蕩家Bが読んで悪い影響を受けるより自分が読む方が良いと考え，放蕩家Bは道徳家Aが読んで考えが柔軟になる方が良いと考え，結果として，両者とも「Aだけ読む」を「Bだけ読む」より好む点に注意されたい。

ここで「個人の選択に関わる（選好順序の）部分の自由」を条件として，自分が読むか，読まないかのどちらが好ましいか，それぞれに選ばせる。両方ともまだ読んでいないので，自分が読む選択は，Aなら「Aだけ読む」となり，Bなら「Bだけ読む」となる。自分が読まない選択は「両方読まない」である。これを表すと，下記のようになる。

両方読まないかAだけ読むかはAの選択で，選好順序は，

両方読まない≻Aだけ読む

両方読まないかBだけ読むかはBの選択で，選好順序は，

Bだけ読む≻両方読まない

となる。この両者の選好順序をあわせると，

第4章 個人の合理性──選好の表現と空間理論 71

Bだけ読む≻両方読まない≻Aだけ読む

となり，これは，最初にA・B両者で合致していた順序であるAだけ読む≻Bだけ読むと矛盾してしまうことがわかる。

社会的選択論の意義

選好順序をめぐる問題や空間理論の実証的な公共選択論同様，社会的選択論も，現実に起こりうる決定の問題の難しさを示している。アローの一般可能性定理と合わせ，当たり前のように考えている決定やその前提に関し，新たな問題意識を抱かせるセンのリベラル・パラドックスも，社会的選択論の規範的アプローチの代表となっている（佐伯 2018［1980］）[4]。

本章では，選好順序から，空間理論，最後に社会的選択論を扱った。第3章同様，数学に基づいた抽象的なモデルや理論であっても現実の現象と深く関わる問題関心に根ざしていることを理解されたい。

---

4) 既に適宜参照したように，佐伯（2018［1980］）は，社会的選択論の包括的な入門書であり，第4章ではアローの一般可能性定理とセンのリベラル・パラドックスの詳細な説明も行わている。

第5章 | 個人の政治的態度——政治文化と政治参加

　民主主義が制度として成り立つには，個々人がそれを支え，参加することが必要である。欧米諸国における民主主義の安定とともに，その点に着目し，個人の政治的態度を対象とする政治文化や政治参加の分野が政治学において発展した。本章では，制度としての民主主義の定義を出発点に，政治文化や政治参加に関わる主要な考え方や研究を紹介する。

1. ポリアーキーとしての民主主義

　制度としての民主主義はどのように定義されるのであろうか。ダール（Dahl 1961＝1988）による多元主義の考え方が，現実の権力の分布や決定の観察に基づき，エリート論（Mills 1956＝2020）への批判として提唱されたことは，第2章で既に述べた。様々な利益の存在や利害の対立の存在にもかかわらず，決定を民主主義的とみなすのは，それを競争の結果であると考えるからであり，この点で，多元主義的民主主義論は，それ以前のエリート主義的民主主義論と袂を分かつ。

　この競争の概念を民主主義論に持ち込んだのは，経済学者のシュンペーター（Schumpeter 1942＝1995）である。企業などの生産者が市場で商品を提供し，より多くの消費者の購入を巡って競争するように，政治家やその集団である政党は，政策を提供し，有権者の票を巡り競争すると考え，市場における競争と選挙における競争を対比し，民主主義の仕組やメカニズムを競争により具体化する[1]。

---

1)　エリート民主主義論などそれ以前の古典的民主主義論から，シュンペーターを経て，ダールの多元主義的民主主義論に至る変遷についての詳しい解説としては，佐々木（2012: 130-136）や蒲島・境家（2020: 26-30）がある。

第5章　個人の政治的態度——政治文化と政治参加　　　73

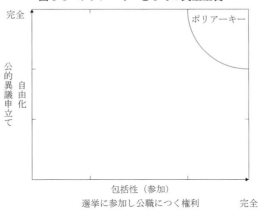

図5-1　ポリアーキーとしての民主主義

出典：Dahl（1971: Figure 1-1, 1-2＝2014: 図1-1・1-2）より作成

　ダール（Dahl 1971＝2014）による，ポリアーキー（polyarchy）の考え方は，競争を選挙に限定せず，より広い範囲で捉え，どのような基準により，特定の国家や社会の制度を民主主義と考えるのかという問いに答えようとするものである[2]。

　多数の人々の間に民主主義が成立する要件を，個人の選好の形成，表現や，政府が行うことに個人の選好が等しい比重で反映することを前提とし，二つの制度的要件を考える。一つは，選挙に参加し公職につく権利を保障することで，包括性（inclusiveness）や参加（participation）に関わる。もう一つは，公的異議申し立て（public contestation）を保障する，自由化（liberalization）の要件である。この包括性（参加）と自由化の両者の要件を満たすのが民主主義，すなわちポリアーキーと定義する（図5-1）[3]。

　より具体的には，個人が，年齢などの一定の基準に基づきその国家，社会の成員であれば，（1）選挙権と（2）被選挙権を持ち，さらに（3）政治指導者が

---

[2]　ポリアーキーの考え方は，既にDahl（1956＝1970）でも提示されているが，ここでの記述は制度的要件を体系的に述べたDahl（1971＝2014）に依拠している。多元主義的民主主義論は，第二次世界大戦後1970年代に至るまで長期にわたり安定した米国民主主義のあり方——個人が争点や問題ごとに異なる集団に所属し競合することで決定が行われる——に大きな影響を受けたものである。その一方で，ポリアーキーの定義は，民主主義の制度要件としては一般的なものである。

選挙における得票や政治的支持を求めて競う権利を持ち，（4）自由で公正な選挙が行われ，（5）結社の自由，（6）表現の自由，（7）代替的情報源が存在し，（8）政策決定組織・制度が投票か他形態の（構成員の）選好の表現に基づいて運営される（Dahl 1971: 3＝2014: 10）。これらの要件により，自由な選挙による決定に基づきながらも，決定に対する反対・抗議の可能性を確保するという，民主主義の二つの異なる側面が統合されると考える。

　これら民主主義の制度的要件からも，民主主義の成立に，参加する個人の政治的態度や政治参加が本質的重要性を持つことは明らかである。次節から順に，個人の心理的態度に関わる政治文化の研究と政治参加の研究を扱う。

2. 政治文化

政治システム論

　第二次世界大戦後，欧米で民主主義が制度として安定していく際に，それを支える個人に着目することで，政治文化の研究は始まった。個々人が，それぞれ各自の資源・能力・地位などにより権力関係を構成し変化を起こすといった見方は，強制的権力論に見られた。こうした見方に対し，価値を配分する過程を政治と考え，構成員としての個人をその中に位置付ける，政治システム（図5-2）の考え方を定式化したのはイーストン（Easton 1965＝2002）である。ここでは，個人は，政治システムの中に位置づけられ関係づけられた上で，分析の対象となる。

　有権者は，選挙などで支持を与える代わりに，政党や候補者に，自分の考えや利益に基づき要求をする。これら有権者からの入力（input）により，政府や政党・議員ら政策決定者からなるアリーナ——政策決定機構——において政策が決定され，出力（output）され，その政策が，システム構成員である有権

3）　ポリアーキーの体制を定義した元図では，ポリアーキーに加え，包括性と自由化の両基準が欠けている左下に位置する体制を「閉鎖的抑圧体制」，包括性が欠け自由化が満たされている体制を「競争的寡頭制」，包括性が満たされ自由化が欠けている体制を「包括的抑圧体制」とし，「閉鎖的抑圧体制」から他の三体制に変化する可能性も示唆されていたが，その後の民主化や体制移行は，これより複雑であり（第14章参照），かつポリアーキーの定義には関わらないので，ここでは割愛してある。

第5章 個人の政治的態度——政治文化と政治参加

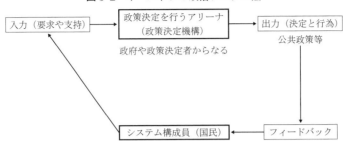

図 5-2 イーストンの政治システム論

出典：Easton（1965: 29-32＝2002: 43-46）より作成

者にフィードバックされる。政策が自身の考えや利益に合致する場合には支持，そうでない場合は不支持といった形で，さらに政策決定機構に対し，新たな要求が入力される。政治をシステムとして考え，その中に有権者を位置付けるのは，現在では定着した考え方となっているが，それを基本に，政治文化や政治参加に関わる問題意識が生まれたのである。

個々人が民主主義を支えるという点を重視し，民主主義に対する個人の評価に関して「政治システムの制度的枠組がよいものであると考えるか」という正統性（legitimacy）と「政治システムが国民の要求を満足させているか」という有効性（effectiveness）の二つの指標を区別したのはリプセット（Lipset 1959）である。その研究が発表された当時，1950～60年代の米国は正統性も有効性もあると評価され，経済が不調であった英国は，正統性はあっても有効性は低いとされた一方，敗戦国で民主主義の歴史の浅い日独は，正統性が低く有効性は高いとされた。リプセットは民主主義の安定のため，経済的条件の重要性を指摘し近代化論に影響を与えただけでなく（第14章参照）[4]，個人の心理的態度が政治システムの安定に影響を及ぼすことを明確に述べたのである。

比較政治文化研究——アーモンドとヴァーバによる市民文化の研究

個人の心理的態度の重要性を指摘するのみでなく，その計測や評価を行う手法を確立したのが，政治文化論のパイオニアとも言えるアーモンドとヴァーバ

---

[4] 正統性と有効性の指標を発表したリプセットの論文（Lipset 1959）は，翌年発表された近代化論の研究書（Lipset 1960＝1963）に再録されている。

（Almond and Verba 1963＝1974）である。米国・英国・西ドイツ（当時）・イタリア・メキシコの 5 カ国を対象とし，1950 年代末に世論調査を行い，その結果を比較した。世論調査では，その国の 1）政治システム，2）入力機構，3）出力機構，4）構成員としての自己を区別し，それぞれの対象を，国民（回答者）が，1）認知しているか，2）愛着を持っているか（感情的側面），3）評価しているか，と心理的態度（orientation）を問うという形で行われた。これは，データに基づく国際比較研究の初期の代表例であり，アーモンドとヴァーバが，これら対象への心理的態度を調査・集計することにより，政治文化を計測可能なデータと考えたことを意味する。

参加型政治文化・臣民型政治文化・未分化型政治文化

5 カ国の「市民文化（civic culture）」の調査結果の比較分析により，次の三つの政治文化パターンが区別された。四対象全てを認知し，愛着を持ち，肯定的評価をするのが「参加型（participatory）政治文化」で，反対に，四対象どれにも十分な認知を示さず，当然愛着もわかず評価も伴わないのが「未分化型（parochial）政治文化」である。その中間に，全対象を認知しつつも，政治システムと出力機構には愛着と肯定的評価を持ちつつも，入力機構と構成員としての自己に対しては愛着も評価も低い「臣民型（subject）政治文化」を区別した。政治システムにおける政策や決定には意味を見出しながらも，自己がそれに積極的に関わることなく，意見をいうことなく従うというお上意識が強いということによる命名である。

米国は，他の国より「参加型」の側面を強く持ちながらも，「臣民型」「未分化型」も併せもつ混合型政治文化とされた。アーモンドとヴァーバは，こうした混合型政治文化を，民主主義の安定に寄与する「参加型の市民文化」であると考え，英国が米国に次いでそうした文化を持つとした。「参加型」の優位を単純に主張しているのではなく，「臣民型」「未分化型」が示唆するエリートの支配も民主主義の一側面であることを認めた上で，そこに市民の政治参加を位置付ける立場をとっている（Almond and Verba 1963: 475-495＝1974: 473-492）[5]。

5）この点についての詳しい解説としては蒲島・境家（2020: 31-32）を参照。

批判とその後の展開

このようにアーモンドとヴァーバの研究は，各国を「参加型」「臣民型」「未分化型」の理念型で特徴づけるような単純なものではなかった。それにもかかわらず，調査自体が，英米の自文化中心主義・エスノセントリズム（ethnocentrism）に陥っているのではという批判を受けた。民主主義が安定していた米国と英国が，混合型とはいえ「参加型」の傾向が強いのに対し，その他の3カ国では「未分化型」や「臣民型」がより多くみられたことに関心が集中してしまったのも，理由の一つである。

質問自体が，英米社会とその中の個人を想定し，対象に対する心理・態度・評価を聞くものではないか，それ以外の社会では他の行動や言葉で認識され表現されるのではないか，結果として，英米とどの程度同じかが，基準となってしまっているのではないかといった批判である。現在でも，世論調査による国際比較研究に共通する課題でもある。

こうした批判に応え，アーモンドとヴァーバ自身が，他の研究者とともに1970年代に行った調査結果を報告した研究（Almond and Verba 1980）では，以前の調査では「臣民型」に近いと考えられた西ドイツで「参加型」の傾向が強まり，混合型の市民文化に近づいている（Conradt 1980）など，変化も確認されている。心理的態度として，政治文化を計測する方法を確立しただけでなく，調査結果を批判的に検討できること，変化や継続をデータで検証できることを示した点でも，アーモンドとヴァーバらの一連の研究は先駆的な業績であると言える。

3. 政治的態度の継承と変化

民主主義を支持する価値観を持つかの相違など，各国で政治文化として観察される心理的態度が異なるのであれば，それは政治システムの中で，どのように形成され，変化し，また継承されるのであろうか。

世代効果

人々は日々，政治に接し情報を得て，政治に対する態度や価値観を形成する

が，政治に対する態度の形成は，生涯を通じ同じように行われるのでない。成長の過程で，主要な価値観や心理的態度が決まり，それを政治的社会化（political socialization）と呼ぶ。思春期・青年期（15歳位から24歳位まで）は，政治的社会化が行われる政治的態度の形成期（formative years）である（Easton and Jack 1969; Greenstein 1970）。政治的態度の形成期の経験により，例えば，特定の政党への支持が特定の世代に多い・少ないとか，政治参加に積極的・消極的といった傾向の相違が生まれる。形成期における政治的社会化による，政治への関与や行動の相違が，成人した後も継続し，世代間の差（generation gap）となることを，世代効果（generational effect）と呼ぶ。

　形成期における政治的社会化と世代効果は，長期のパネル調査（同一対象に対する世論調査）で検証できるが，その手法を確立し検証したのはジェニングスとニエミである（Jennings and Niemi 1981）。例えば，ジェニングス（Jennings 2002）は，1965年に18歳だった調査対象者を，50歳になる97年まで，73年，82年を含め4回にわたり追跡する調査を行い，学生運動が盛んであった1960年代から1970年代に形成期を迎えた世代では，学生運動への参加の有無が，その後の政治参加や政治的態度に影響を与えていることを示した。世代効果では，ある特定の世代が，年齢を重ねても，その世代の特徴を持ち続けることになり，例えば，ある政党の支持率が高いという特徴を持つ場合は，その高い支持率が，10年後，10歳年齢を重ねても，その後も高いまま推移するということになる（表5-1）。

　1960年代から70年代にかけて，世代効果研究が盛んになり基礎が築かれたのは，形成期の経験がそれ以前の世代と異なる世代が出現したことも，大きく影響していると考えられる。たとえば，第二次世界大戦直後が形成期である世代は，戦前や戦中の権威主義体制への批判が強く民主主義への期待が高かった時代の影響を受けていると考えられた。ジェニングスやニエミの研究の例に見られる，高度経済成長により豊かな社会が実現した後に形成期を迎えた世代も同様の理由で研究の対象となった。2019年末から数年続いた，いわゆるコロナ禍も，この間に形成期であった世代の政治的態度に特有な影響を生涯残すことになれば，それも世代効果と言えるが，これは，将来の検証の結果を待ってからになる。

第5章 個人の政治的態度——政治文化と政治参加　　79

<table>
<tr><td colspan="5">表 5-1　世代効果</td></tr>
<tr><td colspan="5">ある政党の支持率</td></tr>
<tr><td></td><td>18 歳</td><td>26 歳</td><td>35 歳</td><td>50 歳</td></tr>
<tr><td>1965</td><td><u>38.0%</u></td><td>22.1%</td><td>23.4%</td><td>22.9%</td></tr>
<tr><td>1973</td><td>22.4%</td><td><u>36.8%</u></td><td>23.5%</td><td>22.8%</td></tr>
<tr><td>1982</td><td>22.3%</td><td>22.5%</td><td><u>37.1%</u></td><td>22.5%</td></tr>
<tr><td>1997</td><td>22.6%</td><td>22.3%</td><td>23.0%</td><td><u>37.5%</u></td></tr>
</table>

<table>
<tr><td colspan="5">表 5-2　ライフサイクル効果</td></tr>
<tr><td colspan="5">伝統や文化を重んじる個人の割合</td></tr>
<tr><td></td><td>20 歳</td><td>30 歳</td><td>40 歳</td><td>50 歳</td></tr>
<tr><td>1965</td><td>22.1%</td><td>22.9%</td><td>23.4%</td><td><u>38.0%</u></td></tr>
<tr><td>1975</td><td>22.4%</td><td>22.8%</td><td>23.4%</td><td><u>36.8%</u></td></tr>
<tr><td>1985</td><td>22.3%</td><td>22.5%</td><td>22.5%</td><td><u>37.1%</u></td></tr>
<tr><td>1995</td><td>22.6%</td><td>22.3%</td><td>23.0%</td><td><u>37.5%</u></td></tr>
</table>

ライフサイクル効果

　世代効果とは異なり，もちろん年齢を重ねるにつれ政治的態度が変化することもある。ある一定の年齢になると，世代の違いにかかわらずどの世代でも，同一の態度の変化やパターンが見られる場合には，これをライフサイクル効果（life cycle effect）と呼ぶ。例えば，ある一定の年齢以上になると，多くの人が変化より安定を好み保守的態度を持つようになるとか，自国の伝統や文化を重んじる人々の割合が，ある年齢に達すると高くなるといった傾向がよく挙げられる例である（表5-2）。ライフサイクル効果は，世代効果に対比される形で考えられ，両者とも政治的態度の形成・継承・変化に関わる研究に影響を与え続けている（［解説］政治的態度の形成・継承・変化に関わる研究の展開）[6]。

4. 政治参加と価値観

政治参加

　個人（市民）が積極的に関与することによって，制度としての民主主義は成立する。たとえば，多くの有権者が投票に行かず，投票率が低下すれば，それは，民主主義の根幹を危うくする。投票は紛れもなく重要であるが，政治参加（political participation）には他にも様々な形態がある。政治参加を投票の他，選挙関連活動への参加，自治会・住民運動等に参加する地域活動への参加，政

---

6)　世代効果やライフサイクル効果を，世代間変化／ライフサイクル変化と呼んだり，世代間格差（gap）／加齢効果と呼んだりする場合もある。また世代効果でなくコホート（年齢層）効果ということもある。ここでは，ジェニングスとニエミ（Jennings and Niemi 1981）を踏襲し，世代効果／ライフサイクル効果とした。

［解説］政治的態度の形成・継承・変化に関わる研究の展開

　政治的態度の継承や変化の特定のパターンを概念化した世代効果やライフサイクル効果は，どのような要因が政治的態度に影響を与えるかといった一般的検証にも用いることができる。たとえば，同じ時代に形成期を迎えた世代でも，その時の選択の相違（例えば学生運動への参加の有無）により，異なる態度を形成するかもしれないし，両親の政治的態度や政治への関与或いは政治経済的地位により，異なる政治的態度を形成するかもしれない。世代効果とは異なる要因による影響を区別することで，同じ世代の中でも異なる政治的態度が存在することを説明できる。

　また，ある特定の時代に起こった出来事や存在した状況により，全ての年齢層に同じ変化が起こり継続することもある。例えば，ある国において，政府の介入を必要とする経済危機の結果，世代や年齢の相違を問わず，介入的な経済政策が支持されるようになった場合は，世代効果でもライフサイクル効果でもなく，その時代に起こった出来事の一律的効果，時代効果（period effect）となる。

　政治的態度の継承と変化が，どのように影響するかを考えることで，投票などの政治参加に関しても多面的で動態的な分析をすることも可能である。たとえば，経済状況の良し悪しの判断で投票を決める経済投票でも，過去の実績（retrospective）或いは将来の展望（prospective）に基づき判断するか，さらに，それを個人レベル（いわゆる懐具合［pocketbook］）で或いは社会レベルで判断するか，の4通りの場合が区別される。さらに，それぞれに，世代効果や時代効果などが働く可能性がある。例えば，形成期に良い経済状況であった世代は，経済の現状評価一般（個人と社会の両レベル）に加え，自身の将来の展望において悲観的となるといった世代効果が働くことが考えられる。また，若年層は経済の現状評価及び将来の展望に関し楽観的なのに対し，労働力人口にあたる年齢層では悲観的になり，高年齢層となると楽観的に再浮上するといったU字型の加齢の効果も考えられる。これは実際に行われた研究の分析（Matsumoto et al. 2024）から得られた含意であり，個人と社会の両レベルの過去の経済実績の評価に加え，個人レベルの将来の経済展望について，1960年代に遡り長期にわたって継続的に回答を得ていた日本の世論調査データ（時事世論調査）に基づいた分析である。このようにデータが得られれば，回答者の年齢（age）・回答の時点（period）・回答者の世代（cohort）を区別した上で，それぞれの効果を区別し，ライフサイクル効果・時代効果・世代効果の相互作用を分析することも可能である。

治家や官僚への直接の個別的接触（陳情などを含む）などの四つに最初に体系化したのは，ヴァーバ，ナイ，キムである（Verba, Nie, and Kim 1978＝1981）。この分類の三番目の自治会・住民運動等地域活動への参加は，この研究成果が出

第 5 章　個人の政治的態度——政治文化と政治参加　　81

版された当時の自発的集団への参加の例である。現在はこうした自発的集団が，地域を基盤としたものに限らず，市民団体，ボランティアから NGO まで多様であり，むしろこちらに重点が移っている（第 9 章参照）ことなどを考慮すれば，現在でも政治参加を考える出発点となる。現在では，これらの他にも，インターネットの発達により，ソーシャル・ネットワーキング・サービス（SNS）を通じた参加形態も重要性を増し，それがどのように政治参加の高低や民主主義のあり方に影響を与えているかについての関心は高まっているが，技術のみならず人々の関わり方も刻々と変化し続けていることもあり，その体系的理解は今後の課題となっている[7]。

　自発的活動である政治参加に結びつく，政治関与（political engagement）を志向する心理的要因は，政治関心（political interest），政治情報（political information），政治的有効性感覚（political efficacy），党派性（strength of party identification; partisanship）に大きく区別される（Verba, Schlozman, and Brady 1995: 343-348）。政治への関心が高く政治に関わる情報を多く持っていれば，政治参加に積極的になるのは当然予想できる。政治的有効性感覚は，個人が政治過程に影響を与える・与えうるかの指標として重要であると考えられ，早くから使われた一方，定義や使い方に多様性があった（Verba, Schlozman, and Brady 1995: 346）。現在は，政治を理解し効果的に参加できるかといった能力の自己評価に関わる内的有効性感覚（internal efficacy）と，政府やそれに関わる制度の市民への応答性についての（個々人の）評価に関わる外的有効性感覚（external efficacy）が主に用いられている（Craig, Niemi, and Silver 1990）。個人が政治への関心や情報を持っていれば，当然のことながら，政治的有効性感覚も高くなり，政治参加に積極的になると考えられる。党派性は政治関心とは深い関係がある一方，政治情報や政治的有効性感覚との関係は必ずしも単純ではないが，強い党派性は政治参加を促すと考えられている。

価値観の変化——脱物質主義的価値観

　政党支持や党派性を超えた価値観も政治参加と大きく関係する。中でも，近

---

7)　各国間の相違も大きく，日本についての研究としては，岡本（2017），土屋・川口（2022），田代（2023）などがある。

代化の過程で起こる経済発展は多くの国や社会で経験されるもので，経済発展とともに生じる価値観の変化は，政治に大きな影響を与えると考えられた。第二次世界大戦後，欧米諸国と日本は高い経済成長下，産業化を推進した製造業の第二次産業中心の産業構造からサービス業を基軸とした第三次産業を中心とする産業構造への変化が起き，それに伴い，いわゆるブルーカラーからホワイトカラーへ労働人口が移動するとともに，高学歴化・情報化並びに都市化がより進むという，いわゆる脱工業社会（post-industrial society）が出現した（Bell 1973＝1975）。

これら社会の変化に伴う価値観の変化を，イングルハートは，脱物質主義的価値観（postmaterialist value）として定式化した（Inglehart 1977＝1978; 1990＝1993）。第二次世界大戦中或いはその直後の社会においては，身の安全や金銭的物質欲に関わる物質的欲求を満たすことが優先されるが，豊かな社会が実現し，これらがある程度満たされるようになると，自由や平等など物質的欲求を超えた，より高次の欲求が重要性を増す。脱工業化が進んだ社会では，国内秩序の維持や物価上昇の抑制など生存（survival）に関わる物質的欲求より，言論の自由・政治参加など自己表現（self-expression）に関わる高次の抽象的欲求が追求される。物質主義的価値観（materialist value）から脱物質主義的価値観へシフトする傾向は，豊かな社会で形成期を迎えた世代に強い。例えば，戦後のベビーブーマーの世代（日本では団塊の世代）が担い手となった，1970 年代の学生運動はその典型的な表れとされた。

脱物質主義的価値観は，世代効果による価値観変化として関心を呼んだ一方，批判も受け，価値観の変化を質問票で問う国際比較研究が，欧米以外で経済発展を成し遂げた国でも行われさらなる検証が進められた（例えば，Inglehart and Abramson 1994; 1999）。時代を下るほど，生存や安全を所与と考える世代が多くなり，若年層ほど脱物質主義的価値観が強いため，世代が代わることで脱物質主義的価値観を持つ市民の割合が増え，時代間比較では脱物質主義的価値観への移行が確認された。また社会間比較では，経済的に安定していても所得が低い（過去 5 年間に経済成長を経験していない）社会ほど，脱物質主義的価値観への移行が低調になり，インフレや失業率のような経済状況など，時代効果が価値観を左右する傾向も確認された。その一方，こうした時代効果をコントロ

ールしても，脱物質主義的価値観への移行が確認できることも明らかになった（Inglehart and Welzel 2005）。

　イングルハートは，脱物質主義的価値観は，近代化に伴う大きな価値観変化——ポスト近代化（postmodernization）——の一部であり，宗教，ジェンダーの平等[8]や性的志向の多様性の問題も含まれるとしており（Inglehart 1997），こうした伝統的（traditional）価値と世俗・合理的（secular-rational）価値の対立を含めた価値観変化が，脱物質主義的価値観への変化とともに進んだとしている（例えば Inglehart and Norris 2003; Inglehart 2007）。

5. 民主主義の制度を超えて

　制度的要件を満たすことが民主主義成立の必要条件である一方，制度の成立や維持をもって民主主義とする見方には批判が根強い。こうした観点として，1990 年代以降に登場したのは，ソーシャル・キャピタル及び討議民主主義・対話的民主主義である。

ソーシャル・キャピタル——社会（人間関係）資本

　制度としての民主主義が成立することと，制度が政治参加に応える形で機能することはまた別のことである。また，社会によって民主主義の安定や運営に差が見られることはよく観察される。このような観点から，政治システム内の個人間関係のあり方を，市民共同体の基礎となり民主主義を支えるソーシャル・キャピタル（social capital）[9]と考え，データによる検証に基づき理論化したのはパットナムである（Putnam 1993＝2001）。

　ソーシャル・キャピタルの考え方は，米国の民主主義の基盤を，市民の平等や参加，市民間の連帯（solidarity）・信頼（trust）・寛容（tolerance），それら

---

8)　政治参加とジェンダーの問題について，国際比較の観点からの日本の事例を含めた解説としては，山田（2016: 第 5 章）。

9)　social capital の日本語訳である「社会資本」は，道路・鉄道・港湾施設・空港・公共施設（建物）・電気・上下水道・ガスなどインフラストラクチャーを意味する言葉として使われてきたため，混同を避けるため，当初，人間関係資本・社会関係資本とも言われたが，現在はソーシャル・キャピタルが最もよく使われる。

を強化する自発的結社などの存在から評価したトクヴィルに遡る（Putnam 1993: 87-91＝2001: 105-110）。パットナムの貢献は，ソーシャル・キャピタルの指標を，政治と必ずしも直接関係のない水平的に組織された集団や社会参加の度合に求め，ソーシャル・キャピタルの民主主義のパフォーマンスへの影響を，データ分析によって検証できることを示したことにある。

　パットナムはイタリアの研究者の協力を得て，長期に亘る南北イタリアの比較をデータによる検証で行う。市民間の水平的関係・社会参加の指標として，南北イタリアの19世紀から20世紀にかけての，人口当たり協同組合結成率・相互扶助協会への参加・地方任意団体・投票率を取り上げる。これら過去のデータにより説明される，民主主義のパフォーマンスの指標は，地方政府の1970 〜 80年代の業績である[10]。南北イタリアのデータを検証の上，比較し，市民間の水平的関係や社会参加が過去に強化されている北イタリアの方が，民主主義政府のパフォーマンスが良いことを示したのである。

　パットナムの研究は，ソーシャル・キャピタルと民主主義の関係を，国や時代を超えて検証する研究分野の端緒となった[11]。パットナム自身が，後に米国を対象に研究を行い，民主主義を支えてきたとされる自発的結社や市民間のつながりが弱まっていることを指摘している（Putnam 2000＝2006）。

討議民主主義と対話的民主主義

　民主主義のあり方が，活発な政治参加の欠如により閉鎖的になっているという批判は，1990年代に至って，政治思想や規範的政治理論の分野で，討議民主主義（deliberative democracy）或いは，対話的民主主義（discursive democracy）と呼ばれる考え方となって現れた。現実の民主主義のあり方の観察に基

10）　政府の安定性，予算の迅速性，統計情報の整備，革新的な立法，保育所や家庭医の制度，産業政策や農業支出の高低，地域保健機構や住宅都市開発の充実や官僚の応答性といった様々なデータが用いられている。イタリアの事例については，イタリアの南北の地域特性の相違やその時系列的変化も考えた場合，ソーシャル・キャピタルが政治制度に影響を与え，民主主義のパフォーマンスの南北の相違をもたらしたとする因果関係の検証はより慎重であるべきとする立場もある（Tarrow 1996）。

11）　日本社会を事例としたソーシャル・キャピタルの研究としてはPekkanen（2006），Kage（2011）がある。

づき，政治制度や政策やさらには政治学も，手段的合理性（instrumental rationality）や客観主義に支配されていることを批判し，官僚主義的テクノクラート支配からの脱却と活発な市民の参加と対話を提唱する（Dryzek 1990）。民主主義は，選挙を通じての参加と選好の集約を基本とするが，こうした集約主義への批判としての討議（熟議）主義の提唱とみなすこともできる。参加における情報や教育の問題，所得レベルによる参加の容易さなどにも配慮し，実質的に，自由で平等な市民の参加による決定が実現することを目指し（Elster 1998），民主主義の質を考える立場である。討議民主主義や対話的民主主義は，元来は，思想や理論として提示された概念ではあるが，実証研究において，政治参加を考える際にも分析に用いられるようになっている[12]。

　本章では民主主義の定義に始まり，政治に関わる心理的態度が政治参加において重要であるとともに，政治文化の形成・継承・変化に深く関わることを学んだ。脱物資主義的価値観のような価値観の変化やソーシャル・キャピタルの概念，討議民主主義・対話的民主主義の考え方は，制度を中心とする民主主義研究の重要な基盤となっている。

12）　討議（熟議）主義への支持や批判の立場からの論考を集めた研究書としては Fishkin and Laslett（2003）。実証的な応用についての解説としては Fishkin（2009＝2011）。

第6章 政 党

　政党は，民主主義や権威主義といった政治体制の相違にかかわらず存在する政治組織である。その存在の意味を考えることは，政治に深く関わる様々な問題を提起する。本章では，そうした問題提起を通じ，政党の存在を理解していくとともに，現代の政党が存在するに至った歴史的経緯を追い，政党組織の変遷を理解する。

1. 政党はなぜ存在するのか？

　政党は，政治に関し考えを同じくするという前提で形成された私的組織ではあるが，その一方で，選挙制度（第8章）や議会制度（第10章）のような公的な制度とも深く関わり，政党システム（第7章）のような政治制度も形成し，民主主義政治に不可欠な存在である。私的な存在でありながら公的な制度や体制に深く関わるという意味でも特殊な存在であり，それゆえに矛盾を含む存在でもある。

　第一に，政党は私的な組織として歴史的に成立し，公職の確保や配分などの公的機能を担うように変化し，現在に至っている。この過程において，政党が，私的利益を追求する徒党や集団ではなく，原則や理念に基づいた存在であると，最初に明確に区別して論じたのは，バーク（Burke 1960 [1770]: 134＝2000: 80）である。英国王制の権力濫用に対し，公的利益を代表する議員団の正当性を主張し，構成員が合意する特定の原則に基づいた「政党」の存在を峻別した[1]。しかしながら，政党が，私的な或いは個別の利益を追求することは，現在でも普

---

1) 上記の文章では，次のように定義されている。「政党とは，その連帯した努力により彼ら全員の間で一致している或る特定の原理にもとづいて，国家利益の促進のために統合する人間集団のことである」。

通に観察され，党内の一部勢力や集団，派閥などの利益が，政党の利益として追求されることもある。公的機能を担うことで，政党という組織を，私的な個別利益の追求から切り離せるとは限らないのである。

　第二に，公的な制度との関わりにおいて，政党は，選挙民主主義（electoral democracy）と代表民主主義（representative democracy）という，民主政治の二側面を一貫させる。選挙制度により有権者が代表を選び，議会制度の下で代表が政策を決定する過程に，政党組織は深く関与する。議会で民意が代表されるよう，有権者は政党の選挙公約を見て，どの政党候補を代表とするか選択する。これら制度への政党の深い関わりから，現在では，選挙制度や政党助成制度により，政党を公的・法的に定義するようにもなっている。その一方で，一旦，代表として選ばれれば，議員は，選挙区から自由に代表の機能を果たすこともでき，実際には，政党が選挙公約を守らなかったり，議会における決定で世論を考慮しなかったりすることも観察される。選挙制度や議会制度といった公的な制度との関わりによっても，政党が一義的に定義できるわけではない。

　第三に，政党システムに見られるように，政党は，自身で制度も形成する。もちろん，政党システムは，公的制度でない。その一方で，政党が，政策決定に影響を与えるダイナミズムを理解するために重要であり，政党の競争や相互作用のパターンを法則性をもって表し，政権の形成にも影響を与える。このように，政党システムは，非公式な制度である一方，広義の制度として定義される。

　第四に，民主政治といえば，政党政治と置き換えられるほど，現存する民主主義（国）にとっては，政党の存在は不可欠である。理論的に政党のない民主主義は考えられる一方，現実の民主主義国においては政党の存在が前提となっており，政党が選挙，議会において重要な役割を果たすようになるほど，民主主義は安定する。さらに重要な点として，民主主義ではない体制にも政党は存在するが，それは，民主主義下の政党とは異なる。一党独裁，共産主義，国家社会主義のような非民主主義体制では，政党は体制と同一化し，その意味では公的な存在と考えられる。言い換えれば，私的な存在でありながら公的な機能を果たすという，政党の矛盾が解消される場合には，選挙民主主義と代表民主主義に関わるという政党の重要な性格が失われるのである。

2. 政党の定義

　政治に欠かせない存在でありながら，矛盾する側面を持つ政党を包括的に定義するのは意外に難しい。ここではウェア（Ware 1996: 1-5）による試みを見てみよう。政党の組織としての多面性を考えると「国家内における権力行使という目的のために人々を結集させる組織」といった広い定義も考えられる。しかしながら，この定義も全ての政党を包含するものではない。例えば「反体制政党」は，現存の政治制度内では権力行使の手段を持たない政党で，民主化の過程，内戦期や革命期では重要な役割を果たす。民主主義体制でも，現体制を変えることを目的とする政党は「反体制政党」である。反体制政党が政党間競争に影響を及ぼすことは，政党システムのダイナミズムからも明らかであり，その重要性は否定できない（第7章参照）。

　選挙制度との関わりから，政党を「国政選挙における競争に参加する組織」と定義することもできる。しかしながら，新しい政党は，地方で形成され，その選挙区で代表を送り出し，それが段々と国全体に広がり活動する（nationalization）こともある。このような地域・地方政党は内外を問わず見られ，国政選挙における競争への参加の条件も必ずしも全ての政党にあてはまるとは限らない[2]。

　政党の代表機能に着目すれば「社会において単一の狭い利益を超えた利益を代表することを目ざす組織」といった定義も可能であるが，これも「単一争点政党」という重要なカテゴリーの政党を含まない。例えば，現在ヨーロッパ各国に存在する「緑の党」も1970年代に形成された時には，環境という争点に特化した政党であった。その後，緑の党が環境以外の政策に関しても立場を明らかにしたことに加え，環境問題が，他の政策分野，例えば，企業規制や環境税などに関わることによって，緑の党は単一争点政党の範疇を脱することになった。「単一の狭い利益」自体の定義も意外に難しい。

　2）　ヨーロッパのポピュリスト政党は，イタリアの「同盟（結成時の名称は北部同盟）」などの例のように，地域・地方政党から全国化したものもある。日本でも過去に「新党大地」や「維新」の例がある。これらは全国化する場合もしない場合もある。

代表機能に着目して，政党を「同じ信念，態度，価値を持つ人々の集団」と定義することも可能である。しかし，この定義も，政党内によく見られる党内グループや派閥を考えると，全ての政党に当てはまるとは言い難い。1990年代以降，日本を含む複数の国に頻繁に観察された，政党の分裂や統合などを考えると尚更である。

　包括的な定義が難しいということで，考えられたのが，最小限定義である。例えば，サルトーリ（Sartori 1976: 63-64＝2000: 111-112［訳文改変］）が「選挙において提示される公式のラベルによって識別され選挙を通じて候補者を公職につけることができる政治集団」としたのに対し，ウェア（Ware 1996: 5）は「多くの場合，政府役職の獲得を目的とすることによって国家に対する影響力を追求し，通常社会における複数の利益から構成されるため，利益の集約をある程度まで行うことを試みる組織」とした。

　以上の議論からもわかるように，現在の政党のあり方のみでなく，政党の形成の目的と実際の歴史的形成の経緯も考えることで，現在の政党の多様性が初めて理解できる。次節ではまず，政党の目的と機能を，政党の形成まで遡り考えることとする。

3. 政党の目的と機能

　そもそも，選挙により選ばれ，利益（選好）を集約し，代表として議会で政策を実現するのに，なぜ政党でなければならないのであろうか。より正確に言えば，なぜ政党という組織形態が必要になるのであろうか。個人が，無所属で立候補し，政治家として活動しても，上記の目的は達成でき，政党に所属しない政治家や無所属議員も存在する。その一方で，大多数の政治家が政党に所属して活動していることは，政党の重要性を示唆する。この問いに対する合理的選択論の立場からの回答は，「政党は個人が合理的に行動しても解決できない問題の解決を可能にする」というものであり，その問題としては「不確実性」「集合行為」「社会的選択」の三つがある[3]。

3）ここでの議論は，Aldrich（1995: Chapter 2）を参照しつつ，第3章，第4章の内容と一貫するよう書き直している。

不確実性への対応と政党

　政治家は，民意を代表し利益を集約して政策を実現する政治的野心を持つと考えられるが，その担い手になるという野心を実現するには，選挙で選ばれ，かつ何らかの役職につかなければならない。政党は，その両者において競争の条件をより明確化し，政治家にとっての「不確実性」を減少させる。次項で詳述するように，無所属で立候補するよりも政党公認候補となることで，自身の政策や考えを，有権者に効果的に伝えることができる。公職の配分に関しても，政党を単位に割り当てられると，政党の構成員の中で任期の長さや当選回数などによりポストが割り当てられることになり，配分する側にとってもされる側にとっても予測可能性が高くなる。

集合行為問題と政党

　現在の民主主義国では，少数の例外を除き殆どの選挙で，個人の投票が選挙結果を左右する決定的一票となる可能性は限りなく低い。そのため，有権者にとっては，棄権が合理的選択となり，集合行為のフリーライドの動機付けが生まれる。それを防止するものとして，民主主義に対する支持や投票にいく満足感などがある（第3章・第8章参照）。しかしながら，そうした規範や価値観があっても，候補者に関し情報を集めるコストが大きく，政治家や政党が自分の利益を代表するかどうかわからなければ，有権者は投票に行かないであろう。政党は，公認する候補者に関わる情報，政策に対する賛否などを明確化し情報を集めるコストを小さくすることで，有権者の支持や不支持の判断を容易にする。さらに，政党は，政治家の集合行為の問題も解決する。再選を目指す政治家は誰しも，自身の選挙区や支持者に有利な政策を望むが，全ての政治家がその目標を追求すれば，政策的矛盾や財政破綻を引き起こす。こうした囚人のジレンマ状況を回避するために，政策間の矛盾や必要な予算を調整し，拘束的合意を形成する組織として，政党は有用である。

社会的選択と政党

　最後に，より一般的な「社会的選択」に関わる問題がある。有権者を組織する政党が提示する政策の選択肢のセットに対しては，多数派の支持が形成され

る可能性が高まる。これにより，同一の選好順位が多数によって支持され，社会全体の選好順位の同質性が高まり，選好を集計した際の循環が生じにくくなる（第4章）。すなわち政党の存在により，投票のパラドックスの回避が可能になるのである。

合理性による説明の限界

異なる政治文化や歴史的背景を持つ多くの国で，なぜ政党が存在するのかという問いに答えるには，合理性の前提は，個人の動機づけに関わる一般的な理由を与えるという点で有用である。しかし，合理的選択論の観点には限界があることにも注意しなければならない。まず，個人が，自身の最も好む立場を明確に認識し，その立場により近い立場をより好むことで行動することを，合理的選択論は前提とする一方で，全ての個人が，自己や他者の立場を正確に認識し行動すると考えるのは非現実的である。さらに政党の形成の際の集合行為の問題もある。政党の最初の形成には必ずコストが付きまとい，政党を必要とし有用性を感じる場合でも，他者に形成のコストを払わせ，フリーライドすることが合理的選択となる。合理性の前提に立つ限りにおいて，政党はそもそも形成されなくなる。

こうした合理性による説明の限界を考えれば，歴史的形成と変遷をたどることも，政党の理解には欠かせない。

4. 政党の起源と歴史的変遷

政党の歴史的形成

なぜ政党は形成されたのであろうか。最初に政党組織が形成された西欧を対象に，ラパロンバラら（LaPalombara and Weiner 2015［1966］）は，歴史的・偶然的・自然発生的な集団の形成から，漸次的変遷を経て，政党は形成されたと説明する。彼らが着目するのは，政治的近代化に付随する，議会制度の形成，選挙権の拡大や自由な選挙の実施という必須条件に加えて，国や社会全体の「システム危機」である。近代化の過程では，市民が参加の権利を自覚する一方で政治エリートが市民の支持の必要を自覚するという政治的条件の下，社会では，

社会集団の分化や輸送／コミュニケーション手段の発達，教育水準の向上や都市化が起こる。これらの近代化の政治的・社会的条件が整った上で，戦争，インフレ，経済恐慌，大衆運動，人口の爆発的増加などの大きな変化が起こることが，政党の形成を促すとするのである。近代化の条件の急激な変化，例えば，教育制度・産業職業構造の急激な変化やメディア技術の急速な発展も，政党の形成に資すると考えられ，西欧諸国は，近代化の過程でこうした大きな変化を伴う「システム危機」に頻繁に遭遇し，政党の形成が促されてきたと，ラパロンバラらは説明する。

　このように歴史的に形成された政党であるが，その組織は，当初は現代のものとは大きく異なり，多くの変遷を経てきた。

貴族政党・名望家政党——封建制下における政党の形成

　政党の起源と歴史的変遷は，政治学者の関心事であり，その起源における政党の分類は，20世紀初頭に政党政治の形成を観察したウェーバーによってなされた（Weber 1919＝2020）。ウェーバーが考える政党の起源は，貴族の官職任命権により官職を得た従属者の集団として，18〜19世紀に存在した「貴族政党（aristocratic party）」である。自身の考えなく，従属者らが貴族の所属政党により帰属し形成された政党は，援助し援助される関係のパトロネージの組織であった。それに対し，19世紀に入ってからは，知識と財産を資源とする地方の名望家（聖職者，医師，弁護士，大学教授，富農，企業家）が形成の担い手となる「名望家政党（party of notables）」が主流となった。貴族に代わり，勢力を伸長した名望家は，名誉職（副業）として政党を運営し，候補者の選択や選挙綱領の作成も行い，貴族政党と比較して，現代の政党に一歩近づいた形ではあったが，議員によるパトロネージ分配は行われていた。

近代組織政党——民主化と職業としての政治

　19世紀も半ばとなると，都市化，工業化が進み，選挙権も拡大し，多数の有権者の支持を獲得する必要から，政党への関わりを本業とする党企業家や党職員が生まれ，職業としての政治（professionals）の担い手として近代組織政党（modern mass-based party）が成立する。それに伴い，国家官僚制の発展

とともに，党組織の官僚制化が進み，ウェーバーの支配の類型では，伝統的支配から合法的支配への変遷が起こる。以上のウェーバーの分類においては，政党は，組織として，未発達，単純なままであり，誰がその構成員か担い手かで区別されている。さらに，政治的近代化の過程における分類であったこともあり，政党の形成に民主主義は必要条件とはなっていなかった。

幹部政党から大衆政党へ——民主化から民主主義の安定へ

封建制から政治的近代化——民主化——とともに変化してきた政党組織であるが，デュヴェルジェ（Duverger 1954［1951］＝1970）の分類は，西欧で民主主義が安定し確立した20世紀中葉に，時代を遡り，19世紀からの政党組織変遷から再分類した点に特徴がある。その第一は「幹部政党（cadre party）」であり，ウェーバーの分類では，名望家政党と近代組織政党に該当するが，デュヴェルジェは，地方幹部会（caucus）を中心として組織された政党ということで両者を同一視している。選挙権が拡大しつつも制限選挙の下で有力者が互選で選ばれる幹部会中心の決定がなされたことが特徴であり，19世紀西欧における自由党や保守党，米国の民主党や共和党がその典型例とされる。

幹部政党と対比されるのが「大衆政党（mass party）」であり，19世紀末から20世紀初頭に出現した社会主義政党の政党構造がその原型とされる。選挙権拡大下，組織単位は有権者が党員として参加する党支部であり，党員が支払う党費が党の収入源となり，党本部から，党活動家や政治エリートが輩出する。閉ざされたエリート集団として集権的に組織された党指導部が，議員からなる議会政党をコントロールし，政治的公職を持たない党指導部と議員らとの一体性は確保されていない。こうした，必ずしも政治的公職を得ることを目的としない組織＝党指導部を基盤に形成した政党の組織形態は，カトリック政党にも共通している。

5. 民主主義の安定の下での政党組織の変遷と政党政治の変化

包括政党——高度経済成長とイデオロギーの終焉

民主主義が安定的に確立し，支持の獲得がさらに重要となったことで生まれ

たのが，キルヒハイマー（Kirchheimer 1966）による「包括政党（catch-all party）」の概念である。

1960 年代は，国際政治における冷戦構造の一方で，欧米諸国や日本は，高度経済成長下で経済的豊かさを達成し，資本主義社会を変革するという革命路線は非現実的となった。このイデオロギーの終焉の下で，左翼政党であっても，現在の体制の下での改革，すなわち社会民主主義的な改革が，より現実的と考えられるようになり，イデオロギー的に右に位置する政党にとっても，国内の政治経済体制の維持や国際秩序の維持が最優先課題とは考えられなくなる。さらに豊かな社会の下で，高学歴化，伝統的階級の衰退とホワイトカラーの増大など就業構造の変化にマスメディアの発達も加わり，有権者が，政党組織外から得た知識や情報により，政治に対する判断を行うようになる。このような状況では，特定の社会集団に対し，イデオロギーや宗教的信念により訴えかける従来のあり方を超え，より広い範囲の社会集団に訴えかける方がより多くの支持を得やすい。イデオロギーの終焉や豊かな社会の実現の結果，より効率的な多数派の形成が可能となる政治的社会的条件が整った結果とも言える。

1960 年代から 70 年代前半にかけての変化を背景に出現した包括政党は，特定の社会集団との関係やイデオロギー色を弱め，これを戦略的に利用し，より広い範囲の支持を得ようとする。選挙戦略や支持獲得のため，政党執行部が強化される一方，個人党員の役割は減少する。支持獲得の資金調達のためや，有権者動員のために，より広範囲の多様な利益を持つ集団へ接近していくことになる。とはいえ，ヨーロッパでは，包括政党はコアとなる支持集団を中心にそこからより広い集団へ支持を拡大していく形をとった（Katz and Mair 1993: 605）[4]。また全ての政党が包括政党化していくわけではない。

1955 年から 1993 年までの日本の自民党は，元来の農村地域の組織的支持を超え，社会のより広い範囲の集団や階層から支持を得ることで，短期間の例外

---

4) キルヒハイマーの包括政党の概念の複雑さについては，キルヒハイマー自身の論考も参照した Krouwel（2003）参照。次に述べる自民党の包括政党化も，自民党が大衆政党組織を持たなかったことや，政権の持続自体が包括政党である証左とされたこともあり，ヨーロッパのコンテクストの包括政党の議論とは異なる点がある。この点については，日本のコンテクストを踏まえ，政党や政党システムについて論じた待鳥（2015: 166-167）参照。

を除き単独政権を維持したことから，包括政党の代表的な事例としてよく取り上げられた。選挙における得票から議席・政権のコントロールに加え，その間の政策決定も方向づけた点が特に着目された（Pempel 1990; 1999; Curtis 1997＝2001）。

先述の大衆政党や次に紹介する選挙 – プロフェッショナル政党が，政党一般の組織のあり方の変遷を表すのに対し，包括政党は，有権者の支持を広く得ることで優位に立つことに成功した政党組織の出現を意味する点に特徴がある。

選挙 – プロフェッショナル政党──マスメディア化による大衆官僚政党との対比

キルヒハイマーが，高度成長の達成による変化に着目し，包括政党の概念を提示したのに対し，パネビアンコ（Panebianco 1988［1982］＝2005）は，政治のマスメディア化に伴う政党組織の専門職化と刷新を説明するために「大衆官僚政党（mass bureaucratic party）」と「選挙 – プロフェッショナル政党（electoral-professional party）」の対比を提唱した。有権者の高学歴化，伝統的階級帰属の弱まりによる政党組織の弱体化，マスメディア政治などの影響により，政党組織内に政治専門職とも言える存在が生まれ，これが，政党組織の変化を引き起こし，デュヴェルジェの幹部政党・大衆政党とは全く異なる政党組織が生まれたとする。どの政党がどちらに属しているという区別のためでなく，全ての政党が，大衆官僚政党から選挙 – プロフェッショナル政党へ変化したことを説明するために提唱された類型である。大衆官僚政党が，幹部政党・大衆政党を組み合わせたものでより伝統的類型である一方，選挙 – プロフェッショナル政党は，包括政党よりさらに新しい変化を踏まえているという特徴がある。

大衆官僚政党は，党官僚中心の内部リーダーによる集団的リーダーシップの下，党員である有権者と垂直的組織紐帯をもつ。その結果として，強いイデオロギーを持つメンバーが優越し，党費や支持団体による資金調達が行われる。それに対し，選挙 – プロフェッショナル政党は，議員など公職者が優越的影響力を持ち，個人的リーダーシップが発揮される組織である。有権者との垂直的組織紐帯はゆるく，世論や有権者にアピールするため，選挙のコンサルタントや世論調査・広報，調査を担う専門スタッフが優位に立ち，利益集団からの支援や公的資金を活動の財源とする。多様な社会集団を横断しての支持を目指し

た包括政党より，さらに組織変化を進め，支持獲得のための特定の争点を取り上げることや，争点化を行えるリーダーシップが重要となる。選挙キャンペーンなどによる支持獲得戦略に必要な専門職の確保が重要となり，そうした支持獲得に資する専門性を持つ，生え抜き党役員や利益集団の代表が，優越的影響を持つことになる。

カルテル政党——公的セクターと既成政党

こうした変化がさらに進んで出現したのが「カルテル政党（cartel party）」で，カッツとメア（Katz and Mair 1995; 1996; 2009）により定式化された。カルテル政党の命名は，経済市場において，同一産業内の企業が価格，生産量などについて協定を結び競争の熾烈化を回避する，カルテルから来ている。政党も国庫補助や公職パトロネージなどの分配やメディア規制に関して，既存政党の既得権益を守ろうとし，企業が新規参入を邪魔するように，新党の登場を阻害し競争を抑制しようとする。支持獲得へのマスメディアの影響力が大きくなることにより進む，政治のマスメディア化は，政党のメディア規制の動機付けとなる。政府の公職につくことの重要性が増すことに加え，公的資金が政党の財源となることは，私的集団である政党が，公的セクターとの関係を深めることにつながる。こうした変化に適応した政党組織を概念化すべく提唱されたのが，カルテル政党の概念である。

カルテル政党の概念が注目を集めた背景には，マスメディア利用など，選挙戦略や支持獲得戦略において様々な手段を用いることが可能になり，政治における競争が激化したことがある。大衆政党など党組織の強固な政党では，組織的支持を得る社会集団は決まっており，それ以外の集団には支持を求めないという意味では，競争が抑制されていたとも言える。競争が激化した条件では，選挙における政党要件を満たし，それゆえ公的支援を受けられ，議会内政権内の公職につき，政党への公費助成や予算など公的セクターの資源を利用できる既成政党が有利になる。

カルテル政党の概念に関しては，当初は，定義が明確でない，政党組織の変化の支配的方向を必ずしも示していないといった批判があった（Koole 1996; Kitschelt 2000）。しかし，政治のマスメディア化，政党への公費助成や政権獲得

の重要性が増大し，カルテル政党の概念が示唆する，既得権益を持つ，特に政権を担うことができる，既成政党の優位は，その後，実証研究によって裏打ちされることになった（Katz and Mair 2018＝2023）。

政党組織の変化の背景

封建制から近代化へといった社会や経済の変化は，政党組織の変化の重要な背景要因である。それは民主主義が確立した後でも変わらない。既に説明したように，1960年代の高度経済成長による豊かな社会の実現は，イデオロギーの終焉とともに，社会構造の変化を生み，包括政党の出現につながった。新しい争点──環境──も生まれ，緑の党のような単一争点政党も出現した。

マスメディアの発達により，有権者が政党の組織と離れて得た知識や情報により政治に対する判断を行うことが常態となり，選挙‐プロフェッショナル政党が出現した1980年代は，欧米諸国において，政府の財政赤字が慢性化し，福祉国家の縮減や規制緩和や行政改革など新自由主義的な政策が行われた時代でもあった。

政治のマスメディア化の深化により競争が熾烈化し，1990年代にはカルテル政党が出現する。1990年代に入る頃，政治腐敗への批判から，日本では，政治資金制度の改革とともに選挙制度改革も行われた（第8章参照）。同時期に，日本と同じく，小選挙区制と比例代表制を組み合わせた混合制を導入する選挙制度改革が，ニュージーランドやイタリアでも行われた。カルテル政党化が観察され始めた時期に重なるが，政治資金規制や選挙制度の改革も，政党の競争が，それを規制する公的セクターと深い関係を持つことの表れでもある。民主主義下の政治・社会・経済変化も，政党組織に大きな影響を与えた背景要因であることが示唆される。

6. 政党の政策とイデオロギー

党派性と政策

近代組織政党以降，選挙権が拡大した民主主義の下では，政党は，政策やイデオロギーを通し，より多くの有権者の支持を得ようとし，有権者は，好まし

い政策や合致するイデオロギーを持つ政党を支持する。政党が集約し代表する利益（選好）は，政策やイデオロギーという形で表され，その相違が，政党に対する有権者の支持を左右する。このように，政党の政策に関わる党派性は政党の競争に影響を与える。それに加えて，どのような政策イデオロギーを持つ政党が政権を担うかに関わる政府の党派性は，経済政策（第15章参照）や福祉国家（第16章参照）に大きな影響を与える。

政党の政策やイデオロギーを計測する

政党の政策やイデオロギーを理解する前提として，例えば，ある政党がどのような政策的立場を取り，それが他の政党とどのように異なるのか，を具体的に表現することが必要になる。そのため，政治学では，専門家の判断に基づいて，政党の政策やイデオロギーの相違を数値化したデータとして，政党の政策やイデオロギーを区別することが行われてきた。その代表的なものが，政党の政策位置専門家調査（expert survey）である（［解説］政党の政策位置専門家調査とテキスト分析）。

左右イデオロギーと政策位置

例えば，老齢年金制度を拡充するか否か，高等教育を無償化するか否か，就業者の医療費の本人負担の割合を減らすか否かといった，個々の政策に関わる立場の相違を考えてみよう。政策から影響を受ける集団も政策の内容も異なるが，年金も教育も医療保険も全て，政府による公共サービスであり，こうした公共サービスを供給するには，財源が必要である。このように考えると，これらの個々の政策の相違は，政府の公共サービスのためには増税を支持するか，減税のために公共サービスを減らすことを支持するか，といった形でまとめられる。個々の政策の相違をまとめ，大きな政策的相違として，政党の政策的立場を区別することができる。

これは，政党の政策位置専門家調査で全ての国で使われている「減税問題と公共サービス」に関わる相違である（表6-1）。政党のイデオロギーの相違は左右の立場で区別されるが，「減税問題と公共サービス」では増税による公共サービスの拡大を支持する，いわゆる「大きな政府」が左の立場に対応し，減税

第6章 政党　　99

［解説］政党の政策位置専門家調査とテキスト分析

　政党の政策的立場や左右イデオロギーの相違を表現する際には，専門家（主に政治学者）の判断に基づいてデータ化することが行われてきた。政党の政策位置専門家調査はその代表的な例である。1980 年代にヨーロッパから始まり（Laver and Hunt 1992），2000 年代に入る頃には，北米・オセアニア・日本・イスラエル・トルコなど 47 カ国に広がっていった（Benoit and Laver 2006）。

　各国で，下院の選挙後 2 カ月以内に行われることが原則となっており，日本でも 1996 年の衆議院議員選挙後から行われている。日本の事例で紹介するように，他の国の調査でも，各政策で，左右イデオロギーでは左（右）に位置すると考えられる最も強い立場を 1（20）として区別し，左右イデオロギー軸上の位置付けも質問する。この調査によって様々な政策的立場を左右イデオロギー軸に沿って表現できることが実証的に確認され（Castles and Mair 1984），その後の政党研究に大きな影響を与えた（Castles, Mair, and Pedersen 1997）。現在では，欧州連合（EU）加盟国を中心に，1999 年以降の調査データが公開され，（Chapel Hill Expert Survey: CHES〈https://www.chesdata.eu〉）。同様な形式で行われる，比較可能な専門家調査がラテンアメリカ諸国にも広まっている（https://www.chesdata.eu/chesla）。

　現在では，政治学でもテキスト（文章）をデータとして分析する定量的分析の手法であるテキスト分析（研究のレビューとしては Wilkerson and Casas 2017，批判的検討としては Grimmer and Stewart 2013）も行われるようになり，各国の選挙公約（マニフェスト［manifesto］）もデータ化されテキスト分析されている（Merz, Regel, and Lewandowski 2016）。こうしたテキストデータを用いて専門家調査から得られるような政党の左右イデオロギー位置を推定する統計手法も考えられるようになっている（Däubler and Benoit 2022）。その一方で，ポピュリスト政党（第 7 節）の例にも見るように，各国共通の基準で政党を位置づける上での専門家調査の重要性は変わらない。

や公共サービスの縮小を支持する「小さな政府」が右の立場に対応する。他にも，大別された政策があり，それぞれ左と右の立場が区別されている。例えば，様々な産業で行われる規制政策も，規制緩和政策の相違としてまとめられ，高い規制を行う立場が左，規制緩和を進める立場が右となる。政策的立場は，左右イデオロギーの相違として大きく集約されるという前提で，このような区別がなされている。日本で使われている質問項目の多くは他の国と共通し，各国で政党の政策における立場やイデオロギーの位置が検証され比較可能な形でデ

表 6-1 政党の政策位置専門家調査の質問項目

政策とイデオロギー	左端の立場	右端の立場
減税問題と公共サービス	政府の公共サービスのために増税を支持する	減税のために政府の公共サービスを減らすことを支持する
規制緩和政策	国家による市場の規制とコントロールを高レベルで行うことを支持する	あらゆる機会を通じて市場における規制緩和を支持する
赤字国債	増税よりは赤字国債の発行を支持する	赤字国債の発行をなるべく避けるために増税を支持する
社会政策	中絶，同性愛や安楽死に対する自由主義的な政策を支持する	中絶，同性愛や安楽死に対する自由主義的な政策に反対する
環境保護	経済成長を停滞させても環境を保護することを支持する	環境を破壊する結果となっても経済成長を優先する
地方分権化	地方分権化を支持する	地方分権化に反対する
移民（外国人労働者）政策	移民（外国人労働者）を差別することなく日本社会に受け入れる政策を支持する	移民（外国人労働者）を本国に帰還させる政策を支持する
対米政策	国際関係におけるアメリカ合衆国の軍事的政治的役割の拡大に反対する	国際関係におけるアメリカ合衆国の軍事的政治的役割の拡大を支持する
防衛政策	防衛予算減額を支持する	防衛予算増額を支持する
国の統一性の象徴	象徴天皇制を支持しない	象徴天皇制を支持する
全体的な左右イデオロギー軸	最も左翼的な政策的立場	最も右翼的な政策的立場

ータ化されている。とはいえ，それぞれの政策の左右の立場が必ずしも左右イデオロギーの区別と合致するとは限らず，またこうした一致や不一致は，国によって異なる。そのため，国別の調査では，その国において左右イデオロギーを区別するのに重要な争点を選び，政治家や有権者を対象として行う調査も多い（日本における調査とその検証としては谷口 2020 参照）。

政党の政策位置の比較

2021 年総選挙後の専門家調査では，政党の政策的立場を左から右へ 1 から 20 の 20 点尺度で，専門家（政治学者）に答えてもらい，その平均を取り政党の政策位置を特定した（表 6-2）。左右イデオロギー軸上の位置とともに，対米政策や防衛政策・財政政策・赤字国債・規制政策の各政党の位置を表すと図

第6章　政党　　　101

表 6-2　日本における各政党の政策位置（2021 年）

政策	自由民主党	立憲民主党	日本維新の会	公明党	国民民主党	日本共産党	れいわ新選組	社会民主党	平均
規制緩和政策	12.09 (0.25)	7.42 (0.21)	16.22 (0.25)	9.03 (0.21)	11.13 (0.25)	3.08 (0.20)	4.58 (0.28)	3.90 (0.21)	8.48 (0.41)
都市と地方の利益	13.16 (0.30)	8.42 (0.24)	4.38 (0.27)	8.39 (0.25)	7.38 (0.22)	8.93 (0.26)	7.21 (0.30)	9.82 (0.30)	8.46 (0.32)
地方分権化	11.15 (0.29)	8.33 (0.25)	4.07 (0.33)	9.83 (0.21)	8.33 (0.23)	11.20 (0.37)	9.73 (0.32)	10.35 (0.32)	9.09 (0.34)
減税問題と公共サービス	9.30 (0.32)	7.86 (0.26)	15.03 (0.34)	8.34 (0.23)	10.34 (0.25)	8.19 (0.35)	9.17 (0.39)	8.32 (0.30)	9.61 (0.36)
対米政策	16.82 (0.24)	8.60 (0.29)	15.44 (0.25)	11.17 (0.25)	13.38 (0.26)	2.55 (0.25)	4.50 (0.31)	2.88 (0.23)	9.51 (0.49)
環境保護	14.95 (0.25)	7.62 (0.24)	14.60 (0.27)	9.92 (0.19)	11.42 (0.26)	5.82 (0.25)	6.01 (0.27)	5.26 (0.25)	9.51 (0.38)
ナショナリズム	16.58 (0.26)	7.69 (0.28)	15.65 (0.30)	9.61 (0.25)	11.89 (0.27)	5.56 (0.33)	6.77 (0.34)	5.54 (0.30)	9.98 (0.43)
国の統一性の象徴	17.05 (0.33)	13.87 (0.33)	16.07 (0.32)	14.36 (0.31)	15.57 (0.28)	5.54 (0.40)	9.48 (0.43)	8.47 (0.41)	12.61 (0.47)
社会政策	16.18 (0.24)	5.56 (0.25)	12.69 (0.33)	10.14 (0.27)	9.72 (0.28)	5.42 (0.27)	4.26 (0.26)	4.51 (0.24)	8.62 (0.42)
防衛政策	17.57 (0.21)	7.88 (0.27)	15.23 (0.28)	10.45 (0.25)	12.74 (0.22)	2.65 (0.19)	3.48 (0.24)	2.84 (0.20)	9.18 (0.49)
移民（外国人労働者）政策	13.79 (0.33)	6.59 (0.24)	13.03 (0.33)	9.25 (0.24)	9.68 (0.27)	6.13 (0.30)	5.94 (0.32)	5.56 (0.31)	8.81 (0.38)
赤字国債	7.83 (0.32)	7.98 (0.30)	8.97 (0.36)	7.38 (0.25)	7.91 (0.29)	6.56 (0.33)	4.66 (0.35)	5.91 (0.32)	7.18 (0.33)
全体的な左右イデオロギー軸	15.21 (0.19)	7.05 (0.19)	16.25 (0.23)	10.54 (0.17)	11.80 (0.20)	2.57 (0.16)	3.53 (0.20)	3.45 (0.16)	8.85 (0.44)
共感	13.03 (0.39)	8.53 (0.38)	15.68 (0.39)	13.11 (0.37)	9.99 (0.35)	11.89 (0.45)	12.07 (0.46)	11.56 (0.50)	11.99 (0.44)

注：最も左翼的な立場＝1，最も右翼的な立場＝20。（　）内は標準誤差を示す。回収率は33.3%（調査対象者 489 名中回答者 163 名）である。

6-1 のようになる。対外政策である対米・防衛政策においては，左右イデオロギーの場合と政党の位置が合致する。その一方，各国で共通に使われ，多くの国で左右イデオロギーとの合致度が高い財政政策においては，対照的な結果となっている。政党の位置は中央に集中するように移動しており，中道左派の位置のままの立憲民主と右寄りの位置を保った維新が例外となっている。赤字国債の場合は，全政党が左の発行容認に近い位置に順に並ぶ。それに対し，同じ

図 6-1　各政党の政策位置と左右イデオロギーの比較

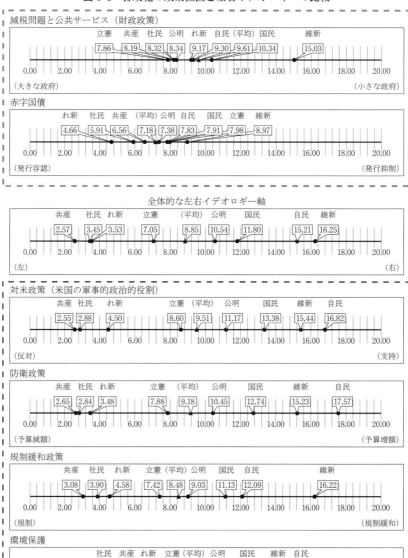

経済政策でも，規制緩和政策では，政党の位置は左右イデオロギー軸上のそれとほぼ合致する。このように，政策によって，左右イデオロギーの合致度は異なり，それがまた，国によっても異なる。

左右の政策的立場の区別は，どの時点かによっても異なる。例えば，環境保護における政策位置は，現在では日本も含め多くの国で，環境保護と経済優先の対比で左右イデオロギー位置と合致する。しかし，1970 年代に環境問題が新しい争点として現れた時は，左右イデオロギーで区別される政策とは異なる次元の政策と考えられた。それが 2000 年代には多くの国で，左右イデオロギーで区別される政策となり（Benoit and Laver 2006: 136-138）現在に至っている。

7. ポピュリズムとポピュリスト政党

既存の政党のあり方を根本的に変える可能性を持つ変化として，ポピュリスト政党の出現がある。政党組織の歴史的変化の説明を試みる貴族政党から大衆政党までの概念や，従来の政党組織の変化を表す試みである包括政党やカルテル政党に対し，ポピュリスト政党は，既成政党の既得権益を象徴するカルテル政党化以降，新しく出現し勢いを増した政党の組織形態である。そのため，カルテル政党化など既存政党や政党政治への批判が，ポピュリズムやポピュリスト政党の出現に寄与したという見方もある（Katz and Mair 2018: Chapter 7＝2023: 第 7 章; Hopkin and Blyth 2019）。

ポピュリスト政党──人民とエリートの対立としての政治への支持

ポピュリズムは政党に限った現象ではなく，近年になって現れた現象でもない。ポピュリズムは，人民が制度を再編するために政府に委譲した権力を取り戻せる，利己的で腐敗したエリートから権力を奪還できるという考え方，或いは，そうした考え方に基づいた社会運動や政治運動を意味する言葉として，19 世紀から用いられてきた。1990 年代以降，非民主主義国であるか民主主義国であるかを問わず，こうした考え方を持つ政治家・政党やそれに基づいた政権や政治運動が多く観察され，政治学においてはポピュリズムを対象とした研究が急速に増加した[5]。その中で，ポピュリズムの重要な担い手としての政党を，

ポピュリスト政党として新たに出現した政党組織とみなす見方も生まれた。

　様々な国における様々な現象を包括するため，ポピュリズムを同質的な意思を持つ人民（people）[6]と腐敗したエリート（elite）の対立として政治を二元論的にとらえる考え方とみなす最小限定義[7]がある。それに沿って考えれば，ポピュリスト政党とは「純粋な人民と腐敗したエリートという，［それぞれ］同質的な集団の敵対関係で，社会が究極的には分断され，政治は，人民の一般意志（general will）の表出・表現であるべきである」（Rooduijn et al. 2024: 973）[8]という考えを持つ政党であると定義される。

ポピュリスト政党──極右・極左イデオロギーとポピュリズム

　ポピュリスト政党には，極右・極左といった極端なイデオロギー的立場をとり，支持を伸ばすものが多く存在する。フランスでは，不服従のフランス（Unbowed France: LFI）は左で，国民戦線（Front National: FN）は右，ドイツでは，左派党（The Left: Linke）に対し，ドイツのための選択肢（Alternative for Germany: AfD）は右など，同じ国でも左右のポピュリスト政党が存在する。1980年代後半から観察された極右ポピュリスト政党に対し，極左ポピュリスト政党の興隆は2000年代に入ってから顕著となった（Timbro 2019: 19-20）。オーストリアやオランダなどの自由党[9]など極右政党が多い一方，スペインのポデモス（Podemos）など極左政党も増えている。

　5）　ポピュリズムの歴史や，政治学における1990年代以来の研究動向については以下の文献に包括的で詳しい説明がある。Kaltwasser et al.（2017b: 1-10）。歴史的なポピュリズムの事例から1990年代以降の動向まで，事例を踏まえて立体的に解説した邦語文献としては，細谷・板橋（2024）がある。

　6）　英語では，普通の人々（ordinary people）という意味合いで，人々（people）と言及されるが，日本のポピュリズム研究では人民とされていることが多く，エリートとの対比としても適切な言葉なので，こちらを用いる。

　7）　ノリスとイングルハートもポピュリズムの包括的研究で，これを最小限定義と考えている（Norris and Inglehart 2019: 3）。

　8）　Mudde（2004）に基づき，ポピュリスト・プロジェクト（The Populist〈https://popu-list.org〉）で用いられた，概念的アプローチ（ideational approach）による定義である（［解説］ポピュリスト政党の定量的・定性的分析参照）。実証分析に適した概念的アプローチの他，政治戦略的（political strategic）アプローチ（Weyland 2017）と社会文化的（sociocultural）アプローチ（Ostiguy 2017）がある。

ポピュリズムを計測する——ポピュリズム政党の専門家調査

　世界各国において，様々なポピュリスト政党が存在し，また新たなポピュリスト政党が生まれたり離合集散したりと変化も激しい[10]。そのため，政党の政策位置専門家調査と同じ手法で，政党のポピュリズム（の度合）や左右イデオロギーを数値化・計測し位置付けることを目的とした調査——ポピュリズム政党の専門家調査——が行われるようになった。各国の事例を横断した観点から，ポピュリスト政党とは何かという問いに応えようとする試みである。

ヨーロッパのポピュリスト政党——ポピュリズムと極右・極左イデオロギー

　ヨーロッパでは，上記のフランスやドイツなどのポピュリスト政党に加え，イタリアの同盟（League: LN）や五つ星運動（Five Star Movement: M5S），英国のイギリス独立党（United Kingdom Independence Party: UKIP）など，よく知られた政党の他にも，多くの国に様々なポピュリスト政党が存在し，かつその変化も激しい。ポピュリズムと政党の専門家調査（Populism and Political Parties Expert Survey: POPPA）は，ヨーロッパの政党を対象として，ポピュリスト政党であるか，より正確に言えば，政党がポピュリスト的立場をとっているかを検証する継続的調査であり，2018 年に最初に行われた（Meijers and Zaslove 2021）[11]。POPPA では，1）ポピュリズムの概念的立場の他，2）政党イデオロギーや 3）政治スタイル，4）政党組織について，0 から 10 の 11 点尺度で専門家が政党の位置を判断する（表 6-3）。

---

9)　自由党と訳されるが，英語名では，それぞれ，オーストリアは Freedom Party of Austria（FPÖ），オランダは Party for Freedom（PVV）という党名となっている。

10)　ポピュリズムに関する最も包括的な共同研究（Kaltwasser et al. 2017a）は，アフリカ・オセアニア・東中欧・東アジア・インド・ラテンアメリカ・旧ソヴィエト圏・西欧のポピュリスト政党をそれぞれ別個の章で扱っている。ヨーロッパのポピュリスト政党の複数の事例を紹介し，日本におけるその含意についても解説したものとしては，水島（2016; 2020），佐々木（2018），谷口・水島（2018）がある。ヨーロッパ以外の地域のポピュリズムを扱った邦語文献としては島田・木村（2009）がある。

11)　POPPA（https://poppa-data.eu）は，2024 年時点で最もきめ細かなポピュリスト政党調査である（Rooduijn et al. 2024: 975）。2018 年の第 1 回調査では，2018 年 4 月から 6 月にかけて，ヨーロッパ 28 カ国 250 政党に関して，861 人の専門家（政治学者）に調査票を送り，各国の専門家が自国の政党に関して回答するという形で，294 人（回答率 34%）から回答があった（Meijers and Zaslove 2021）。

表 6-3　ポピュリズム専門家調査の質問リスト（0-10 の 11 点尺度での回答）

概念	項目	説明
ポピュリズム	善悪二元論的世界観	「政治は善と悪をめぐる道徳的闘争である」という考えと合致する立場か異なる立場か
	人民の一体性	「大衆は一体である（普通の人々は同質的であると考えられる）」という考えと合致する立場か異なる立場か
	一般意志（の存在）	「大衆は単一の利益（一般意志）を持つ」という考えと合致する立場か異なる立場か
	人民中心主義	「主権は大衆のみに帰属する（エリートでなく普通の人々が政治に最終決定権を持つ）」という考えと合致する立場か異なる立場か
	反エリート主義	「反エリート的傾向」と合致する立場か異なる立場か
政党イデオロギー	左右（全般）	全般的イデオロギー傾向（一般的な左右イデオロギーの対比）
	左右（経済）	経済における政府の積極的役割（左）か経済における政府の縮小された役割（右）か
	移民	移民への強い反対か・強い支持か
	ヨーロッパ統合	EU（欧州連合）によるヨーロッパ統合への強い支持か強い反対か
	移民排斥（先住民保護）主義	誰が国民国家に所属するかに関し排他的か排他的でないか
	市民の自由と法秩序	市民の自由（個人的自由）か法と秩序（厳格な治安維持や厳しい量刑や判決）か
	伝統的 vs 自由主義的生活様式	道徳的価値について伝統的考え方（結婚や出産など家族に関わる既成観念）か自由主義的な考え方（同性愛や同性婚などの受容）か
政治スタイル	政治は複雑か常識的か	政治的決定は複雑な過程を経るか常識で政治的問題を解決するか
	感情的訴えかけ	恐れ・希望・怒りや幸せなどの有権者の感情に訴えかけるか訴えかけないか
政党組織	個人化されたリーダーシップ	個人のリーダーシップで特徴づけられるか特徴づけられないか
	政党内民主主義	党内民主主義のレベルが高いか（個々の構成員が決定に関わるか党内で議論を行うか，複数の党内派閥や組織が決定に参加するか）低いか

第 6 章　政　党　　107

　ポピュリズムの概念的立場に関わる「善悪二元論的世界観」「人民の一体性」
「一般意志（の存在）」「人民中心主義」「反エリート主義」は，ポピュリスト政
党の立場を区別するのに，調査が最も重視した項目である。これらの質問項目
による対比で「政治は善と悪の闘いであり，人民は一体となって，同一の利
益・一般意志により，最終決定権を持ち，エリートと対峙する」という立場を
（そうでない立場に対し）区別でき，これは先述したポピュリズムの概念の定
義と一致している。数値化されたデータの分析は，政党の立場が，これら 5 項
目をまとめた強いポピュリズムの考え方を持つ場合と，そうでない場合に分か
れることを示し，この定義が実際の政党の立場の区別でも有効であることを確
認する結果となった[12]。

　このポピュリズムの概念的立場と合致するのは，政党イデオロギーでは
「EU（欧州連合）によるヨーロッパ統合」への反対であった。EU 統合への賛
否は，政党の政策位置専門家調査でも，従来の左右イデオロギーと対応した政
策位置に加え，2000 年代に入って付け加えられるようになった質問項目であ
る（Benoit and Laver 2006: 86-87）。ポピュリスト政党の主張の一つである反グロ
ーバリゼーションが，ヨーロッパでは EU 統合への反対となっていることの
表れである。さらに，ポピュリストの概念的立場と「政治は複雑でなく常識
的」であるとし「感情的訴えかけ」を重視する政治スタイルも合致することが
確認された。

　その一方で，他の政治イデオロギーや政党組織に関わる相違は，必ずしもポ
ピュリズムかポピュリズムでないかの区別と合致しないことが示された[13]。
例えば，「移民」への反対や「移民排斥（先住民保護）主義」の立場に加え，
「市民の自由と法秩序」「伝統的 vs 自由主義的生活様式」が区別する，厳格な
治安維持や法の適用や，同性愛や同性婚に厳しいといった伝統的道徳的価値の

---

12)　ポピュリズムの概念的アプローチに含まれる定義を網羅している 5 項目の，それぞれ
　　の政党に対する回答を，専門家間で平均し，探索的因子分析（exploratory factor analy-
　　sis）を行ったところ，それら全てに影響を与えていると考えられる，ポピュリズムに関
　　わる潜在因子が確認された。因子分析は，各変数（ここでは項目の回答）の相関が高い
　　時には，一つの方向（ベクトル），すなわち共通因子で代表されるという考え方に基づい
　　た分析である（東京大学教養学部統計学教室 1994: 351）。詳しい分析結果とその説明や
　　データに関しては Meijers and Zaslove（2021: Table 2, 383-385）参照。

重視の立場である。この結果は，ポピュリストでない政党もこうした立場をとることがある一方，こうした立場をとらないポピュリスト政党も存在する[14]ことを示唆している。政治的問題は人民に理解できる常識的なものと主張したり，感情への訴えかけを重視したりする政治スタイルも，必ずしもポピュリスト政党に限らないという結果となった。

　強いポピュリズムの傾向を示す政党ほど，極端な右，或いは左のイデオロギー的立場（全般）を取ることが示された（図6-2）[15]。政治を人民とエリートの対立とみなし，前者の一般意志に正統性を見出すという立場がポピュリスト政党の基本にあり，極右・極左の両者の立場があることがポピュリスト政党の特徴であることを示唆する結果となっている（［解説］ポピュリスト政党の定量的・定性的分析）[16]。

ヨーロッパのポピュリスト政党——継続と変化

　POPPA の第2回調査は，2023年に行われ，2018年の第1回調査結果との継続とともに変化の傾向も明らかになった[17]。

---

13)　左右イデオロギー（全般）を除く全ての項目の，それぞれの政党に対する回答を，専門家間で平均し，探索的因子分析（バリマックス回転）(iterated principal exploratory factor analysis: orthogonal varimax rotation) を行った。ポピュリズムの5項目と「EU（欧州連合）によるヨーロッパ統合」「政治は複雑でなく常識的」「感情的訴えかけ」が，ポピュリズムを表すと考えられる因子（要因）の他に，それ以外の項目に影響を与える，もう一つの因子が確認された。詳しい分析結果とその説明やデータに関しては Meijers and Zaslove（2021: Table 4, 390-394）参照。

14)　例えば，オランダの PVV は，反移民の立場を取る極右政党であるが，男女平等や同性愛に関しては，リベラルから中道の立場と考えられている。

15)　グラフに重ねられた U 字が，左（右）端にいくほど，つまり極左（極右）の立場を取るほど，ポピュリズムの度合が高い位置に政党が多く分布していることを示している。

16)　左右イデオロギーの両極にポピュリスト政党が存在するという見方に対し，政党にとっての政策次元の重要性まで考慮すると，経済的な左右イデオロギーの位置では左に，文化的な左右イデオロギーの位置では右にポピュリスト政党が存在するという見方もある（Huber, Jankowski, and Juen 2023）。

17)　2023年1月25日から5月24日にかけて，ヨーロッパ31カ国312政党に関して，850人の専門家（政治学者）に調査票を送り，各国の専門家が自国の政党に関して回答するという形で，324人（回答率38%）から回答を得た（Zaslove, Meijers, and Huber 2024）。データは第1回調査同様，Harvard Dataverse に収められている（https://poppa-data.eu 参照）。

図6-2 ポピュリズムと左右イデオロギー

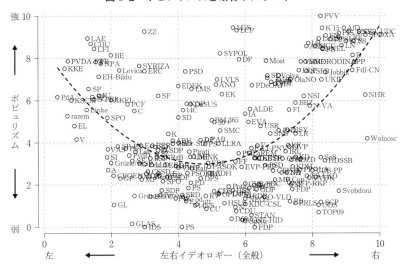

出典：Meijers and Zaslove（2021, Figure 4）より作成

　第1回調査同様，「善悪二元論的世界観」「人民の一体性」「一般意志（の存在）」「人民中心主義」「反エリート主義」の5項目によりポピュリスト政党が区別され，第2回調査でもポピュリストの定義の有効性が継続して確認された[18]。さらに，2回の調査を通じ，異なる時点間で，一貫性を持って，これら5項目がポピュリズムを規定しているという結果となった[19]。

　さらに，「人民中心主義」「反エリート主義」が，そして「一般意志（の存在）」が，次いで，強いポピュリスト政党を区別しているのに対し，「善悪二元論的世界観」と「人民の一体性」は弱いポピュリズムとも対応していることも，2回の調査のデータから明らかになった。この結果は，最小限定義の有効性を

---

[18] 第1回調査同様，5項目の，それぞれの政党に対する回答を，専門家間で平均し，探索的因子分析を行ったところ，それら全てに影響を与えていると考えられる，ポピュリズムに関わる潜在因子が確認された（Zaslove, Meijers, and Huber 2024: Table 4 参照）。

[19] これら5項目がポピュリスト概念を表す因子で規定されているかを確認する確証的因子分析（confirmatory factor analysis）を，「人民の一体性」と「一般意志（の存在）」，「善悪二元論的世界観」と「人民中心主義」，「善悪二元論的世界観」と「反エリート主義」の共分散を加えるモデルで行っている（Zaslove, Meijers, and Huber 2024: Table 5 参照）。

［解説］ポピュリスト政党の定量的・定性的分析

　POPPA の調査以外にもヨーロッパのポピュリスト政党を分類する試みは存在する。政治学者とともに『ガーディアン』紙（*The Guardian*）を中心とするジャーナリストを含む専門家による定性的比較分類（Expert-informed Qualitative Comparative Classification）を行ったポピュリスト・プロジェクト（The PopuList〈https://popu-list.org〉）である（Rooduijn et al. 2024）。ヨーロッパの 31 カ国から，国レベルの議会選挙で 1989 年以来，少なくとも 1 議席を得るか 2％以上の得票をした政党を全て含み，その中から，ポピュリスト政党を特定しデータベース化する試みである。

　POPPA のような複数の調査項目で数値化したデータによる定量的分析と比較した場合，政党の立場を，ポピュリズムに付随する要因を包括的に含めて分析したものではない。その一方で，定性的比較を行っている強みもある。先述のポピュリスト政党の最小限定義は，このプロジェクトで，専門家がポピュリスト政党であると判断する基準として有効であるとして用いたものである。また，ポピュリスト・プロジェクトによるポピュリスト政党であるかないかの二項分類は，POPPA のポピュリズムの強弱による連続的な分類と高い相関を示している[20]。

示すとともに各国調査結果とも一貫している（Castanho et al. 2020）。

　その一方で，変化としては，政党のポピュリスト傾向が，第 2 回調査では全体的に低下していることが挙げられる[21]。極右政党，次いで極左政党のポピュリズムの強さは維持されている一方，極左，キリスト教民主主義，緑の党，自由党では，ポピュリズムの度合の低下が，国や地域の差異がありながらも，観察されていることがその理由となっている[22]。

　さらに政党イデオロギーにより，強いポピュリズムを持つか否か区別できるかの分析では，「移民排斥主義」の立場に加え，「市民の自由と法秩序」「伝統的 vs 自由主義的生活様式」の項目をまとめた「権威主義」が強い場合に，強いポピュリスト政党となる傾向があるという結果となった。「移民排斥主義」

20）　点双列相関係数（point-biserial correlation）で $r＝0.66$ という高い数値が報告されている（Rooduijn et al. 2024: note 5）。

21）　確証的因子分析の際に不変性テスト（invariance test）を行っている（Zaslove, Meijers, and Huber 2024: Table 33 参照）。

22）　Zaslove, Meijers, and Huber（2024: Figures 2, 3）参照。

や「権威主義」が弱い政党が，ポピュリスト傾向を低下させたことが，2回の調査間（2019 ～ 23 年）で全体のポピュリスト政党の低下に貢献していることも明らかになった[23]。

POPPA の2回の調査結果は，継続性とともに，ヨーロッパのポピュリスト政党が，さらなる変化を遂げる可能性を示唆している。

世界のポピュリスト政党——左右イデオロギーを横断する保守的社会的価値

ポピュリスト政党は，ヨーロッパ以外でも，民主主義国であるかないかにかかわらず存在する。163 カ国の 1043 政党を対象として，POPPA と同じ専門家調査の手法でポピュリスト政党を区別したものとして，ノリス（Norris 2020）によるグローバル政党調査（Global Party Survey: GPS）がある。POPPA と同様，人民が正統な最終決定権を持つというポピュリズムの定義を重視しながらも，それが現実にはエリートによって主張されることなどから，「一次的言語（レトリック）」とみなした点に特徴がある。ポピュリストの立場が「確立された政治制度の正統性に挑戦し，人民の意思を優先すべきとする」のに対し，多元主義者（プルーラリスト）の立場は，これを否定し「選挙で選ばれたリーダーが，政府の権力を監視し，かつ少数者の権利に配慮しながら，交渉と妥協によって，統治を行うべきとする」と定義される。この二つのどちらのレトリックに政党がより近い立場であるか，専門家が位置付ける調査である[24]。さらに，二次的原則として，左右の経済的価値（政府の積極的役割が左，消極的役割が右）に関わる立場の相違と，リベラルと保守の社会的価値に関わる立場の相違（中絶の権利・同性婚・政治参加などに関わる自由を支持するか制限するか）を区別する（表 6-4）。

2018 年に行われた第1回の調査結果[25] は，ポピュリスト政党は，右の経済的価値や保守的な社会的価値を支持する傾向が見られ，その傾向は，民主主義

---

23) 政党イデオロギー項目を独立変数とし，調査回数との交互作用も含め，各政党のポピュリズムの度合（従属変数）を予測する最小二乗法（ordinary least square method）による分析を行っている（Zaslove, Meijers, and Huber 2024: Tables 7, 8 参照）。

24) 各項目に関し，1 から 10 の 10 点尺度で，政党の位置付けを専門家が回答する形となっている。それに加え，政党にとっての重要性も同じ尺度で質問し比重をかけデータとする。他の質問項目も同様である。

112

表 6-4　グローバル政党調査質問項目（1〜10 の 10 点尺度での回答）

一次的言語 レトリック	［ポピュリスト／多元主義のレトリック］ 正統性を持つ権威と決定過程 誰が政策を決定すべきか？ 支配層 vs 人々	
二次的原則 価値	左—右の経済的価値 経済運営や福祉，再分配に おける政府と市場の役割 に関わる対立	リベラル—保守の社会的価値 社会秩序の維持や対外関係，倫理的問題に おける政府の役割 に関わる対立
二次的原則 政策位置	社会経済的亀裂 社会経済的階級，所得や貧富， 地域社会や人間開発に関わる	文化的亀裂 世代，教育，人種や民族，宗教， 都会／地方，国／地方／地域に関わる

出典：Norris（2020: Figure 1）より作成

国より非民主主義国に強いことを示した。弱いポピュリスト政党は，経済的価値の左右やリベラル—保守の社会的価値にかかわらず存在するが，強いポピュリスト政党[26]に焦点を絞った場合（表6-5）は，経済的には右，社会的には保守の価値を支持する政党が半数近くを占める（表6-5の右上のコラム）。これは，経済的価値においては，左右の立場でほぼ二分される一方，社会的価値では圧倒的に（9割近く）保守の立場を取っている結果である。

　ヨーロッパのコンテクストに即した POPPA の分類に対し，GPS は，従来用いられてきた政党イデオロギーの区別である，左右の経済的価値とリベラル—保守の社会的価値をめぐる対立軸を用いたことにより，政治体制にかかわらず多くの国のポピュリスト政党の検証に成功するとともに，ポピュリズムの既成政党への影響についてもより詳細な分析となっている。米国では，共和党が，強いポピュリスト政党の典型的な特徴である，経済的右派と保守の価値を

---

25)　2018 年 11 月 19 日から 12 月にかけて，当時存在した国家の 84％にあたる 163 カ国の 1043 政党を対象に 1891 人の専門家の回答（回収率 23％）を元にデータを得た。データは公開されており（https://www.globalpartysurvey.org），また 2023 年には第 2 回目の調査が行われていることも報告されている。

26)　ポピュリスト—多元主義のレトリックに関わる専門家の回答（10 点尺度）の平均で政党を 4 分類し，強いポピュリストの傾向（7.5 点以上）を示した政党を指し，表6-5 で分類された 228 政党が含まれる。その下の範疇（5.0 点より大きく 7.5 点に満たない）が弱いポピュリスト政党である。

第 6 章 政 党 　　113

表 6-5　強いポピュリスト政党の経済的価値と社会的価値による分類

経済的価値

		左	右
社会的価値	保守	例) ハンガリー フィデス（市民同盟） ポーランド 法と正義党 デンマーク 国民党 42%（95）	例) スイス 国民党 イスラエル リクード インド 人民党 ギリシャ 黄金の夜明け 米国 共和党 46%（104）
	リベラル	例) スペイン ポデモス ギリシャ 急進左派連合 イタリア 五つ星運動 9%（20）	例) バングラデシュ 国民（ジャティヤ）党 ノルウェー 進歩党 5%（9）

出典：Norris（2020: Figure 8）より作成

持つことがわかる（表 6-5）[27]。2016 年の国民投票で EU 離脱派が勝利し 2020 年に正式に離脱に至った英国でも，その間政権をになった保守党が，経済的右派と強い保守の価値という点では，EU 離脱党（Brexit Party）と非常に近い立場を持つことをデータが示している[28]（[解説] 日本の政治とポピュリスト政党）。

---

27)　米国で 19 世紀以来存在する既成政党である共和党のような政党が，強いポピュリスト政党と分類される（専門家 50 人の回答の平均で 7.8）ことは他に例をみない。ポピュリスト現象を，アメリカの政治史における断絶と展開としてとらえた邦語文献としては，久保・岡山（2022: 第 9 章）参照。

28)　この保守党政権下の経緯についての解説としては今井（2020）。保守党が，EU 離脱党と，経済的右派と強い保守的価値という点で非常に近い位置にあることは，ノリス自身がジョンソン保守党政権での EU 離脱の説明で言及している（Pippa Norris, 2019, "Was Farage the Midwife Delivering Johnson's Victory? The Brexit Party and the Size of the Conservative Majority," LSE Blogs, British Politics and Policy, London School of Economics and Political Science〈https://blogs.lse.ac.uk/politicsandpolicy/ge2019-brexit-party-impact/〉）。ポピュリストのレトリックによる専門家の平均的位置付け（10 点尺度）で，英国保守党は専門家 48 人の回答の平均で 7.4 で，強いポピュリスト政党の基準（7.5 以上）を下回るが，経済的価値と社会的価値の基準においては，強いポピュリスト政党の特性を示している。

[解説] 日本の政治とポピュリスト政党

　ノリスが行った 2018 年の第 1 回調査で，日本の政党の中で，強いポピュリスト政党に分類されたのは，日本維新の会のみで，同じ保守政党である，政権党の自民党の位置付けは，ポピュリストと多元主義者（プルーラリスト）の境界近くであった[29]。その一方で社会的価値においては，自民党も維新の会も強い保守的価値観を持つと位置付けられた[30]。これは，中絶の権利・同性婚・政治参加などに関わる，リベラルと保守の社会的価値対立に関し，日本が 2018 年時点で，国際比較において例外的な事例であることを示している。他の民主主義国では，ジェンダーの平等や同性婚や同性愛の自由を認めた，政権を担う既成政党への反発が，ポピュリスト政党が興隆する一因となっているからである。この調査とほぼ同時期に行われた世論調査分析では，反グローバリズムに関しても，日本ではポピュリズムにつながる可能性は低いとされている（谷口 2018）。

ポピュリズムと政党

　既に述べたように，ポピュリズムは政党に限る現象でない（[解説] ポピュリスト政権と民主主義）。その一方で，ポピュリズムを理解するのに，政党に焦点をしぼり分析する強みもある。第一は，既成政党と比較して不安定な存在である一方で，ポピュリズムに関心が高まった 1990 年代から現在まで継続的に存在するポピュリスト政党も存在する。イタリアの LN，フランスの FN などヨーロッパの例の他にもインドの人民党（Bharatiya Janata Party: BJP）やバングラデシュの国民党（ジャティヤ党 [Jatiya Party]）などの例があり，組織としての継続は，たとえ政党名が変わったり構成員や党内集団の離合集散があったりした場合でも，政治的立場を区別するのには望ましい条件である。

　第二は，ヨーロッパの安定した民主主義国でも，ポピュリスト政党の政権参

29）　ポピュリストのレトリックによる専門家の平均的位置付け（10 点尺度）で，維新の会は 8.6 で強いポピュリスト政党に分類され，政権党の自民党の 5.1（自民党と連立を組む公明党は 2.4）を大きく上回る。第 1 回調査のデータは全て以下の URL にある（Norris, Pippa, 2020, "Global Party Survey, 2019," https://doi.org/10.7910/DVN/WMGTNS）。日本で回答した専門家数は 15 人であった。

30）　日本維新の会 8.2，自民党 8.3（公明党は 5.8 とやや保守的に傾く）とほぼ拮抗している。左右イデオロギーでは日本維新の会が 7.9 で，自民党の 5.6 よりさらに右に位置している（公明党は 3.2 と左に傾く）。

第 6 章 政 党　　115

[解説] ポピュリスト政権と民主主義

　既に説明したように，ポピュリズムは政治家個人の立場を表す場合にも非常によく使われる。著名な例としては，米国のドナルド・トランプ大統領（2017 〜 2021，2025 〜）や英国のボリス・ジョンソン首相（2019 〜 2022），ペルーのアルベルト・フジモリ大統領（1990 〜 2000）やハンガリーのヴィクトル・オルバン首相（2010 〜）などの例がある。こうしたリーダー個人の政権下では行政や官僚制がポピュリズムの深化に重要な役割を果たすという見方もある（Bauer and Becker 2020）。さらにポピュリズムが，民主主義への脅威であるか，それとも，現代の民主主義制度のエリート主義的傾向の政治問題化の表れであるかは，規範的立場からも意見が分かれ，ポピュリズムを，民主主義全般の危機を総称するバックスライディング（第 14 章参照）と結びつける場合もある（Popp-Madsen 2020）。

加が，2010 年代後半には 10 カ国を超え，もはや例外的ではなくなり増加しつつあることである[31]。例えば，イタリアでは，2018 〜 2019 年と短命に終わったとはいえ，M5S と同盟によるポピュリスト政権も出現している[32]。フランスのように，ポピュリスト政党が支持を伸ばす一方，政権を担ってきた二大政党が解体した例もある[33]。ポピュリスト政党の理解が，ポピュリスト政権の理解にもつながり，各国のポピュリズムの動向を紹介する際にも，政党に焦点

---

31) 2018 年まででポピュリスト政党の政権参加は既に 11 カ国に見られ，政権参加の常態化が同年にポピュリスト政党の専門家調査が相次いで行われた理由でもある。2019 年 2 月時点のスウェーデンのシンクタンク Timbro の調査（Timbro 2019）は，ハンガリー，ポーランド，ギリシャ，ノルウェー，フィンランド，ラトヴィア，ブルガリア，スロヴァキア，スイス，オーストリア，イタリアの 11 カ国で政権への参加を報告している。Timbro は 2024 年にも第 2 回調査（Timbro 2024）を行っており，これらの国にさらに，スペイン，スロヴェニア，ルーマニアが加わっている（https://populismindex.com/wp-content/uploads/2024/04/TAPI_2024_digital_2024-04-15.pdf）。

32) この経緯と共に，北部同盟（Northern League: LN，1991 〜 2018 年）からさらに 1970 年代に遡る同盟の変遷についての邦語文献としては伊藤（2020）が詳しい。M5S の政権参加の背景にあるイタリアの政党システムの変化については Giannetti et al.（2024）参照。2022 年極右ポピュリストであるイタリアの同胞（Brothers of Italy）が，同盟と中道右派のフォルツァ・イタリアと連立政権を形成した（2024 年現在継続）。

33) 2017 年のフランスの大統領選挙・議会選挙では，中道政党・共和国前進を新設したエマヌエル・マクロンが，FN のマリーヌ・ルペンをおさえ勝利をおさめたが，選挙後に，第二次世界大戦後の政権の中心であった共和党と社会党は解体する。複雑なプロセスとその影響についての邦文の解説としては中山（2020）が詳しい。

116

を絞る場合が増えている[34]。

　第三に，ここで紹介するように，民主主義国と非民主主義国を含む，政党の政策的立場を横断する専門家調査が行われ，政治体制の相違にかかわらず，ポピュリズムという政治形態が政党の立場を通じて比較可能となっている点である。専門家調査の質問項目が，政治体制の相違を超えて，ポピュリズムの様々な特徴を表す定義ともなっており，このような実証データが得られるのは，政党以外では難しい。

　政党の存在は，合理的選択論や歴史研究により説明され，ポピュリスト政党も含む，現在の政党の形態に至るまで，様々な組織形態が観察された。政党組織の変化は，どのように有権者の支持をめぐって競争するかにも深く関わる。次章では，政党の競争を法則性を持ってとらえ，制度として分析する，政党システム論について扱う。

---

34) 例えば，最近の研究では Crum and Oleart（2023）。日本語の文献でも水島（2020）も同様である。

第7章 政党システム

　政党システムは，政党の競争のあり方や相対的な力関係の構造を表す。これら構造の一般化が，政党システムの分類・類型となる。政党システムのダイナミズムは，選挙における得票，議会における多数派の形成や政権の形成をめぐる政党間の競争にとどまらず，既存の社会的利益の代表や政策への反映や社会的利益の集約と利益への働きかけにも関わる。これは政党システムの形成の過程にも表れている。政党は，社会的利益を代表して形成され，その社会的利益の分布のパターンが政党間競争のダイナミズムを決定し，政党システムを形成するのである。利益競合のパターンが，個々の政党を形成し，政党間競争が政党を形作るという説明は，比較歴史分析によっても合理的選択論によっても可能である。本章では，これら異なるアプローチにより，政党システムの形成の要因を説明した上で，サルトーリによる政党システムの分類を紹介する。

1. 政党システム形成の歴史的説明——凍結仮説

　政党システムの歴史的形成の代表的説明は，リプセットとロッカン（Lipset and Rokkan 1967a＝2013）の凍結仮説「西欧諸国の1960年代の政党システムは，少数の例外を除き1920年代の亀裂構造を反映する」[1]である。重要な利益の対立により社会的亀裂（social cleavage）が生じる，歴史上の分岐点で，亀裂構造に沿って対立勢力が形成され，その亀裂による対立が，その後の政党システムを決定するという考え方に基づく。過去数世紀にわたる，分岐点での変化や選択の結果積み重なった社会的亀裂による，西欧の政党システムの形成と安定（凍結）の説明である。

　1）　ヨーロッパの政党システムが「凍結」したとされている20世紀初頭の時期は，大陸ヨーロッパ諸国に比例代表制が導入された時期でもある。

［解説］経路依存性

　リプセットとロッカンは，決定的分岐点という言葉を使っているものの，明示的に，自身の説明を経路依存性による説明として提示したわけではない。しかし，経路依存性の考え方は，全て彼らの説明の中で実質的に提示されており，それが，後に定式化された（Capoccia 2016; Collier and Munck 2017; Dunning 2017）。経路依存性の概念は，歴史を通じた因果関係の説明に用いることができる政治学の方法である。凍結仮説において，決定的分岐点における社会的亀裂が順次重なっていくように，決定的分岐点における変化は不可逆である（後戻りがない）ため，その後の変化を規定するからである。

　経済学においても，経路依存性は重要な概念である。劣った技術でも先に伝播すると，収穫逓増により優れた技術が使われるのを妨げるという例として，キーボード配列（QWERTY 配列）がよく取り上げられる（Arthur 1989; Liebowitz and Margolis 1995）。経済学の技術の伝播に関わる経路依存性の考え方を，政策の伝播に置き換え，政治学の経路依存性の概念との連続性を説明したものとしては，Kato（2003）や加藤（2024）がある。欧米諸国と日本を対象に，高度経済成長期の終焉を決定的分岐点として，その前に（或いはその後に）付加価値税が導入されたか否かが，その後の各国の税収構造と総課税負担を左右したとする。

　ある歴史的時点における制度の形成が，その後の制度を決定するという観点からの，歴史的新制度論における経路依存性の考え方の解説としては，ピアソン（Pierson 2000）によるものがある。

経路依存性と決定的分岐点

　凍結仮説は，重要な選択がされる歴史上の時点を「決定的分岐点（critical juncture）」とし，そこでの選択が，分かれ道の選択のように，それ以降の制度や政策を決定するという「経路依存性（path dependency）」の考え方に基づいている。選択による結果が不可逆的である（選択前の状態に戻ったり選択をやり直したりすることができない）ことを前提として，決定的分岐点の選択とその結果の因果関係を説明する。そのため決定的分岐点と経路依存性の考え方の原型を政治学において確立した点でも重要である（［解説］経路依存性）。

社会的亀裂と争点

　具体的に，決定的分岐点でどのような争点や社会的亀裂が生じ，それにより，

どのような政治対立が生じたのかをまとめたのが，表7-1であり，どのように分岐が生じるかの経路依存性の説明が図7-1である。決定的分岐点で起こったとされる，宗教改革（国民国家の統合），民主主義（国民）革命，産業革命・社会主義革命は，全て西欧諸国が同時代に経験した歴史的な出来事である。

国民国家の統合は，中央の政府と周辺の地方の対立構造をもたらす一方で，それ以前のヨーロッパを支配していた宗教勢力である教会と国家の対立ももたらす[2]。宗教改革の決定的分岐点では，形成された国民国家が，教会を従属させず教会と連携する場合には，カトリック教会は，保守勢力と対抗する政治勢力として残る。

民主主義（国民）革命は，宗教勢力支配や絶対王政と異なる体制をもたらす分岐点であり，国家の教育の統制の強化（世俗化）に対する，教育への支配的影響力を温存しようとする教会の反発を基軸とする。国家と教会の新たな対立が亀裂として重なり，政治勢力として宗教政党が形成される。

それに対し，産業革命では，封建制下の土地勢力を代表する農業利益と都市部の産業利益の対立においてどちらを優先するかで亀裂が生じる。さらに，社会主義革命が起こらなかった西欧諸国でも，産業化後，国際的な労働運動やロシア革命により，社会主義の考え方の影響を受け，労働者（労働）と経営者（資本）の経済利益による対立による亀裂が生じ，労働と資本の対立が政党システムに反映されることになる[3]。農業利益を代表する農民政党や都市商工業利益を代表する自由主義政党，さらには社会主義政党に連なる政治勢力が形成されることになる（Lipset and Rokkan 1967a: 37-38＝2013: 238-239）。

例えば，英国（図7-1）の場合，国家が国内の教会をコントロールし，ローマ・カトリック教会への優位を保ったため，宗教的対立は社会的亀裂として残存せず，宗教政党は存在しない。産業革命により，土地農村利益と都市工業利益の対立が生まれたが，これが保守党と自由党の対立につながり，その後，社

---

2) 1618年に始まった30年戦争は，ヨーロッパ全体を巻き込んだ覇権の争いであると同時に宗教紛争であり，1648年のウェストファリア条約が両者の解決となったように，宗教改革の亀裂構造は国民国家の形成と重なり合う。

3) ロシア革命（1917年）も決定的分岐点ではあるが，西欧では社会主義革命が起こらなかったことから，宗教改革，民主主義（国民）革命，産業革命の決定的分岐点とは区別されている（Lipset and Rokkan 1967a: 47＝2013: 253; 表7-1参照）。

表 7-1 決定的分岐点における社会的亀裂と争点

社会的亀裂	決定的分岐点	争点
中央(政府)—周辺(地方)	宗教改革 [国民国家の形成] 16〜17世紀	国家による国内教会の支配か ローマ・カトリック教会との連携か (各国語かラテン語か)
国家—教会	民主主義(国民)革命 1789〜	大衆教育機関の国家の(世俗的)支配か 宗教による支配か
土地(農村)—産業(都市)	産業革命 19世紀	土地農村利益を優先するか 都市工業利益を優先するか
労働者—経営者	[社会主義革命] [ロシア革命] 1917〜	社会主義・国際的革命運動に コミットするか否か

出典：Lipset and Rokkan (1967a: 14-15, 38-47＝2013: 207-209, 238-253) より作成

図 7-1 政党システム形成の決定的分岐点と経路依存性

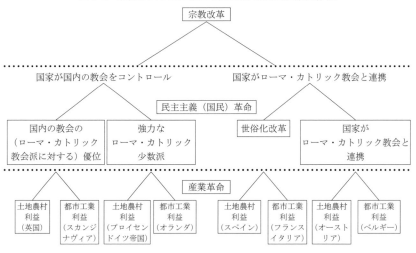

会主義の考え方の影響を受けた労働者と経営者の対立の社会的亀裂により（表7-1）労働党が出現する。それに対し，ローマ・カトリック教会と国家が連携し，その後世俗化革命が起こったイタリア（図7-1）では，伝統的政府と教会の対立が残存し，それに産業革命による亀裂が重なった結果，キリスト教民主党に加え，保守党と自由党が対立し，さらに労働運動の過激化により共産党・社会党が存在する（表7-1）政党システムが1990年代に入るまで継続した。

西欧の政党システムの形成と凍結仮説

　対抗する勢力の力関係や対立自体の顕在化が異なるため，決定的分岐点による社会的亀裂は，それぞれの国の中で異なる形で積み重なり，その結果，西欧諸国間で異なる形で政党システムが形成されていったと，凍結仮説は説明する。社会的亀裂の経路依存性に基づく凍結仮説に対しては，各国の政党システムの形成がそれで説明尽くされるかといった批判もある。多極共存型デモクラシーと呼ばれる，ベルギー，オランダ，スイスなど宗教，言語において多様性を持つ多元的な社会（第13章参照）では，「凍結」後も政党が形成されていた。また，1960年代に観察された政党システムの「凍結」後も，各国の政党システムは変化し続けている（Karvonen and Kuhnle 2001）。しかしながら，凍結仮説の社会的亀裂で区別された対立は，今もヨーロッパ政治では重要な政治的立場の相違につながっており，それらの歴史的形成を説明した意義は大きい。現在の欧州議会でも，各国間で共通する争点の対立や政党カテゴリーが観察される[4]など，異なる政党システムを持つ加盟国間でも共通性は存在する。それを，決定的分岐点と経路依存性に基づき説明した凍結仮説は，今日においても意義があると言える。

2. 政党システム形成の合理的選択論的説明——ダウンズの空間理論

政党の支持獲得戦略

　凍結仮説は，初めて政党という組織が観察され，政党システムという概念が生まれたヨーロッパを事例に展開された政党システムの形成の説明である。それに対し，合理的選択論モデルによる説明は，ヨーロッパ以外の事例にも応用できる理論的前提に基づく。空間理論（第4章）では，個人にとって最も好ましい選択を理想点で表し，それと他の選択がどの位異なるかを距離で表し，近いほどより好ましく，遠いほどより好ましくない，といった形で，個々人の選好とそれらの関係を空間的に表現できる。有権者は自分の理想点により近い候

　4）　例えば，Tóka and Gosselin（2010），Dinas and Riera（2018）参照。欧州議会は，加盟国の国内政党システムを破片化（第4節参照）する効果がある一方，新党の形成は旧勢力を代替するには至っていない。

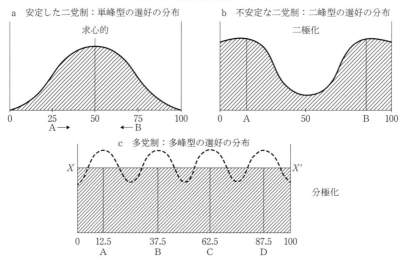

図7-2 政党制と選好の分布

出典：Downs（1957: Figure 2, 3, 5 = 1980: 図2・3・5）より作成

補者や政党を支持する——すなわち政策への選好に基づいて行動する。それに対し，政治家や政党は，政策に対する選好や政策の実現でなく，より多くの票（ひいては政権）の獲得，すなわち，得票の最大化を目的とする（Downs 1957=1980）。有権者の支持をめぐり政党が競争するという理論的前提により，政党システムの形成が説明できる。有権者の政策の選好の分布を抽象的イデオロギー空間に表し，政党の支持獲得戦略から政党システムの形成を説明する。正規分布である選好分布を考えると，有権者の票を競っている政党A・Bは，例えば，最初に左右に離れた位置にあっても，より多くの支持を求め中央の位置に収斂するように位置を変えるという求心的な動きを見せる（図7-2a）。同じ二党制のダイナミズムでも，逆に有権者の分布が左右で二峰型（図7-2b）であれば，政党A・Bは元の位置にとどまり続け，二極化し，二党制でも合意が難しい不安定な二党制となる。有権者の選好がイデオロギー空間全体に分布している場合には多党制となり，それぞれの政党の下で有権者の選好が組織化され，多峰型の分布になることも考えられる（図7-2c）。

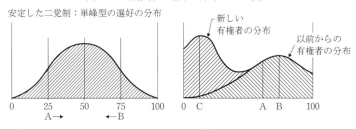

図 7-3　有権者の選好の分布による変化

出典：Downs（1957: Figure 2, 6 = 1980: 図 2・6）より作成

有権者の選好分布

政党は有権者の選好に反応するので，有権者の選好分布が変化すれば，政党システムも変化する。政党 A・B の安定的な二党制の場合でも，選挙権が拡大し新たな有権者が参入すると，その支持を求めて新たな政党 C が結成される（図 7-3）。ダウンズは，英国 19 世紀末の選挙権拡大により労働者階級に選挙権が広がり労働党が結成された事例を取り上げ，その結果，自由党（B に対応）が保守党（A に対応）と労働党（C に対応）の間の第三党に転落したとしている。

新党の形成

その一方で，ダウンズは，有権者の選好の分布に変化がない場合でも，新党の結成による変化が起こりうるとしている。政党間の歩み寄りが期待できない不安定な二党制の場合，妥協や合意を望む勢力が政党を結成し（図 7-4a 左図の政党 C），中央に位置する有権者を引き寄せることも考えられ，政党間に存在する有権者の支持を見込んで政党が形成され続ければ，さらに政党数が増え，多党制に近くなることも考えられる（図 7-4a 右図）。同じような変化は安定的な二党制の場合も見られる可能性があり，例えば，右に位置する政党（B）が中央に位置を寄せると（図 7-4b 左図），取り残された右端に近い有権者の立場と近い勢力が政党（C）を結成するかもしれない（図 7-4b 右図）。移動した既存政党（B）が，支持を取り戻すべく元の位置に戻れば（図 7-4b 右図矢印参照），新党（C）は消滅し安定的二党制は保たれる。二大政党が，こうした可能性を予測し，極端な求心化による支持獲得を抑制すれば，安定的な二党制が維持さ

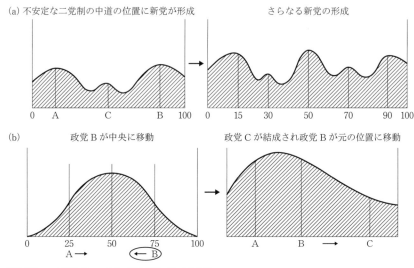

図7-4 新党の結成による変化

出典：Downs（1957: Figure 2, 9＝1980: 図2・9）より作成

れる。逆に，移動した二大政党（B）が中央にとどまり続ける場合には，より極端な立場の新党（C）が存在し続けることになり，安定的な二党制からも変化が起こりうることを，このモデルは示唆する。

「政党は，政策を遂行するために選挙に勝とうとするのでなく，選挙に勝つために政策を立案する」（Downs 1957: 28＝1980: 29［訳文改変］）という前提から批判されることの多いダウンズの空間理論ではあるが，現実に起こりうる様々な政党システムの変化の可能性を示唆している。

3. 政党システムと選挙制度——デュヴェルジェの法則

社会における利益や選好は，選挙を通じて代表されるため，選挙制度も，政党システムの形成に影響する。「小選挙区制は二党制をもたらし比例代表制は多党制をもたらす」という，デュヴェルジェの法則（Duverger 1954［1951］＝1970）は，その代表的な例である。

機械的要因――単純多数の制度による要因

　小選挙区制は単純多数の選挙制度のため，最も多く得票した政党（候補者）が当選し小選挙区の議席を得る。そのため，より多くの選挙区で1位となる第一党が最も有利になる。それより（小選挙区で）最大多数をとる可能性が低い第二党は，得票の割に議席数は少なくなり，第三党はさらに不利になる。これが単純多数の制度による機械的要因であり，意味のある競争を行う政党数を絞る効果がある。

心理的要因――選挙区レベルの要因

　このような制度レベルの要因下で投票をする場合，有権者は，当選の可能性がない第三党（候補者）には，支持していたとしても投票しない可能性が生じる。当選しない候補に投じた票は選挙結果に反映されない死票となるので，当選する可能性がある上位2位の政党（候補者）の内より好ましい候補者に投票し，自分の選好をなるべく選挙結果に反映させようとするのである。選挙結果の予測に基づき，本来の選好と異なる投票を行う，戦略投票である。機械的要因の下で心理的要因が働き，戦略投票が行われると，全ての小選挙区で，議席獲得のため意味ある競合をする政党は二党に絞られ，その結果，小選挙区制は二党制をもたらすことになる[5]。

M＋1 ルール

　比例代表制では，こうした機械的要因も心理的要因もはたらかず，その結果，政党数が絞られることなく，多党制がもたらされる。デュヴェルジェの法則は，ヨーロッパの政党システムの観察から導き出された一方，その理論枠組は，合

---

5)　デュヴェルジェの法則は，全選挙区において（意味ある）競合政党が同じであるという前提に基づいている。そのため，政党が全国の選挙区に活動を広げる全国化（nationalization）を行っていない場合や，地域・地方政党が存在する場合には，必ずしも小選挙区制は二党制をもたらさない。例えば，北部では政党A・Bが，南部ではA・Cが，それぞれ活動し選挙区で候補者を立てる場合は，全国でA・B・Cの三党が意味のある競合政党として残る一方，選挙区レベルの心理的要因においては，デュヴェルジェの法則は成立する。言い換えれば，デュヴェルジェの法則の成立が理論として疑われる場合は，選挙区レベルで三党以上が意味のある競合政党として存在する場合である。

理的選択論につながる戦略投票の概念に依っている。実際，デュヴェルジェの法則に関しては，ゲーム理論の立場から，戦略投票の概念を一般化したM+1ルールも導き出されている。小選挙区で実質的に当選する可能性のある候補者が2人に絞られていくように，議席Mの選挙区の戦略投票では，実質的当選可能性のある候補はM+1人に絞られていくのである（Cox 1994，実証例を含むより詳しい説明については第8章参照）。

4. サルトーリによる政党システムの分類

　政党システムを分類する最初の体系的試みはサルトーリ（Sartori 1976＝2000）によってなされ，その際に用いられた，政治的に意味のある政党の数とイデオロギー距離は，政党研究一般においても重要な概念となっている。

政党の数
　分類の第一の基準は「政治的に意味のある（politically relevant）」政党の数で，「政権を担うことができる」政党はもちろん，政権に参加することがなくても「政権成立に間接的とはいえ影響力を行使」できる政党を含む。政党の数が増えるほど，ひとつひとつの政党の規模は縮小することになり，政党の規模は，政党の数と深く関わり合うが同一でない隠された変数となる。言い換えれば，政党数が多いことは「政党システムがどれだけ破片化（fragmentation）[6]しているか」を示すことになる。

イデオロギー距離
　数という量的基準に対し，第二の，政党間のイデオロギー距離は，質的判断による基準で，政党システムの政策変化の方向や競争のダイナミズムに関わる。イデオロギー距離と深く関わり合う隠された変数は，反体制政党の存在である。反体制政党は，急進的イデオロギーにより，政党システムにおいて，政党間のイデオロギー距離を広げ，競争の遠心的ドライブを強め，合意や収斂に資する

6）断片化と訳される場合もある。

第 7 章　政党システム　　　127

求心的ドライブを弱めることになる。

競争的システムの区別と一党優位制

　政党の数とイデオロギー距離の基準に基づいて，サルトーリはまず，政党シ
ステムを，競争的システムと非競争的システム[7]に区別する。自由な選挙が
行われ，政権や代表の代替選択肢を持つ競争的システムの満たすべき条件は
「複数の政党を持つ」ことであり，必ずしも複数の政党が政権を担当するとは
限らないとした点が，サルトーリの分類の特徴である。言い換えれば，一党が
政権を担当する（し続ける）一党優位制（優越政党制）を明確に競争的システ
ムとして分類したのである。

二党制・分極的多党制・穏健な多党制──求心的競合と遠心的競合

　これら二つの基準による競争的システムの区別をまとめると図 7-5 のように
なる[8]。二党制は，政党の数は少なく，政党間のイデオロギー距離は近く，有
権者の支持を求めて政党間で求心的競合が行われ，一党で政権が形成され，二
大政党間で政権交代がおこる。

　二党制と大別されていた多党制においても，穏健な多党制と分極的多党制を
区別した。政党の数が少なく（3 〜 5），政党間イデオロギー距離が近いのが，
穏健な多党制であり，政党数が多く（6 〜 8），政党間イデオロギー距離が遠い
のが，分極的多党制である。穏健な多党制では一党による単独政権が成立する
こともあり，連立政権が成立する場合でも，政党間の合意形成は容易で，政党
間競争においては求心的ドライブが働く。分極的多党制では，極右・極左の反
体制政党が存在し，それらが政権から排除され中道中心の連立政権の形成も観

---

7)　政党の数が少なく，基本的に 1 で，1 政党のみしか合法的かつ実質的権力を持たない国
　　家＝政党となる社会主義国家のような事例を一極端とし，その政党のイデオロギーの強
　　弱や他の政党の存在の有無による，一党制とヘゲモニー政党制の諸類型に基づく分類は
　　1970 年代当時としては革新的なものであったが，その後，競争的権威主義などによる民
　　主化の過程における体制の多様性と政党システムが深く結びつくことになり，非競争的
　　政党システムは，権威主義体制の定義と不可分となっていった（詳しくは第 14 章参照）。
8)　イデオロギー距離がさらに開き政党数が増大すると原子化政党制（atomized system）
　　であるとされた。

図7-5 サルトーリによる競争的システムの分類

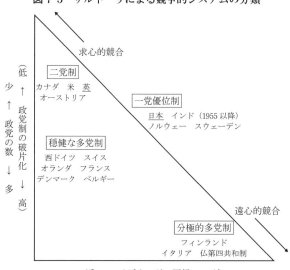

出典：Sartori（1976: Figure 36＝2000: 図36）より作成
注：国の分類は全て原書の出版当時のものである

察される一方，極左・極右間のイデオロギー距離により政党間競争には遠心的ドライブが働く。

一党優位制と日本の政党システム

　一党優位制は，二党制より政党数もイデオロギー的相違も大きい一方で，多党制に比較して政党の数が少ない。それに加えて，優越政党に比して他政党の規模が小さいため，政党間競争におけるイデオロギー的相違の重要性が低くなり，二党制や多党制の求心的競合や遠心的競合とは区別される。同一の政党が連続して（サルトーリの基準では4回の）選挙で多数の得票を得て議会で絶対多数を占め，政権交代が行われない場合に一党優位制に分類される。1970年代の出版当時もサルトーリの分類では，日本は自民党を優越政党とする一党優位制の典型とされ，1955年から1993年まで継続した55年体制を一党優位制の典型とみなす見方は，この分類基準に依っている。

第 7 章　政党システム　　129

[解説]　政党システムの古典的研究

　歴史的事例に基づいたリプセットやロッカンの凍結仮説，行動の合理性の前提に基づいたダウンズの空間理論，比較事例に基づいたサルトーリの政党システム論といった，これら古典は，異なるアプローチに基づきながら，根本的理論枠組において幾つか重要な共通性を持つ。

　凍結仮説は西欧の政党システムの歴史的形成を説明するのに対し，ダウンズの空間理論は，政党と有権者の合理的行動前提に基づいた一般的理論であるという点で大きく異なる一方，政党システムの形成における有権者の選好や利益に着目するという点では共通性を持つ。選挙権の拡大により新しい有権者が参入し，選好分布が変化することによって新党が形成されるダイナミズム（図7-3）をダウンズは，英国における労働者階級への選挙権の拡大による労働党の結成を一例として説明する。社会的亀裂に着目する凍結仮説では，これは「産業革命・社会主義革命」の決定的分岐点における労働者・経営者の対立による社会主義政党の成立と重なる（表7-1）。

　また，空間理論では，安定的な二党制における求心的競合と多党制における分極化が対比され（図7-2a, c），ダウンズは，政党数が増えることで遠心的競合が働くことも指摘している。サルトーリの分類においても，求心的ドライブと遠心的ドライブが，政党システムの競合のパターンを区別する基準となっており，これが，遠心的競合が働き政党数が多い分極的多党制と，求心的競合により政党数が少ない穏健的多党制を区別する重要な論理となっている（図7-5）。

　このように，古典的研究は，それぞれ独自の貢献に加え，アプローチの相違を超え，今日の政党システムの分類の基本をなす，重要なダイナミズムを共通に指摘している。このことが，これら古典的研究が，長く政党システム研究の基礎となっている理由である。

サルトーリの政党システム論の今日的意義

　サルトーリの原著（Sartori 1976）からの図7-5には，出版時の政党システムの分類が記載されている。日本と並んで一党優位制の例とされていたノルウェー，スウェーデンでは，1970年代中葉以降，社会民主主義政党中心の政権の交代も観察された。一党優位制であっても，政権交代が頻発すれば，穏健的多党制として分類されるようになる。選挙結果や政権交代の頻度や度合により，どの国がどのシステムであるかは変化し，現代の各国の政党政治は，サルトーリが最初に研究を発表した1970年代とは大きく異なる。しかしながら，政党

の数とイデオロギー距離は，現在でも政党システムの区別に重要な概念であり，それに焦点をしぼった分類の理論枠組は，現代でも政党システムのダイナミズムの理解に有効である。

　本章では，政党システムの形成について，ヨーロッパの歴史的事例を扱ったリプセットとロッカンの凍結仮説から書き起こし，合理的選択論によるダウンズの空間理論，デュヴェルジェの法則，サルトーリの政党システムの分類まで扱った。これら古典が理論化のために扱った事例や対象とした事実は，ほぼ半世紀の年を経ているが，それらが築いた理論的基礎は，その後の研究の出発点となっており，現代でも有効性を失っていない（［解説］政党システムの古典的研究）。

第8章 選挙制度と投票行動

選挙制度は，有権者として投票を行う際に関わる，身近な政治制度である。本章では，選挙制度を決める条件を区別し，実際に使われている選挙制度に対する理解を深めるとともに，制度とともに選挙結果に影響を与える政党支持や投票行動について学ぶ。

1. 選挙制度を決める条件 (1)——投票

投票する対象，投票の数，投票の回数は，有権者から見て選挙の意味を大きく変える。投票する対象としては，個人候補者，政党，或いは政党に所属する個人候補者といった区別ができ，これは，選挙法によって規定される一方で，立候補の条件，投票の手続き，或いは政治活動の容易さも影響する。例えば，単純多数の選挙制度でも，立候補に一定数の有権者の支持が必要である場合は政党でないと難しく，米国の予備選挙の制度はその例である。また，政見放送のような選挙活動が政党だけに認められる場合は，無所属の個人候補者は不利になる。一定の要件を満たした政党が所属の者を候補者として届け出る日本の小選挙区がその例である。比例代表制の場合でも，候補者名簿は政党を単位とすることが殆どである一方，選挙時のみに合同し統一名簿を作るように制度を設計することも可能である。

投じる票の数は，一票の単記式と，複数票の連記式の相違があり，後者は，定数分の完全連記式と，定数より少ない制限連記式に分けられる。制限連記投票制（第2節参照）が用いられた例として，日本の1946年の総選挙がある。

投票の回数としては，1回か2回かの区別があり，後者は，第1回で当選の条件を満たす候補がいない場合，上位2位が決選投票を行う場合で，フランスの大統領選挙や国民議会選挙の例がある。

候補者や政党の名前を書く自書式，マークシートを用いるマーク式，レバーを押すレバー式など投票の仕方も複数ある。

2. 選挙制度を決める条件 (2)——議席配分の決定方式と選挙区

議席配分の決定方式は多数制（majority system）と比例代表制（proportional representation）の二つに大別できる（表 8-1）。

多数制——単純多数と絶対多数

多数制は，定数 M の選挙区で上位から M 番目まで議席配分するという考え方を基本とする。有権者は，候補者へ一票を投じ，単純多数（plurality）であれば当選する[1]のが基本であるが，政党や候補者が議席を得るための最低の得票数である法定得票数を決めることもできる。議席数 M が 1 である，米国や英国，日本の小選挙区制が典型例である。ある候補者への投票は他の候補者に回せないため，落選した候補者への投票が代表されない死票の問題や，過大代表の問題がある。

こうした問題に対応するため，過半数という絶対多数（majority）[2]を当初の条件とする場合もある。その例となる，フランス国民議会の小選挙区選挙制度では，1 回の投票で過半数を得る候補がいない場合は，規定の最低得票率に満たない候補を除き，2 回目の投票は単純多数で決定するが，これは実質的に絶対多数（決選投票）制と同じ結果になっている[3]。

これらに対し，個人候補に優先順位をつけ，それに即して得票を移譲する移譲式が行われることもある。結果的に，候補者をしぼり，決選投票を行うのと同じ結果となる選択順位投票制（alternative vote）である。選択順位投票については，票の移譲法を次節で説明する。

---

1) そのため小選挙区制（M＝1）は，英語では first past the post とも呼ばれる。
2) 英語の majority は，特に単純多数・絶対多数を区別せず，多数として用いられる時もある。単純多数と絶対多数を区別するときは，plurality を単純多数とし，majority は過半数という絶対多数として用いられるのが通常である。そのため Lijphart（2012: Chapter 8＝2014: 第 8 章）では「単純多数制および絶対多数制（plurality and majority formula）」としているが，ここでは多数制（majority system）とした。

第 8 章　選挙制度と投票行動　　133

表 8-1　選挙制度の分類

多数制	
単純多数制	米国・英国・カナダなど 10 カ国・ニュージーランド（1946〜93）
絶対多数制*	フランス（1986 年除く）
選択順位投票制（移譲式）**	オーストラリア
半（擬似）比例代表制	
制限連記投票制	日本（1946）
単記非移譲式投票制	日本（1947〜93）
小選挙区比例代表並立制（混合制）***	韓国・日本（1996〜）
比例代表制	
名簿（リスト）式比例代表制	オランダ・スウェーデンなど 17 カ国フランス（1986）・イタリア（1946〜92, 2006〜）****
小選挙区比例代表併用制（混合制）***	ドイツ・ニュージーランド（1996〜）・イタリア（1994〜2001）
単記移譲式投票制**	アイルランド・マルタ

出典：Lijphart（2012: Figure 8.1＝2014: 図 8.1）を参考に作成
*原著では絶対多数・単純多数制となっているが，実態を反映して絶対多数制とした。注 3 参照
**移譲式は原著にはないが，著者が付加
***混合制は原著にはないが，著者が付加
****イタリアは 2017 年以降，小選挙区比例代表並立制に移行。注 8 参照

比例代表制——名簿（リスト）式比例代表制

　比例代表制は，得票をできる限り代表に反映させることを目的とした制度で，多くの場合，政党を単位とする名簿に票を比例配分することで代表を決定する。これを名簿（リスト）式比例代表制（list proportional representation）と呼ぶ。有権者が，名簿に割り振られた得票に基づきどの候補者が当選するかに影響を及ぼせるか否かで，非拘束名簿（closed list）と拘束名簿（open list）に区別される。

　得票を比例配分するのに様々な方法が考えられてきたが，大きく最大平均法

3）　2 回の手続きを正確に述べれば，絶対多数・単純多数制（majority-plurality）なので，そう呼ばれることもある（Lijphart 2012: Chapter 8＝2014: 第 8 章）。しかし，この制度がとられているフランス（1986 年を除く）では，2 回目の投票が行われる場合，1 回目の投票で最低得票率に満たない候補を除くと，上位 2 候補の争いになることが通常である。そのため，2 回目を単純多数で決定しても，絶対多数で決選投票する絶対多数・決選投票制（majority-runoff）と実質的に同じ結果になる（Lijphart 2012: 134＝2014: 114）。ここでは，こうした実態を反映し，絶対多数制と表記している。

［解説］最大平均法と最大剰余法

最大平均法（highest average formula）は，1議席ができるだけ多くの得票を代表すること，すなわち，1議席の重みを大きくする方法である。各党得票を1，2，3，…の自然数で割っていき商が多い順に議席を配分するドント方式は，日本で用いられ，大政党に有利であるとされる。それに対し，1，3，5，…の奇数で割っていき商が多い順に議席を配分するサン（ト）・ラグ方式は北欧で用いられており，小党に有利と考えられている。最大剰余法（largest remainder formula）はニーマイヤー式とも呼ばれ，1議席獲得に必要な得票数である当選基数を決定し，得票から当選基数ごとに1議席を配分する。これ以上当選基数が引けず，それでもまだ未配分の議席がある場合は剰余の大きい順に議席配分するため，最大剰余法と呼ばれる。有効投票総数を定数で割ったものを当選基数とするヘア式（ドイツの制度），（定数＋1）で割ったものを当選基数とするドループ式がある。

と最大剰余法に分けられる（［解説］最大平均法と最大剰余法）。比例代表制は，政党が得票に比例して議席を得る制度である一方，小政党の分立を生む可能性もあり，それを避けるため，阻止条項として，比例代表による議席を得ることができない得票議席の制限を設ける場合もある。例えば，ドイツでは州における政党の得票が全国集計で5％未満かつ小選挙区3議席未満となっている。

小選挙区制も併用し全体の得票を比例配分する小選挙区比例代表併用制（mixed member proportional representation）も，候補者間で票を移譲する単記移譲式投票制（single transferable vote）も，得票を比例配分するため，決定方式として比例代表制に含まれる。この点については，次節で詳述する。

半（擬似）比例代表制

比例代表制の決定方式を取らないまでも，得票が結果として比例配分に近くなる制度として，半（擬似）比例代表制がある。制限連記投票制（limited vote）と単記非移譲式投票制（single non-transferable vote）はかつて日本にあった制度であり，小選挙区比例代表並立制（parallel plurality-proportional representation）は混合制であり，現在，日本で使われている。いずれも次節で説明する。

第8章　選挙制度と投票行動　　　135

選挙区

　選挙区で選ばれる定数（議席数）とそれに連動する選挙区の規模も制度を決める条件であるが，これは決定方式とも関係する。議席数が1である小選挙区制が多数制の典型であり，比例代表制では，比例区から複数の議席を選出するのが基本であり，選挙区規模は大きくなり，全国一選挙区の場合もある。

3. 決定方式の多様性——移譲式・非移譲式・混合制

　現実の選挙制度は，多数制と比例代表制の決定方式が同時に存在する，或いは，両者の特性を持つ場合もある。移譲式・非移譲式・混合制がその例にあたる。

移譲式——選択順位投票制と単記移譲式投票制

　候補者に投票する多数制には，死票と過大代表の問題があるが，移譲式は票を移譲することによって，それを緩和する方法である。選挙区の規模により，多数制に分類される選択順位投票制と比例代表制に分類される単記移譲式投票制があり，それぞれ，多数制と比例代表制としての特性とその運用上の連続性を見るのに役立つ。

　移譲式は，有権者が候補者に順位をつけて（リストされた候補者全員に順位をつけるか否かは有権者の選択による）投票し，得票が当選基数に達した候補者を当選させること，すなわち，単記移譲式投票を基本とする（Bowler and Grofman 2000）。有効投票総数（総得票）を（定数＋1）で割った票数が当選基数となり，移譲された票も含めて，当選基数に達した候補者から当選が決まる。多数代表の場合は，落選候補者への投票はもちろん，（当選に）必要以上の大量得票した当選者の票も，代表の選出に活かされていない。このそれぞれに対応する，(1) 落選候補者の得票の移譲法と (2) 当選確実な候補者の得票の移譲法がある。

　(1) 確実に落選してしまう候補者を第1位で支持した有権者が，第2位に支持する候補者を（当選可能な候補者の内から）特定し，その候補者へ落選候補者への票を移譲する[4]。定数が満たされるまでこれを繰り返す。

(2) 当選確実な候補者への投票から当選に必要でない余剰分の票（当選基数を上回る票）を，第2位に位置づけられた候補者へ（当選者への全投票で第2位に位置付けられ割合に応じ）移譲する[5]。定数が満たされるまでこれを繰り返す。

(1) の方法を用いるのはオーストラリアの小選挙区移譲制で，当選基数は過半数であるため，結果として，過半数を得る候補者が出現するまで上位の候補者のみ残して決選投票をする場合と同じとなる。選択順位投票制と呼ばれ，多数制に分類されるが，投票のパラドックス（第4章参照）は完全には避けられない（西平 2003: 62）。

アイルランドの中大選挙区移譲制は (1) (2) の両者を用い，ここでも候補者全員に順位をつけるか否かは有権者の選択による。当選基数を満たす候補者を特定し，当選基数に達した当選者の数が定数になるまで (1) や (2) の移譲を行う，いわゆる単記移譲式投票制である。有権者が，同じ政党の候補者に高順位をつけ，票の移譲が同じ政党の候補者間となる傾向が強い場合は，非拘束式名簿式比例代表制の場合のような得票配分になり，実際の事例でも確認されている（西平 2003: 74-75）。非拘束名簿式比例代表制でも，当選に必要とされる以上の得票をした候補の票は，所属政党の票として当選ラインに満たない他の候補者に配分されるからである。異なるやり方ではあるが，結果として有権者の選好を活かした得票の比例配分となるため，単記移譲式投票制は，比例代表制に分類される（Lijphart 2012: 133＝2014: 113）。

---

4) 具体的な手続きとしては，次のようになる。有権者は候補者に順位をつけて投票し，第1位をつけられた候補者の得票を集計し（第一次投票），当選基数を占めるものがいたら当選が決まる。当選確実な者の数が定数に満たなかった場合は，最下位の候補者を落選させ，その候補者を第1位とした票を第2位にリストされた候補者へ回し，第一次投票と合算し，当選基数を占めるものがいたら当選，いなかったら，同じ手続きをもう一度行う。このプロセスを定数が満たされるまで繰り返す（西平 2003: 58）。

5) 有権者は候補者に順位をつけて投票し，第1位をつけられた候補者の得票を集計し（第一次投票），当選基数を占めるものがいたら当選が決まる。当選者の数が定数に満たなかった場合は，当選確実な候補者への全票において，第2位に位置づけられた割合に応じ余剰分の票（全投票において第2順位に占める割合を余剰分に掛けて出た票数）が移譲される。その結果，第2位の候補者が，移譲により当選基数に達しても，移譲する票があり，定数に満たない場合は，第3位の候補者へといった形で移譲される。このプロセスを繰り返し，当選者が全て決まるまで，余剰票を移譲する（西平 2003: 74）。

単記非移譲式

日本で 1993 年以前に用いられた，衆議院中選挙区制（議席数は 2 ～ 6)[6] は，単記非移譲式である。韓国や台湾でも用いられたことがあるものの事例は限られる一方，選挙区ごとの競争の条件が大きく異なる可能性があり，独特のダイナミズムで高い理論的関心を呼んだ（Grofman et al. 1999）。定数 M の選挙区における当選の十分条件は，100/(M＋1)％の得票となるが，これを満たせば，確実に当選となる。移譲式の当選基数と同じであることに注意されたい。十分条件であるため，満たさなければ当選しないというわけではなく，当選は，定数や他の候補といった選挙区状況に左右される。例えば，日本の中選挙区制では，大量得票する候補がいる場合は，比較的少ない得票で当選できる可能性が生じる一方，候補者間の差異が少ない場合は，僅差で当落が決まる可能性が高くなることが観察された。

このため，中選挙区制の事例は，戦略投票の一般化にも関係する。デュヴェルジェの法則（第 7 章参照）で，小選挙区で当選する可能性のある候補者が，実質的に 2 人に絞られていくように，日本の中選挙区制で当選可能性のある候補が定数 M＋1 に絞られることが観察され（Reed 1990），候補者の数が M＋1 に収斂するという M＋1 ルールの実証例となった[7]。また，得票の比例配分がある程度行われるということで，単記非移譲式投票制は，半（擬似）比例代表制と考えられている（Lijphart 2012: 133＝2014: 113）。

中選挙区制においては，自民党のように多数党を目ざす場合，一選挙区で複数議席を獲得しなければならない。多数党の候補者は，同じ政党の候補者と票を奪い合う競争——政党内競争——をすることになり，候補者間の票割の問題も生じる。理論的には多数党が形成されにくい制度であるため，1955 年から 1993 年まで 38 年間にわたり長期政権を維持した自民党には関心が集まり，合理的選択論の立場からは，議員個人の後援会組織や利益誘導，また党内派閥の

---

6) 大部分の選挙区が定数が 3 から 5 であり，1 人区（奄美群島区）も存在した。

7) 定数 M の選挙区で，当落線上にいる候補でより好ましい方に投票するのであれば，確実に落選（当選）する候補に投票が集中することなく，有権者の優先順位の高い候補者間で得票が平準化され，得票が当落線上にいる次点の候補，すなわち M＋1 人の候補までにしか及ばない。この M＋1 ルールの含意は，ゲーム理論を用いて証明されている（Cox 1994）。

個別候補者に対する支援により，中選挙区制下の政党内競争に対する対応を試みたとの説明がされた（Ramseyer and Rosenbluth 1993＝1995; Kohno 1997）。しかし，現実の選挙結果の分析は，政権を維持し続けたとはいえ，自民党は，多数党として政党内競争を余儀なくされ，票割に苦慮する，一方的に不利な立場であったことを示唆している（例えば，三宅 1989: 第 1・2 章）。

混合制──小選挙区比例代表併用制と小選挙区比例代表並立制

混合制（mixed member electoral system）は，1990 年代に入って，イタリア・日本・ニュージーランドなどで，相次いで導入された（Shugart 2001）[8]，多数代表と比例代表の決定方式を組み合わせた選挙制度である[9]。大きく分けて併用制と並立制がある。ドイツで長く用いられている併用制は，小選挙区制と比例代表制から半数ずつ議員を選出する一方，政党への議席配分は比例代表制によって行っている。有権者は，小選挙区で各候補に投票し，州レベルで政党（名簿）に投票する。各候補への投票で小選挙区の当選者が決まり，州レベルの政党への投票は全国レベルで集計され，その全国での得票に応じ，ニーマイヤー式で政党に議席が比例配分されるという 3 段階となっている。全国での政党獲得議席は，政党内で，各州得票率に応じて配分され，州内の小選挙区当選者数を引いた議席分が，政党の名簿上位から配分される[10]。

---

8) イタリアの選挙制度は，レイプハルトによる分類（Ljiphart 2012: Figure 8.1＝2014: 図 8.1）以降も変化し続け，2017 年以降，小選挙区比例代表並立制となっているが，小選挙区の議席が比例区より少ない一方，比例区が細分化され，大政党に有利となっている（芦田 2006; 2018）。

9) 異なる二つの決定様式を様々な形で組み合わせたことや，1990 年代に入って顕在化した制度ということで，混合制の意義や特徴については，様々な研究がある（Massicotte and Blais 1999; Shugart and Wattenberg 2003; Moser and Scheiner 2004）。日本と台湾の混合制の比較については Batto et al.（2016）。

10) 小選挙区当選者数が，議席配分数を上回る場合は，その分政党の議席が増え（張出議席［overhang seats］），連邦議会全体の議席数も増やされる。張出により超過した議席が多い場合，全得票による議席の比例配分を損ねるため，連邦憲法裁判所の違憲判決の結果，2013 年からは張出議席を持たない政党に調整議席（balance seats）を与え，比例配分を徹底するようになった。その結果 2021 年の選挙では，議席数が 736 まで増え，2023 年 3 月，議席数を 630 に制限する法改正が行われ，2025 年選挙から施行されることが決定された。

第 8 章　選挙制度と投票行動　　139

> **［解説］選挙による変化**
>
> 　様々な選挙制度の下で，選挙による変化はどのように把握できるのであろうか。
> 選挙制度にかかわらず変化を計測する方法としては，ペゼアセン（Pedersen 1979）
> によるエレクトラル・ヴォラティリティ（electoral volatility）という指標がある。
> 対象国の，ある選挙と次の選挙を比較し，その間に得票率を伸ばした全政党の得票
> 増加分（％）を合計し，その平均をとり，変化の指標とする。政党数が多いと増大
> する傾向があるが，他の指標より客観的に選挙間の変化——選挙間の政党システム
> の変化——を計測できるとして用いられている。

　それに対し，日本で用いられている小選挙区比例代表並立制[11]は，小選挙区制と 11 ブロックの比例代表制は，文字通り並立しており，全体の得票は比例配分されない。一人の候補者が同時に小選挙区と比例区の両方に立候補できる重複立候補制を持ち，比例名簿の同一順位に書く重複立候補の数に制限がなく，小選挙区落選候補者の比例区での復活当落を決める際に，小選挙区での「惜敗率」（当選候補得票数に対する落選候補の得票数の割合）を用い，小選挙区の結果を比例代表に反映させている。その一方で，比例代表制における得票はそれぞれの比例区で議席配分に反映されるだけである。

　ドイツの併用制も日本の並立制も，小選挙区での選挙結果を尊重している一方，ドイツの併用制は，全国集計された得票が，政党内でも州レベルの名簿へ比例配分され，最終議席配分が決まり，議会の定数を増やしても比例配分を徹底しようとしている点（注 10 参照）で，日本の並立制と大きく異なる。両者とも，異なる決定方式を用いる混合制であるが，全体の得票を比例配分する併用制は比例代表制と考えられる一方，並立制は，実質的に比例代表部分でしか比例配分されておらず，半（擬似）比例代表制と見ることができる（Lijphart 2012: 133＝2014: 113）（表 8-1 参照）。

　このように現在では，多数制・比例代表制の二つの決定方式とともに，それを様々な形で組み合わせた選挙制度が存在する（［解説］選挙による変化）。

11）　日本の小選挙区比例代表並立制の国際比較の観点からの位置付けとその問題点についての研究としては，川人（2024）がある。

4. 投票と政治的態度

政党支持と政党帰属意識

政党支持や政党帰属意識は，投票はもちろん政治参加に影響を与える政治的態度（第5章参照）である。これらは世論と投票を媒介する役割を担うので，世論調査の重要な対象である。政党支持（party support）は，有権者の，宗教，職業，収入，学歴などに関わる社会的属性からどの政党を支持するか予測できる，すなわち，政党間の対立が社会に構造化されている場合に観察される政治的態度である。社会的亀裂から政党システムの形成を説明する凍結仮説（第7章）の対象となった西欧諸国で形成された概念である。

それに対し，政党帰属意識（party identification）は，米国における，政党支持に対応する概念であり，同じく政党に対する支持を表す態度であるが，自身と政党支持集団を同一化する帰属意識が強い場合を指す。米国の共和党・民主党支持者はそれぞれを一社会集団としてとらえ，その集団への帰属意識や愛着を持っているとされる（［解説］米国の二大政党制と臨界選挙）。西欧の場合と比較し，米国では，政党の全国組織の一体性が弱い。党員も，西欧諸国では，入党のための登録や党費の支払が必要になるのが一般的であるが，米国では，有権者登録時に政党加入届をして閉鎖型予備選挙に参加するか，開放型ではその必要もないという形で，緩いカテゴリーとなっている（川人ほか 2011: 47）。

日本においては，政党支持が選挙研究などでは重要な概念とされてきた一方，西欧諸国と比較した場合，党員組織率も低く，弱い政党支持も存在し，いくつかの政党を支持し選挙や政策ごとに変化するという特徴を持つ（谷口 2012）。このように，政党支持には「強弱」——明らかな強い支持や相対的な「どちらかと言えば」といった弱い支持——に加え，「幅」もある。有権者が支持する可能性のある政党，すなわち「潜在的支持政党」は複数あり，その複数ある政党の幅の範囲で支持が変わる（三宅 1998）。支持に対し，不支持にも幅があり，「拒否政党」は絶対に支持（投票）したくない政党である。

［解説］米国の二大政党制と決定的選挙

　政党帰属意識を持つ有権者の支持を受け，同じ二大政党が長期にわたって存在する米国でも，選挙による政策の大きな変化は起こる。米国は，政党システムが変化しなくても，政策の対立軸は変化し，選挙による変化が起こり得ることを示す好例でもある。具体的には，1800年，1828年，1860年，1896年，1932年の大統領選を機に，全く異なる国政上の争点が重要性を増し，有権者の多数の支持を受けた政党が大統領を送り出し，議会の多数派を獲得した。これらの選挙を決定的選挙（critical election）と呼ぶ。例えば，1860年の選挙では，奴隷制度の廃止と継続が争点となり，自由貿易を支持する北部と保護主義を支持する南部が対立し，リンカーンが大統領に選出された後，南北戦争（1861〜65年）となった。争点の変化は，主要支持層の変化も生み，1896年選挙での工業化政策をめぐる対立を機に，都市の中産階層・労働者は共和党支持に転じた一方，1932年選挙での大恐慌後の経済政策をめぐる対立では，都市労働者や黒人が民主党の支持層に加わる。このような，争点変化による主要支持層変化は，再編成（realignment）と呼ばれる。

無党派層

　政党支持に対し，政党支持なし，すなわち無党派も，重要な役割を持つ。元来，支持政党がないことは，政治に関する知識や関心が低いことを意味すると考えられた。この伝統的な無党派層の考え方に対し，政治に対する知識や関心が高いが，政党に対する批判的態度から無党派となっている積極的無党派層の存在が指摘されるようになった。日本で1970年代の保革伯仲期に増加した積極的無党派層は，その代表的な例で，1980年衆参同日選挙で保守支持に転じ保守回帰を引き起こしたと考えられている[12]。1993年の自民党分裂後，政党が離合集散し，議員の政党所属や政党の政策の変更も頻繁になると，その動きや変化についていけない，或いは批判的になる脱政党的無党派層も出現し，日本は，無党派が政治的無関心を必ずしも意味しない例となっている（田中2003）。

---

12)　より詳しい説明は伊藤・田中・真渕（2000: 119-120）。

政党支持の変化

ヨーロッパ諸国における政党支持態度も変化している。例えば，有権者に占める党員の割合は，1980年代から2000年代にかけて，ほぼ全ての国で減少傾向が顕著であり，増加しているのは，以前党員比率が少なかったスペインやギリシャなど例外的な国のみである（van Biezen and Poguntke 2014）。その一方で，次節で述べるように，政党支持や政党帰属意識は，投票行動を説明する既存のモデルでは，重要な役割を果たしている。

5. 投票行動モデル[13]

選挙制度が成立する大前提は，有権者の投票である（[解説] なぜ投票（棄権）するのか？）。政治参加の中でも最も基本的で重要性の高い投票を規定する要因には，政党への支持，選挙で争点となる政策，政府の業績評価や候補者への評価などが考えられる。これら要因がどのように投票に影響を与えるかで，米国の選挙研究では，投票行動を説明する様々なモデルが考案された。

社会学（コロンビア）モデル

投票モデルとして最初に考案されたのが，1940年オハイオ州エリー郡で行われたエリー調査に基づく社会学モデルである（Lazarsfeld, Berelson, and Gaudet 1968 [1944]＝1987）。コロンビア大学の研究者が参画したためコロンビア・モデルとも呼ばれる。エリー調査は，個人の行動の観察とそれに基づいた分析を重視する行動科学や行動主義（behavioralism）が政治学に応用された最初の例でもある。母集団から無作為（ランダム）にサンプル（標本）を抽出する無作為抽出法や，同じ個人を一定の期間に亘り調査するパネル（同一対象）調査などの科学的世論調査が考案され実施された。このモデルでは，個人レベルのデータである，有権者の年齢・学歴・職業・宗教・人種などの社会的属性が，投票行動に表れる政党支持を説明すると考える。社会経済的地位・宗教・居住地域などの影響が重視されるモデルである。

---

13) 投票行動研究に関わるより高度なアプローチの解説としては，空間理論（第4章）の応用の解説も含む山田・飯田（2009）参照。

第 8 章　選挙制度と投票行動　　　　143

[解説] なぜ投票（棄権）するのか？

　一定の数の有権者が投票に行くことは選挙の大前提である一方「なぜ投票（棄権）するのか」は意外に難しい問題でもある（第 6 章参照）。合理的選択論の前提は「有権者はより高い効用を与える政党や候補に投票」するというものであった（Downs 1957＝1980; Tullock 1967）。この前提に立って，ライカーとオーデシュックは，投票（棄権）を次の式により説明した（Riker and Ordeshook 1968）。

$$R＝PB－C+D$$

R＝投票することによって得られる見返り利得

P＝自分の投票が結果を左右する可能性・確率（主観的判断）

B＝自分の支持する候補が当選した時としなかった時（他の候補当選）の効用の差

C＝投票に伴うコスト

D＝デモクラシーの維持に認める価値（投票の義務或いは選好表明の満足感）

　投票することによって得られる利得 R を考え，その利得に，支持する候補が当選した時としなかった時の効用の差 B や，投票に伴うコスト C が中心的役割を果たすというのが合理的選択論の考え方を表している。

　選挙結果により損得が大きく変わる（B が大きい）ほど，また選挙が接戦であると考える（P が大きい）ほど，見返りは大きく，逆に他の用事や荒天は投票に行く妨げやコスト（C）となる。ここで，現代の民主主義国における多くの選挙を想定した場合，有権者数が少なく接戦である例外を除けば，自身の票が決定的一票となる確率 P は非常に小さく——限りなくゼロに近く——なり，$R＝PB－C$ はマイナスになる可能性が高くなる。結果として，有権者が投票に行くのは，投票の義務を果たすことや選好表明などにも意義を見いだす（D が十分大きくなる）場合である。選挙における勝者を決める手段として投票を考える（PB や C のみ考える）場合は棄権となり，それを投票に転じるのが，投票結果に直結しない，価値や規範に関わる満足感など（すなわち D）になる。

　利得やコストに加え，民主主義に関わる価値も考える，この定式化は，合理的選択論の本来の前提の修正とはいえ，実証データによる検証も行われ，現在は合理的投票者モデルとして定着している（Mueller 2003: Chapter 14）。

心理学（ミシガン）モデル

　社会学モデルが政党支持を説明するとした有権者レベルの社会的属性は安定的でほとんど変わらない一方，大統領の党派や議会の多数派が変わるなど，選挙結果は短期間で大きく変化することがある。そのことに着目したのが，ミシガン大学の心理学モデル（ミシガン・モデルとも呼ばれる）で，社会学モデル

の社会的属性に関する変数が，三つの心理学的変数に影響し，その結果，現実の投票行動が決まるとする。心理学的変数としては，長期的要因である（1）政党帰属意識に加え，短期的要因である（2）候補者イメージと（3）政策争点への態度の三つが挙げられた。政党帰属意識が最も重要である一方，投票は，政策争点よりも候補者イメージに左右されるともしている（Campbell et al. 1960）。政党帰属意識を政党支持に置き換えれば，心理学モデルは米国以外の国にも応用でき，各国の選挙研究に影響を与えた。その一方で，社会学モデル同様，批判にもさらされた。政党帰属意識や候補者イメージに投票が影響されるというモデルの含意は，自分の利益や意見を代表する政党を選び委任するという選挙の本来の意義とは相容れないからである。

争点投票と業績投票

　既に紹介した投票モデルとは異なり，争点投票（issue voting）は，選挙時における重要争点を選び，そこにおける自分の立場を位置付けるとともに，各政党の立場を位置付け自分の立場と比較し，最も利益や意見の合致する政党に投票するというものである。合理的であるとともに，代表を選ぶ意義にも合致する。しかし，その一方で，たとえ主観的な正確でない判断であっても，実際に有権者がこれら全てを行うのは難しい。選挙における争点の重要性は否定できない一方，矛盾する様々な研究や分析結果があることから，実証的にも確認することは難しかった。

　有権者の合理性を前提とし，争点投票より現実的なモデルとしては，業績投票（retrospective voting）がある（Fiorina 1981）。政権担当者である大統領や政権党の過去の実績を判断し，評価できれば投票し，そうでなければ投票しないとする。有権者の合理性を条件付きで認めたもので，アメリカ政治のみならず他の民主主義国でも実証的に確認され，特に経済に関わる業績評価の研究が多い（第5章［解説］政治的態度の形成・継承・変化に関わる研究の展開参照）。政権党の経済パフォーマンスが次の選挙に影響し，悪いと政権交代というのは現実の観察とも合致し，政権党が景気が良くなった時に選挙をするようタイミングを図ったり政策を実施するというポリティカル・ビジネスサイクル（第1章）とも一貫する。

同じように過去の業績を見る場合でも，個人候補者に対する時は，選挙区に現職候補者が貢献したかを問題にする，（個人）候補者投票，すなわちパーソナル・ヴォート（personal vote）となり，政権や政党に対する経済業績評価と比較した場合，選挙区への利益誘導（pork barrel politics）の側面が強くなる。

投票行動モデルと選挙研究

これら様々な投票行動モデルは，現在でも選挙研究で用いられている。どの国のどの選挙でも投票行動をよりよく説明するモデルが存在するわけではなく，個々の選挙結果を分析し，どのモデルがよりよい説明となるかを検証する形で，選挙研究は行われている。

選挙制度は，民主主義において代表に関わる重要な制度であり，どのように設計されるかで，民意がどのように集計・集約されるかが異なる一方，投票行動も同様に，選挙結果を左右する。両者を理解することで初めて，選挙がどのように民主主義に影響を与えるかという問いに答えることができる。

第9章 | 利益集団

　個々人の選好や利益は，投票や世論という形で表明され集約される一方，組織化された利益は，政治過程で力を持ち，利益集団は，政治過程における利益代表や利害の対立や調整にも深く関わる。利益集団の研究は，トルーマン（Truman 1951）に代表される集団過程論から始まり，利益集団が社会の多様な利益を代表する機能を持つという観点から，当初は，米国政治学の多元主義的民主主義論の系譜で行われた。その後，ヨーロッパの実証例に基づいたコーポラティズムの概念により，利益代表のあり方は，各国の比較においても重要性を増すようになった。本章では，政治における重要な行為者である利益集団の理解を深めるとともに，政治過程における利益代表・対立・調整に関わる概念も扱う。

1. 利益集団とは何か？

　特定の社会経済的機能を共有する個人や集団が，同一の利益を追求するための組織化として形成するのが，利益集団（利益団体）（interest group [association]）である。同一の利益を持つ複数の利益集団——例えば同じ業界に属する複数の利益集団——が集まって組織する場合を利益団体として，両者を区別する場合もあるが，本章では，利益集団の呼称で統一する。類似した呼称である圧力団体（pressure group）は，利益集団が，自らの利益実現のため政府や議会など政策決定者に働きかける場合に焦点をあわせたもので，否定的な意味合いで使われる。

セクター団体と価値推進団体——組織化の動機づけによる区別
　利益集団は「何を動機として組織されるか？」という観点からは，経済的利

益に基づくセクター団体と価値や主義に基づく価値推進団体に大別される。元来，利益集団は，特に職業的生活に深く関わる利益で組織される集団であり，セクター団体はそれに対応する狭義の利益集団である。経営者団体や労働組合など労使の利益を代表する団体や，自動車をはじめとする工業や農業などの産業利益を代表する団体，医師会など専門家を代表する団体も含む。

セクター団体に対し，平和や環境保護といった目的の達成を追求するのが，価値推進団体である。価値推進団体を含む利益集団の定義は，政治に関心を持ち関わりを持つ可能性がある集団という広義の定義となる。

全ての利益集団がこのいずれかに分類されるわけではなく，セクター団体と価値推進団体の両者の側面を持ち合わせている団体もある。例えば，消費者団体や主婦団体などは，経済的利益を共有し追求しつつも，食品の安全性や環境保護など理念的な目的も持つ。

物質的誘因・連帯的誘因・目的的誘因

組織化を促す要因としては，物質的誘因・連帯的誘因・目的的誘因が区別される（Wilson 1973）。物質的誘因は，財やサービスなど貨幣に換算できるものであるのに対し，連帯的誘因は構成員であることから生じる満足感であり，一体感や社会的地位，評判などを含む。目的的誘因は，その団体に所属することにより，目的が達成されたり，原則を守ったりすることができる満足感である。

市場団体と政策受益団体

利益集団は当初，経済的利益を中心に組織化されたが，やがて国家など公的部門に関わる利益集団が組織されるようになった。市場における財やサービスの受給に関する利益代表に関わる市場団体（market participant）と，市場における利害関係とは別に，政府の政策によって影響を受ける政策受益団体（policy taker）の区別である（Offe 1981）。

政策受益団体は，特定の政策に利害関係を持ち，福祉団体・高齢者団体・教育団体・行政関連団体などの例がある。行政組織や官僚とも関係を持つ，これら利益集団の分析において，国家や政府の重要性も増すことになる。

非営利組織と非政府組織

さらに，現在では，私的利益ではなく，公共の利益の達成や公共財の供給を目的とした公共利益集団（public interest group）が加わる（辻中・坂本・山本 2012）。市場における組織と区別し広く公共的目的を持つとされるのが，非営利組織（non-profit organization）一般を意味する NPO である。さらに政府と区別し非政府組織（non-governmental organization）として NGO と呼ばれることもある。例えば，開発援助／環境保全など国際的に活動する非営利組織などは，国際関係における主要な行為者が国家であることから，政府と区別して，NGO と呼ばれる。

利益集団の機能──利益表出機能，準統治機能，対抗・監視機能

利益集団が，公的利益や公共的目的にも関わるようになると，私的利益や公共利益に関わる利益表出機能に加え，他の機能も果たすようになる。政策形成や政策執行に協力する場合は，補助金や助成金などを受けながら公共サービスを提供したり，社会の秩序形成に貢献したりする，準統治機能を果たしていることになる。同時に，政策決定を監視し政治エリートの不正や怠業を批判するなど，対抗・監視機能を果たす場合もある。当初，私的経済的利益を代表するということで形成された利益集団は，同じ自発的結社として，市民社会組織と類似した機能も持つに至っている（第5章第4節・第5節参照）[1]。

利益集団の活動とその対象

こうした機能を果たすため，利益集団は，議会・政党・内閣や行政組織・世論などに対する働きかけを，財政的・物質的なものはもちろん，専門知識・人的ネットワーク・評判や正統性・戦略的優位などを資源として行う。例えば，世論に対し，全国農業協同組合連合会（JA 全農）が「安全な食品」に関わる新聞広告を出すといった例が考えられる。戦略的優位には独占的サービスも含まれ，例えば，鉄道やゴミ収集に関わる労働者の組合が，それぞれの独占的サ

---

1) 利益集団の準統治機能に着目した初期の事例研究としては Gidron, Kramer, and Salamon（1992），対抗・監視機能に関わる事例研究としては Rothenberg（1992）があげられる（坂本 2010）。

ービスの供給を止めるゼネストを行うことなどが，その戦略的優位に関わる資源の利用となる。方法としては，意見広告やパンフレットなどによる広報活動に加え，ロビイングや陳情の他，マスコミとの接触を含む非公式な人的接触もある。審議会や諮問委員会，公聴会への参加など公式な接触ルートも確保されている。その他，特定候補を支援するなどの選挙や抗議行動を通じての政治参加，訴訟なども含まれる。

行政・議会制度や政党との関係

議会と行政を通じての，利益集団の働きかけには，政党制度と議会制度の影響がある。政党に組織的に接触するか，或いは，議員個人に働きかけるかは，政党規律の強弱にも依存する。また，議会が委員会制などで専門分化が進んでいるかなどにより，常時接触する議員が特定されるかなども決まる。行政優位の場合は行政に，議会優位の場合は議会へ働きかけるなど，議会・行政関係も影響する。

政党の数や政党の政権担当可能性も影響し，政党及び政権担当可能政党の数が大きくなることは，利益集団に代替選択肢を与えることになる。政党のイデオロギーの相違も集団ごとに異なる政党を標的とすることを——例えば労働組合は左翼政党，経営者団体は中道保守政党などのように——可能にする。これは，利益代表のあり方が政治制度と深く関わり合い，政策決定過程を特徴づけることを示唆する。この観点から類型化を行ったのが，次に紹介するコーポラティズムと多元主義（プルーラリズム）である。

2. 利益代表の概念

多元主義とコーポラティズム

米国政治をモデルとする多元主義的民主主義論は，集団間の競争・対抗により多様な利益が代表され，その相互作用によって形成される政策は社会全体の合意を表すとする考え方である。利益集団政治は民主主義の根幹をなすメカニズムとなる（[解説] 多元主義的民主主義論と政策過程研究参照）。多元主義は，利益の競合が中心的役割を果たすという観点から，利益集団及び利益集団政治を

> **[解説] ネオ・コーポラティズムからコーポラティズムへ**
>
> 　コーポラティズムは，過度な組織化の可能性を持つため，権威主義的な体制の下で国家によって利益集団が完全に規制される状態（いわゆる翼賛体制）である国家コーポラティズムを表すために，使われたこともある。そのため，民主主義下のコーポラティズムとして最初に定義された時は，ネオ・コーポラティズムと呼ばれたり，民主主義的といった形容詞句が付けられたりして，非民主主義国におけるコーポラティズムと区別されていた。その後，民主主義国を対象とした研究で体制比較の概念として重要性を増すにつれ（次節及び第 15 章参照），形容詞句なしのコーポラティズムが代わりに使われるようになった。そのため，ここでは，原典に形容詞句が付いている場合でも，一貫してコーポラティズムとしている。
>
> 　1990 年代以降，民主化の途上にある新興国でも利益の組織化が観察されるようになったことで，コーポラティズムは，現在，民主主義から権威主義まで含む幅広いコンテクストで用いられる概念となっている（Collier and Mahon 1993）。

次のように定義した（Schmitter and Lehmbruch 1979＝1984）。

1) 利益集団の数は定まっておらず，構成員は複数団体に重複して所属する

2) 集団間の集権化・階層化の傾向はない

3) 国家による団体の認可や準公的業務の民間委託もない

4) どのように利益を代表するかに関し制約がなく，集団間の競争が激しい

　競争ではなく，協調や合意形成による決定により，利益代表のあり方と政策及び政治過程全体への利益集団の影響力を表現できるとしたのが，コーポラティズム（corporatism）の概念である（[解説] ネオ・コーポラティズムからコーポラティズムへ）。多元主義と対応する形で定義した場合，コーポラティズムは次の特徴を持つ。

1) 利益集団は規模が大きく数は少ない

2) 全国規模の頂上団体の下に他の団体は組織化され，ヒエラルヒーの構造を持つ

3) 頂上団体（特に労働と経営）のリーダーと政府の政策決定者が定期的な協議を行う

4) 協議における包括的な合意は三者全てに強制力を持つ

自由主義的・社会的コーポラティズム——経営者優位か労働者優位か

コーポラティズムによる協調や合意形成が可能になる背景にはいくつかの要因がある。まず，1）社会的パートナーシップ（social partnership）の考え方や，2）相互協調的合意の重視が，当事者に共有されていることである。この考え方を基本とし，3）多数決のみによる決定を否定し，4）産業セクター内ではヒエラルヒー，セクター間では協調により決定が行われる。コーポラティズムを持つヨーロッパの小国の事例をもとに，こうした付加的な特徴づけも行われた。その上で，経営者優位の自由主義的（liberal）コーポラティズム（ベルギー，スイス）に対し，労働組合優位の社会的（social）コーポラティズム（スカンジナヴィア諸国）も区別された（Katzenstein 1984; 1985）。

調整のレベルによる区別——国レベルの調整とメソ・ミクロ・コーポラティズム

頂上団体が協調や合意形成をはかるという形で，当初コーポラティズムは定義された。しかし，労使の利益を代表する行為者が，中間レベルのセクターや職業ごとの団体の場合でも，協調や合意形成は可能であり，これらをメソ・コーポラティズム（Wassenberg 1982＝1986; Cawson 1985）として区別する場合もある。さらに下のレベルの企業・会社レベルにおける協調や合意形成である，ミクロ（企業レベル）・コーポラティズムも考えられた。しかしながら，国家レベルの頂上団体が中心となる場合ほど，さらに，左翼政権の下での調整が行われるほど，政策における利益代表が実現すると考えられている（第15章参照）。

3. コーポラティズムの概念と比較政治体制

利益集団がその分野ごとに全国規模で独占的に階層的に組織された形態であり，かつ，（その形態で）利益集団が政策過程に取り込まれていることが，コーポラティズムの特徴である。当初からヨーロッパ諸国においても，その形態には多様性があるとされていた。オーストリア，オランダ，スウェーデン，ノルウェーなど中北欧の小国は，社会民主主義政権下で国家レベルでの協調と合意が見られるコーポラティズムの典型であるとされた。共産党の勢力が強く，主要な利益集団である労働組合に分裂が生じ，同時に左翼陣営も分裂する場合

は，コーポラティズムによる組織化は弱まると考えられ，フランスとイタリアの事例が典型とされた[2]。ヨーロッパ外で，同じように労働組合が分裂し左翼陣営が分裂していた日本も「労働なきコーポラティズム」と呼ばれた（Pempel and Tsunekawa 1979＝1984）。コーポラティズムと対比される，多元主義的傾向が強くなるのは，三権分立や連邦制という制度的特徴を持つ，米国のような国である（第13章参照）。

1970年代から80年代にかけて重要性を増したコーポラティズムの概念ではあるが，1990年代から2000年代にかけて，頂上団体と国家を交えた三者協議の制度的形態が揺らいできたことにより，利益集団の形態の説明としては疑義を呈されるようになった。その一方で，コーポラティズムは，利益集団の概念を超え，調整と合意のメカニズムとして，政策決定過程全体を特徴づける概念でもある。そのため，国家間の制度や政策過程の比較においては，新たな重要性を持つようになった。

賃金／労働条件／社会保障を対象とした三者協議の"古い"形態が，1980年代以降衰えたとしても，教育／医療／環境などの広い意味での社会政策で利害調整が行われており，そこでは，政策決定のシステムとしてコーポラティズムは継続していることになる（Wiarda 1997）。コーポラティズムは，市場では対立する利害を調整し市場メカニズムを代替する政策決定のシステムとして定義され，組織利益の競争を市場メカニズムと同じ形でとらえて政策決定を考える多元主義とは好対照をなす（［解説］多元主義的民主主義論と政策過程研究）。政策決定システムとしての相違やその相違の政策への反映に着目する場合は，コーポラティズム・多元主義両概念ともに有効性を保つことになる[3]。

本章における利益集団政治を総括する観点として提示された，コーポラティズムと多元主義の対比は，利益集団の組織的形態を区別する概念としては見直しを迫られつつも，政策決定や広く民主主義のあり方に関わる概念としては，有効性を保持している。特に，民主主義の制度の類型（第13章），福祉国家（第

---

2) 労働組合組織のあり方（下位，中間の労働組合が同一の中間或いは頂上団体を持つ確率）や相互接触回数に関するデータや政策決定の事例により，こうした分類は行われた。

3) この点に関わる包括的レビューとしては Molina and Rhodes（2002）参照。

[解説] 多元主義的民主主義論と政策過程研究

　市場における場合と同様に，政治過程における異なる利益や立場の競争を考える多元主義の考え方は，比較政治制度論においてはコーポラティズムと対比される概念である。その一方で，多元主義的民主主義論は，政策過程を見る観点に大きな影響を与えている。

　その一つに，多元主義的民主主義論の代表的論者であるロウィ（Lowi 1979＝1981）の政策類型論の考え方がある（Lowi 1972）。政策内容の相違が，行為者とその権力関係を決め，競争の形態が政策内容ごとに異なるため，政策分野ごとにそれぞれ異なる権力構造と決定や執行のパターン（ここではアリーナと呼ぶ）を形成するという，現在の政策決定研究では基本となる考え方の出発点である。

　この1970年代初頭の研究で，ロウィは，1930～50年代も含む過去の米国連邦議会の政策決定を対象に分類を試み，分配型・規制政策型・再分配型・構成型アリーナを区別する。例えば，公共事業や補助金を配分する分配型アリーナでは，行為者は，個別的利益を追求する個人，企業，法人であり，新規参入を阻止し，議会の委員会や政府部局と繋がり，安定的集権的決定と執行を行う。それに対し，規制政策型アリーナでは，規制にかかわる利害得失を対象に，特定の産業レベルで対立が起こり，対象とする問題ごとに多数派が形成され解体・変化する。そのために，規制政策型アリーナでは，分配型アリーナのように安定的集権的決定ではなく，議会の本会議で個人の議員を代理人として決定が行われる。再分配型アリーナは，社会階級の利害対立に広く訴えるため，全国レベルの団体（労働，経営の頂上団体）と福祉財政に関わる政府部局との間の集権的安定的な対立構造になるのに対し，構成型アリーナは，議席再配分や新政府部局の設立など，限られたエリートの関心しか呼ばない問題を集権的決定により行うといった形で特徴づけられた。

　市場による競争原理を重視した多元主義の考え方においても，競争の形態に関しては，政策分野ごとの相違と比較が重視され，こうした観点は，その後の政策研究の基礎を形作った。政策過程で，主要な行為者がサブシステム（sub government）を構成するという考え方，議会・行政・利益集団からなる鉄の三角形や予算漸増主義といった言葉も，こうした研究から使われるようになったものである。

16章），資本主義の類型（第15章）といった比較制度分析において重要な役割を果たしている。

第10章 | 議　会

　議会は，民主主義における最も広範に存在する公的制度の一つであり，多数派形成と意見の表明により，民意の代表，問題や利害対立の解決，政策形成の機能を持つ。民主化の段階や権威主義体制下でも存在することがあり，体制維持を図りつつ変化，改革を行う制度として，長い歴史を持ち，現在も広く使われる。三権分立の下，内閣の行政権，裁判所の司法権に対し，議会は立法権を持つとされる。

1. 議会内の行為者と対立

政権党と野党との対立，議会と行政の対立

　議会をめぐる主要な対立として，政権党と野党の対立と議会と行政の対立が区別される。政権党が議会で多数を保持し，議会内与党が一体となって行政府を支持し，少数派である野党と対立する場合には，対立の構造は単純である。しかし，このように，政権党と野党の対立と，議会と行政の対立が複雑に絡み合う，より複雑な対立構造も存在する。

議院内閣制の議会と大統領制の議会

　議院内閣制の場合は，議会の多数派（を形成する政党や政党の連合）が内閣を形成するのが基本である。しかし，政権党やその連合が多数の議席を保持しない，少数与党内閣が成立する場合もある（第11章参照）。少数与党による内閣が，政権運営のために議会内で多数派を形成するためには，政権党と野党の対立を超えて，野党の閣外協力，すなわち，その時々の政策や法案についての支持が必要となる。

　それに対し，大統領制の場合は，大統領・議員共に直接選挙で選ばれ，大統

領は議会多数派の支持を必要としない。大統領制では，野党が多数派を占める議会も観察される。米国大統領制では，与党が議会多数派を占める場合を，政府全体における政党のコントロールが統一されているとして，統一政府（unified government）と呼ぶのに対して，野党が議会多数派を占める場合を，分割政府（divided government）と呼ぶ場合もある[1]。

議会内の行為者——議会の与野党と内閣

議会内の対立や協調を考える際，同じ政党内にも，複数の行為者が存在し，まずリーダーと平議員の区別がある。政権党リーダーは，内閣の構成員か，政党の執行部の構成員かで区別されることになる。同じ政党に所属するこれら行為者が必ず一体であるとも限らず，政権党の場合は，行政府である内閣を支持するとも限らない。例えば，1993年の自民党分裂は，内閣を支持する政権党リーダーと内閣を支持しない平議員の対立とともに，内閣を支持するリーダーと支持しないリーダーの対立を孕んでおり，内閣を支持しない立場をとる平議員とリーダーが結びつき，政党分裂に繋がった。政権党の分裂自体は稀な現象ではあるが，政権党内に，こうした対立は潜在的に存在する。

連立政権の場合は，それぞれの政権党内での対立の可能性が考えられる一方，政権党同士の対立も考えられる。例えば，行政府の長を輩出する中核となる政権党（多くの場合議会の多数党）は，当然のことながら，他の政権党より内閣を支持する傾向が強くなる。そのため，連立政権の安定を図るため，あえて多数党でない政権党から首相が選ばれることもある[2]。

内閣を形成する与党同様，内閣を形成しない野党内にも，党の執行部である野党リーダーと野党平議員が区別され，必ずしも一枚岩ではなく党内にも対立があり，政党間にも対立がある。

キング（King 1976）は，政権（与）党と野党のそれぞれに，リーダー（幹部）

---

1) 米国大統領制では野党が多数派を占める議会が必ずしも例外的状況でないとした先駆的研究（Mayhew 1991）にちなんだ命名である。例えば，フランスの第五共和制でも，大統領（の所属政党，或いは支持基盤）とは異なる，議会の多数派に依る首相が共存する場合が観察されたことがあり，コアビタシオン（cohabitation）と呼ばれた。

2) 例えば，自民党が分裂後に政権に復帰した，1994年の自民党・日本社会党・新党さきがけの連立内閣は，多数党である自民党でなく，社会党の村山富市が首相である。

議員（＝フロントベンチャー）と平議員（＝バックベンチャー）を区別した
上で[3]，与野党対立・与党内・超党派・与党間・与野党協調の五つのモード
（mode）を，対立や協調のパターンとして，区別している。

与野党対立・与党内・超党派・与党間・与野党協調の五つのモード

与野党対立モード（opposition mode）は，内閣と野党の対立で，ここでは
与党は一体であり，二つの主要対立軸である，政権党と野党の対立と議会と行
政の対立が合致する教科書的ケースである。

与党内モード（intraparty mode）は，内閣と与党議員の対立を表し，与党
内に内閣の閣僚の他，政党執行部に関わるリーダーや平議員が区別され，これ
ら行為者が必ずしも内閣を支持しない場合である。

キング（King 1976: 15）は，与野党対立モードと与党内モードは，内閣と議
会の関係を表すモードというより，それぞれ，政党間・政党内の対立を表すモー
ドとしている。

超党派モード（non-party mode）は，内閣と超党派議員間の関係に関わり，
超党派議員グループによる議員立法などの例がわかりやすい。政党が重視され
る議会では稀な例となる。

与党間モード（inter-party mode）は，連立政権の際の連立与党間関係を表
し，連立与党が一致しないと連立内閣を維持できないことなどが例となる。連
立政権の支持に関わる与党間モードは，単独与党の支持に関わる与党内モード
とは区別される。

与野党協調モード（cross-party mode）は議会内の協調が内閣の支持へ結び
つく例で，政党会派議員数で委員会委員や委員長を比例配分するなど，与党が
議会運営で野党と協調する例などがあげられる。

---

3) リーダーはフロントベンチャー（front bencher）として，平議員（陣笠議員とも呼ば
れる）であるバックベンチャー（back bencher）と区別される。イギリスの議会におい
て閣僚と影の内閣（すなわち野党）の閣僚がフロントベンチに座ったこと，バックベン
チャーはバックベンチに座ったことが語源となっている。

議会の制度による対立と協調の相違

　キングは，1970 年代の英国・ドイツ・フランスの 3 カ国を事例に，制度的相違から，これらモードのどれが優位になるかを論じ，区別した。

　多数党による内閣が形成される議院内閣制の例とされた英国では，与党内モード，与野党対立モードの順に重要で，稀に超党派モードが見られるとされる。それに対し，議院内閣制でも連立内閣が形成されるドイツでは，連立の維持を左右する与党間モードが最も重要になり，個々の与党の一体性に関わる与党内モードと与野党協調モードがそれに次ぐ。

　大統領制と議院内閣制のハイブリッドとされたフランスは，多数を確保し内閣を維持することを重視していることから，英国と同じように，与党内モード，次に与野党対立モードが重要とされた。

　議院内閣制の英国と大統領制もあわせ持つフランスの議院内の対立が，多数派の形成を重視するということで共通性を持つのに対し，連立内閣が形成されるドイツでは合意形成や協調が重視されるというキングの見方は，レイプハルト（Lijphart 2012＝2014）による民主主義制度のウェストミンスター・モデルとコンセンサス・モデルの対比（第 13 章参照）とも共通性を持つ[4]。

2.　議会内の対立に影響を与える要因

議院内閣制と大統領制の対比

　キングの定式化でも明らかなように，議院内閣制と大統領制の相違は，議会内対立パターンに影響を与える。議院内閣制と大統領制では，民意をどのように政策決定に反映させるかという委任関係に相違がある（図 10-1）。

　議院内閣制では，例外はあるが，議会の多数派が首相を選出し内閣を形成するのが基本であり，内閣は議会に対し責任を負うという関係になる（図 10-1a）。

　それに対し，大統領制では，大統領・議員共に直接選挙で選ばれるため，大統領は議員を閣僚とするといった制約もない一方，立法権は（公式には）議会が専有する。議院内閣制においては，議会の内閣不信任決議権や首相の議会解

　4）　この点に関する議院内閣制の立場からの詳しい解説は川人（2015: 123-135）。

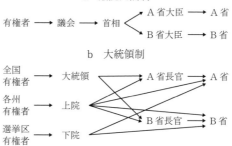

図 10-1　委任関係の相違

出典：Strøm (2000); 川人 (2015: 図 1-1・1-2)

散権があるが，大統領制においては，議会と大統領の間にこうした関係はない（図 10-1b）。

　上記の相違と対応して，政党の役割も異なり，それが対立のパターンに影響を与える。議会政党を単位として内閣が形成される議院内閣制においては，政党規律（party discipline）は強い傾向にある。議会の多数派を占める政党（連合）が内閣を形成する，典型的な議院内閣制では，キングが述べたように，議会・行政の対立と同様，与野党対立が，議会内の対立のパターンとなる。それに対し，政党規律が緩み，与党内の平議員や党内集団である派閥が内閣を支持しない場合は，与党内で対立が生じる。連立内閣の場合は，これら対立に加え，連立与党間でも対立が生じる可能性により，より複雑な対立のパターンが予想される。

　行政の長である大統領と，立法府である議会が，それぞれ選挙で選ばれる大統領制の場合は，議会政党は行政府の成立や安定に影響を与えず，政党規律の重要性は低く，弱い傾向にある。大統領の党派と議会多数派の行政・議会対立が基本となる。議会の多数派が，大統領の党派と合致する場合は，与党内の対立が重要になり，合致しない場合は与野党の対立が重要になる。さらに，政党規律が低く議員の独立性が高い傾向が強くなるほど，対立のパターンが複雑になる可能性がある。この点については，合理的選択論による米国議会研究と関係づけて第 4 節で再論する。

議院内閣制と大統領制を横断する要因

議院内閣制・大統領制の相違の他，議会内の対立構造や決定や政策形成における不確実性に影響を与える要因は，政権の形成・政党システム・政党規律・議会制度の四つにまとめられる。これらは，議院内閣制・大統領制の制度の相違に連動したり関係したりすることもあるが，両者を横断する個別の要因として区別される。

政権の形成　政権の形成は，連立であるか，二大政党間の政権交代によるか，一党優位政党によるかの相違がある。同じ連立政権でも，有力な中核政党が存在しない連立であるほど，連立与党間の対立が生じ野党との関係でも不確実性が増し，二大政党による政権交代，一党優位政権の順に不確実性は低くなる。

政党システム　政権の形成とも対応する形で，一党優位制や二党制に比較して多党制で不確実性は高くなる。多党制の場合でも政党数が多いほど，イデオロギー的相違が大きいほど不確実性が増す。

政党規律　政党規律は，政党の決定に所属議員が従うかという党議拘束に直結し，選挙や政治活動の財政面において，議員が政党に依存するほど強くなる。既に述べたように，議会が首相を選出し内閣を形成する議院内閣制の方が，行政府の形成・安定に議会が影響を及ぼさない大統領制より，政党規律が強い。こうした制度による相違の一方，議院内閣制や大統領制の範疇内でも，政党規律が強い場合ほど不確実性は低下し，弱いほど高まる。

議会制度　議会制度では，二院制か一院制か，委員会制を持つか持たないかの相違が大きく影響する。議会内制度が複雑である二院制や委員会制の場合は，不確実性が高まる傾向がある。二院間で役割を差別化したり，委員会により専門分化して政策を扱ったりすることができる一方，法案を両院で可決したり，委員会から本会議にあげて可決したりする必要があり，決定を行う段階が増えるためである。委員会制の場合は，さらにアジェンダ・コントロールの問題も存在する（［解説］合理的選択論と米国議会研究参照）。

3.　議会の機能の評価と類型

議会内には多様な立場の行為者が存在し，特有のダイナミズムが存在する一

方で，議会は他の政治制度や組織とも関係を持つ。どのような場合に，議会の存在に意味がある，或いは他の政治制度や組織に対して影響力があると言えるのであろうか。

議会の衰退

安定した民主主義において議会の重要性は論を俟たない一方，民主主義が現実に長く継続するにつれ，他の政治組織や制度との関係で，議会が本来の機能を果たさなくなる，或いはその機能を低下させる傾向も観察される。

こうした「議会の衰退」の原因としては，第一に，政権党リーダーによる行政と議会のコントロールがある。政権党のコントロールは安定的な政権維持には必要であり，成熟した民主主義では，それが増強され，政権を安定させ不確実性を減少させる。その一方で，コントロールの強化による安定性や予測可能性の増加は，政策決定に議会独自の影響力の行使の必要を減じることにもつながるからである。

第二に，実質的政策形成が議会の外で行われる場合，議会内での決定が形骸化する可能性がある。例えば，利益集団と政府や政党の三者協議により議会外で合意形成を図るコーポラティズムの場合，或いは，議会審議前に，数に勝る与党内で実質的決定が行われる場合は，議会の衰退に結びつく可能性がある。自民党単独政権及び自民党連立政権における事前審査制は，後者の例にあたる[5]。

第三に，政策問題が複雑化するにつれ，官僚など政策専門家の影響が高まり，議会外の専門家による実質的決定の重要性が増すことが挙げられる。以上の三要因による議会の衰退の下では，議会ではなく行政府で立法が行われる傾向が強まり，政府提出法案が多くなる結果を生む。

---

5) 事前審査制は，自民党結党直後の 1950 年代後半に一党優位下で確立し，「内閣が国会に予算・法案等を提出するにあたり，閣議決定前に自民党が審査する手続き」で，「法的な根拠はもちろん自民党党則に明記されたものでもない」一方，「自民党の了承がない限り閣議決定できない慣習が成立している」と定義される（奥・河野 2015: 2）。その歴史的形成を，国会制度と政党政治の関係（川人 2005）から解説したものに川人（2016）がある。事前審査制と同様な制度は海外にも見られ，日本とオーストラリアの比較研究では，事前審査制が両国に存在する共通の理由を対等な上院の存在に求めている（石間 2017; 2018）。

第10章 議会　　　　161

　四番目の要因として，政策問題の複雑化のもう一つの帰結として，政策執行の際の裁量がある。複雑な政策問題に対応する場合，その政策施行に関し事前に必要なこと全てを予測して法律で定めることは必ずしも現実的ではない。その結果，政策の執行過程における裁量が高まることは，議会での決定の重要性を低下させることになる。

　これらは全て，民主主義や政策形成に内在する要因や問題であり，それらによっても，議会の衰退が引き起こされる可能性が存在する。

アリーナ型議会と変換型議会──議院内閣制と大統領制の議会の対比

　政策を形成しそれに影響を与える能力があるかという観点からの議会の分類には，ポルスビー（Polsby 1975）によるアリーナ型議会（arena legislature）と変換型議会（transformative legislature）の区別がある。議会の役割を，与野党が政策争点をめぐり有権者の支持を求める場（アリーナ）と考えるか，社会における様々な要求や利害を政策へ変換させる機能に求めるかにより，区別する。

　高度なアリーナ型議会として，研究が発表された1970年代当時の分類では，英国の他に，ベルギー・フランス（第五共和制）を例としてあげている。穏健なアリーナ型の例は，西ドイツ（当時）・イタリア・フランス（第四共和制），穏健な変換型の例は，オランダ・スウェーデンである。その一方で，高度な変換型は米国のみである[6]。

　ポルスビー自身は明示的に区別していない一方で，アリーナ型議会の典型，すなわち高度なアリーナ型として英国下院を，変換型議会の典型，高度な変換型を米国連邦議会とする，この分類は，議院内閣制と大統領制の議会の区別を基本とする。議院内閣制の議会は，基本的にアリーナ型で，変換型の議会は大統領制に存在していることになる。

議院内閣制の議会における粘着性

　議会の政策形成への影響力をみる最も簡便な指標は，議員立法の質・量の両

────────────

6)　米国連邦議会の，変換型議会としての特質とその変遷について解説した邦語文献としては，待鳥（2009）参照。

面での有効性，言い換えれば，政府提出法案と比較しての議員提出法案の数や影響力であり，ポルスビーの分類はこれに基づいている。議会が首相を選出し内閣を形成する議院内閣制の場合は，政府提出法案の相対的比重が高まる。ポルスビーによるアリーナ型と変換型の対比は，議院内閣制の議会から，大統領制を持つ米国の連邦議会を区別するのには有用な基準に基づいている一方，この基準は，議院内閣制の議会の機能の区別に基づいたものではない。そのため，議院内閣制の議会の機能を評価する場合は，ブロンデル（Blondel 1970; 1973）が提出した粘着性（viscosity）の概念が使われるようになった。

　議会の多数派が内閣を形成し，内閣が議会に責任を負う議院内閣制では，内閣による法案提出が多くなり，議員立法が少なくなることが当然想定される。そこで，議員提出法案の数や，政府提出法案に対する成立率といった数に着目するのでなく，政府提出法案を修正したり審議に時間をかけるなど，与党の譲歩を引き出したり，政府提出法案の成立を妨害（廃案も含む）する程度や能力を表すのが粘着性である。粘着性の概念は，日本の国会研究でも，議院内閣制のアリーナ型議会である国会の機能を見直し，審議時間や議事コントロールに焦点をあわせた，より包括的な定量的データ分析による研究を生む重要なきっかけとなった（Mochizuki 1982; 福元 2000; 増山 2003）[7]。

議院内閣制の議会における類型──作業型議会と演説型議会

　変換型の米国連邦議会を除外した，議院内閣制の議会のみの類型も考えられている。議院内閣制のヨーロッパ 19 カ国（2015 年時点のデータで擬似大統領制とされる国も含む）を対象とする分類（Koß 2018）の基準となるのは，委員会権限（committee power）と，政府や与党の議事コントロール（agenda con-

---

7)　Mochizuki（1982）は初期の先駆的研究である。福元（2000）は，野党による審議引き伸ばしや法案成立への抵抗という粘着性，或いは与野党のイデオロギー対立で説明する見方を超え，政策分野によって審議様式が異なることに着目，与野党間の実質的審議の可能性を示唆した。増山（2003）は，国会の会期制に着目し，それが議事運営を制約するという観点から，法案の成立自体とそれにかかる時間を分析し，野党による修正・廃案に着目する粘着性概念を超えて，与党は積極的議事運営により時間的制約の下で成立を可能にするように法案を提出しているとしている。ポルスビーやブロンデルの分類と関係づけた日本の国会の特徴についての解説としては，増山（2015: 35-42）参照。

図 10-2 議院内閣制の議会の類型（作業型議会と演説型議会）

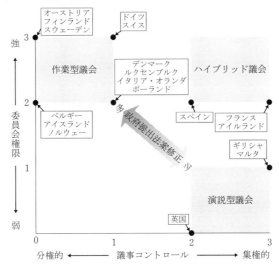

出典：Koß (2018: Figure2.2) より作成

trol) の集権性（centralization）である[8]。委員会権限が強く議事コントロールの集権性が低いと作業型議会（working legislature）で，逆に，委員会権限が弱く議事コントロールの集権性が高いと演説型議会（talking legislature）とされる（図10-2）。作業型議会では，政府提出法案の修正が多く行われ，演説型議会では，法案修正は少なくなる。法案への影響力の基準を用いた点では，変換型とアリーナ型の場合と共通するが，議院内閣制では立法の大部分を占める政府提出法案の修正に焦点をしぼり，それに影響を与える委員会権限や議事コントロールという議会運営に関わる制度に着目している。

---

8) 議事手続きに関わる agenda control は「議事コントロール」と訳しコンドルセ・パラドックスに関わる「アジェンダ・コントロール」と区別している。委員会権限は，常任制か，法案修正権を持つか，管轄が省庁と一致するかの3基準で，議事コントロールは，タイムテーブルのコントロール（法案上程権），積極的議事コントロール（法案修正案の上程阻止権），消極的議事コントロール（審議打ち切り）の3基準で判断している。委員会権限の2～3基準を満たし，議事コントロール基準は0～1基準しか満たさない場合は，作業型，逆に，議事コントロール基準の2～3基準を満たし，委員会権限の0～1基準しか満たさない場合は，演説型となる。両者の2～3基準を満たす場合がハイブリッド型とされる。

作業型議会が大半を占め，演説型議会は英国，ギリシャ，マルタのみである。委員会権限が強く議事コントロールの集権性も高い議会は，ハイブリッド議会とされ，フランス，スペイン，アイルランド（2015年時点）となっている。

4. 米国連邦議会と合理的選択論

大統領制の議会としての米国議会

変換型議会の典型とされた大統領制の米国連邦議会は，議院内閣制の議会と比較した場合，特殊な例であることがわかる。改めて総括すれば，大統領制下，政党規律が弱く，政党組織は弱体で，議会の構成員である個々の議員の自律性が高い。議会内では，委員会制など制度が複雑なことも，政党によるコントロールを弱める。さらに，口頭で法案の賛否を表明する点呼投票に象徴されるように，政党でなく，議員個人が利益を代表する。行政府や政党システムから独立した形で，議員個人のレベルで議会内ダイナミズムが観察可能となる点が，議院内閣制の議会と大きく異なる。

議院内閣制の議会と比較した場合，米国議会では，政党規律の弱いことに加え，点呼投票が行われ，法案への賛否が公になる。そのため，議員の，政策に関わる立場や法案への賛否の決定には，自身の政策理念やイデオロギーに加え，再選への考慮が大きな影響を与えると考えられる。議院内閣制の議会では検証できないこれらの問題を，米国議会においては，議員個人レベルの点呼投票データなどを用いて直接分析することができる。そのため，議員個人の合理性を前提に分析を行う合理的選択論による研究が盛んになり，比較議会研究にも影響を与えた（[解説] 合理的選択論と米国議会研究：戦略投票とアジェンダ・コントロール）[9]。

---

9) 比較の観点から，米国議会の合理的選択論研究者が寄稿し，米国議会研究を見直すとともに，比較議会研究への応用の可能性を探った研究としてはLoewenberg, Squire, and Kiewiet（2002）参照。合理的選択論を用いた，より専門的な米国議会研究の解説としては，増山（2015: 99-117）。

第 10 章　議　会　　　165

[解説] 合理的選択論と米国議会研究：戦略投票とアジェンダ・コントロール

　合理的選択論に関わる米国議会研究としては，他に戦略投票とアジェンダ・コントロール（第4章第1節参照）に関わるものがある。

　点呼投票データは議員による戦略投票を検証することも可能とする。代表的なものとして，議員が互いに法案への投票や支持を取引するログローリング（logrolling）がある（McGann 2019）。政党規律が弱い二大政党制下では，所属政党により法案の賛否が異なる党派投票（party voting）に加え，民主党議員が共和党の多数派に，共和党の議員が民主党の多数派に同調して投票する交差投票（cross voting）も観察される。議員は党派を超えて，自身にとって重要な法案の賛否を互いに取引するのである。

　委員会制度が関わる研究の例としては，コンドルセ・パラドックスとそれに伴うアジェンダ・コントロールに関わる研究がある。二選択肢間で多数決をとり，勝ち抜き戦で決定を行う際の選好順序の循環，すなわちコンドルセ・パラドックスが存在する場合，多数決による決定は，どの選択肢（例えば法案）を対にして投票していくか，すなわち，アジェンダ・コントロールにより，最終的に選ばれる選択肢（法案）が異なる（以下，第4章第1節参照）。米国議会では，委員会から本会議にあげていく過程で，トーナメント方式で法案の採決が行われるため，採決する二法案の組み合わせやその勝者と次に採決される法案の選択といった議事の手続きにより，採決の組み合わせや順番を変えるアジェンダ・コントロールが可能である。米国議会研究は，これを，構造が生み出す均衡（structure-induced equilibrium）と呼び，（循環を回避し）決定を可能にするアジェンダ・コントロールを行う委員会制度がどのような目的や規範に基づいて形成されているかを分析した。たとえば，多数派政党の利益に奉仕するよう委員会制度が組織化されるのであれば，多数派が望む結果を生むことを目的に，制度が形成されていることになる（Cox and McCubbins 1993）。アジェンダ・コントロールは，最終的な決定を操作する側面と同時に，循環に陥ってしまう選好順序の下でも決定を行う，すなわち合意形成のための制度的工夫の側面を持っていることを，実例をもって検証したのである。

プリンシパル・エージェント理論──再選に関わる動機付けと政策決定

　米国議会研究における合理的選択論研究の代表的な例として，経営学のプリンシパル・エージェント（principal-agent）理論を応用した，政策決定に関わる委任関係の分析がある。本人（プリンシパル）は代理人（エージェント）に委任するが，両者の間で，必ずしも目的や利害は一致せず，代理人が，本人の意図に反した行動を取ることを前提とした理論である。

米国議会研究におけるプリンシパル・エージェント理論においては，本人である有権者の選好や民意が，代理人である議員の法案への賛否や政策的立場にどのように代表されるかが重要な分析の対象となった[10]。有権者の意図に沿わなかった場合，つまりエージェンシー・ロスが生じた場合に落選させられるのであれば，落選を恐れる政治家は，有権者の意図を政策に取り入れるであろう。このように，米国議会研究では，本人・代理人関係を，エージェンシー・ロスの観点から考え，議員の再選の動機付け（reelection incentive）の重要性を立証し，比較議会研究にも大きな影響を与えた。日本政治研究でも早い段階でプリンシパル・エージェント理論が応用された研究が行われている（Ramseyer and Rosenbluth 1993＝1995）。

先に紹介した議院内閣制と大統領制の委任関係の対比（図10-1）も，こうした本人・代理人関係の連鎖として考えることができる（Strøm 2000）。議院内閣制の場合は，有権者から行政府に至る委任に段階があり間接的である一方，有権者からの委任が単純な本人・代理人関係の連鎖となっている。それに対し，大統領制では，議員と同様，行政府の長が直接選出され，委任関係が競合する複雑な関係となっている一方，複数の本人・代理人関係によりエージェンシー・ロスを監視できる。議院内閣制と大統領制の制度的差異も，本人・代理人関係の相違により説明できることになる[11]。

本章では，議会における行為者や対立の構造から，議院内閣制と大統領制の区別を中心とした議会の類型を紹介した上で，議院内閣制と大統領制の議会のそれぞれの特徴について扱った。議会制度が，様々な政治制度と関わることは，第13章で再論することになる。

---

10) プリンシパル・エージェント理論を用いた実証研究としては Kiewiet and McCubbins（1991），研究の理論的背景や発展については Miller（2005）参照。

11) この点に関する詳細な説明としては，川人（2015: 31-33）参照。もちろん，こうした制度的差異も，現実のダイナミズムにより変化することもある。例えば，議院内閣制の場合でも，首相が世論の高い支持を得て，独自に政策に影響を与えたり，或いは官僚制の政策に対する影響力が強かったりする場合は，単純な委任関係の連鎖は成立しない。逆に，大統領制の場合は，大統領の党派が議会の多数派となり，一体となって大統領を支持する場合は，複雑で並立的な委任関係の連鎖ではなく，大統領とそれを支持する議会多数派への単純な委任関係となる。

第 11 章 　政党の連合と連立

政党は，統一された集団として組織され（第6章）制度化される（第7章）一方，選挙（第8章）の際や議会（第10章）においては，競争や決定の重要な単位となる。本章では，こうした政党の連合と，政権の形成のための連立についての理論と実証を扱う。

1. 政党の連合と連立をめぐる理論枠組

選挙・議会における連合

政党間の協力関係を，連合（coalition）として考え，最初に定式化したのは，デュヴェルジェ（Duverger 1954［1951］＝1970）である。政党の連合は，まず選挙で見られる。異なる政党が，それぞれ候補者を立てるのでなく同じ候補者に一本化する，共通の候補者の支援を決めるという形で行われる。単純多数で決定する小選挙区制のような選挙制度では，候補者が乱立すると票が割れ共倒れする場合もあるので，候補者を各選挙区で立てる際に，同一政党のみならず，異なる政党間で調整することも行われる（第8章）。都道府県知事など地方首長選挙や，国政レベルの議会選挙で，異なる政党が同じ候補者を支援することもこれに含まれる。

議会における連合は，法案の成立や成立阻止のために，異なる政党が採決にあたって協力する際に見られる。複数の政党が共同で法案を提出したり，政府提出法案に対し共同で修正案を提出したりという，審議に関わる連合もある。

連立──政権形成の連合

政党の連合は，また政権の形成を可能にする。典型的には，議院内閣制の議会における多数派の形成が，内閣の形成に結びつく場合である（第10章）。こ

うした政権形成のための連合は，選挙や議会レベルの連合より，安定的で継続性が高く，重要性が高い。具体的には，政党の離脱が内閣の維持を困難にすると同時に，離脱した政党も，参加していた期間の内閣の政策には，責任を負うからである。こうした特徴を持つ，政権の形成のための政党の連合を主な対象として，連合理論とその実証研究が行われてきた。政権形成のための連合は，特に連立と呼ばれることがあり，連合理論は連立形成の理論と呼ばれることもある。

一般的なモデルから特殊なモデルへ

　連立の形成という政治に特有な現象を扱う連合理論は，政治学における最も一般性の高い理論の一つでもある。なぜなら，政党の連合も，個別集団の連合がどのように形成されるかという一般的枠組，すなわち，一般的なモデルで考えることができるからである。一般的なモデルは，各主体の重要性（重みづけ）と勝利連合を形成するための閾値の二条件を考え，連合に参加する主体の重みづけにより閾値に達する勝利連合の形成を分析する。もし政党の連合をこの二条件だけで分析するのであれば，制度の条件（たとえば内閣の制度や議会制度など）を前提に入れる必要がない，一般均衡モデルと同じになる[1]。ここでの均衡は，形成された勝利連合を意味する。主体を政党と考えた場合は，その重みづけが，選挙で得た議席数となり，勝利連合を形成するための閾値を議会の議席数で表現することになり，多数決を行う場合は過半数が，その閾値となる。

　しかし現実の政権の形成においては，制度の影響は無視できない。そのため，実際の連立の事例に則して制度的条件も考慮する，より特殊なモデルが考えられる。たとえば，政権成立のために信任投票が必要であれば信任の可否も考慮に入れたり，内閣構成や議会の委員会制といった制度の影響を考えるのである。広く制度の影響を考慮に入れる政権形成の理論は，合理的選択新制度論として位置づけられることもある。

---

1)　政権の形成は，明解な競争の条件下で高い頻度で起こり理論的含意が豊富であるため，政党の連合の理論は，集団の連合の形成の抽象的数学的分析である一般的モデルにも影響を与えることとなった。

政党が，政権掌握の動機づけを持つとする政権追求モデルと，政策実現の動機付けを持つとする政策追求モデルの二つのモデルが区別される。

2. 政権追求モデル

交渉力の最大化

政権追求モデルは，閾値を超える勝利連合の形成という一般的モデルの含意から政権の形成を考える。全ての政党が自らの交渉力を最大化しようとするという前提から出発する。この全ての政党には，結果として政権に参加しない政党も含まれる。政権への参加は重要な目的であるが，政権連合への参加が必ずしもその政党の交渉力を増大するとは限らないからである。

要となる政党

政党が連合への参加から利得を得られるのは，自らがその連合の要となる（pivotal）政党となる場合のみである。政党がその連合の要となるのは，自らの参加が，敗北連合を勝利連合に変える場合，そして，自らの離脱が勝利連合を敗北連合に変えることができる場合である。言い換えれば，その政党が参加しても参加しなくても勝利連合であることが変わらない，余分な政党でないことが，要となる政党の条件となる。

余分な政党

具体的な事例で考えてみよう。101議席の議会で，7政党 A・B・C・D・E・F・G が政権の連立の交渉をしており，勝利連合の閾値を過半数51[2]としよう。A・B・C の合計議席が55で連立交渉がまとまろうとしている時，残りの政党，例えば，5議席を持つ政党 D はこの連立に加わる動機付けを持つで

---

2) ここでは，勝利連合の閾値を過半数と便宜的に定義しているが，各国の議会制度により，それ以外の閾値が重要となる場合もある。例えば，日本の国会では，委員会の過半数の委員と議長職を独占すると，法案の審議が円滑に進むため，この条件を満たす議席数を安定多数と呼ぶ。過半数でなく，この安定多数を，勝利連合の閾値と考え，政党が行動する場合もある（Kato and Yamamoto 2009）。その国の議会制度の制約を考える場合，このように勝利連合の閾値が異なる場合もある。

あろうか。Dが連立に加わり異なる意見を表明した場合を考えてみよう。その場合，既に過半数の議席を持つA・B・Cは，Dに譲歩することはなく，意見が通らないのであれば，Dは最初から連立に参加する意味はない。言い換えれば，Dは，連立に参加しない方が交渉力を最大化することになる。また，このような場合，Dは，A・B・Cとの連合においては，要となる政党でなく，余分な政党であることになる。

最小勝利連合──閾値に近い連合と政党数の少ない連合

上記の例からもわかるように，政権追求モデルにおいて形成されると予想される政党の連合は，余分な政党を含まない最小勝利連合（minimal winning coalition）である。一般的モデルとして，ゲーム理論で証明された（von Neumann and Morgenstern 1953＝2009），最小勝利連合の考え方を，最初に連立形成の理論へ応用できるとしたのはライカー（Riker 1962）である。ライカーは，連立の形成における最小勝利連合を，必要最低限の議席でなるべく閾値（上記の例で言えば過半数）に近い連合として定義した。政権を得ることによる利益をなるべく多く構成員（この場合は議員）が得るためには，なるべく政党の数が少ない方が良いという理由からである。

それに対し，レイサーソン（Leiserson 1966）は，政権の形成に際しての政党の交渉に着目し，交渉を容易にし，かつ政権形成後の政党間の結束を高めることを重視し，なるべく少ない数の政党で構成される最小勝利連合の考え方を提示した。

「余分な政党を含まない連合」と一般モデルで定義した場合に予測される連合の中から，ライカーとレイサーソンは，政権の形成に関わる異なる要件により，実際に形成される最小勝利連合をさらに絞り込んでいることになる。

政党の交渉力と（より多くの）連合への参加

政権追求モデルにおいては，形成が予測される，より多くの連合に参加する政党は，他の政党に対してより有利な立場となり，全ての連合に参加する政党は，最も有利な立場になる。なぜなら，その政党が，形成される連合の内，自らにとって最も好ましい連合を選ぶことができる──その連合には参加し他の

連合には参加しないことができる——からである。そのため，可能な最小勝利連合の内いくつで要となる政党になることができるかに着目して，交渉力を数値化することもできる[3]。

支配的プレイヤー

特に，複数の相互に排他的な勝利連合で要となり，他の政党がその政党の獲得をめぐって競い合うようになる政党を，支配的プレイヤーと呼ぶ（Peleg 1981; Einy 1985; van Roozendaal 1992）。勝利連合の閾値（過半数）の半分の比重を持つ最大政党は支配的プレイヤーとなる可能性があるが，支配的プレイヤーになれるかどうかは，他の（特に，2, 3番目に大きい）政党の比重によるため，必ず存在するとは限らない。つまり，勝利連合の閾値（過半数）の半分の比重を持つことは，支配的プレイヤーの必要条件であるが十分条件ではない。

これはまた，小政党であるからといって交渉力が弱いとは限らないことを意味する。他の政党が連立のために，小政党を獲得しようとして争い合う場合もある。例えば，99議席の議会で49議席ずつ持つ二大政党と1議席の小政党を考えてみよう。形成が予測される二つの勝利連合は，いずれかの大政党と小政党の連合であり，小政党はそのどちらかを選ぶことができる立場にあり，その選択により二大政党が勝利連合を組めるかどうかが決まる。政党の交渉力が，必ずしも，その重みづけ，すなわち議席数に比例しないことを示す良い例である。

政権追求モデルの限界

政権追求モデルは，勝利連合の閾値（過半数）と政党の重みづけ（議席数）という2条件で連合の形成を予測できるという強みを持つ一方，現実政治における様々な要因を考慮に入れられない弱点も持っている。特に問題とされたのは，かなりの頻度で観察される，過半数に満たない少数与党内閣や，余分な政党を含む連立の形成を説明できない点である。これらの政権連合は，現実には高い頻度で発生するが，政権追求モデルでは説明できない。これらを説明する

---

3) シャプリー・シュービック・インデックス（Shapley and Shubik 1954）とバンザフ・インデックス（Banzhaf 1965）などの例がある。

モデルとして考えられたのが，政策追求モデルである。

3. 政策追求モデル

　現実には，イデオロギー的に大きく異なる保守政党と左翼政党が，過半数の議席を超えるという理由で連立を形成することは，まず考えられない。このような観点から，政党間の政策の相違の条件をモデルに加えたのが，政策追求モデルである。政策追求モデルにおいては，政党の政策的立場に関する情報を単純化する必要があり，立場を直線上の位置で表現したものを政策次元と呼ぶ。政策追求モデルには，一元的政策追求モデルと多元的政策追求モデルがある。

一元的政策追求モデル

　一元的政策追求モデルと左右イデオロギー軸　直線上の位置で，政党の政策に関する立場が区別され，その遠近によって，政策に関する立場がどの程度相違するかが表現される点は，空間理論（第4章）やダウンズの政党システムの理論（第7章）と同じである。

　一つの政策次元のみを扱うのは，一元的政策追求モデルであり，様々な政策的立場を一次元として表現できるという前提を持つ。政党の重要な政策における立場が合致する次元として最もよく使われるのは，左右イデオロギー次元である（Castles and Mair 1984）。

　隣接最小連合　100議席の議会で20議席ずつ持つ5政党の政策的立場を，左右イデオロギー次元上に並べた場合，A・B・C・D・Eの順に並べられたとする（図11-1a）。このように並べた場合，どのような政権の形成が考えられるであろうか。過半数を閾値とする政権追求モデルであれば，3政党の連合（60議席）全てが可能な政権連合となる。このように左右に政党を並べた場合は，その内，例えば，A・D・EやA・B・Eのように，他の政党を間に挟み，離れた位置にある政党を含む連合は形成しにくいことが予想される。逆に，A・B・C，B・C・D，C・D・Eのように隣り合った政党同士なら連合すると考えられる。この考え方に沿って，一元的政策追求モデルにおいて，アクセルロッド（Axelrod 1970）は，隣接最小連合（minimal connected winning coalition）を定義した[4]。

図 11-1 隣接最小連合

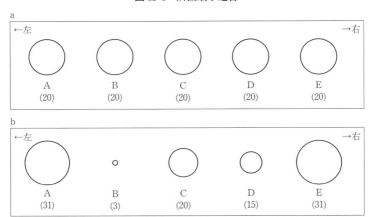

　隣接最小連合は，政党の離脱が，その連合を勝利連合から敗北連合に変えるかという前提に加えて，政党の離脱が政党間関係の切断につながるという前提を加えた連合の定義である。言い換えれば，イデオロギーの異なる政党同士は仲立ちする他政党をなくしては連合（connected）できないという前提に立っている。そのため，ここでの「最小（minimal）」の定義は，最小勝利連合の必要最小限の重み（議席）という定義とは異なり，必ずしも最小勝利連合のみが形成されることを意味するのではない。例えば，A が 31 議席，B が 3 議席，C が 20 議席（D 15 議席と E 31 議席）と議席分布が変わった場合（図 11-1b）でも，同じように A・B・C の連合は形成される。A と C で 51 議席と過半数を超えるが，B がいないと政党間関係が断絶してしまうからである。

　閉じた最小距離連合　隣接最小連合モデルは，政党を政策位置順に並べることができれば，政党連合の結果を予測できる一方，実際の政党のイデオロギー的相違は，隣接関係より複雑である可能性がある。同じ A・B・C・D・E の例で，政策的立場の相違を距離として考え並べた場合，例えば，A と E が左右両端に位置し，B・C・D が中央の位置に相互に近く位置していた場合には，B・C・

4）　直訳すれば「隣接最小勝利連合」ではあるが，このあと説明するように政権追求モデルの「最小勝利連合」の最小（minimal）と意味が異なることから，混乱を避けるため「隣接最小連合」とした。

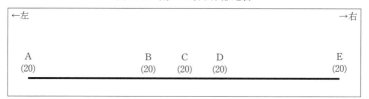

図 11-2　閉じた最小距離連合

Dの連合は同じように考えられるのに対し，A・B・CやC・D・Eの連合は考えにくくなる（図11-2）。このような考え方に基づいて，ドゥ・スワン（De Swaan 1973）は，一元的政策追求モデルでは，閉じた最小距離連合（closed minimum range coalition）が形成されると考えた。ここでは，隣接最小連合の考え方に加えて，連合を組む政党間のイデオロギーの最大距離，すなわち両端の政党のイデオロギーの差異を最小にするような連合が組まれるという前提が加わっている。

余分な政党を含む過大連合　政策追求の前提を加味した政策追求モデルは，隣接最小連合の場合も閉じた最小距離連合の場合も，必ずしも最小勝利連合の形成を前提としない。言い換えれば，政策追求モデルは，政権追求モデルの観点からは余分な政党を含む過大連合の形成も説明することになる。

メディアン政党の優位　一元的政策追求モデルにおいて，政権形成において最も有利な政党は，どのような政党であろうか。それは，メディアン政党であり，議会においてメディアンの立場を占める議員の属する政党である。具体的には，一次元のいずれかの端から，順に並べた政党の議席数を足していき，その政党の議席数を足すことによって，勝利連合の閾値を超える政党を指す。メディアン政党の優位は，メディアンの位置の多数決における他の選択肢に対する優位を証明したメディアン・ヴォーター定理（第4章）に基づき，ダウンズの政党システムの理論（第7章）における理論的含意とも対応している。メディアン政党は，偶数議席の議会における例外的状況[5]を別にすれば，必ず一つ存在し，議会において，メディアン政党の持つ政策位置以上に多数に好まれる政策位置

---

5) 例えば，100議席の議会で25議席ずつ持つ政党A・B・C・Dが左から右へ存在する場合に過半数（51）を超えるのは，左から数えた場合にはC，右から数えた場合にはBであり，それぞれがメディアン・ヴォーターである議員を持つことになる。

第 11 章　政党の連合と連立　　175

は存在しない。このためメディアン政党の戦略的優位は，必ずしも存在すると
は限らない，政権追求モデルの支配的プレイヤーの優位を大きく上回る。

　　過大連合と少数与党内閣　メディアン政党は，政策的立場の有利さから，その
議席が勝利連合の閾値に及ばない場合でも，単独政権——少数与党内閣——を
形成することが可能である[6]。過大連合とともに少数与党内閣も，政権追求モ
デルとは矛盾するが，その形成をメディアン政党の優位は説明する[7]。少数与
党内閣は，法案の成立などのために議会で多数派連合を形成すること（閣外協
力）を必要とするが，その上で政権を維持することは民主主義国ではよく観察
される（第 13 章参照）[8]。

多元的政策追求モデル

　　一政策次元のみの一元的政策追求モデルに対し，政策によって政党の立場の
相互関係が異なってしまう場合も考えられる。左右イデオロギー軸のような一
つの基準で区別できず，多元的政策追求モデルがより現実に近いモデルである
ことは十分に考えられる。わかりやすい例としては，ある政策では，他のどの
政党とも大きく異なる，最も極端な立場を取る政党が，他の政策では，政党間
で，最も平均的・中庸の立場を取る場合などがある。このような場合は，多元
的政策追求モデルが用いられる。

　　一般的モデルの均衡の不安定性と制度的制約　政権追求モデルや一元的政策追求
モデルとは異なり，多元的政策追求モデルを用いて，形成される政権を予測す
るのは難しい。二政策次元のみが重要になる場合には，政党の相対的比重と政
策位置によっては，最大政党が中心（コア）となり少数政権形成の可能性があ
るが，三次元以上では，どのような政権が形成されるか予測できない，すなわ

---

　6)　例外的状況を除き存在するメディアン政党は，後述するように，多元的政策追求モデ
　　ルによる実証分析においても重要である。

　7)　メディアン政党の戦略的優位が崩れるのは，政党が政策追求に関心がないか，或いは，
　　多元的政策次元に関心があるか（次節参照），の場合である。後者はメディアン・ヴォー
　　ター定理が，一次元で投票者が単峰性を持つ選好を持つ時に成立することから理解できる。

　8)　少数与党内閣でも，例外的ではあるが，閣外の一つ或いは複数の政党から安定的支持
　　を確保する場合もあり，擬似過半数内閣（majority government in disguise）と呼ばれる
　　（Strøm 1990: 95）。

> **［解説］ポートフォリオ・アロケーション・モデルと多元的政策追求モデルの均衡概念**
>
> 　メディアンにある内閣と強い政党による内閣の概念は、ポートフォリオ・アロケーション・モデルを用いて定義された（Laver and Shepsle 1996）。ポートフォリオ・アロケーション・モデルは、閣僚ポストを得た政党の政策がその内閣の政策となるという前提で、閣僚ポストの配分により政策の組み合わせが予測できるとするモデルである（Austen-Smith and Banks 1990; Laver and Shepsle 1996）。しかし、形成される内閣の政策の組み合わせが（閣僚ポストの配分からでなくても）予測でき政権の形成に影響を与えるのであれば、これらの概念は、多元的政策追求モデルの均衡概念——議会の多数派により好まれる政策を実現する内閣——として一般化できる。政策合意に基づいて連立政権が形成されることは現実ではよく観察されるため、本章では、両者を多元的政策追求モデル一般の均衡概念としている。

ち均衡は不安定である[9]。

　一般的モデルの理論的含意の一方で、現実には、議院内閣制の下で、政党は、より望ましい政策の実現を考え、政権に参加するかしないかを決め、政権は形成されている。こうした制度の影響[10]の下で、政党が政策を追求すると考える場合に、形成が予測される内閣に、メディアンにある内閣と強い政党による内閣がある（［解説］ポートフォリオ・アロケーション・モデルと多元的政策追求モデルの均衡概念）。

　メディアンにある内閣　一元的政策追求モデルのメディアン政党の優位を、多元的政策追求モデルに応用することも可能である。ある国で、同じ議席数を持つ3政党A・B・Cが、財政政策と対外政策の二政策を重視して政権を形成するとしよう。財政政策はX軸で表され、左に行くほど「減税のために政府の公共サービスを減らすことを支持する」で右に行くほど「政府の公共サービスの

　9）　マッケルヴィー（McKelvey 1976）の古典的な一般均衡モデルから、ショフィールド（Schofield 1993; 1996）が、政権形成の例に即した形で得た理論的含意である。二次元において、コアとなる政党は、最大の比重とともに、単一次元におけるメディアン政党のように、その政策位置によって、他の政党より有利であると考えられるが、それより多くの次元では、こうしたコアとなる政党はなく、連合の選択肢の中心に位置するサブセットの中から、政権が形成される、正確に言えば、政権はこの中で不安定に変化する。

　10）　連立政権の形成に限らず、均衡が存在しないはずの多次元の政策空間で決定が行われている理由としても制度が考えられる（Riker 1982: 182-192＝1991: 218-220）。

第 11 章　政党の連合と連立　　177

> **［解説］左右イデオロギー軸と政策対立軸**
>
> 　政党の政策位置専門家調査（expert survey）（Laver and Hunt 1992; Benoit and
> Laver 2006）については第 6 章の解説で既に説明した。図 11-3・11-4 の説明で用い
> た財政政策は，今でも調査で各国共通に使われている政策的立場の区別の例である。
> 1 から 20 の 20 点尺度を提示し，左端の 1 を「減税のために政府の公共サービスを
> 減らすことを支持する」最も強い立場とし，右端の 20 を「政府の公共サービスの
> ために増税を支持する」最も強い立場とした場合，どこに各政党が位置するかを聞
> いていく。専門家調査によって様々な政策的立場を左右イデオロギー軸に沿って表
> 現できることが実証的に確認された（Castles and Mair 1984; Castles, Mair, and
> Pedersen 1997）一方，もちろん，全ての政策が，左右イデオロギー軸に沿って区
> 別されるとは限らない。2010 年代以降のヨーロッパでは，ポピュリズムの反グロー
> バリゼーションの立場もあり（第 6 章），EU への参加や EU 拡大への賛否がその
> 代表的なものとなっており（2024 年現在），図 11-3・11-4 の説明で用いた，対外
> 政策「地域統合への参加」の例は，それを参考としている。ヨーロッパの政党の政
> 策位置の傾向にならい，財政政策が左右イデオロギー軸に沿って表現できる政策次
> 元を，対外政策がそうでない次元を表しているのである。

ために増税を支持する立場」であるとしよう。Y 軸は対外政策で，EU のよう
な「地域統合への参加」に反対するほど下に，支持するほど上に位置付けられ
るとする（［解説］左右イデオロギー軸と政策対立軸）。

　政党 A・B・C の財政政策，対外政策を，それぞれ，X 軸，Y 軸に位置付け
たのが図 11-3 である。政党 A にとって，両政策において最も好ましい位置は
AA であり，政党 B にとっては BB，政党 C にとっては CC となる。しかし過
半数を超えるためには，2 政党で連立を組まなければならない。X 軸の財政政
策では B が，Y 軸の対外政策では A がメディアンの位置，すなわち多数決で
選ばれる位置にあり，それぞれのメディアンの位置を組み合わせたのが BA の
内閣，二次元でメディアンにある内閣である。

　X 軸の財政政策では A の立場を，Y 軸の対外政策では B の立場をとる AB
の内閣は，同じ 2 政党の組み合わせであっても，BA とは異なる政策的立場と
なることに注意されたい。同じ A と B の連立であっても，内閣の政策を，BA
とする場合も，AB とする場合も考えられ，これらは別の内閣である。BA の
内閣を形成する場合は，連立を組む政党がメディアンの位置の政策（を行うこ

図 11-3 メディアンにある内閣

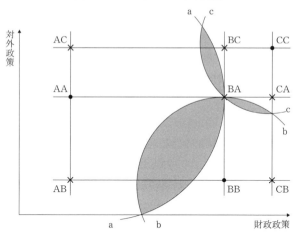

出典：加藤・レイヴァー・シェプスリー (1996: 図 2)

と）に合意することが必要となるが，これは，連立形成の際の政策合意にあたる[11]。

　BA の他に，AB も含め政策の組み合わせは八つあるが，そのいずれに対しても，BA 内閣の位置は3政党により好まれる。結果として，議会の多数派により，他のどの内閣より好まれる，メディアンにある内閣（dimension-by-dimension median）が形成されることになる。

　次元ごとのメディアンを組み合わせることで多数派に好まれる内閣となることを，図 11-3 で理解するには，それぞれの政党にとって最も好ましい位置すなわち理想点と BA を比較すれば良い。政党 A・B・C の理想点，それぞれ，AA，BB，CC から近いほど好ましく離れるほど好ましくないので，A にとって BA と同じ位好ましい位置を考えると，AA を中心に BA を通るように同心円を描くことになり，その一部が aa という弧になる。BB の場合も bb，CC の場合も cc という弧を描くことができ，この線上の点が全て BA と同じくらい好ましいので，無差別曲線と呼ばれる。これらの無差別曲線に囲われたグレ

---

11) ポートフォリオ・アロケーション・モデルは，これを政党 A・B がどちらの政策の閣僚ポストを得るかで区別する（[解説] ポートフォリオ・アロケーション・モデルと多元的政策追求モデルの均衡概念参照）。

図11-4 強い政党

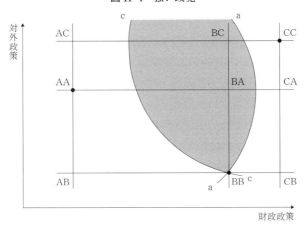

出典:加藤・レイヴァー・シェプスリー (1996: 図3)

一の部分 (各政党にとって BA より好ましい位置) には内閣が存在しないので，3政党にとって BA より好ましい (多数決で2対1で選ばれる) 内閣は存在しないことがわかる。

強い政党　ここで，例えば，政党 B が，閣僚ポストを出さないとして，内閣 BA の組閣を拒否したとしよう (図11-4)。当然，政党 A と政党 C でより好ましい内閣を形成しようとする。BB より好ましい内閣は，政党 A にとっては BB を通る無差別曲線 aa，政党 C にとっては BB を通る無差別曲線 cc の内側になり，ここには BC，BA が存在する。政党 B は BA の組閣を拒否したように，BC の組閣も拒否できる。その場合には，BB よりは BA，BC の方が，A・C 両政党にとって好ましいのに，少数派である政党 B が，重要政策の立場を独占する BB が形成されることになる。このような立場の政党を「強い政党」と呼ぶ。議会多数派が好む全内閣に参加できる政策的立場を持っている政党である。

　強い政党が存在するかは，他の政党との相対的位置関係による。一元的政策追求モデルにおけるメディアン政党のように，例外的状況を除き必ず存在するわけではない。しかし，現実の政党の連立交渉においても，少数党が組閣への参加を拒否した結果，その少数党を中心とした内閣が形成される場合などでは観察される ([解説] 強い政党と拒否権プレイヤー)。

> **[解説] 強い政党と拒否権プレイヤー**
>
> 　強い政党が，必ずしも政策位置（メディアン）や議席数で他政党に対し優位を持
> たないにもかかわらず，強い交渉力を持つのは，組閣に対して拒否権を持つからで
> ある。このように，現状を打開するために，その同意が必要とされる個人や集団を
> 拒否権プレイヤー（veto player）と呼ぶ。政治制度には，一般に，組み込まれた拒
> 否権発動のメカニズム，拒否点（veto point）があり（Immergut 1992），政権の形
> 成の場合だけではなく，政策決定においても，拒否権プレイヤーが存在する。例え
> ば，強い議会は，政府の立法を拒否できる拒否権プレイヤーであり，弱い政党規律
> も，議員が政党執行部の方針に対する拒否権プレイヤーになることを可能にする。
> 国民投票（レファレンダム）により政府の方針が否定される時には，国民が拒否権
> プレイヤーになる。
>
> 　空間理論で，そのメカニズムを数学的モデルで説明し定式化したのはツェベリス
> （Tsebelis 2002＝2009）である。強い政党の均衡概念は特殊に見えるが，拒否権と
> いう観点からは，空間理論の拒否権プレイヤーの概念として一般化できる。

政策次元と左右イデオロギー次元　多元的政策追求モデルにおける均衡を，こ
こでは二次元で説明したが，三次元以上の次元であっても，メディアンにある
内閣——それぞれの次元のメディアンを組み合わせた内閣——は存在しうる。
強い政党にしても，議会多数派に好まれる全内閣の構成員となる政策位置の条
件が満たされれば同様である。また，二次元の場合でも，今回の説明で用いた，
対外政策・財政政策のような二政策次元でなく，様々な政策的立場を一次元と
して表現できる左右イデオロギー次元とそれでは表現できない政策次元と考え
ても良い（[解説] 左右イデオロギー軸と政策対立軸参照）。

　均衡が不安定であるという多元的政策追求モデルの理論的含意から，実証研
究では，政党の政策の相違が何次元で表現されるかに関しては関心が持たれて
きた。様々な政党の政策位置のデータを用いた因子分析などの定量的分析は，
殆どの場合，二次元で政党の政策位置を区別できるという結果を導き出してい
る（Laver 2014）。

4．連合理論と現実政治——日本の事例を中心に

　連合理論は，一般的なモデルに基づいている一方，連立政権の歴史が長いヨ

第 11 章　政党の連合と連立　　181

ーロッパの事例を主な対象として，連立政権の形成の難しさや政権の不安定，少数与党内閣の形成など，現実の問題意識と接点を持って発達してきた分野である。連合理論で必ずしも政権の形成が説明できるわけではなく，多くの逸脱事例も観察され，理論の限界が指摘されることもある一方で，理論自体の有効性が否定されるには至っていない（Andeweg, Winter, and Dumont 2011）。日本においても，様々な興味深い理論的含意を持つ事例が存在する。

連合理論から議員の政党間移動の理論へ

　38 年間続いた自民党の一党優位政権（55 年体制）（第 1 章参照）を終わらせた 1993 年の自民党分裂は，政権党が分裂するという稀な例である。その後の，政党の分裂や合同，新党の結成や政党の消滅を含む，政党の合従連衡も，他にほとんど例を見ない。政権から得られる利益のため政権党は分裂しないという通説を覆し，さらには安定した民主主義国では稀な政党の離合集散は，連合理論においては，逸脱的でありかつ重要な事例として注目を集めた[12]。

　連合理論は，政党は一枚岩の行為者（unified actor）という前提に立つ。連合理論は，政党を単位に，連合や連立の形成を説明するが，それぞれの議員が異なる利益を持つ，或いは派閥や政党内グループが存在するという前提に立てば，個人や集団を単位とした連合の説明にも応用可能である。政党の代わりに，派閥や政党内グループ，或いは議員個人が交渉の主体となるのである。実際，自民党分裂の背景には，議員間や議員集団間における政治改革に対する立場の相違がある。政治腐敗に対する批判から，選挙制度改革や政治資金規正法改正を含む政治改革の要求が，世論から高まり，政治改革に対する賛否に加え，再選や政策決定への影響力に関しても，議員個人がそれぞれ異なる立場と利害を持ち，その結果，離脱により利益を見出す議員が離党し，分裂につながったのである[13]。

---

12)　1955 年以降の自民党政権の安定から 1993 年の自民党分裂，1994 年の政権復帰後の自民党政権を経て，2009 年の民主党政権の形成を含む 2010 年までの過程については，川人ほか（2011: 第 10 章）参照。2000 年代に入っても続いた国会議員の政党間移動と政党の合従連衡についての包括的説明としては山本（2010）参照。その後の政党再編については山本（2021）が詳しい。

自民党分裂の事例は，連合理論の新たな応用の可能性を示唆することとなった。政権追求・政策追求の動機付けに基づき，政党の連合の形成を説明できるように，再選やポストの確保，政策などへの影響力を動機付けとして，議員の政党所属や政党間移動を説明できる。そしてその結果として，政党の分裂・合同・結成・消滅も説明できる。政権党の分裂や政党の離合集散は，1990年代初めに日本に加えイタリアなどでも見られたこともあり，これら2カ国にブラジルや欧州議会の事例も加え，議員の政党間移動（party switching）の理論として，政権の形成をめぐる連合理論の一部となり，実例の分析に応用されることになった（Heller and Mershon 2009）[14]。

議員の政党間移動による最小勝利連合の形成

日本の事例が連合理論に示唆を与えた例としては，自民党の分裂に加え，分裂後の自民党の多数党としての復帰がある。政党が最小勝利連合を形成して連立を組むように，政党が最小勝利連合の閾値を超えるように，議員が政党間を移動する例として，分析された。

1993年の自民党の分裂は，離脱した議員による二つの新党の結成と，38年ぶりの非自民党政権の成立につながり，この非自民連立政権に参画した政党を中心に新進党が最大野党として結成された。翌1994年に，自民党は，55年体制下の最大野党であった社会党およびさきがけと連立を組む[15]ことで政権復帰したが，1996年10月の総選挙では240議席にとどまり，過半数議席（当時500議席中251議席）をわずかに獲得できなかった。しかし，選挙後ほどない翌1997年には，過半数を回復する。

選挙と選挙の間に自民党が過半数を超える多数党となったのは，他の政党か

---

13) こうした理論的立場に基づいて，ハーシュマンの退出・抗議・忠誠心の枠組も用いて，自民党の分裂を説明したものにKato（1998）がある（第3章［解説］退出・抗議と組織参照）。

14) 議員の政党間移動に関わる研究は専門性が高いので，ここでは紹介しないが，日本の事例を扱った研究の解説としては，川人ほか（2011: 248-257）がある。

15) この連立は，最小勝利連合でないということで政権追求モデルで説明できない過大連合であるとともに，自民党と社会党の間に，さきがけ以外にも，より自民党に政策的立場が近い政党が存在するため，政策追求モデルでも説明できない過大連合となっている。

ら或いは無所属の立場から自民党へ移る国会議員がいたためである。この議員の政党間移動は，政党が連合して最小勝利連合を作ることを説明する連合理論と同じ理論枠組で説明できる（Laver and Kato 2001）。過半数を最小勝利連合の閾値と考えれば，それを超えることで他の政党に対し優位に立ち，その政党の所属議員もその利得を分け合うことになるからである。

この理論的示唆に基づけば，自民党が1996年の総選挙で過半数に近い議席を得たことは，当然，議員が自民党に移動する動機付けを高める。議員の移動は自民党が最小勝利連合の閾値である過半数を超えることを助け，自民党が過半数を超えれば，移動した議員自身もその利得を分け与えられることになるからである。自民党が最小勝利連合の閾値に近づいたことで，他の政党は，自民党に対し相対的に不利になる[16]。議員の他の政党からの離脱と自民党への移動も起こり，実際，1997年には，自民党が過半数を超える一方で，新進党が分裂，解党している。

選挙制度の制約下での連合——自民党と公明党の連立

日本の事例が連合理論に示唆を与えた三つ目の例としては，小選挙区比例代表並立制という選挙制度の制約に関わるものがある。1990年代末から，民主党政権の3年を除いても，20年以上（2024年時点）継続している，自民党と公明党の連立政権に関わる例である。保守の多数党である自民党に対し，公明党は，安全保障や防衛政策に関しては異なる平和主義の立場を持ち，また創価学会という宗教団体を主要な支持団体としている。しかし，自民党が単独で衆参両院で過半数の議席を獲得した場合でも，公明党との連立は揺らぐことなく継続し，自民党が公明党に，弱者への配慮といった再分配政策で妥協することも観察された。

---

16) 政党が形成可能な最小勝利連合の内いくつで要となる政党になることができるかに着目して，交渉力を数値化できることは既に紹介した（注3参照）が，その指標であるシャプリー・シュービック・インデックスを用いて，政党の交渉力（過半数を超えた場合はその政党自体が最小勝利連合となるので1）とそれを議席数で割った所属議員の交渉力の分け前を計算することができる。その結果，1996年から1997年にかけて，自民党と自民党所属議員（移動後議員）のインデックスが大きく改善しているのに対し，新進党は政党のレベルでも議員レベルでも低下が続いたことが示された（Laver and Kato 2001）。

政権追求・政策追求のいずれでも説明が難しい，自民党と公明党の長期にわたる連立は，小選挙区比例代表並立制下の選挙レベルの連合に支えられ維持されている（Liff and Maeda 2019）。得票数に応じて議席を配分する比例代表制と異なり，単純多数で 1 議席を決定する小選挙区制において，共倒れを避けるためには，候補者の擁立を調整するための連合が必要となる。しかしこうした選挙レベルの政党の連合は意外に難しい。多数党の自民党にとってはより多くの，できれば全選挙区で候補者を立てることが望ましく，公明党が候補者を立てる限られた小選挙区に必ず自民党の候補者がいることになるからである。公明党の候補が立つ小選挙区では，自民党が候補者を擁立しない代わりに，その他の自民党の候補者が立つ小選挙区では公明党がその支援に回る調整がその解決となる。これにより，お互いの議席を確保するという相互依存関係が成立したことが，長期の連立の背景にある。創価学会という選挙区レベルでの強固な支持団体を持つ公明党と，大政党である自民党の組み合わせが，この二政党の選挙レベルの連合を生み，政権の形成すなわち連立を支えることとなった。

　本来であれば緩い連合であるはずの選挙レベルの連合が，小選挙区比例代表並立制の制度的制約により維持・強化され，政権レベルの連合である連立を支えるという，連合理論においては大変興味深い事例となっている。

　第二次世界大戦後から連立政権に深い関心を持ち観察してきたヨーロッパの歴史と比べれば，1990 年代以降の日本の連立政権の歴史は短い。連合理論は，様々な異なる政党（第 6 章）や政党システム（第 7 章）を持つ国の政党政治を関係付けて考えることができる理論枠組である。日本においても連立政権が形成される現在においては[17]，各国との比較においては，欠かせない視座となっている。

17）　例えば，少数与党内閣は，羽田孜内閣（1994 年）で連立の形で，第二次橋本龍太郎内閣（1996 〜 98 年）の初期，単独与党の形で，観察されたが，いずれも短期に終わり，一定期間存続する形の少数与党内閣は，石破茂内閣（2024 年〜）が初めてである。

第 12 章　官僚制

　官僚制は，近代化において重要な役割を果たした。第一に，近代化に先立つ伝統的支配組織とは異なり，法的権威に立脚する官僚制は，明文化されたルールと客観的な役割構造を持つ。専門知識の保持により役職や地位が保障され，専門性の発揮のための分業とヒエラルヒーの下で効率性が追求される。ウェーバー（Weber 1978［1910-14］）が，近代化は合理化の過程であり，官僚制化の過程であると考えた所以である[1]。その一方で，官僚制における客観的ルールの整備や公的組織形態は，効率性追求のために実際の機能が形骸化していく危険，すなわち官僚主義の危険をはらむ。第二に，官僚制は，同じく近代化の過程で出現し，民意を代表する立法府と対抗する政治組織でもあり（Weber 1919＝2020），民意を代表する立法府・政治家に対し，官僚制及び官僚は，その専門知識・能力を資源とする。政治学を含む社会科学全般で，近代化・民主化後も，統治の制度としての官僚制並びに，官僚個人の行動へ，大きな関心が向けられた理由である。ウェーバーは官僚制が合理的組織として収斂していくと考えたが，現実には，各国の官僚制には相違が残り，政治家との関係も多様となった。このことが，様々な官僚制分析のアプローチを生む。

1. 官僚の行動分析——公共選択論アプローチと組織論アプローチ

　官僚個人の行動を分析するアプローチには，経済学の公共選択論と組織論によるものがある[2]。伝統的経済学理論においては，政府や政府内の政策決定者は，市場を中心とする経済システムの働きを助ける副次的役割しか持たないと

1）　ウェーバーは，支配の正統性（legitimacy）により，伝統的支配・合法的支配・カリスマ的支配を区別したが，近代官僚制は，合法的支配の典型例である。

2）　官僚の様々な行動モデルについては，Lane（1987）参照。

された。慈悲深く賢い決定者が，（経済のために適切な）政策を行うという見方は，20世紀前半まで有力であった。しかし，現実の政策決定者は利己的であり，自己の目的を合理的に達成しているという観察により，この伝統的な見方からの乖離が起こり，合理的な個人としての官僚の行動分析へと重点が移される。官僚制は，公共選択論や組織論の重要な対象となりモデル化され，官僚に対する様々な見方が提示された。

予算最大化モデル

　政党間競争の空間理論を提出したダウンズ（Downs 1965; 1967＝1975）は，官僚の行動に関しても，複数の動機付けを区別し，その組み合わせによって，官僚の行動パターンが変わるという定式化を行っている。ダウンズが着目した動機付けは，権力・収入・名声・便宜性（仕事の楽さ）・身分の安定を得ることや，国家や制度などへの忠誠心・政策との同一化・仕事に対する自負心・公共の利益への奉仕など価値に関わるものと多岐にわたる。タロック（Tullock 1965）などによる昇進に重点を置いたモデルでも，その後，複数の動機付けを集約する単純化が行われたが，それを徹底させたのが，ニスカネン（Niskanen 1971; 1987）の予算最大化モデル（budget-maximizing model）である。

　ニスカネンは，国家予算に関わる，官僚の専門性や動機付けが，有権者や民意を代表する政治家と全く異なる点に着目する。政策やプログラムを通じて政府が行うサービスに関し，実際にどの程度（需要に対応して）供給されているか，費用はどのくらいになるかなどに関する情報を，官僚は独占している。民意を代表する政治家に対し，情報を独占する官僚が優位に立つ。

　ニスカネンは，権力や昇進などその他の動機付けも，官僚の管轄下にある予算すなわち裁量（discretionary）予算の最大化により達成される可能性が高く，そのため，これら動機付けが予算最大化に一元化されるとして，（裁量）予算最大化モデルという，統一的な経済学モデルを提示した[3]。このモデルによれば，政治家によって代表される有権者の選好と異なる選好を持つ官僚が情報で優位に立つ結果，代表民主主義の前提である有権者の福祉の最大化を犠牲にし，

　3）　当初，予算最大化とされていたが，後に，特に官僚の管轄下にあり裁量の効く裁量予算最大化が重要とされるようになった。

官僚の当該部局の管轄下にあり裁量がきく予算の最大化が実現するとされる。

レヴァイアサンとしての国家

有権者及び有権者を代表する政治家の選好が，予算最大化を目指す官僚の選好と異なるとするニスカネンに対し，ブレナンとブキャナン（Brennan and Buchanan 1980）は，政治家と官僚の選好の合致に基づいたレヴァイアサン・モデル（Leviathan model）を提唱した。

官僚の予算最大化に，有権者の福祉を優先し政治的制約をかけることは，必ずしも，再選を目指す政治家にとって合理的ではないと，ブレナンとブキャナン（Brenan and Buchanan 1980: 17-24）は考える。自身の票が選挙結果を左右する可能性が非常に低いと考える合理的有権者はフリーライド（棄権）する（可能性が高い）こと（第 3 章第 3 節及び第 8 章［解説］なぜ投票（棄権）するのか？参照）に加え，投票のパラドックに見られるように多数決の結果は不安定であること（第 4 章第 1 節参照）を考えると，政策によって有権者の支持を得られるとは限らない。政策提案ではなく，選挙区への予算の獲得を目指す馴れ合いや結託により，再戦の目的が達せられるのであれば，政治家の選好は予算最大化をめざす官僚の選好と矛盾しなくなる。両者の選好が合致する結果として，国家予算は拡大し，国家は税収や歳入を最大化するレヴァイアサンとなる（より専門的な説明としては Mueller 2003: Chapter 16 参照）。

ブレナンとブキャナンのモデルは，高度経済成長期の国家財政規模の拡大とも合致し，公共選択論の官僚の行動モデルとしてよく知られるようになった。

組織形整モデルとゴミ缶モデル——異なる合理性か非合理性か

ニスカネンやブレナン＝ブキャナンの経済学モデルが予算による効用最大化を前提としているのに対し，ダンレヴィ（Dunleavy 1991）の組織形整（bureau-shaping）モデルは，それとは全く異なる合理性の前提を持つ。ダンレヴィは，組織の上位の地位を占める（或いはその候補である）エリート官僚は，予算最大化により，権力や威信が高まるわけではなく，この点が，非エリート官僚とは異なるとする。予算規模が小さい部局であっても，或いは，予算や組織規模の縮小が余儀なくされる場合でも，影響力や意義のある政策を行えば，権力や

威信を高めることができると考えるのである。ニスカネンやブレナン＝ブキャナンのモデルが高度経済成長期の官僚制の観察に基づいていたのに対し，組織形整モデルは，1980年代以降の赤字財政や行政改革の経験に基づき考えられた。現実の観察が，官僚のモデル化に影響を与えた例である。

　経済学モデルとは異なる合理性を考えた組織形整モデルに対し，組織論に基づいたゴミ缶モデルは，合理性に基づいた選択を否定する点に特徴がある。マーチとオルセン（March and Olsen 1976＝1986）は，現実の組織過程においては，政策決定者の選好や知識・情報自体，不確実なもので，かつ，彼らの政策決定への参加も流動的であることに着目する。その結果，政策決定は偶然性に左右され，決定を必要とした「課題」とその解決策である「政策」の結びつきは，必ずしも内在的因果関係によらなくなる。ゴミ缶モデルは，合理的組織として形成された官僚制による決定が偶然性に左右されることがあることを象徴的に表すモデルとして取り上げられる[4]。

2. 政治家と官僚——政官関係の理論と実証研究

　官僚の行動モデルにおいても，ウェーバーと同様，官僚と政治家の関係に大きな関心が寄せられた。この問題関心を共有するのが，政官関係の研究である。

プリンシパル・エージェント理論——情報の非対称性とモラル・ハザード
　政官関係の研究の代表的なものの一つとして，プリンシパル・エージェント

---

4)　分かりやすいゴミ缶モデルの例としては，1980年代日本の行政改革における三公社の民営化の例がある。きっかけは，当時の日本国有鉄道の赤字であり，その課題の解決策として民営化という政策が考えられた。しかし，その結果，赤字経営ではなかった日本電信電話公社とたばこの専売制度に深く関わる日本専売公社を含む三公社全てが民営化となった。官僚制が深く関わる管轄下の政策であっても，このように本来無関係であった政策選択肢が，課題のためとして結びつくこともある。ゴミ缶モデルの命名は，政策決定は入れ代わり立ち代わり参加する決定者が政策決定の場——あたかもゴミ缶のような——に投げ込んだ課題と政策が結びついた時になされることから来ている。参加者の範囲と程度や存在する情報の特定や選好の明確化の個人差などを考慮するため，ある程度の法則性を前提としつつ，組織過程の偶然性を重視したモデルとなっている。伊藤・田中・真渕（2000: 69）でも，国鉄と電電公社の事例に言及している。

理論（本人・代理人理論）の応用に基づいたものがある。プリンシパル・エージェント理論は，元来，経営学における，株主・経営者関係を分析する理論である。本人である株主と比較した場合，代理人である経営者の方が，会社の経営に関わる情報をより多く持ち，情報が偏在する「情報の非対称性」の結果，経営者が，株主の委任によらない自身の考えで経営を行う，すなわちモラル・ハザードが生じることを射程に入れた理論である。

　有権者が選挙で政治家を選び，政治家が民意を代表し，政策決定を行うといった形で，本人・代理人関係が，有権者と政治家の間に存在することはすでに述べた（第10章参照）。同じように，民意を代表する政治家の決定に従い，専門家として，政策を法案の形とし，その施行に関わる官僚は，政治家の代理人と考えられる。

　政治家が議会で選挙区の利益に沿って行動しているか（エージェンシー・ロスが生じていないか）が関心の対象となるように，官僚制の研究においても，政治家の官僚への委任がどのように実現するかが重要な問いとなる（Vachris 2004）[5]。官僚が政策専門知識を持つことを前提に，政治家が，情報の非対称性によるモラル・ハザードをどのように回避するかが，関心の対象となる。

　例えば，政治家が政治任命により官僚をコントロールし，政治家の意図に沿わなかった場合に，それが明らかになり更迭などで報復されるのであれば，官僚は政治家の意図を政策決定に反映するようになる。議員の再選の動機づけにより，有権者—議員，議員—官僚といった形で，政策決定過程を二重の本人・代理人関係として捉えて統合し，政官関係を分析する観点である。

政官関係の比較政治分析

　政官関係の比較政治学的分析としては，アババック，パットナム，ロックマンの研究（Aberbach, Putnam, and Rockman 1981）があげられる。政策決定における政治家と官僚の役割分担から，それぞれの影響力についての含意を得ようとした点に特徴があり，各国間の相違と時系列的変化を追う形で応用されてい

5）　アメリカ政治研究の影響を受け，日本政治研究でも，プリンシパル・エージェント理論の応用が行われたが，本人の代理人への委任が保証されるかに焦点をあわせ分析が進められている点は共通している（Ramseyer and Rosenbluth 1993＝1995）。

る。政治家と官僚の役割分担のあり方を四つの「イメージ」として類型化している。

　　イメージ I　　政治（政策形成）vs 行政（政策執行）

　　イメージ II　　利益（代表）vs 事実（解明）

　　イメージ III　　エネルギー vs 均衡

　　イメージ IV　　純粋なる混合型

　イメージ I は，政治家は政策形成に，官僚は政策執行に従事するという，教科書的な政治と行政の区別である。しかしながら，この役割分担では，政策問題の複雑化・専門分化には対応できない。政治家が実際に法案を起草する際も，複雑な政策問題においては，官僚の専門能力による援助は不可欠である。また，成立した政策がどう執行されるかを考慮して政策を形成しなければ意味がなく，そのためには政策形成の段階から官僚の助力が必要となる。政策の形成と執行を区別することも，それに沿って役割を分けることも，現実には困難である。

　これらを考慮し，政治家・官僚ともに政策形成に従事するが役割が異なるというのが，イメージ II である。政治家が利益を代表するのに対し，官僚は，こうした価値判断には関係せず，事実解明に関わるという分担になる。この区別は，事実解明の中立性を前提としている。しかし，政策問題を考える際には，事実的前提（政策の現状）と価値を含む判断（利益の対立）を区別すること自体，困難であり，専門家の間でも，事実的前提に必ずしも合意があるとは限らない。前項で述べたような，情報の非対称性によるエージェンシー・ロスを前提とすれば，官僚の専門性は政策形成への影響力につながる。現実の政策過程でも，官僚が，政策の現状を調べ，政策問題の解決の方向を探ることで，その政策に関わる利益との関係を持つことになり，利害の調整にも深く関わることは，普通に観察される（内山・伊藤・岡山 2012）。

　イメージ I とイメージ II を提示し検討することで，政治と行政の区別のみならず，価値と事実の区別も，現実の政官関係を考える際には，意味を失うことが明らかになる。

　政治家と官僚の両者とも政策形成，政治に従事することを認めた上で，利益への関わり方が違うとするのが，イメージ III である。政治家は，組織化されていないものを含む広範囲の利益を代表し，理想や理念を追求し，政策過程に

変化をもたらすのに対し，官僚は，組織化された法的権限内の利益の代表に特化し，政治家より現実的で変化に乏しい関わり方をするという区別である。しかしながら，官僚制の既存の管轄や従来の役割分担に当てはまらない，新しい政策問題が生じた場合には，官僚も，自身の組織や部局の法的権限の拡大を求めて争い合うことはある。官僚が政治に変化を持ち込まないとは，必ずしも言えない。

　もし，政治家と官僚の役割の区別が難しいのであれば，純粋なる混合型，すなわちイメージ IV となる。混合型イメージは，政治家と官僚の役割分担を認めない極端なイメージである。その一方で，政策決定の専門性の高まりによって，政治任命の行政のトップが政治的影響力を強めたり（官僚の政治化），政治家が政策決定のために専門家への依存を強めたり（政治の官僚制化）する融合化を理解するには有用である。

　アババック，パットナム，ロックマンは，これら類型化を，「モデル」や「理論」でなく，意図的に「イメージ」と呼んでいる。特定の事例にこれらが当てはまるか棄却されるかの検証ではなく，政治家と官僚が，政策決定者として，どのように類似し相違するかをよりよくとらえることを目的としたからである。政治と行政や価値と事実といった区別に基づいた既存の考え方を否定し，政官関係を多面的に実証分析する新たな視角を提起した点に，その意義があると考えられる。

3. 政治経済学的分析——強い国家 vs 弱い国家から異なる組織合理性へ

　近代化の過程で生じた官僚制には，経済的近代化である経済発展の側面からも，政治的近代化である民主化の側面からも，その形成に関心が寄せられた。日本の官僚制は，その両者で重要事例となっている。

経済発展と官僚制——政策介入と産業後発国の官僚制
　経済発展における官僚制の役割に最初に着目したのは，ガーシェンクロン（Gerschenkron 1962）である。18 世紀後半からの産業革命先発国である英国や米国では個人企業家を主体として経済発展が進んだのに対し，19 世紀以降の後発

国である日本・フランス・プロイセンなどでは，国家が資本・技術・インフラストラクチャーを補うべく経済発展に介入する必要があり，官僚組織がそれに大きな役割を果たした。こうした歴史的観察に基づき，ガーシェンクロンは，産業革命の先発国か後発国かの相違に沿って，官僚制の二つの類型を区別する。

産業先発国では，産業化は民間によって担われたため，市場や社会の機能が円滑に果たされることに役割を限定した官僚制が望ましいとされた。そのため，官僚組織は相対的に統一性が低く，組織所属が社会的地位につながらない。産業先発国では，自由放任主義（レッセフェール）の夜警国家が支持されるのである。それに対し，産業後発国では，市場，社会に対し，活発に政策的介入を行い，影響力が強い官僚制が発達した。そのため，官僚制の組織的統一性は高くなり，官僚組織自体が「お上」として社会的地位を意味した。

非西欧諸国として唯一，1950 年代から 1970 年代にかけて高度経済成長を経験した日本は，この後発国の官僚制の典型例とされた。日本の事例を中心に，政府が成長する産業セクターを選択し，資源を配分し，産業発展を促進するという発展（指向型）国家（developmental state）の概念が提示され，政府の役割を最小限とする，米国を典型とする規制（指向型）国家（regulatory state）の概念と対比された（Johnson 1982＝2018）。

市場や社会に活発に介入できる統一的組織として，強い官僚制や強い国家を，最小限の役割を果たす弱い官僚制や弱い国家と対置する考え方は，産業後発国を先発国と区別して特徴づけるには有用であった。その一方で，経済発展の後発・先発や，強い官僚制・弱い官僚制の対比は，現実の官僚制の理解としては単純すぎる面もあった。

例えば，高度経済成長期の日本でも，政府は直接的な介入を行うのでなく，金融市場や金融機関の規制により市場の安定や有効な資源配分をはかってきた（Zysman 1983）。官僚制による直接的介入よりは，政府・民間の情報交換や緊密な関係を保証するネットワークが，官僚組織のみならず，政治家も媒介の役割を果たすことで形成されているという見方が，次第に有力になった（Okimoto 1989＝1991）[6]。

---

6) 既存研究に対する批判的観点から，1970 年代の経済危機を詳細に分析した邦語文献としては，内山（1998）がある。

第 12 章　官僚制　　193

表 12-1　組織志向型官僚制と専門志向型官僚制

	組織志向型	専門志向型
参加資格	特定の組織における高等教育 登用試験の合格	職務に対応する適性 役割に対応する専門性 試験の合格と政治任命の併用
専門性	組織内或いはそれに準ずる教育 組織に特化／組織の必要に対応	組織外で得た個人の適性 組織と無関係に意味を持つ
参加時期	キャリア形成の初期参入	参入は適性能力により柔軟
上下級職	入り口試験で区別 年功序列 ヒエラルヒー的職歴構造	参加後相互浸透的 特に上級職は柔軟な登用
組織統一性	組織内に限定された職歴	省庁横断的（特に上級職）
職の安定	恣意的罷免排除 最低限度在任で年金受給権 生涯のキャリア（上下級職共）	政治任命程高い地位 下級職：年金受給による 上級職：官僚外キャリアによる
忠誠心	組織に対する忠誠心大	専門家としての職業倫理による代替

組織志向型官僚制・専門志向型官僚制

　単純な二分法による分類の限界が自覚されるようになったところで提出され
たのが，シルバーマン（Silberman 1993＝1999; 1995）による，組織化と政官関係
に基づく類型化である。ウェーバーによる官僚制の収斂論を批判しつつ，政治
との関係に着目しつつ，異なる組織合理性——組織志向型と専門志向型——を
区別する。

　組織合理性は，組織成員のキャリア等に関する原則や組織形態によって区別
される（表 12-1）。組織への参加資格は，組織志向型では，高等教育機関での
教育後の登用試験の合格により決まるのに対し，専門志向型では，職務への適
性や役割に相応しい専門性が資格要件であり，試験合格と政治任命の両者が用
いられる。求められる専門性のあり方も異なり，組織志向型では，組織に特化
或いは組織の必要に対応する専門性が，組織内教育やそれに準ずる教育で培わ
れるのに対し，専門志向型では，専門性は，組織外で得た個人の適性として，
組織と無関係に意味を持つ。

　資格や専門性に対応し，組織への参加時期と職階の区別の仕方も異なる。組
織志向型が，キャリア形成の初期の参入時の試験で上級職と下級職を区別する，

年功序列制に基づいたヒエラルヒー的職階構造を持つのに対し，専門志向型は，適性能力により参入時期は異なり，上下級職も相互浸透的で，特に上級職は柔軟な登用がなされる。その結果，組織志向型では，組織の統一性や官僚の職の安定性と組織への忠誠心が，専門志向型より高くなる。それと連動して，組織志向型では，官僚の職歴は省庁など組織内に限定されるのに対し，専門志向型では，省庁横断的で，特に上級職でその傾向が強い。

異なる組織合理性は，組織成員の忠誠心や職業倫理にも影響を与える。恣意的罷免はなく最低限度在任で年金受給資格が得られる組織志向型では，上下級職とも生涯のキャリアとなり組織への忠誠心が高くなる。それに対し，専門志向型では，政治任命ほど高い地位が得られ，上級職では官僚制以外のキャリアも追求できるので，組織への忠誠心より，個人の専門家としての職業倫理が重視される。

日本とフランスが組織志向型の典型とされ，専門志向型の典型は米国であり，英国は，省庁横断的な任用が柔軟に行われる一方，米国ほど政治任命が多くなく，政治性は低いとされる。日仏と米国が対比される点では，経済発展に着目した官僚制の類型化と共通する一方，組織原則の相違として多面的に両者を区別した点に特徴がある。

民主化における不確実性の高低と組織志向型・専門志向型官僚制の形成

組織形態や組織成員のキャリア等に関する原則としての組織合理性は，日仏と英米の近代化の過程の相違から生まれた。シルバーマンの比較歴史分析は，民主化の過程で，異なる組織合理性を持つ官僚制が政治的に形成されたとする。

ここで重要な歴史的要因は，政治体制の変化——民主化——の過程における不確実性である。民主化において，政治エリートは，現在の自分の権限や影響力の行使や，自身の後継として誰が権限を持つかという政治的継承に関しての不確実性の問題に遭遇する。不確実性が高い革命などの状況で民主化が進む場合には，政治エリートにとって，官僚制は，議会より安定的な権力基盤となる。そしてそれをより安定化させ自律性（autonomy）を高めるためには，組織構成員のリクルートや昇進を政治から切り離し，組織固有のキャリア形成，組織に対する忠誠心と能力主義に基づいた固定的集団を形成することが重要になる。

第 12 章　官僚制　　　195

表 12-2　官僚制の組織形成の歴史的過程と組織的要件：組織志向型と専門志向型

	組織志向型	専門志向型
不確実性	高 革命的状況	低 議会政治の速やかな発展
政治と官僚制の関係	官僚制は 議会，政治家と対抗する政治組織	官僚制は 政治エリートの権力基盤
官僚制への 政治的コントロール	自律性の高い官僚組織	官僚組織への政治的コントロール強化
リクルート	リクルートのルールの合理化 固定的パターンのキャリア形成	パトロネージ（官職の分配） 専門性による資格付与（恣意的でない）
組織的要件	能力主義で忠誠心の高い固定的集団	高い専門性と任用への政治的影響

それに適合するのが組織志向型官僚制である。

　反対に，不確実性が低い状況で，速やかに議会政治の発展が可能となる場合には，政治エリートは議会に権力基盤を置くことができ，官僚制は議会と対抗する組織となる。官職の分配などパトロネージで政治的コントロールを強めるとともに，組織から独立した専門性を持つ官僚組織，すなわち専門志向型となる（表 12-2）。

　組織志向型の例とされるフランスは，フランス革命以降，立憲君主制，第一共和制，第一帝政，王政復古，第二共和制，第二帝政，第三共和制と世紀をまたいで目まぐるしく政治体制が代わる一方で，20 世紀初頭に官僚制の形態が整った。明治維新以降の日本も，元老支配下で「天皇の官吏」という言葉に象徴される官僚制が形成された。シルバーマンは，日仏の不確実性の高い民主化の過程を，米国の安定的政党リーダーシップ下での民主化の過程と好対照をなすとし，自律性の高い官僚制の形成の理由とする（[解説] 日本の官僚制研究）。

　本章では，官僚制をめぐる概念やモデル，比較の観点について述べた。その中で，日本の官僚制は，欧米諸国との比較では産業後発国の組織化された官僚制として特異な地位を占める。最後に紹介した，官僚制を歴史比較の観点から位置付けるシルバーマンの研究は，市場や社会への介入という観点から，官僚制を対比する観点に一石を投じるものであるが，そこでも，日本の官僚制は重要な事例となっている。

［解説］日本の官僚制研究

　比較官僚制研究同様，日本の官僚制研究でも官僚の優位を強調する考え方が有力であった（辻 1969）。比較政治経済学研究において，単なる官僚優位でなく，政官関係の重要性を指摘する研究（Zysman 1983; Okimoto 1989＝1991）が行われたのに対応して，日本の官僚制及びその比較研究においても，政官関係及びそこにおける政党優位の側面を強調する主張が見られるようになった（Yamamura and Yasuba 1987; Pempel 1990; Ramseyer and Rosenbluth 1993＝1995; Kim et al. 1995; 村松 1981; 佐藤・松崎 1986）。背景には，1980 年代における自民党の一党優位体制の安定がある。

　シルバーマンによる官僚制の比較歴史研究（Silberman 1993＝1999; 1995）の出版は，1990 年代の初頭，日本の自民党政権が最も安定した 1980 年代を経験した後であった。一党優位下において自民党政治家が専門性を高めつつも官僚組織は自律的に維持されるという政官関係が，日本の専門家でもあったシルバーマンに影響を与えたことは想像にかたくない。シルバーマンの研究は，効率的な決定を行う際の行為者の能力に制約があるとする限定合理性（第 3 章参照）という概念に基づいている[7]。状況の不確実性とそれに対応する限定合理性に基づき，官僚制の構造は機能的に決定され効率的であるとする観点（Silberman 1993: 20-24＝1999: 23-27）から比較歴史分析を行い，日本の官僚制を特徴づけている。

　シルバーマンの考え方は，官僚制の実証分析にも応用できる。例えば，1980 年代から 1990 年代にかけての大蔵省（現・財務省）は，不確実性の高い状況で財政に関するコントロールを保持することを目的とし，それを達成することが可能な形で構成員の社会化・教育及び組織に貢献する動機付けを保持させる，人事・昇進のシステムを持っていた（Kato 1995; 加藤 1997）。シルバーマンの比較歴史分析の含意同様，ここでも，自律的な官僚制は必ずしも政治家の利害と対立しない。政策に関する知識を政治家と官僚が共有する場合は，両者間の合意や協力も可能であり，利害対立を前提とし影響力の優劣を考えるのとは，一線を画す形の政官関係が考えられた。

　政官関係を射程に入れながらも政策決定過程を各中央省庁ごとにより詳細に分析した文献としては城山・鈴木・細野（1999）や城山・細野（2002）がある。シルバーマンの類型で対とされたフランスとの比較を扱った邦語文献としては，野中（1995）や日仏の分権化改革（日本は 2000 年代に対しフランスは 1980 年代）を比較した中山（2017: 終章）がある。2000 年代に入り，連立政権の形成が常態化した

---

7)　シルバーマンは，サイモンの定義（Simon 1997［1947］: 46-47）から，個人の技能や習慣，価値や目標，知識などの制約をあげ（Silberman 1995: note 1），知識による制約が最も重要としている。

後は，議院内閣制との関係（飯尾 2007），さらには選挙制度や民主主義の制度との関係やゲーム理論の観点からの日本官僚制の比較分析（曽我 2016）も行われている。また国際比較の観点から見た場合，高度に組織された日本の官僚制が意外にも，公務員の数が少ないという特徴を持つに至っていることも示されている（前田 2014）。

第13章 ｜ 民主主義の制度

　民主主義は，政治学の重要な課題である。既に扱ってきた，選挙や議会・行政，政党システムや利益代表に関わる制度は，別個に独立に存在しているのではなく，関係や相互作用を持ちながら，民主主義としての体系を形成している。本章では，その体系のあり方の多様性，すなわち民主主義の制度類型について，紹介する。

1. 民主主義の制度に関する相対立する考え方

多数の決定を尊重するか少数意見と合意形成を尊重するか

　同じ民主主義であっても，その制度のあり方，その中に存在する組織形態には相違があり，これは民主主義の根本的理念，思想のレベルでの区別にさかのぼる。民主主義も政治体制である以上，権力による決定と執行が行われる。誰に有利になるかという観点からは，多数や多数決による決定を尊重するか，少数であっても少数意見を尊重するかに大別できる。この民主主義に内在する対立する考え方は，多くの論者によって取り上げられてきた。この考え方の対比に対応する形で，オランダの政治学者レイプハルト（Lijphart 2012＝2014）は，民主主義の制度を，多数決に基づく多数決型（majoritarian）と合意形成に基づくコンセンサス型（consensus）の類型に分ける。

多数決に基づく多数決型と合意形成に基づくコンセンサス型

　多数決型は，多数決を民主主義の根幹とした上で，より多数であることをより民主的と考えるのに対し，コンセンサス（合意形成）型は，多数決を民主主義の必要最低条件と考え，合意形成で「多数」の規模を拡大することに民主主義の重要性を見出す。「多数」に対する考え方が異なる結果，権力のあり方と

その運用も異なる。多数決型は，過半数（或いは相対多数）による決定の尊重に基づき，権力を集中させ，速やかに「多数」による決定を行い，権力を執行するのに対し，コンセンサス型は，より多くの異なる意見を取り入れるため，政治権力を分散・制限し，「多数」による決定を慎重に運用し，権力集中を警戒する。結果として，多数決型の下では，政治過程は排他的・競争的・敵対的な傾向が強まるのに対し，コンセンサス型では，包括的・交渉重視・妥協的な傾向を見せる。

オランダの一国研究・多極共存型デモクラシーの比較から民主主義の類型論へ

レイプハルトの功績は，長らく政治学者に認識されてきた，多数決かコンセンサスかの対立を，民主主義の制度や組織の相違として体系化できることを示し，現実に存在する民主主義国を，それに基づいて分類・類型化したことにある。レイプハルト以前の民主主義論は，理論や思想による考察か，或いはダールのように，安定的に維持されている国の民主主義を基本として考察するものであった。

レイプハルトの出発点は，1960年代の母国オランダの研究であった（Lijphart 1968）。ダールのポリアーキーの概念（第5章参照）に見られるように，1960〜70年代においては，優れた民主主義は，米国や英国のような二大政党制を持つ国と考えられていた。民主主義においては，政府に対する反対を保証すると同時に政治を安定させるという，二つの異なる要請があり，二大政党制はそれらを満たすと考えられたのである。それと全く相反し，オランダでは，多数の政党が存在し連立政権が形成される一方，民主主義は安定的に運営されていることを，この一国研究は示すことになる。

次に行ったのは，オランダ同様，宗教・言語・民族などで，社会を分断する亀裂構造が存在する多元的社会を持つ，スイス，オーストリア，ベルギーなど他のヨーロッパ小国を加えた，多極共存型デモクラシー（consociational democracy）の研究である（Lijphart 1977＝1979）。多党制でありながらも，政党の大連合や連立政権で政治的安定を保ち，（地域的）住み分け自治・相互拒否権・比例代表制といった制度的特徴を持つ，これらの国の研究は，英米型の民主主義とは異なる類型がある可能性を示唆する。

これら一国研究，複数国の比較事例研究を経て，21 カ国を対象とし，多数決型，コンセンサス型の類型を区別する，民主主義の制度の類型に関わる研究が最初に出版されたのは，1984 年のことである（Lijphart 1984）。その後も比較類型論は版を重ね，新たに民主化された国も加えて 36 カ国を対象に，これら類型の有効性が確認されている（Lijphart 1999＝2005; 2012＝2014）[1]。次節では，最新版（Lijphart 2012＝2014）の出版時の各国の例に基づいて，その類型を紹介する。

2. ウェストミンスター・モデルとコンセンサス・モデル

多数決か合意形成か

レイプハルトは，多数決型の民主主義を，その典型例とされる英国において政府省庁や国会議事堂のある地域の地名に因んで，ウェストミンスター・モデルと名付ける。対置されるコンセンサス（合意形成）を重視する民主主義は，コンセンサス型或いは合意形成型モデル（この後はコンセンサス・モデルと表記[2]）とされる。

ウェストミンスター・モデルの典型例としては，英国のほか，ニュージーランド，バルバドスがあげられ，コンセンサス・モデルの例としては，スイス，ベルギーに加え，EU があげられている。

レイプハルトは，これらモデルを区別する，制度に関わる基準を明示的に定義し，データをもって，各国の類型化を行った。以下，これら基準について紹介する。

---

1) 36 カ国とはいえ，両者の対象は同一でない。Lijphart（1999＝2005）で含まれていたコロンビア，ベネズエラ，パプアニューギニアが抜け，Lijphart（2012＝2014）では，アルゼンチン，ウルグアイ，韓国が加わっている。インドは両者で境界例となっている。

2) レイプハルト（Lijphart 1999＝2005; 2012＝2014）の訳書では，consensus 同様，合意と訳される agreement との混同を避ける目的で，一貫してコンセンサス型モデルの呼称が使われているため，ここでは，基本的に，それを踏襲したが，合意と言及し紹介される場合もあるので，コンセンサス（合意形成）と併記した。

政府・政党次元と連邦・単一国家次元の二つの基準

民主主義の類型を分ける基準を考えるにあたり，レイプハルトは，まず，政府・政党次元と連邦・単一国家次元を区別する。

政府・政党次元は，行政府，政党を中心に政策形成に関わる制度，組織の権力の配分に着目する。ウェストミンスター・モデルとコンセンサス・モデルの対立を，多数派への権力集中と権力分散をそれぞれ図る制度の対立としてとらえる次元である。

連邦・単一国家次元は，国家内で競合する制度や組織の関係，最も典型的には中央政府と地方政府の関係に焦点をしぼる。ウェストミンスター・モデルとコンセンサス・モデルを，（中央）集権と（地方）分権の対立としてとらえる。

それぞれの次元に制度の 5 側面が，合わせて 10 の制度的基準が挙げられ，現実の制度の相違に基づいてウェストミンスター・モデルとコンセンサス・モデルの類型を区別する。

3. 政府・政党次元

政府・政党次元は，政党システム，執政権の集中と分散，行政—議会関係，選挙制度，利益集団に関わる制度的側面からなる[3]。以下，ウェストミンスター・モデル，コンセンサス・モデルの順で，各制度的側面の特徴を対比させる。

政党システム——二党制 vs 多党制

第一の制度的側面は政党システムである。政党を単位として，民意の代表としての政府を形成する際の政党システムとして，二党制と多党制が区別され（第 7 章参照），それぞれが，ウェストミンスター・モデルとコンセンサス・モデルに対応する。議席率を用いた有効政党数に基づいて，各国が，二党制と多党制のどちらのダイナミズムに近いか検証する（［解説］有効政党数）。

ここでは，二党制と多党制の区別の基準は，他の制度的側面との関係から考えられている。政党数を得票率でなく議席数を用いて計算するのは，政権や行

---

3) それぞれ Lijphart（2012＝2014）の第 5 〜 9 章に対応する。

[解説] 有効政党数

　同じ数の政党が存在する場合でも，その内一党が大半の得票をし議席を得る場合と政党間で得票率や議席率が大きく変わらない場合がある。それを区別する形で考えられたのが，ラクソとタゲペラ（Laakso and Taagepera 1979）による有効政党数（effective number of parties）である。各政党の議席率（或いは得票率）の二乗和の逆数として計算する。この指標では，全ての政党の獲得議席数（或いは得票数）が等しい場合は，実際の政党数と等しくなる。例えば，二大政党が拮抗する二党制では2に近くなる。複数の政党が存在しても，一政党がより多くの議席や得票を得るほど，1に近くなる。選挙制度との関係で政党数を計算するやり方であるが，政党システムのダイナミズムもよく表す。

政制度・議会制度との関係や選挙制度（が各国で異なること）との関係からである。その上で，政党数が多いほど争点が多いとするのも，後述する利益代表のあり方とも関わる。政党数が多いほど争点となる政策対立軸が多くなるという前提に基づいた区別である。

執政に関わる権力の集中と共有──一党最小勝利連合 vs 多党連立

　政府・政党次元の第二の基準は，政府を形成する際に勝者独占により執政権力を集中させるか，交渉により連携し執政権力を共有するかで，それぞれ，ウェストミンスター・モデルとコンセンサス・モデルを対比する。

　議院内閣制の場合は，一党単独で最小勝利連合を形成する最小勝利単独内閣と，多党連立内閣（最小勝利連合，過大連合，少数与党を全て含む）の対比となる（第11章）。

　一党最小勝利連合の形成という観点から，大統領制の執政権力も，議院内閣制と連続的な形で分析される。議院内閣制における最小勝利連合の目的は，政権の維持と政府提出法案への議会の支持獲得の二つである。内閣の形成に議会の支持が必要とされ，合議内閣（collegial cabinet）である議院内閣制に対し，執政府が大統領により形成される単独決裁内閣（one-person executive）[4]となる大統領制では，最小勝利連合の二つの目的の内，政権の維持は制度的に保証

---

　4)　行政機関が一人の長で構成される場合は，都道府県知事なども含めて独任制と呼ばれることもある。

される。議会の多数派が大統領の党派と異なる分割政府であっても，行政権力は制度的に大統領に保証されることになるからである。さらに，大統領の党派が議会の多数派を占める場合であれば，大統領の政策提案を実現するための議会の支持も得られることになり，これは議院内閣制の最小勝利単独内閣に対応する。レイプハルトは，立法府である議会の支持を得ることで，大統領が政策へ実質的に影響を及ぼせる点に着目して，議院内閣制と連続的な形で大統領制を分析している[5]。このため，大統領制で最小勝利連合が形成される確率は50〜100％と定義される。

　政権の維持が制度的に保証される大統領制の最小勝利連合形成の確率が50〜100％であるのに対し，議院内閣制の場合，少数与党内閣から最小勝利単独内閣まで形成される可能性があるため，最小勝利連合形成の確率は0〜100％となる（Lijphart 2012: 94＝2014: 81）（表13-1，[解説]議院内閣制における内閣）。最小勝利連合，すなわち，多数派の形成という観点から見た場合，大統領制が，議院内閣制に対し，制度として優位であることがよくわかる。

行政―議会関係――執行権力の優位 vs 立法権力との均衡

　行政―議会関係は，執行権力が立法権力に対し優位であるか均衡しているか，すなわち大統領制（首相公選制含む）と議院内閣制の対比となる（第10章参照）。大統領が有権者によって選ばれ，大統領に執政権力が集中するのに対し，首相は議会によって選出され内閣を形成し，首相と閣僚の権力の分布に多様性が存在しつつも集団統治の形態を取る。大統領は憲法の定めた任期を務め原則的に不信任されないのに対し[6]，首相は議会の信任に依存し不信任の場合は解任さ

---

5) 大統領制においては，議会が立法に関し優位を持ち，大統領は法案提出権を持たない。しかし，その典型とされる米国でも，大統領は，選挙公約から始まり，就任演説や年頭教書や報告書，またメディアなどの機会を通じて，重要な政策課題の設定が可能であり（久保 2013: 55-58），それにより連邦議会両院を動かし，政策課題を立法という形で実現することはできる。例えば，野党が多数派を占める議会でも大統領に対する世論の支持が高い場合はそれが可能になることもある（久保ほか 2017: 130-133）。その一方で，米国大統領制では，大統領が独力で（議会と対抗して）政策を変更する場合もある。こうした権力行使はユニラテラルパワー（unilateral power）と呼ばれ（Lowande and Regowski 2021），邦文の研究としては梅川（2015）がある。

6) 大統領の弾劾は公務員としての大統領の不正に対し行われる。

表 13-1　議院内閣制 31 カ国で，各内閣が政権の座にあった
　　　　期間の割合

内閣の種類	全内閣（%）	最小勝利単独内閣を除く全内閣（%）**
最小勝利単独*	36.3	—
最小勝利連合	24.8	38.9
少数与党単独	10.9	17.1
少数与党連合	7.3	11.4
過大連合	20.7	32.6
合計	100.0	100.0

出典：Lijphart（2012: Table 6.2＝2014: 表 6.2）より作成
*選挙で過半数の議席を獲得した場合
**選挙でどのような内閣が形成されるか決まらない場合

[解説]　議院内閣制における内閣

　表 13-1 は，議院内閣制をとる 31 カ国（1945 ～ 2010 年）で形成された内閣をまとめたものである。全内閣中，最小勝利内閣が形成されるのは，単独・連立の場合をあわせれば半数を超える（表 13-1 左欄）。しかし，一党が選挙で過半数を制した場合は自動的に一党（最小勝利）内閣が形成されるため，これを除き，選挙でどのような内閣が形成されるか決まらない場合に着目して再分類する（表 13-1 右欄）。少数与党単独内閣（17.1%）と少数与党連合内閣（11.4%）は合わせて 28.5%，過大連合内閣は 32.6%で，両者を合計した割合 61.1%は，最小勝利連合内閣の 38.9%を大きく上回る。

　政策追求モデル（第 11 章参照）においては，少数与党内閣や過大連合内閣は必ずしも政党の合理的動機付けと矛盾しないが，レイプハルト（Lijphart 2012: 88-94＝2014: 77-79）は，これらがなぜ頻繁に観察されるか，さらに考察を行っている。

　少数与党内閣が形成される理由としては，政党がある程度長期的視野に立ち，将来における，選挙での得票やより有利な内閣への参加を考慮し，現在の内閣への参加を見送ることが考えられる（Strøm 1990: 44-47）。過大内閣に関しては，ライカー（Riker 1962: 88）の情報効果に言及し，政権に参加する政党のコミットメントが不確実な場合，連立の中心となる政党は最小勝利連合を超える過大連合を形成する動機付けを持つとする。内外の危機から国や民主主義を守るため，多く或いは全ての政党の協力が最優先課題となることも過大連合の理由となる。

　制度も，最小勝利連合内閣以外の内閣が形成される重要な理由であり，例えば，議会による，内閣の正式な選出や承認という権限授与（investiture）の必要がないことも，少数与党内閣を形成されやすくする。英国やその旧植民地国，スカンジナヴィア諸国やオランダなど，多くの議院内閣制の国で，権限授与が内閣の成立の条

件とはなっていない。それに対し，憲法改正，或いは通常の法案成立のために特別多数が必要であることは，過大内閣の形成を容易にする。

れる。

36 カ国中，大統領制をとる国は6カ国で，首相公選制を廃止したイスラエルを除外し韓国とフランスを除けば，南北アメリカ大陸に集中しており，議院内閣制は 29 カ国，スイスを混合型とする[7]。擬似大統領制とされることの多いフランスは大統領制[8]，オーストラリアとフィンランドは議院内閣制と分類する。その上で，内閣及び執政府の存続期間をもって，行政権力の優越の指標とし，議院内閣制の一党最小勝利内閣及び大統領制ほど長く，立法権力に対し優越する傾向があることを確認する一方，少数与党連合内閣は，最も短く，行政―議会均衡の傾向があるとしている。

選挙制度——多数制 vs 比例代表制

多数獲得のダイナミズムとして，多数決か比例配分かで選挙制度を分類し（第8章参照），多数制の決定方式をウェストミンスター・モデルの典型とし比例代表制をコンセンサス・モデルとする。二党制と多党制の対比とも直結する[9]。

利益集団——多元主義 vs コーポラティズム

社会における利益の組織化では，自律的利益集団が多数存在する多元主義（プルーラリズム）と，数少ない利益集団が階層化された形で存在するコーポラティズムが，それぞれウェストミンスター・モデル，コンセンサス・モデルとして対比される（第9章参照）。

---

7) スイスでは「内閣」である連邦会議が合議制で議会により選出されるが，7人の閣僚は4年任期で議会の不信任により解任されないため，混合型とされる。

8) フランスでは，大統領は公選で任期一杯務め上げられるが，政府の長は首相である。大統領は首相を任命するが，首相は議会の信任も必要とするため，レイプハルトは，実際の権力は議会の多数派の支持に依存すると考え，この支持さえあれば大統領制とみなせるとする。フランスの大統領は，2000 年国民投票で7年から5年の任期となったが，分類は変わっていない（Lijphart 1999＝2005; 2012＝2014）。

9) 第8章の分類はレイプハルトの分類による。レイプハルトは，政党制と選挙制度の研究を専門とし（Lijphart 1994），これが分類に大きく影響を与えた。

［解説］多元社会と多元主義

　ウェストミンスター・モデルとコンセンサス・モデルの間で，政党の数と利益集団の数が反比例する結果となっているのは，政策決定過程の多元性と社会の多元性の相違からも理解できる。利益集団が階層化・組織化されたコーポラティズムは，協議や妥協に基づいた利害調整が行われる政策決定過程に対応している。

　協議や妥協はまた，宗教・言語・民族といった相互に補強し合い（mutually-reinforcing）社会を分断する亀裂がある多元社会（plural society）において，決定を行う工夫でもある。レイプハルトの民主主義の制度の研究の出発点が，オランダ・スイス・ベルギーなど多極共存型デモクラシーである（Lijphart 1977＝1979）ことは既に述べたが，スイス・ベルギーはコンセンサス・モデルの典型例である。亀裂により分断された多元社会では，集団間の合意形成を図るため，多数の政党の存在を可能にする比例代表制や連立内閣，相互拒否権に基づいた住み分け自治やコーポラティズムが存在する。

　コンセンサス・モデルを特徴づける多元社会に対し，利益集団の多元主義（pluralism）は，政策決定過程の多元主義に対応し，多数決型のウェストミンスター・モデルの特徴である。多元社会とは異なり，社会的亀裂が相互に横断的（cross-cutting）で，個人が争点や問題ごとに異なる集団に所属し競合する（すなわち固定的に分断されない）ことが前提となっているため，多数による決定が可能となるのである。

　政府やその形成に関わる制度的側面との関係で言えば，有効政党数が少なく，一党の最小勝利連合による執政府（内閣）で，行政優位であり，多数制である選挙制度の下の政府に対しては，利益集団のあり方としては，多元主義となる。反対に，有効政党数が多く，政党の連立により内閣が形成され，行政と議会が均衡し，比例代表制下では，コーポラティズムとなる。多数決型は，少ない政党と多くの集団に，コンセンサス型は多くの政党と少ない集団に親和性を持つという，政党の数と利益集団の数が反比例する結果となっている（［解説］多元社会と多元主義）。

4. 連邦・単一国家次元

連邦・単一国家次元は，国家内で競合する権力の集中・分散の度合により区

別して位置づける基準であり，五つの制度的側面で全て，集権と分権の対立で
まとめられ，それぞれ，ウェストミンスター・モデル，コンセンサス・モデル
に対応する。

中央─地方関係──単一国家主義・中央集権 vs 連邦主義・地方分権

　中央─地方関係においては，中央集権と地方分権の対比，すなわち，各政府
で最終的決定が可能であるか・ないかの対比で権力の分散と集中を見る。国家
の形態としては，単一国家と連邦国家が，それぞれに対応し，中央集権的単一
国家（18 カ国）と地方分権的連邦国家（6 カ国）の一貫したカテゴリーで 36
カ国の 3 分の 2 を占めるが，両者がクロスするカテゴリーである中央集権的連
邦国家や地方分権的単一国家も存在する。日本は北欧諸国とともに後者のカテ
ゴリーに分類されている。

立法権力の集中と分散── 一院制 vs 二院制

　立法権力の集中と分散は，典型的には，一院制と二院制に対応する。その一
方で，二院制のあり方も多様であり，二院間の権力が不均衡である弱い二院制
と，二院間の権力が均衡している強い二院制の区別があり，前者はより集中，
後者はより分散の傾向を示す[10]。連邦国家 9 カ国は全て二院制であり，単一
国家は一院制と二院制に分かれる。単一国家であるほど，一院制か弱い二院制，
連邦国家であるほど強い二院制という傾向が見て取れる。

憲法改正手続きと違憲審査権
──改正が困難で審査権が弱い vs 改正が容易で審査権が強い

　憲法に関しては二つの基準が用いられる。憲法改正が容易か否かの区別では，
改正が容易な軟性憲法と困難な硬性憲法を区別し，憲法改正に必要な，議会に
おける多数や特別多数に着目する。大多数の国が過半数から 3 分の 2 の間の多

10）　二院制では，上院は下院より規模が小さく，任期が長く，重ならない（ずれる）傾向
　　がある。強い二院制を弱い二院制から分ける基準としては，(1) 憲法上の権限で上院が
　　下院に従属，(2) 下院は直接選挙であるのに対し上院は間接選挙，(3) 上院は少数派を
　　過大代表などが用いられている。

数を必要とする一方で，単一国家ほど憲法改正が容易で，連邦国家ほど困難な傾向を確認する。二つ目の基準である，裁判所或いは憲法裁判所が持つ違憲立法審査権は，単一国家ほど弱く，存在しない国もあり，連邦国家ほど強い。結果として，憲法改正が容易であるほど違憲審査権が弱いのに対し，憲法改正が難しいほど違憲審査権が強くなっており，多数決型のウェストミンスター・モデルと多数の抑制を図るコンセンサス・モデルの相違に対応していることがわかる。

憲法の制度的側面はまた，米国を典型例とする大統領制のパラドックスも内包している。大統領制は，三権分立であり，強い違憲立法審査権を持つ点では，多数の抑制からコンセンサス型に通じる一方，執行権[11]が大統領一人に集中する点では多数決型となっている。次節で後述するように，政府・政党次元と連邦・単一国家次元間で制度に関わる基準は，必ずしも一貫せず，これら二次元による概念図で，各国の制度が，一貫した形でウェストミンスター・モデルとコンセンサス・モデルに区別されるわけではない。その重要な理由の一つが，大統領制における執行権の集中と三権分立（憲法改正の困難／違憲審査）である。

中央銀行の独立性——従属性が高く弱い中央銀行 vs 独立性が高く強力な中央銀行

政府への従属性が高く弱い中央銀行は，ウェストミンスター型民主主義の権力集中の論理と一貫し，強力で独立性の高い中央銀行は，権力分散の一形態でコンセンサス・モデルの特徴であると考えられる。

5. 民主主義の二次元概念図とパフォーマンス

レイプハルトは，上記10項目に分かれる制度的側面を変数として表し，因子分析を行い，政府・政党次元と連邦・単一国家次元の，二次元概念図に民主主義国を布置する。図13-1は，各国の布置の1981年から2010年にかけての変化をレイプハルトの一連の研究（Lijphart 1999＝2005; 2012＝2014）のデータを

---

11) 違憲審査を行う最高裁判事の指名も含む。

第13章 民主主義の制度　　209

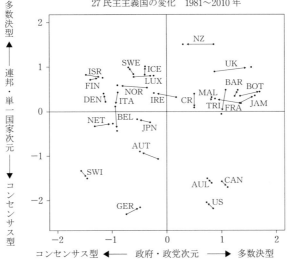

図13-1　民主主義の二次元概念図

出典：Lijphart（2012: Figure 14.2＝2014: 図 14.2）より作成

用いて示したものである。ウェストミンスター・モデルの民主主義国は，右上の第一象限，コンセンサス・モデルの国は左下の第三象限に分類されることになる（国名は略号で示してある）。

　政府・政党次元と連邦・単一国家次元のそれぞれの5変数間には，有意な相関がある一方，異なる次元の変数間には，有意な相関がないため，次元によって多数決型かコンセンサス型か異なる国が存在する。そのため，全体としては，多数決型とコンセンサス型へ二分類するというよりは，多数決型とコンセンサス型に関わる二次元による2×2の分類になっている。このように具体的データをもって，民主主義の制度を分類し，その変化も可視化した点がレイプハルトの類型の大きな特徴である。

　その上で，コンセンサス・モデルがウェストミンスター・モデルに劣らぬ民主主義としてのパフォーマンスを持つことを示す。たとえば，民主主義政府として有効かという観点からは，公共サービスや規制，法の支配や汚職の抑制，さらには消費者物価指数，失業率，成長率といった経済指標，暴力の抑制も加え，コンセンサス・モデルがより良いパフォーマンスを示すことをデータで実

証する。より寛容な民主主義であるかという観点からは，女性を含むマイノリティの代表の度合，所得分配の平等，投票参加，政府に対する満足度なども含め，パフォーマンスを比較し，コンセンサス・モデルの有効性を確認する。

　以上述べたように，現在では，民主主義の制度の多様性についての理解が進み，ウェストミンスター・モデルに対するコンセンサス・モデルの位置付けも大きく変わったが，この背景には，本章で紹介したような民主主義の制度に関わるデータの積み上げと分析があったのである。

第 14 章 ｜ 政治体制の移行と安定

　近代国家の成立とそこにおける統治の装置としての民主主義を成立させる条件は，政治学における重要関心であった。参加の権利と反対の自由を確保する制度の歴史的形成が，民主主義と，それ以前の政治体制を大別する[1]。なぜ民主化が起こるかについては，多くの異なる考え方がある。民主化を含む体制の変動は，歴史的事例や現在進行形の事例の観察に基づいて，様々なアプローチが提唱され，変遷し続ける，最も動態的に変化している研究分野でもある。本章では，体制の変動として民主化を捉えるアプローチを紹介するとともに，民主主義の衰退や後退として，民主化途上の国にも安定した民主主義国にも観察されるようになったバックスライディングについても扱う。

1. 歴史的事例としての欧米諸国の民主化

近代化論と政治発展論

　政治学において，民主化研究が最初に興隆したのは，1950 年代から 1960 年代にかけてであり，その対象となった事例は，二度にわたる世界大戦後，政治体制としての民主主義の安定が観察された欧米諸国であり，民主化の歴史的達成が事後的に分析された。欧米においては，国民国家が形成され，近代化が進む過程で，民主化が進行したため，民主化は，近代化という歴史的発展の一部であり，政治の枠組を超え，近代化の様々な側面と不可分に結びついていると考えられた（Huntington 1965）。

　近代化が進むにつれ，国家が異なる社会的・経済的・政治的機能を果たしていくという点では機能主義の考え方に連なる（Tilly 1975）。多様な，時には対立

---

1)　民主主義の制度的要件と類型は第 13 章を参照。

する立場にもかかわらず，欧米諸国を対象とする初期の民主化研究が，近代化論或いは政治発展論と呼ばれる理由はここにある（例えば Groth 1970; Huntington and Dominguez 1975）。近代化の不可避的帰結として民主化を位置付け，共通の外在的環境的要因が民主化を促したとする考え方である（例えば Almond and Powell 1966）。共通の外在的要因として最も重視されたのは，経済の近代化である産業化であり，それと不可分な形で，政治的近代化である民主化が進行し，国家の発展段階が決まると考えられた（Organski 1965＝1968）。経済発展を民主主義の発展と安定の必要条件としたリプセットの研究（Lipset 1959）は，その後の民主化研究に大きな影響を与えている。

　ハンチントン（Huntington 2006［1968］＝1972）のように，経済危機や貧困，不平等，社会的な不安定により，政治発展が妨げられるとし，民主化における経済発展の役割をより慎重にとらえる論者は，早い時期から存在した。しかし，政治的近代化である民主化が，経済の近代化である産業化と同時に起こるという考え方に疑義が呈されるのは，新興国の民主化が本格化するのを待つことになる。

社会構造や国家構造の相違と民主化──構造主義的アプローチ

　欧米諸国の民主化を一律にとらえる近代化論や政治発展論に対し，欧米諸国の民主化の過程の多様性や相違を強調したのは，構造主義的アプローチである。近代化を促進する外在的要因を共有している場合でも，欧米諸国の社会の構造も国家や統治機構の構造も異なることに着目した構造主義的アプローチの代表例はムーア（Moore 1966＝2019）である。ムーアが，民主化の内在的要因として着目したのは，民主化の担い手や民主化の過程における重要な行為者であり，具体的には，産業化の担い手となった都市商工業者（ブルジョワジー）に加え，封建制下の主要産業であった農業の担い手である農民や大土地所有者である貴族階級である。

　例えば，市民革命による民主化の先発国である英仏の場合でも，市民革命で重要な役割を担う都市商工業者の経済的力が強いか弱いか，土地所有形態が自作農中心に変化したか否か，封建制下の大土地所有形態が崩壊したか否かは，異なり，これらの相違は，農業が市場経済化されているか否かの相違に対応し，

両国の民主化の相違につながる。商工ブルジョワジーの価値観が社会に広まり，選挙権拡大による民主化が漸進的に進んだ英国と，フランス革命に見られるように，急進的に流血を伴い民主化が進むこととなったフランスの対比である[2]。

　これら産業革命の先発国に対し，後発国では，穀物生産中心の農業が商業化され生産力が向上する一方，大土地所有形態が温存され，大土地所有者が都市商工業者と対立することに着目する。ドイツや日本では，政府主導の上からの革命が起こり，国家の警察力が増大しファシズム・軍国主義の道を辿ったのに対し，ロシアや中国では，搾取の対象となった農民による革命から共産主義化に至ったとする。

　ムーアと同じように，国家の構造に注目しつつも，民主化の先発・後発のタイミングより，革命で生まれる国家構造に着目したのはスコチポル（Skocpol 1979）である。農民を含む広範な階級が参加する社会革命が起こったということから，フランスをロシアや中国と比較可能な事例とし，そうした革命が起こらなかった日本，英国およびプロイセンと対比させる。マルクス主義の予測に反し，ロシアと中国においては，農民により社会主義革命が起こされた。スコチポルは，その理由を，対外危機に加え，農業が小作農中心であり資本主義が未成熟であったことに求め，その結果，革命後の国家構造も脆弱となり，民主主義が成立するに至らなかったとする。

　ムーアらのアプローチは，主要な行為者や経済や国家構造の相違も視野に入れ，民主化の過程の相違を明らかにできるため，後に欧米諸国以外の民主化の研究に影響を与えるようになる。この点は第4節で後述する。

2. 権威主義と従属的発展論

1970年代に入り，スペイン，ポルトガルなどの南欧諸国や，欧米圏以外の

---

2)　ムーアによれば，牧羊のための囲い込み運動により封建的土地所有形態が崩壊した英国では，羊毛が織物原料となることで農業の市場経済化が進み，商工ブルジョワジーの価値観が徐々に社会全体に広まり選挙権拡大による民主化が進んだ。その一方で，ワインのための葡萄栽培が農業の中心であったフランスでは，封建的大土地所有形態が温存され，搾取された農民の革命性は高くなり，第三身分の平民としてフランス革命の原動力となり，流血を伴う，急進的な形で民主化が進むこととなった。

地域であるラテンアメリカの民主化が観察されるようになると，欧米諸国を事例とした説明に疑義が呈されるようになる。これらの国では，欧米諸国のように民主化を促進する共通の外在的要因も内在的要因も観察されない。代わりに，体制の変動をもたらすその国特有の政治的要因や，体制の移行に際しての戦略的選択といった要因が，民主化に影響すると考えられるようになった。

その背景にあるのは，民主化や産業化を既に達成した欧米諸国の存在である。民主化を阻む支配層と民主化を望む勢力の対抗関係を考える場合も，それぞれの側が国外の勢力と結びつくことが前提となる。例えば，冷戦構造下では，途上国内で，共産主義勢力が台頭し，それを抑圧する勢力として既得権益層・エリートと軍部が結託し，米国とソ連を覇権国とする東西対立が，そのまま民主化をめぐる対抗関係に反映された。それに対し，1970年代のオイルショックは，ラテンアメリカ諸国を初めとする途上国の経済に，累積債務危機など大きな影響を与え，権威主義体制の正統性を低下させ，1980年代の民主化を求める動きの高まりにつながった（細野・恒川1986）。1970年代以降の政治体制の変動は，欧米諸国が政治的・経済的影響力を発揮する国際環境にさらされることになる。そのため，各国内で完結する形では考えられず，民主化の過程は不確実で不安定なものとなる。権威主義の概念と従属的発展論は，こうした観察から生まれた。

権威主義の概念

民主主義への移行を前提とする近代化論・政治発展論では，政治体制は，民主主義であるかないか，すなわち，全体主義／民主主義（独裁制／民主制或いは絶対君主制／共和制）の二分法によって表されることになる。両者の間にどちらにも転化する不安定な時期があることに最初に着目し，その過渡期の体制として権威主義体制を類型化することで，この二分法を否定したのはリンス（Linz 1975＝1995）である。

全体主義（totalitarianism）が，一貫したイデオロギーに基づき国民の自由を制限し体制維持のために動員する，一元化された強制的政治権力を持つ体制とすれば，権威主義（authoritarianism）は，体制理念程度の一貫性の弱いイデオロギーを持ち，制限されながらも多元的な競争も存在し動員力も弱い，民

主主義により近づいた体制であるとされた。リンスは過渡期の体制として定義した権威主義であるが，現在では，非民主主義体制を表す総称として使われるようになっている（［解説］権威主義と競争的権威主義参照）。

　権威主義の当初の代表的類型としては，軍人による支配である軍政，定期的選挙や野党が存在しながらも政治的自由に制限がある一党主導型のヘゲモニー政党制の他，政治的自由より産業化を優先する開発独裁などがあげられた。いずれにおいてもブルジョワジーが政治的自由を優先して民主化を進めるという前提が成立せず，それ以前の欧米諸国の民主化に対する反証例となった。

　これは，その後のゲデスら（Geddes, Wright, and Frantz 2014）による分類でも同様である。ゲデスらの分類では，軍部が実権を握っている軍部支配型（military），王族による独裁である君主制型（monarchy），政権を支配する政党による一党支配型（dominant party）に加え，単独の文民や軍人の独裁者による個人支配型（personalist）が区別される[3]。

従属的発展論

　政治体制を表す権威主義の概念に対し，国際環境の影響を体系化したものとして，1960 年代から 1970 年代にかけてのラテンアメリカの事例に基づいて考えられた従属的発展（dependent development）論がある（先駆的研究としてCardoso and Faletto 1979＝2012）[4]。マルクス主義の考え方を国際関係にも援用し，周辺に存在する国が，中央に存在する先進国へ従属するとした上で，その従属関係が，国内における資本と労働の支配・従属関係と絡み合うとする。国際関係とそれぞれの国内における，二重の支配・従属構造の結果，第三世界と呼ばれる周辺国は従属的発展しか望めないという考え方である。周辺国では，ブルジョワ階級は中央への従属の下で利益を得ることに専念し，中央でも，小作人

---

3)　より詳細な説明として久保・末近・高橋（2016: 77-80）参照。競争的権威主義といったハイブリッドレジームが増加した現在でも，この分類で権威主義の多様性が区別されている（Frantz 2018＝2021）。また個人独裁体制を体制の類型としてとらえるのでなく，体制を横断して個人支配の度合としてとらえ分析する試みもある（Geddes, Wright, and Frantz 2018）。さらに民主主義体制も含む，体制横断的な，個人支配への研究関心も高まっている（Frantz, Kendall-Taylor, and Wright 2024）。

4)　従属的発展論に関わる日本語の研究書としては恒川（1996）。

や貧しい都市生活者など下層階級は搾取され，周辺国同様，それに気づくこともない。

ブラジルとアルゼンチンの軍政は，軍部とテクノクラートが連携した官僚的権威主義が，従属的発展を定着し深化させる事例と考えられた（O'Donnell 1973）。また，多国籍企業と周辺に存在する資本家と国家官僚（国営企業の管理，経済運営規制）の三者連携により，周辺国は，高度な技術を必要としない繊維産業などに特化した輸入代替工業化を進めることになり，高度技術産業の発展は望めない従属的発展に陥るとされた（Evans 1979）。権威主義体制と従属的発展が決定論的に結びついているという考え方は，その後，ブラジル，アルゼンチン，チリ，ウルグアイなどで産業化がさらに進んだことで，実証的に否定された（Collier 1979）。その一方で，従属的発展論が提示した，国際環境要因を重視する観点は，冷戦後の民主化研究に影響を与えることになった[5]。

民主化の波

1970 年代以降の民主化が，それ以前と異なるという認識は，歴史的タイミングによる民主化の相違への関心につながった。ハンチントン（Huntington 1991＝2023）は 1970 年代後半以降の民主化を「第三の波」と呼び，それ以前の民主化である第一，第二の波と区別した。

第一の波は，19 世紀から 1920 年代半ばまでの，北米や英仏に加え北欧の小国，英国の植民地であったコモンウェルスも含む国における民主化である。第一次・第二次世界大戦の戦間期や大恐慌期には，ヨーロッパや日本でファシズムの台頭が起こり，この波が揺り戻される。

第二の波は，第二次世界大戦後に起こり，敗戦国の民主化とラテンアメリカ諸国の民主化が中心となる。1950 年代末から 1960 年代にかけては，第二の波の揺り戻しが起こり，ラテンアメリカのブラジルやチリが軍政に転じ，アジアでインドネシア，フィリピンで民主主義の崩壊が起こった。この揺り戻しの観察が，近代化論や政治発展論による民主化の説明に疑義が生じるきっかけとなった。

---

5) 従属的発展論とその後のラテンアメリカの民主化について，日本語で読める文献としては細野・恒川（1986），恒川（1996）がある。

第三の波は第二の波で揺り戻された国の民主化を含み，ラテンアメリカ諸国やアジア諸国とともに，南欧のポルトガルやスペインの民主化もその例となる。さらに1980年代後半の，旧社会主義圏であるハンガリー，ポーランド，ルーマニアや東ドイツなど東欧諸国の民主化も含む。

ハンチントンの考え方に対しては，個別事例の解釈などもめぐり数多くの批判がある。しかしながら，近代化論・政治発展論の系譜に属するハンチントンが，民主主義への段階的移行を明確に否定したことが，その後の研究に影響を与えた意義は大きい[6]。

体制変動の不確実性

権威主義体制の不安定性とそれに伴う民主化の過程の不確実性は，ラテンアメリカに加え，南欧の事例でも観察され，民主化を支持する行為者と反対する行為者の対抗関係に着目する研究を生むこととなった（O'Donnell and Schmitter 1986＝1986; Pridham 1991）。オドネルとシュミッター（O'Donnell and Schmitter 1986＝1986）は，権威主義体制側にも，権威主義の維持を望む強硬派と民主化を容認する穏健派が存在することや，これら体制側のエリートと，民主化を望む反体制派の妥協により，両者間に，体制の移行やその後の権力関係について協定が結ばれることにより，民主化が可能になるとする[7]。オドネルとシュミッターの研究は，ミクロ・レベルの分析による各国の事例に即して権威主義体制の不安定性を解明するものである一方，民主化の過程に伴う不確実性に正面から答えるものではなかった。

それに対し，リンスとステパン（Linz and Stepan 1996＝2005）は，南欧，南米，

---

6) 既に述べたように，ハンチントンは，経済発展は政治制度を介在して影響を与えるため，必ずしも民主化が円滑に進まない場合があることを指摘しており，経済発展があれば民主主義への円滑な移行が保証されるとしたリプセットら古典的な近代化論とは袂をわかつと考えられていた（Leys 1982）。また，ハンチントンは，欧米諸国の民主化とそれ以降の民主化の相違については，政治参加の側面からも着目している（Huntington and Nelson 1976）。ハンチントンの第三の波の主張は，こうした主張の延長上にあるとも考えられる（Hagopian 2000: 893）。これらの議論を踏まえた，ハンチントンの政治参加論については蒲島・境家（2020: 第2章）を参照。

7) この点に関わる，より詳細な説明として久保・末近・高橋（2016: 51）参照。協定型の移行の例を扱った邦文の研究書としては増原（2010）がある。

ソ連・東欧の3地域13カ国の事例を踏まえ，権威主義体制の崩壊から民主主義体制の移行（transition）過程，さらにその定着（consolidation）に関わる条件を明らかにしようと試みた。民主主義への移行過程の説明と整合的な形での，定着過程の体系的理論化を目指すが，その試みは，移行を達成し，定着に成功した国がごく少数に過ぎないという現実に直面することになった。

これら新興国の事例は，経済発展が民主主義への移行と安定を保証するとした近代化論とは矛盾する。欧米以外の他の地域諸国の民主化においては，様々な経路が存在するという見方がなされるようになり（Haggard and Kaufman 1995），経済発展と民主化の関係を一律に捉える見方にも疑義が呈されることとなった（Przeworski et al. 2000; Boix and Stokes 2003）（経済発展と民主化の関係については第4節で再論）。

民主主義への移行とその定着は明確に区別されるようになり（例えばLeftwich 1997），権威主義から民主主義への移行を前提として考えられない，権威主義とも民主主義ともいえない体制をどのように概念化するかが課題となったのである（Carothers 2002）。

3. 競争的権威主義と国際環境要因

競争的権威主義

冷戦後の旧東側圏や旧ソ連領，またアジアやアフリカなどでも，権威主義から民主主義への移行が，停滞或いは停止する事例が多く観察され，第三の波の後期以降，競争的権威主義（competitive authoritarianism）[8] が区別されるようになった（[解説] 権威主義と競争的権威主義）。旧社会主義圏のみならず，民主主義体制の崩壊したラテンアメリカのペルーなども含み，混合体制・準権威主義・擬似民主主義・選挙権威主義とも呼ばれる（Diamond 2002; Levitsky and Way 2002）。

競争的権威主義を，閉ざされた形の完全な権威主義および民主主義と対比すると表14-1のようになる。完全な権威主義では，実質的に存在しない民主主義

---

8) 競争的権威主義について日本語で読める文献としては，日本比較政治学会（2017），研究書としてはHigashijima（2022＝2023）がある。

第 14 章　政治体制の移行と安定　　219

[解説] 権威主義と競争的権威主義

　「競争的権威主義」は，最初に過渡期のカテゴリーとして定義された「権威主義」とはどう異なるのであろうか。競争的権威主義は，非民主主義体制でありながら，複数の政党が存在し，形式的にでも選挙を行い，それにより民主化への要求を封じ込めるという操作（Schedler 2002）を特徴とする体制である。同じような条件は，1960 年代〜70 年代にも，権威主義の一類型であった，一党主導型権威主義にあてはまり，メキシコ，シンガポール，マレーシア，セネガルなどではヘゲモニー政党制が存在した。当時は，しかしながら，これらは例外として重視されず，権威主義体制のさらなる停滞を招くとは考えられていなかった。現在では，権威主義は過渡期の体制とはみなされず，権威主義体制の持続のメカニズムに関心が高まっている。クーデタなど権力闘争によるエリートからの挑戦の抑止——権力分有（power sharing）——や，大衆の体制転覆の試みを封じる政治的統制（political control）が，体制維持のための課題となる（Slovik 2012）。対応する手段として，軍や警察の暴力による抑圧（repression）とともに，利益の供与——個人への特権の付与のみならず経済発展や治安維持も含む——による取り込み（cooptation）も行う（Frantz 2018＝2021）。競争的権威主義では，選挙や議会などが政治的正統性を確保する取り込みの手段である一方（Magaloni 2006; Gandhi 2008; Higashijima 2022＝2023; 表 14-1 参照），中国のような閉ざされた権威主義体制においても，抑圧とともに経済発展などによる取り込みが見られる[9]。

制度は，競争的権威主義では，損なわれた形で——現政権に体系的に有利に働くような形で——存在し，有効な権力行使の手段となる。その一方で，競争的権威主義では，反対勢力は非常に不利な立場に追いやられつつも存在するため，現政権が維持されるか否かに関わる不確実性は，完全な権威主義と比較した場合，高くなる。競争的権威主義は必ずしも民主化しないわけではないが，安定的にその体制を保つことも多い。1990 年から 2008 年までを対象とした場合，35 の競争的権威主義国の内 15 カ国が民主化したのに対し，権威主義を安定し

---

9)　中国は 1989 年の六四天安門事件での軍による弾圧に象徴される抑圧を行う一方で，「改革・開放」による経済成長で生活水準の向上を図り市民の取り込みにも成功し，その権威主義体制の強靭性（resilience）は早くから注目された（Nathan 2003）。市場経済化も辞さない共産党の適応力（adaptability）が，権威主義体制の持続を可能にしたと考えられている（Dimitrov 2024; 邦文献としては高原 2004）。共産党内の派閥間の競争による政策的多様性が適応力の源であるとする主張もある（李昊 2023）。

表 14-1　民主主義，競争的権威主義，閉ざされた権威主義体制の比較

	民主主義	競争的権威主義	完全な権威主義
中心となる民主主義制度の地位	体系的に尊重 権力への唯一の手段と広く考えられる	現政権に体系的に有利に働く（損なわれた）形で存在 権力への主要な手段と広く考えられる	存在しないか見せかけの存在 権力への有効な手段とは考えられない
反対勢力の地位	現政権とある程度まで対等な立場で競争	主要反対勢力は，合法的で競争を許されるが政権の権力の濫用により非常に不利	主要な反対勢力は禁止・追放されているか亡命している
不確実性*の度合	高い	民主主義より低いが（完全な）権威主義より高い	低い

出典：Levitsky and Way（2010: Table 1.1）
*ここでの不確実性は，政治的競争に関わる条件を受けて，政権勢力が維持されるか否かに関わる

表 14-2　競争的権威主義はどう変遷したか？
民主化と権威主義体制の（不）安定化への軌跡 1990-2008

民主化	不安定な権威主義	安定した権威主義
ベニン クロアチア ドミニカ共和国 ガーナ ガイアナ マケドニア マリ メキシコ ニカラグア ペルー ルーマニア セルビア スロヴァキア 台湾 ウクライナ	アルバニア ベラルーシ ジョージア ハイチ ケニア マダガスカル マラウィ モルドヴァ セネガル ザンビア	アルメニア ボツワナ カンボジア カメルーン ガボン マレーシア モザンビーク ロシア タンザニア ジンバブエ

出典：Levitsky and Way（2010: Table 1.2）より作成

た形で継続した国も残り 20 カ国の半数を占めている（表 14-2）。

リンケージとレバレッジ

国際関係と国家内のリンケージ・ポリティクス（連携政治）（Rosenau 1969）の観点は以前から存在したが，1970 年代以降の第三の波の民主化から，競争的権威主義の出現に至る冷戦後の民主化においては，さらに，国際環境の影響——グローバリゼーション——が重視されるようになった（第15・17章参照）。民主主義への移行段階にある国で，国際環境が国内に影響を与える場合，国内の権力配分や政府の組織構造が対外的条件と結びつく，内から外へ結びつく側面も重要である（[解説] 国際関係と国内要因の双方向的影響）。

第 14 章　政治体制の移行と安定

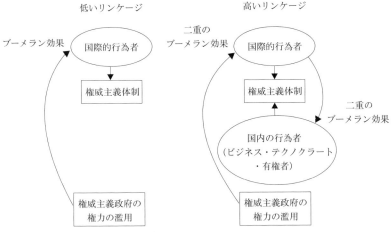

図14-1　リンケージとブーメラン効果

出典：Levitsky and Way（2010: Figure 2.1）

　冷戦後の欧米諸国から途上国や新興国の民主化への影響は，リンケージとレバレッジの概念を用い特徴づけられる（Levitsky and Way 2010: Chapter 2）。

　国際関係と国家内のつながり——リンケージ——としては，政府間や経済的・専門技術的なものに加え，市民社会を含む社会に関わるつながりや国境を超えた情報などの流入も含むと定義される。国際的行為者から権威主義体制の国内へという，単なる外から内への圧力は低いリンケージであるが，これが国内の行為者も巻き込む圧力となると高いリンケージとなる（図14-1）。

　例えば，権威主義政府の権力濫用が，民主主義国，国際的なメディアや国際機関・国際非政府組織・多国間組織など国際的行為者に伝わることで，権威主義体制への抗議や制裁の働きかけというブーメラン効果が生じるが，これはまだ低いリンケージである。このブーメラン効果と合わせ，さらに国際的行為者が民主化を求める権威主義体制国内の行為者を支援し圧力を強めると，二重のブーメラン効果となり高いリンケージを実現する。

　レバレッジは，つながりがどれ位有効かの梃子力であり，外部からの民主化圧力に対する権威主義体制の脆弱性に関わる概念である。権威主義体制側から見れば，西側との交渉力であり，国内での権力濫用に対する制裁や政治的自由

［解説］国際関係と国内要因の双方向的影響

　本節で紹介するリンケージやレバレッジ，ブーメラン効果（図 14-1 や図 14-2）は，国際関係と国内要因が相互に影響を与えあうという考え方の系譜にある。プリドハム（Pridham 1991）は，国際環境から国内への影響を，内部（内的）指向リンケージ（inner-directed linkage）とし，国内から国際環境に結びつく影響を，外部（外的）指向リンケージ（outer-directed linkage）と区別した。

　例えば，国際環境要因から国内要因へのリンケージは，その国が民主化のどの段階にあるか——移行の前段階か移行の始まりか，移行期か民主化後の強化や安定を図る時期か——によって影響が異なる。一般的国際環境，重要な国際的な出来事は，その国の地政学的位置，例えば，紛争時に紛争地域かそれに近いか，経済危機の際にその当事者であるか影響を受けただけか，などによっても影響が異なる。

　既に述べたように，第三の波の民主化では，国際経済や経済社会的近代化の圧力の影響や，国際機関の影響力が強まっている。冷戦期には，東西の覇権国であるソ連や米国との関係が重要であった二国間関係は，冷戦後，他の民主主義国からの政治的・外交的・経済的・人道的・軍事的圧力や影響も考えられるようになった。

　逆に，国内の権力配分や政府の組織構造が対外的条件と結びつく，内から外へのリンケージの例としては，民主主義への移行期や新体制の政治的不確実性に対応するために，国内の行為者が国外と結びつく動機付けを強めることなどが考えられる。政治エリートや経済・軍事エリートが，民主主義国の政治・経済エリート，企業などとつながる例は従属的発展論にも見られたが，これに加え，国際機関とのつながりや，政府間援助といった手段を通したつながりも，加わる。国内エリートの権力基盤が国際的支援を得ることで強化されているか，国内エリートが民主化に反対するか促進するか，民主化に関わる対抗勢力（の内どちら）が国際的な行為者に結びついているか，が民主化の帰趨にさらに影響を与えるようになっている。

化を促す圧力をかわす能力がどれだけあるかを表し，西側諸国から見れば，権威主義体制に対する民主化圧力の効果を表すことになる。レバレッジは，権威主義体制の国の規模や国力や経済力に左右され，規模が大きく強い国であるほど効きにくい。さらに，民主主義国側の外交政策の目標と競合する場合は効きにくい。例えば，エネルギー供給に重要な役割を果たす中東の産油国に民主化圧力をかけることは難しい。

　民主化圧力は，リンケージとレバレッジの高低の二次元で分類される（図 14-2）。両者とも高い場合には一貫して強い民主化圧力が働く。レヴィツキ

第 14 章　政治体制の移行と安定　　　　223

図 14-2　リンケージとレバレッジによる民主化圧力の二次元

高 ◆―――　リンケージ　―――▶ 低

	高 ◀― リンケージ ―▶ 低	
高 ↑ レバレッジ ↓ 低	一貫して強い民主化圧力 （東欧諸国・南米諸国）	間歇的な民主化圧力・選挙導入圧力 （サブサハラアフリカ諸国）
	継続的だが拡散的・間接的民主化圧力 （台湾・メキシコ）	弱い民主化圧力 （ロシア）

出典：Levitsky and Way（2010: Figure 2.1）

ーとウェイがまとめた 2010 年時点の代表例として東欧諸国や南米諸国が挙げられている。リンケージのみ高い，継続的ながらも拡散的・間接的な圧力の例は，台湾やメキシコである一方，レバレッジのみ高い，間歇的圧力はサブサハラアフリカ諸国を，両者とも低い弱い民主化圧力はロシアを事例とする。

　リンケージとレバレッジは区別される一方で相互作用もある。リンケージが高ければ民主化が進む一方で，リンケージが低く，権威主義国の政権が組織的に野党など反対勢力を抑圧し経済を掌握する場合，体制は安定化する。欧米諸国とのリンケージと権威主義体制の組織力のいずれも中程度か低い場合は，レバレッジが高いか低いか，すなわちリンケージが有効に働くか否かで，権威主義体制は不安定化するか安定的に継続するかが決まることになる。

4.　グローバリゼーション以降の経済的要因
――経済発展・租税・平等

　近代化論・政治発展論の代表的論者であるリプセット（Lipset 1959）が，経済発展を民主主義への移行とその安定のための必要条件としたことは既に述べた。経済発展そのものはもちろん，それに付随し同時に進行した社会的変化，例えば，財産権の保障による国家の租税権の確立，経済的平等の高まりや社会階級の変化なども，その必要条件の中に含まれる。これらの条件は，グローバリゼーション以降の民主化の経験を踏まえ，再考されることとなる。

資源の呪い──課税国家とレンティア国家

欧米諸国の民主化においては，産業化による新興勢力である都市商工業者（ブルジョワジー）が重要な役割を果たし，これら産業エリートの財産権を保障するとともに課税権を確立することで近代国家が成立した。英国の名誉革命は，こうした経済発展の成功と，議会の同意など政治的正統性に基づいた課税国家の制度の成立が，結びついた例と考えられる（North and Weingast 1989）。このように欧米の民主化では，課税により歳入を得ようとする国家と経済エリートとの対抗が，「代表なくして課税なし」という米国独立革命のスローガンにもあるように，民主化の重要な契機となった。

欧米諸国以外の民主化の停滞では，それとは逆に「課税なくして代表なし」が観察される場合がある。石油等の天然資源から豊富に，あたかも家賃（レント）のように国家が歳入を得られれば，課税に歳入を依存する必要がなく，そのために，国民の政治参加や代表の要求に応じる必要もない。こうしたレンティア国家では，豊かな天然資源に恵まれている故に民主化が進まない。この現象，いわゆる「資源の呪い」は政治学者や経済学者の関心の対象となった（Barro 1999; Ross 2001; 2012＝2017; Fish 2002; 邦文の研究の解説としては向山 2018 参照）。これらの国では，豊かなレント収入により軍や治安警察が肥大化する抑圧効果も観察される。各国の民主化の度合を比較する指標であるポリティ（polity）指標（［解説］民主主義の指標）と経済発展の関係を見れば，2010 年代後半の時点でも，1 人当たりの国内総生産（GDP）という経済発展の基準から見れば豊かである中東の産油国（アラブ首長国連邦，クウェート，サウジアラビアなど）は独裁的政権を維持している（図14-3）。

中東などの産油国は非民主主義国で経済発展した典型例となっている一方で，ベネズエラ・ボリビア・メキシコなど天然資源に恵まれた国でも民主化を達成する反証例もある（Haber and Menaldo 2011）。大衆とエリートの民主化をめぐる利害対立をゲーム理論で表現した上で，ラテンアメリカ諸国の事例研究に多国間比較の統計分析を組み合わせたダニング（Dunning 2008）は，民主化が進むか進まないかは，資源への依存度と社会の不平等度に左右されるとする，より複雑な関係を主張している。資源のレントが，条件により，民主化と権威主義の維持のいずれにも貢献する可能性を示すとともに，後述する社会の平等度と民

［解説］民主主義の指標

　政治体制としての民主主義を計測する，より正確にはある国の政治体制がどの位
民主主義的であるかを計測する指標としては，ポリティ指標（polity score），フリ
ーダムハウス指標，Democracy and Dictatorship 指標（DD 指標），多様な民主主
義（Varieties of Democracy）プロジェクトが提供する選挙民主主義指標（V-Dem
指標の一つで Electoral Democracy Index）などがある[10]。

　ポリティ指標は，現在第 5 バージョンであるポリティ V（Polity V）となってお
り，−10 から 10 までの 21 点尺度であり，−10 から−6 までを専制（autocracy），
6 から 10 までを民主主義（democracy）とし，その中間（−5 から 5）をアノクラ
シー（anocracy）とする，1800 年から 2018 年までの 167 カ国を含むデータベース
である[11]。

　フリーダムハウス指標は，1973 年以降の約 200 カ国における自由の度合を「政
治的権利」と「市民的自由」に関わる項目で評価し集計した指標である。自由・半
自由・非自由の三分類となっている（2020 年から分類法が変わっており，詳しく
は freedom.org 参照）。

　DD 指標は，様々な民主化研究を行ったプシェヴォルスキーにより考案された民
主主義か非民主主義かの二値指標である。1996 年に公開された最初のデータベー
スでは，1950 年から 1990 年までの 141 カ国が含まれ，現在の最新版のデータベー
スには 1950 年から 2018 年までの 192 カ国が含まれている（Bjørnskov and Rode
2020）。その一方で，政権交代を要件とする指標であることに対する懸念もある（例
えば，Knutsen and Wig 2015）。

　そのため，政権交代を要件とせず，さらに政治参加（成人男性半数への選挙権）
を加えた BMR（Boix-Miller-Rosato）指標（Boix, Miller, and Rosato 2013）も，
二値指標として用いられるようになっている（1800 から 2020 年までの範囲で第 4
バージョン）[12]。

　冷戦後の，競争的権威主義のような混合体制の増加を受け，また民主主義の多様
な側面を踏まえて作られたのが，多様な民主主義プロジェクトが提供する選挙民主
主義指標（V-Dem 指標）である。V-Dem プロジェクトでは，民主主義の様々な属
性を最も古いものでは 1789 年まで遡り計測を試みるもので，民主主義を，選挙／
自由／参加／熟議／平等という異なる側面で定義する。最初の選挙民主主義指標＝

---

10)　ここでのポリティ指標を含む民主化の指標についての解説の多くは，粕谷（2024）に
　　基づく。各指標のより詳細な定義とともに，その形成過程や限界などについても詳細か
　　つ正確に解説している。

11)　https://www.systemicpeace.org/polityproject.html

12)　https://xmarquez.github.io/democracyData/reference/bmr.html

EDI 指標（Electoral Democracy Index）は，ダールのポリアーキーの定義（第 5 章参照）に基づき指標化され，2014 年以降，更新されながら公開されている。EDI 指標は 0 から 1 までの連続的値を取り，1 に近いほど民主主義的となる。EDI 指標は約 40 の変数を元に数値化されていることに加え，どの変数が変化したことで指標自体が変化したかも検証できる（Coppedge et al. 2020）。そのため，それ以前に長く使われてきたポリティ指標などと併記され，用いられることも多くなっている。

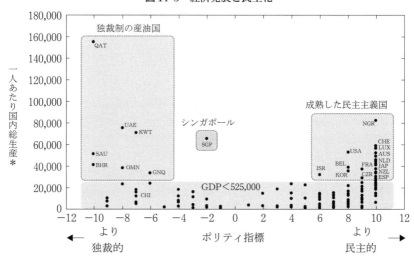

図 14-3　経済発展と民主化

出典：Treisman（2020: Figure 1）より作成
＊2011 年時の米ドルで換算

主化の関係に着目した研究とも接点を持つ観点である[13]。

　その一方で石油など天然資源の影響を除いた経済発展の民主化への効果で分析すれば，産油国も他の国とは大きく変わらない（Herb 2005）。既に民主化・産業化を達成した先進国が存在し，そこから技術や資本の提供があって初めて，民主化途上の国が，天然資源からレントを得ることができる。これはレントが

---

[13] ダニングによれば，資源への依存度が低く不平等度が高い場合は，資源以外の収入も得られているエリートが大衆の民主化の要求を受け入れるのに対し，資源への依存度が高く不平等度が低い場合には，エリートが資源のレントを独占することに利益を見出し，かつ大衆の民主化要求も弱いので，民主化は進まない。

民主化に影響を与えるようになったのも，歴史的経緯と国際環境の変化の帰結であることを示している（Mukoyama 2024＝2025）[14]。

経済発展と民主化——再論

　経済発展の下で民主主義への段階的移行と安定が起こるとした近代化論に対し，プシェヴォルスキーら（Przeworski and Limongi 1997; Przeworski et al. 2000）は，民主主義への移行と安定を区別し，経済発展は，民主化の可能性を高めないが，一旦民主主義へ移行した場合は，体制を安定させるとした。1950 年代から 1990 年までの各国間時系列分析は，民主化が必ずしも経済発展により促進されないことを示す（Przeworski et al. 2000）[15]。中東の産油国以外でも，例えばシンガポールのように，高い経済発展を達成しても民主化していない国は存在し（図 14-3），全体として，経済発展と民主化に関係があるように見えるのは，経済発展下で民主主義が安定的に継続する欧米諸国の存在のためであるとする。

　プシェヴォルスキーらの主張を批判的に検討し，さらに 1850 年にまで遡るデータで，経済発展と民主化の関係を一律的に問うことの妥当性に疑義を呈したのがボイッシュとストークス（Boix and Stokes 2003）である。1950 年代以前の第一・第二の波の民主化では，低中程度の経済発展で民主化が起こるが，それ以降は高いレベルの経済発展でしか民主化が起こらなくなっており，高いレベルの経済発展を達成することがより困難であるために，全体として民主化効果が減殺されてきていると主張する。そもそも 19 世紀後半から 20 世紀前半にかけて，欧米諸国で民主化が進んだ際は，既に経済発展を遂げた国は存在せず，高いレベルの経済発展は現実のものではなかった。天然資源の場合同様，国際環境，すなわち欧米諸国の存在が，民主化に影響を与える可能性を示唆している[16]。

---

14)　同書は，歴史的経緯と国際環境を重視する観点から，天然資源を植民地化の原動力と考え，植民地化された地域の国家としての独立という観点からの資源政治研究である。

15)　冷戦が終わりを告げる中で，国外からの援助や EU のような地域統合への参加のために，或いは国外からの民主化圧力（リンケージやブーメラン効果）のために，民主化が進む事例が多く見られるようになったことも，リプセットの仮説が崩れる大きな原因となった（Przeworski et al. 2000）。経済発展が，体制の移行より安定に資する傾向は最近の研究でも確認されている（Knutsen and Dahlum 2022）。

社会における平等と民主化

経済発展に付随する重要な変化であり民主化に影響を与える可能性のある要因として，社会における平等度がある。欧米諸国の民主化では社会階級の観点から捉えられたこの要因が再び関心を持たれるようになったのは，経済発展が必ずしも平等化を進めず，民主化が停滞する現象が観察されたためであり，複数の説明が拮抗している。

体制側エリートと民主化を潜在的に望む勢力である民衆との対抗関係に関しては二つの異なる説明がある。アセモグルとロビンソン（Acemoglu and Robinson 2006）は，不平等であるほど民衆は平等を求め，民主化はより平等を促進する[17]という前提に立ち，ゲーム理論を用いて，不平等度と民主化の関係を分析する。民衆は，不平等度が低ければ反乱などのリスクを冒してまで平等を要求する必要はなく，逆に不平等度が高い場合には，既得権益を守ろうとする体制側エリートの抑圧を恐れる。結果として，民衆にとって最もコストが低くなる不平等度が中位の時に最も民主化が進むとする。

アセモグルとロビンソンと同様に，ボイッシュ（Boix 2003）は，民衆は民主化後の再分配を望み，体制側エリートは望まないとする一方，民主化はエリートの容認により進むという前提も付け加える。その結果，体制エリートが民主化により失うものが少ない高い平等度が達成された時に民主化が進み，不平等は民主化の妨げとなるという結論を導き出す。

アセモグルとロビンソン，ボイッシュの研究は，社会の不平等度が高いと民主化が進まないという点では共通している。これに対して，所得分配の平等は民主化全般に影響を及ぼさないが，高い平等が達成されている場合には，エリートが旧体制に既得権益を持たないため民主制の定着に貢献するという考え方もある（Houle 2009）。

これら平等をめぐるエリートと民衆の利害対立を民主化と結びつけるゲーム理論を用いた研究に対し，ハガードとカウフマン（Haggard and Kaufman 2012）

---

16) 経済的要因や国際的要因とあわせて，民主化の文化的要因として，権威主義や民主主義に対する認識や価値観に着目する見方もある（Inglehart and Welzel 2005）。新興国29カ国を対象に，こうした新しい動向も含めた解説としては恒川（2023: 97-104）がある。

17) 同様な主張は Przeworski and Limongi（1997）にも見られる。

は，1980年から2000年までの第三の波の体制移行（民主化と権威主義への逆行を含む）の事例を質的に分析した。その上で，アセモグルとロビンソン，ボイッシュらが体制移行に関わると考えた分配をめぐる紛争自体が，全体の半数ほどの事例にしか観察されない上，不平等度が高い国でかなりの数の移行が観察されるという結果を得た。さらに，権威主義へ逆行した場合でもエリートと大衆の対立がその原因となったのは3分の1ほどしかないことから，民主化および権威主義への逆行を含む体制変動を促進する要因は様々であり，社会における平等のレベルもその一つであるとしている。

平等が民主化に影響する条件を考える観点からの修正としては，フリーマンとクウィンによる研究（Freeman and Quinn 2012）もある。先進国からの資本移動や自由貿易の影響は，途上国における対外債務危機や通貨危機の原因となっており，第三の波以降の民主化に国際環境が影響することを前提としている。開放経済を持つ権威主義では，エリートは，国際市場で多様な資産の保持や投資が可能であり，国内体制の民主化の要求に必ずしも抵抗しないため，国内社会の不平等度が高いほど民主化が進む。それに対し，閉じた権威主義では，エリートが自らの利益のため不平等な体制の維持を考えるため，不平等に民衆が不満を抱きかつそれに抵抗するのに脆弱すぎない，中位の不平等度の時に民主化が進むとした。

社会の構造や国家と民主化――再論

第三の波の民主化をそれ以前の欧米諸国の民主化と異質なものとする観点から，多くの民主化研究が行われた一方で，現代の民主化と欧米諸国の民主化との共通性に着目する研究も出てきた。ムーアの研究（Moore 1966＝2019）と同様，それ以前の体制の大土地所有者（伝統的土地エリート）と，産業化により力を増した都市商工ブルジョワジー（産業エリート）の対立に着目したアンセルとサミュエルスの研究（Ansell and Samuels 2014）である。

土地エリートが民主化による再分配を恐れるのに対し，産業エリートは権威主義体制の下で財産権を脅かされることを恐れる。両者の相違から，土地所有に関わる場合と産業利益に関わる場合では，所得格差や不平等は，全く異なる影響を民主化に与える。土地所有では，土地エリートの弱体化すなわち平等化

が進んだ場合，産業化の側面では，新興勢力としてのブルジョワが経済力を増し不平等化が進んだ場合に，民主化が進む。

アンセルとサミュエルスの研究は，ムーアの欧米諸国の事例を対象とした社会階級による説明を，欧米以外の国のコンテクストに合わせ見直した分析となっている。アンセルとサミュエルスの研究が，構造主義的アプローチのムーアの研究の延長上にあるように，東南アジア諸国の民主化を権威主義的国家の構造に着目して分析したスレーターの研究（Slater 2010）は，国家構造への関心という点からは，革命によって生じる国家構造に着目したスコチポルの研究（Shocpol 1979）と共通性を持つ[18]。

5. デモクラティック・バックスライディング

第三の波以降の民主化の停滞・崩壊と民主主義の衰退

第三の波以降の新興国に観察された，民主化の停滞や権威主義への逆行は，民主主義の衰退や崩壊として広く捉えられる。2010年代以降，こうした民主主義の衰退や崩壊が，米国や西欧諸国を初めとする先進民主主義国にも存在するのではないかという問題意識が芽生えた。きっかけの一つとなったのは，米国のトランプ政権の成立（2017年）であり，また背景には，今世紀に入り顕著となったヨーロッパのポピュリスト政党（第6章参照）の興隆がある[19]。政治の分極化（polarization）や分断が民主主義の停滞や衰退につながるとし，新興国と先進民主主義国を横断する観点から分析を行う，デモクラティック・バックスライディング（democratic backsliding）の考え方である（Levitsky and Ziblatt 2018＝2018; Przeworski 2019＝2023; Graham and Svolik 2020）[20]。

政治的分極化から民主主義の後退へ

一度は民主主義とみなせる制度的基準を満たした新興国や先進民主主義国に

---

18) スレーターの研究の邦文の解説としては久米（2013: 182-185）参照。

19) ポピュリズムとデモクラティック・バックスライディングを明示的に結びつけた研究としては，政権担当者のポピュリスト・イデオロギーがバックスライディングの可能性を高めるとした Berlucchi and Kelam（2023）がある。

おけるバックスライディングは、「正式に選挙で選ばれた政府の独裁的指導者による漸進的で、徐々に起こる民主主義制度や規則・規範の侵食や衰退」と定義される（Haggard and Kaufman 2021a; 2021b）。権力分立[21]，メディアの自由を含む市民的自由や政治的権利，自由な選挙制度が損なわれる一方，必ずしも，権威主義体制への後退を意味するわけではない。

　バックスライディングを引き起こす政治的分極化には，有権者レベルの社会における分断とエリートレベルのイデオロギー対立や乖離の激化がある。社会における分断は，経済停滞や高い不平等から民族・人種・宗教さらには国際主義か国家主義かといった（反）グローバリゼーションに関わるものがある。これら有権者レベルの分断に加え，政治エリートや政治制度が過激主義者や過激主義的な政党の台頭を防止できないことも，政治的分極化に含まれる（Haggard and Kaufman 2021b: 5）[22]。

　民主化途上の新興国においても安定した民主主義国においても，政治的分極化からなぜバックスライディングが起こるかに関しては，ハガードとカウフマンによる理論的枠組がある（図 14-4）。分極化が，中道政党の存在により緩和されることなく進んだ場合，反体制政党の支持拡大による分極化と政権党自身の分極化の二つの帰結に分かれる。過激な反体制政党が野党として勢力を伸長する場合は，社会における分極化と暴力の増大の可能性が高まる。

　それに対し，政権党の分極化は，独裁的な政党の政権掌握に繋がり，議会との関係がその後の帰結を分ける。議会が独裁的権力を抑制することが可能な場

---

20)　これら研究は，新興国の民主化研究の専門家により，米国など先進民主主義国も対象とする形で行われた点に特徴がある。民主主義の後退一般について，邦文で読めるものとしては，川中（2018）や日本比較政治学会（2020）がある。

21)　司法の独立，文民統制，権利の保護といったリーダーを制約する形の権力の分割や分担（powersharing）が民主主義の崩壊や衰退を防止するという，実証分析を伴う研究としては Graham, Miller, and Strøm（2017）。

22)　同じように，有権者レベルとエリートレベルの分極化を区別した邦文の解説としては，鷲田（2021: 85）。有権者レベルの分極化に着目した研究としては Haggard and Kaufman（2016a），Handlin（2017），McCoy, Rahman, and Somer（2018）があり，エリートレベルに着目した研究としては Levitsky and Ziblatt（2018＝2018）がある。鷲田（2021）は，政治的分極化が，選挙制度など政治制度の影響も媒介して，民主主義の後退に結びつくことをサーベイ・データで実証的に分析している。

図14-4 バックスライディングの理論枠組

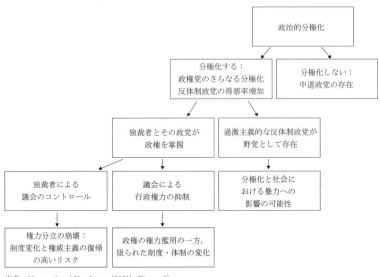

出典：Haggard and Kaufman（2021b: Figure 1）

合は，政権の権力濫用の一方で，制度や体制の変化は限られたものとなる。それに対し，独裁的政権が議会をコントロールする場合は，権力分立が崩壊し，民主主義の制度自体が変化し，権威主義体制へ後退するリスクが高まる。

バックスライディングは，民主主義が確立した国から民主化途上の国まで，共通に観察されるようになった新しい現象であり，民主主義の後退という評価に関しても必ずしも合意があるとは言えない。今後の現実の変化を踏まえ，更なる検証が必要な分野でもある[23]。

民主化研究は，欧米諸国の事例に日本も加えて始まった。英米を典型とする順調な発展を特徴とする先発国と，揺り戻しを経験した日本を含む後発国との

---

23) 米国政治学会の学会誌（*PS: Political Science & Politics*）のバックスライディングの特集号では，専門家の質的判断によるコーディングの結果に政権交代の可能性という客観的指標を付け加えたデータの分析では民主主義の後退が観察されないとした研究（Little and Meng 2024）に対し，異なる立場から批判的検討をする論文が掲載され議論が行われている（Bergeron-Boutin et al. 2024; Gorokhovskaia 2024; Knutsen et al. 2024; Levitsky and Way 2024; Miller 2024; Treisman 2024）。

相違は存在しても，民主化は，経済発展と政治的自由を優先する体制変化と考えられた。第三の波と呼ばれる 1970 年代以降の民主化においては，経済と政治の同時の近代化が段階的に起こるという前提が否定され，民主主義国が既に存在する国際環境の影響も大きくなる。歴史的タイミングや時代，それに伴う世界における地理的位置の相違は，様々な民主化の過程とその結果の民主主義の安定性に影響を与えている。経済発展や社会的平等，国家の課税権の確立といった，欧米諸国においては，体制変化や発展の前提とされた条件が，改めて分析の対象とされ，民主化の先発・後発の相違を超えて，経済発展や平等など，共通に民主化を進める要因を追究する動きも出てきている。民主化を進める或いは安定させる，一般的・構造的要因を求める試みの一方で，民主化には，複数の道筋があり，民主主義として安定するか停滞するか或いは権威主義に逆戻りするかも含め，それら道筋は，エリートと対抗する大衆の集合行為や政治制度に影響されるとし，体制移行のあり方の多様性を強調する見方も存在する[24]。

　さらに，民主主義の不安定性や後退を，新興国から安定した民主主義国まで横断的に捉えるバックスライディングの観点からの研究も加わり，今後も体制移行の研究は，現実から多くの含意を得ながら変化していくと考えられる。

---

24)　民主化や民主主義から権威主義への後退も含む体制移行の多様性に強調点を置いた研究としては，Haggard and Kaufman（2016a; 2016b）がある。

第 15 章 ｜ 民主主義と資本主義

　本来，経済体制である資本主義が，政治体制である民主主義と対比され，な
ぜ政治学における重要な分析の対象となるのであろうか。本章では，その理由
を明らかにしつつ，民主主義と資本主義の関係が，政治学で重要な位置づけを
持つに至った過程をたどる。

1. 民主主義と資本主義——民主化・経済発展から福祉国家へ

　欧米の例に見られる，民主主義と資本主義の形成・発展の同時進行は，政治
発展と経済発展の親和性を前提とする近代化論や発展段階論を生んだ（例えば，
Lipset 1959; Huntington 2006［1968］＝1972）（第 14 章参照）。個人の自由を尊重する
民主主義は，自由な競争による市場原理と親和性を持つとされ，同時の形成と
発展は必然的と考えられた。経済体制である資本主義に対する関心は，政治体
制である民主主義の形成と定着とともに生まれたのである。

　英国・米国の先発国の近代化に対し，ロシア，ドイツ，フランス，イタリア
などの後発国では，産業化は先発国を追いかける形になり，経済組織や制度と
並んで，国家が政策介入を行う組織としての官僚制が経済発展に影響を与え，
産業や市場の形態，経済イデオロギーが先発国と異なってくる（Gerschenkron
1962; Shonfield 1965）（第 12 章参照）。後発国では，政治発展が経済発展を牽引す
る形となり，資本主義と民主主義の多様な関係に関心が移ることになる。

　1970 年代以降，民主化・産業化した国では，民主主義と資本主義の関係は，
欧米諸国や日本と異なる。これらの国では，経済発展が民主化より先行するこ
とが観察され，不平等など，資本主義市場における矛盾が顕在化し，それが平
等追求の動機となる（Rueschemeyer, Stephens, and Stephens 1992）。欧米諸国な
どと比較した場合，1970 年代以降の新興国では，福祉国家への政治的支持の

確保も難しく平等の達成が妨げられるのは，次章で述べる通りである。本章では，民主主義と資本主義の間の矛盾の緩和やその対応は可能であると考える，欧米諸国を事例とした研究を中心に紹介する。

2. 民主主義と資本主義——経済危機への対応の国際比較研究

経済制度の歴史的形成と政策

1970 年代の高度経済成長の終焉は，民主主義と資本主義の関係に深い関心が寄せられるきっかけとなった。米国・英国・西ドイツ・イタリア・日本の比較は，これらの国々の対応が，歴史的に形成された国内の政治経済制度により異なることを明らかにした（Katzenstein 1978）。各国に共通な影響を及ぼす経済危機が，改めて政府の役割についての関心を高め，市場中心主義の英米の経済停滞に対し，産業振興に資する金融市場の規制や介入を行い，成長を維持する仏日（それに次ぎ西ドイツ）が対比された（Zysman 1983）。

1970 年代の高度経済成長終焉への対応は，19 世紀の大不況（1873-96 年）への対応や，大恐慌（1929 年）時のケインズ主義的市場介入と比較した場合でも，国家間で大きく異なる。グルヴィッチ（Gourevitch 1986）は，産業化や福祉国家化が各国共通に進んでいたにもかかわらず，経済危機への対処・解決方法が，米・英・仏・独・スウェーデン間で異なり，政策や政治経済体制の収斂が起こらなかったとする[1]。こうした市場への介入の程度や方法やその帰結の相違は，政府の経済介入を支持するケインズ主義の考え方が，これら諸国の政策決定に影響を与えたか否かによるとする見方もあった（Hall 1989）[2]。

---

1) グルヴィッチによれば，大恐慌の際の各国間の相違も，高度経済成長後の対応の相違に対応している側面もある一方，大恐慌時は，その後第二次世界大戦となり，局面が大きく転換し，各国間の相違の帰結が明らかにはならなかった。

2) ホール（Hall 1986）は，英国経済の停滞と対照的な，第二次世界大戦後のフランスの急速な産業化を，フランスの経済市場への介入の成功に帰して説明している。それに対し，所得政策が労働運動に受け入れられなかった英国では政治的理由で，ケインズ主義の考え方が根付くことなく，かえって政治的イデオロギーとしてのマネタリズムの 1980 年代における興隆につながったとする。

コーポラティズムと経済政策

　低成長に伴う失業，原材料価格の高騰や積極財政の必要によるインフレ，税収の減少と支出の増大による財政赤字といった 1970 年代の問題は，全て，この皺寄せがどこに行くかという問題でもある。利害対立の解決を調整で行うか競争で行うかで，高度経済成長の終焉にともなう各国間の対応が大きく分かれたことから，新たにコーポラティズム（Schmitter and Lehmbruch 1979＝1984）の概念が，多元主義と対置され（第 9 章）[3]，各国の利益集団や利益政治のあり方を特徴づけると考えられた（Berger 1981）。

　コーポラティズムは，資本と労働の組織利益の調整を根幹とした政策決定システムであり，多元主義下で見られる市場メカニズムの競争による解決を代替する役割を持つ。開放的経済を持つ北欧小国においては，国レベルの労使の利害調整の結果，公共セクターの拡大や所得保障などの政策的変化が起こるとするキャメロンの研究（Cameron 1978）や，高度経済成長終焉後の，これらの国の政策的対応とコーポラティズムを結びつけるカッツェンシュタインの研究（Katzenstein 1984; 1985）は，これら小国におけるコーポラティズムを，より経済規模の大きい欧米諸国の政策決定システムと対比して特徴づけたものである。

コーポラティズムとデュアリズム

　高度経済成長終焉後のコーポラティズムの対応を，政治経済体制として明示的に特徴づけたのはゴールドソルプ（Goldthorpe 1984＝1987）である。コーポラティズムは，(1) 中央集権化した労働・資本組織の下での労使協調により，(2) 安定成長，インフレーションの抑制と低い失業率の下で高い所得再分配の平等が達成された，(3) 貿易依存型の開放経済で国際経済の影響が大きい小国で，(4) 社会民主主義政権が長期継続する際に観察され，北欧諸国が典型と考えられた。

　この市場に依存しないコーポラティズムと対照的な，市場中心の解決を，ゴールドソルプはデュアリズム（dualism）と呼び，(1) 組織労働と資本の妥協

　3）　第 9 章同様，ここでも，ネオ・コーポラティズムでなくコーポラティズムの呼称を最初から一貫して用いている。後述するゴールドソルプ（Goldthorpe 1984＝1987）もネオ・コーポラティズムとしていたが，ここではコーポラティズムとしている。

なく市場による解決を求め，(2) 雇用保障や所得分配の平等は優先されず，失業率・物価上昇率・成長率といった経済パフォーマンスは多様であり，(3) 国家の経済規模がある程度大きく，その中で市場における適応を目指す体制と特徴づけ，北米と英国のアングロ＝サクソン諸国をその例とする。日本も経済パフォーマンスが良いデュアリズムの例と考えられた[4]。

　当初，利益集団に関わる概念として定義されたコーポラティズムは，市場中心的解決との対比を通じ，利害調整を通し経済運営にも影響を及ぼすと考えられるようになり，政治経済体制比較にも用いられる概念となったのである（第9章参照）。

政府の党派性と政治経済政策

　コーポラティズムを政治経済体制の特徴として持つ北欧諸国においては，社会民主主義政党を中心とする政権が長く継続した。そのため，市場に依存しない，コーポラティズムの考え方に基づいた，経済危機やグローバリゼーションへの対応はまた，政府の党派性とも結びつけられ，社会民主主義勢力の強い，これらの国の，政策の特徴（Alvarez, Garrett, and Lange 1991; Garrett 1998），或いは社会民主主義的福祉国家（第16章参照）の特徴（Swank 2002）であるとも考えられた（［解説］比較政治経済研究における北欧諸国：コーポラティズムと社会民主主義）。政府の党派性は，1990年代以降のグローバリゼーション下の自由主義化においても，政治経済政策及び体制が収斂しないとする見方においても重視されている（第4節参照）。

3. 資本主義の多様性

　政府の財政規模の拡大と役割の増大による大きな政府，国家の積極財政や金

---

4)　二次的労働力（外国人労働者やパート労働に従事する女性等などマイノリティ）を導入したり退出させたりすることにより労働市場の柔軟性を確保しつつ，男性労働者の安定的雇用により家計単位で所得を保障する市場中心の解決である。雇用や所得の確保のための調整の対象となるか・ならないかで，労働人口を二元的に区別することが，コーポラティズムと対置され，デュアリズムの命名の理由となっている。

［解説］比較政治経済研究における北欧諸国：コーポラティズムと社会民主主義

コーポラティズムの概念が重要性を増した理由は，その事例となった北欧諸国が，市場における解決とは相対立する政治的調整を重視したにもかかわらず，高度経済成長終焉後の経済危機への対応に成功したことにある。北欧諸国が，経済の開放性が高く，比較的大きな公共セクターを持ち，経済規模が小さいという条件から予想されるのとは異なり，良好な経済パフォーマンスを示したことは，経済学でも広く関心を集め，説明が試みられてきた（Alesina and Wacziarg 1998; Frankel and Romer 1999; Alesina, Spolaore, and Wacziarg 2000; Rodríguez and Rodrik 2000）。比較政治経済学では，労使関係や所得分配の平等など政治問題化されやすい政策で，北欧諸国が，市場中心の解決とは異なる調整を行っている点に関心が集まった。これは，第3節で述べる「資本主義の多様性」における経済学と政治学を横断した問題意識にもつながる。

北欧諸国は，社会民主主義勢力が強く，第二次世界大戦後，長期にわたり継続した社会民主主義政権の下で，こうした政治経済的対応が確立した。社会主義革命を目指すマルクス主義に対し，自由民主主義の下での，現実主義的な体制内改革を目指して生まれたのが社会民主主義である[5]。自由民主主義（liberal democracy）——例えば，中間所得層の強い英・仏・スイス——とは異なり，労働者階級の団結に基づく，ノルウェー・スウェーデン・デンマークなどの社会民主主義の起源を，両大戦および両大戦間期に求める見方もある（Luebbert 1987; 1991）。社会民主主義は，リプセット＝ロッカンの凍結仮説（第7章参照）と整合的な階級による亀裂に沿って生まれた政党勢力であり，北欧諸国は強い社会主義勢力を持つ典型例とされた（Bartolini and Mair 1990; Bartolini 2000）。

北欧諸国の政策に関わる現実主義的な姿勢は，第3節で述べる，国レベルの調整による資本主義経済の運営のみならず，社会民主主義レジームとして知られる，所得分配の平等の高い成熟した福祉国家（第16章）の運営にも顕著である。北欧諸国は，所得税に加え，逆進性の高い，左派のイデオロギーに反する，付加価値税のような消費課税への税収依存度も高い（Kato 2003; Beramendi and Rueda 2007; Prasad and Deng 2009）。付加価値税は，経済状況に左右されず，経済活動への影響が少なく，税収を上げるという特徴を持つ。高いレベルの福祉支出を賄う財源の確保は，福祉国家縮減の財政的圧力のみならず，政治的圧力への抵抗にもつながる（Kato and Rothstein 2006; Rothstein 2015）。

コーポラティズムと社会民主主義が結びついた北欧諸国の事例はまた，政府の党派性の政策への影響が，左派・右派の単純な相違で説明することができないことを

5）　リプセットの民主的階級闘争の考え方（Lipset 1960＝1963）に基づいた，社会民主主義の歴史についての説明としては，新川（2022: 164-171）参照。

示唆する。この点で，英国の労働党は良い比較対照例である。第二次世界大戦後，保守党と政権交代を繰り返すことで政策に影響を及ぼしてきた労働党は，トニー・ブレア政権（1997 〜 2007 年）を機に，保守党の立場に近づく形での経済運営や福祉国家に関わる政策転換——新しい労働党（New Labour）と呼ばれる——を行った（第 16 章第 4 節参照）。邦語文献としては今井（2018）が詳しい説明となっている。

融への積極的介入を志向した政策は，高度経済成長の終焉とともに効力を失い，代わって重要な政策課題となったのは，経済の国際化，いわゆるグローバリゼーションへの対応である（第 17 章参照）。国境を越えた人・物・資本の流れの増大は，貿易量の増加や国際通貨市場の影響力増大の帰結であり，国際経済の影響から独立した形で各国経済が維持・運営されることを困難にする。国内経済においては，工業生産を中心とする第二次産業から第三次産業への比重の移動がさらに進展すると共に，工業生産においても，半熟練労働でも可能なフォード式の大量生産ライン方式に対し，熟練労働による差別化した生産方式が重要性を増すこととなった（Piore and Sabel 1984＝2016）。こうした変化を背景として，社会的利益の代表や利害対立の解決のあり方や，政策的対応を含む広い意味での政治制度とも，資本主義が深く関わるとする観点から，資本主義の多様性（varieties of capitalism）アプローチが生まれることになる（Hall and Soskice 2001＝2007）。

コーポラティズムと生産の社会システム・アプローチ

資本主義の多様性のアプローチの系譜につながる，政治学の研究としては，ガーシェンクロン（Gerschenkron 1962）やションフィールド（Shonfield 1965）らの先駆的な資本主義の比較研究がある。その後も，資本主義を国際比較の観点から捉える様々な研究（Zysman 1983; Berger and Dore 1996; Crouch and Streeck 1997; Kitschelt et al. 1999）が行われた。前節で説明した，1970 年代以降の国際比較研究も全て，資本主義のあり方は各国で異なるという前提に基づいている。これら研究を一つの柱に，経済学の生産の社会システム・アプローチ（Hollingsworth and Boyer 1997）をもう一つの柱として，各国間相違を体系的に捉える資

本主義の多様性アプローチは成立した。

　ゴールドソルプのデュアリズムとの対比は，コーポラティズムの概念を政治経済体制の比較に取り入れた最初の例ではあるが，対象とする行為者も政府や頂上団体など極めて限定的であり，労使関係に直接関わる公共政策が分析対象であった。それに対し，資本主義の多様性アプローチは，生産一般に関わる行為者に着目すると同時に，産業構造や市場構造なども考察の対象として含んだ点に特徴がある。さらに，中間からミクロ・レベルの分析にも重点をおき，労使の利益代表が，国レベルの頂上団体による調整を行うコーポラティズムと，セクターや職業ごとの団体で調整を行うメソ・コーポラティズム（Wassenberg 1982; Cawson 1986）や企業・会社のレベルで調整を行うミクロ（企業レベル）・コーポラティズムの場合（第9章参照）を区別し，両者の政策の効果の相違にも着目する。政治学の分析対象であったコーポラティズムによる調整が，経済運営や経済・産業政策，さらに企業経営を通じて，市場における調整と不可分となった形で，資本主義の多様性を表現している。

自由主義市場経済と調整型市場経済

　資本主義の多様性において大別される類型は，自由主義市場経済（liberal market economy）と調整型市場経済（coordinated market economy）である。それぞれ，アングロ＝サクソン諸国やアイルランドと，北欧・ドイツ・日本・韓国を，その典型例とする。それぞれの特徴をまとめると表15-1のようになる[6]。

　自由主義市場経済は，市場原理で運営され，法制度がそれを支えるというヒエラルヒー構造であるのに対し，調整型市場経済は，市場の外で，すなわち非市場型の調整を，企業の相互作用で行い，そこで情報が共有される。これは金融市場にも反映される。公に共有された格付けなどの情報により評価が行われ，株主の利潤のため短期的投資が優先される自由主義市場経済に対し，調整型市

---

　[6]　ホールとソスキスによる編著（Hall and Soskice 2001）が，資本主義の多様性アプローチの代表的なものであるが，同書の共著者を含む研究（Hollingsworth and Boyer 1997; Iversen 1999; Iversen, Pontusson, and Soskice 2000; Ebbinghaus and Manow 2001）も同様の主張を展開しており，表15-1はそれらも参照してまとめている。

第15章 民主主義と資本主義　　　　241

表 15-1　非調整型（自由主義）と調整型の市場経済

	非調整型（自由主義）市場経済 アングロ＝サクソン諸国，アイルランド	調整型市場経済 北欧，日本，韓国，ドイツ
調整／情報	市場中心・法制度・ヒエラルヒー	非市場型・企業間相互作用・情報共有
金融市場	短期的投資	長期的投資
産業組織	企業間関係競合的・市場競争	企業間関係協調的（経済／産業団体）
生産様式	非熟練労働依存　大量生産方式	高度熟練労働依存　高品質
技術革新 形態	急進的	逓増的
企業構造	権力集中型	合意形成型
職業訓練 雇用・教育	一般的教育　短い任期 高い転職率　企業間移動	企業（特定産業）に特化した教育　長い任期 低い転職率　企業内移動
労使関係	労使対決型	労使協調型
労働市場	規制緩和され雇用（解雇）コスト低い	組織化され雇用（解雇）コスト高い
所得平等性	低い	高い
産業構造	金融／サービス業中心	製造業中心

出典：Hall and Soskice（2001）に基づき，以下も用いて作成　Hollingsworth and Boyer（1997）; Iversen（1999）; Iversen, Pontusson and Soskice（2000）; Ebbinbhaus and Manow（2001）

場経済では，銀行など金融機関も，短期的に赤字であっても忍耐強く投資を続ける長期的投資を優先し，企業の業績に関する公的評価基準より，評判や長期的関係が優先される。

　産業組織のあり方も，これに対応した形である。自由主義市場経済では，市場競争により，企業間関係は競合的であり，企業合併等により技術は移転し，強力な反トラスト法がある。それに対し，調整型市場経済は，企業間関係は協調的で，生産基準や技術移転は，競争でなく，経済団体や産業団体を通じて行われる。生産様式としては，自由主義市場経済では，非熟練労働による大量生産方式で標準化できる産業が強く，急進的な技術革新が有利となる一方，調整型市場経済では，高度熟練労働に依存し高品質の製品を製造できる柔軟に専門分化した産業が強くなり，技術革新は逓増的に行われる。

　これら生産様式と技術形態に対応して，自由主義市場経済の企業構造は権力集中型で，雇用者には一般的教育しか行われず，短期的雇用と高い転職率の下，労働者の企業間移動が観察される。対照的に，調整型市場経済では，企業は合

［解説］所得分配の平等と経済利益

　資本主義の多様性で，所得分配の平等度の高低が類型を決める要因としてあげられているのは，所得分配の平等が経済利益と結び付けられて考えられてきたことにも起因する。

　次の章（第 16 章）で扱うように，福祉国家がより平等を志向する場合には，階級連合などによる多数派の支持が必要条件であった。メルツァーとリチャード（Meltzer and Richard 1981）は，メディアン・ヴォーター定理（第 4 章）を用いて，メディアンの位置を占める有権者の所得が平均所得より低ければ，メディアンの優位により，再分配が多数派の利益となることをフォーマル・モデルで示した。

　しかしながら，こうした経済・所得階級の利益に基づいた説明では，程度の差こそあれ，異なる階級構造を持つ民主主義国が例外なく，社会保障制度を整備したことの説明にはならない。このため，経済的利益を，将来の所得のリスクへの保証としてとらえ直し，市民のリスク回避に社会保障への支持の理由を見出した最近の研究もある（Rehm 2016）。市民が福祉国家を支持するのは，自身のリスクへの備えのためであり，そのリスクを回避することが，不平等を回避することになり，平等支持につながるという考え方である。

　将来の期待所得やそのリスクに加え，さらに，その他のリスクも含む，広い意味でのリスク回避は，実質的に，他者への平等や公平性の配慮と矛盾しなくなる。例えば，ルエダとステグミュラー（Rueda and Stegmueller 2019）は，貧困を通した犯罪の増加や治安の悪化など，不平等は，高所得層にとっても好ましくない帰結をもたらすことに着目する。これは，経済学で言うと負の外部性——自身の経済活動でなく他者の活動でもたらされるネガティブな効果——であり，広義のリスクの回避を目指すのであれば，所得階層の利益を超える平等への支持の可能性が生じる。

意形成型の組織であり，企業や特定産業に特化した教育が行われるため，長期的雇用と低い転職率と労働者の企業内移動が観察される。これと符合して，労使対決型で，雇用（解雇）コストが低い規制緩和された市場を持つ自由主義に対して，労使協調型で雇用（解雇）コストが高く組織化された市場を持つ調整型と，労使関係・労働市場規制も対照的となる。企業構造と労働市場の両者の相違と対応して，所得分配の平等度は自由主義が低く調整型が高くなる（［解説］所得分配の平等と経済利益）。

第 15 章　民主主義と資本主義　　　243

国レベルの調整型市場経済と産業レベルの調整型市場経済

　金融・サービス業が中心の産業構造を持つ自由主義市場経済と，専門分化した製造業が産業構造の中核を占める調整型市場経済は，それぞれ，前項で述べた構造や特徴が不可分に結びつき区別されているのがわかる。さらに，調整型市場経済は，労働者が主体として積極的に参加する，国レベルのコーポラティズムによる調整を行う北欧と，経営者を主体として産業および企業内労使間の調整を行う，日本と韓国，産業レベルの調整を行うドイツに区別される。次節で述べるように，調整型市場経済の調整のあり方の相違は，1990 年代から2000 年代へと，経済活動のグローバリゼーションが進み，各国経済への国際競争の影響が強まるにつれて，注目を浴びることになる。

4.　資本主義の多様性の継続と展開

グローバリゼーションに伴う自由主義化による収斂論の否定

　1990 年代から 2000 年代にかけて，資本主義の多様性は，国際比較の視座として提示された。それとほぼ同時に，グローバリゼーションにより，調整型市場経済において揺り戻しが起こり，再び市場原理による「自由主義化」が起こるのではないか，という問題意識が生まれた。調整型市場経済の政治的側面の根幹であるコーポラティズムの三者協議が，以前のような制度化された形態で行われなくなったことや，従来に比べ労使協調の効果を生まなくなったこともその大きな理由である（Molina and Rhodes 2002）。

　この問題意識に関わる最も包括的な分析であるセレンによる比較研究（Thelen 2014）は，この収斂論に終止符を打った。交渉や調整の主体は以前と異なり，労働組合から経営者団体へと移っており，その結果，交渉や調整の恩恵に与かる労働人口は減少し，より企業や産業の経営側に有利な形になっている。このように調整型市場経済の自由主義化は確認されつつも，自由主義市場経済，産業／セクターレベルの調整型市場経済，国レベルの調整型市場経済は，以前と同じように，所得分配の平等・不平等で区別され（図 15-1），国レベルの調整や協調により最も平等が達成されることは変わりがないとする。

　さらに，調整の有無（X 軸）と，連帯主義的（コーポラティスト）・二元的

図 15-1 資本主義の類型と所得分配の平等

出典：Thelen（2014: Figure I.2）

図 15-2 資本主義の類型の変化（1980 年代～ 2000 年代）

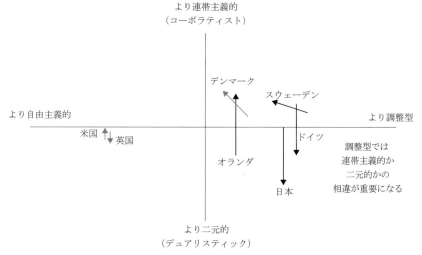

出典：Thelen（2014: Figure I.1）より作成

（デュアリスティック）の対比（Y 軸）[7]により，各国を区別し，その上で1980 年代から 2000 年代にかけての変化を観察すると，それぞれの類型の相違は温存されていることがわかる（図 15-2）。殆ど変化がない自由主義市場経済の米国・英国に対し，国レベルの調整型の典型である，デンマークとスウェーデンは，調整の度合ではより自由主義的となりながらも，連帯主義（コーポラ

---

7) X 軸は，経営者の頂上団体の影響力・労使協調・賃金調整の三尺度を組み合わせた指標であり（Thelen 2014: notes 4, 7），Y 軸は，集団交渉に含まれる範囲・非自発的非常勤労働者・若年失業者の三尺度を組み合わせた指標である（Thelen 2014: notes 5, 7）。

ティスト）的な度合を強め平等の方向にシフトし，オランダは調整型のまま，より連帯主義的で平等となっている。産業／セクターレベルの調整型のドイツと日本は調整型の度合は変わらないまま二元的で不平等となっている[8]。

積極的労働市場政策

セレンは，類型間の相違の温存の理由を，積極的労働市場政策に求める。積極的労働市場政策は，失業者を転職させるという柔軟な対応をとり，「失業させない」という雇用の確保にはこだわらない。積極的労働市場政策の強弱（X軸：左に行くほど強く右に行くほど弱い）を所得分配の平等（Y軸：上に行くほど平等で下に行くほど不平等）と組み合わせ[9]，1980年代中葉から2000年代後半の変化（図15-3）を見ると次のことがわかる。平等度を保っている北欧諸国（1980年代はグレー，2000年代は黒の楕円内）は，雇用の確保の強化にはこだわらず柔軟な対応を行う積極的労働市場政策で平等を確保しており，同じように政策をシフトさせたフランスは平等度をあげていることがわかる。それに対して雇用の確保を強化した国はより不平等の方向へシフトしており，ドイツとニュージーランドがその典型例となっている。次章で詳述するように，積極的労働市場政策は，社会的投資政策の重要な柱であり，資本主義の運営が福祉国家と深く関わることを示す例となっている。

自由主義市場経済と国レベル／産業レベルの調整型市場経済

これらを踏まえ，セレンは，2000年代にかけての自由主義化への対応として，それぞれの資本主義の類型の異なる3経路を，理念型として区別している（図15-4）。用いられるのは，調整の主体となった経営者による，戦略的調整の度合（X軸）とその調整の対象となる労働人口の割合（Y軸）の二つの基準である。経営者主体の調整の度合が高くても，その対象となる労働人口の割合は高い場合も低い場合もあり，その高低が，結果として所得分配の平等に影響する。米国を典型とする自由主義市場経済は，調整の度合も調整される対象の割

---

8) ドイツと日本におけるこの変化については Thelen and Kume（2006＝2006）参照。

9) X軸は，雇用の確保の度合と積極的労働市場政策支出を組み合わせた指標で，Y軸は貧困率とジニ係数を組み合わせた指標で表している（詳しくは Thelen 2014: 200 参照）。

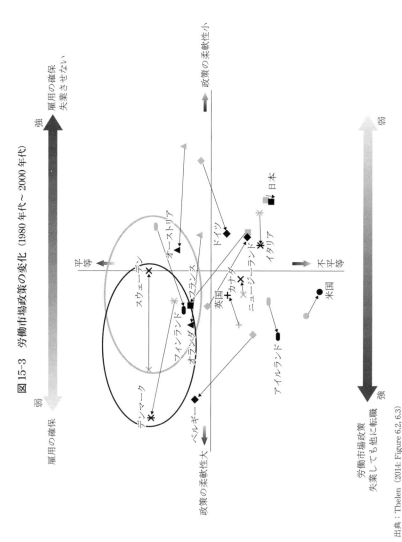

図15-3 労働市場政策の変化 (1980年代〜2000年代)

出典：Thelen (2014: Figure 6.2, 6.3)
注：原著の図を組み合わせ著者が作成。各国とも、1980年代の位置（グレー）から2000年代の位置（黒）への移動を矢印で示している。1980年代の北欧諸国はグレーの楕円内、2000年代の北欧諸国は黒の楕円内に収まり、全体として政策の柔軟性を保ちつつ平等度を維持していることがわかる。

第 15 章　民主主義と資本主義　　　　　　　　　　　　　247

図15-4　資本主義の多様性：異なる経路

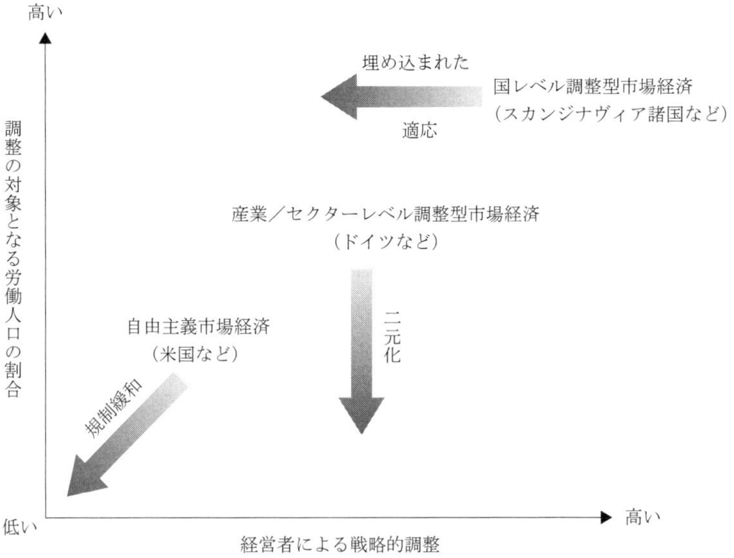

高い

調整の対象となる労働人口の割合

埋め込まれた

国レベル調整型市場経済
（スカンジナヴィア諸国など）

適応

産業／セクターレベル調整型市場経済
（ドイツなど）

自由主義市場経済
（米国など）

二元化

規制緩和

低い　　　　　　　　　　　　　　　　　　　　　　　高い

経営者による戦略的調整

出典：Thelen（2014: Figure I.5）

合も低下させ，規制緩和の方向に向かう。それに対し，調整型市場経済は，国レベルで調整するか，産業／セクターレベルで調整するかにより，対応が異なる。ドイツなど大陸ヨーロッパ諸国を中心とする産業／セクターレベル調整型では，調整を行う部分とそうでない部分の二元化を進める。正規雇用労働者を保護するのに対し，非正規雇用労働に関しては規制緩和を進める，或いは，雇用の保護や確保のための調整が行われる産業セクターとそうでない産業セクターを差別化するなどの措置を行う。結果として，調整の対象となる労働人口の割合は低下するが，調整のレベルは保つという対応である。

　それに対し，北欧諸国を例とする，国レベルの調整型では，市場ダイナミズムを重視し戦略的調整の度合を低める代わりに，福祉や社会プログラムにより弱者を保護し，政治社会や市場のコンテクストに埋め込まれた制度の柔軟な適応を図る。調整型市場経済では，製造業における熟練労働の安定的雇用を重視し，政府と労使の三者連携が重要な役割を果たしてきたが，柔軟な適応では，より一般的なスキルと女性労働者の多いサービス産業が，調整の中核を占める

ようになる。その意味では，調整型市場経済を支える政治的連合にも変化が起きていると言える。

　民主主義と資本主義の関係への関心は，民主化（第14章）や福祉国家（第16章）など様々な政治学の分野を横断している。経済学とも共有する，この問題関心は，資本主義の多様性の考え方を生んだ。資本主義の多様性の考え方は，日本や韓国以外のアジアの新興国の発展国家にも応用され（Hundt and Uttam 2017），現在も民主主義と資本主義を比較の観点からとらえる重要な位置付けを占めている。

第 16 章 | 福祉国家

　福祉国家は，民主主義という政治体制と資本主義という経済体制の両者と深い関係を持つ。本章では，これら政治経済体制との関係も踏まえた上で，福祉国家への理解を深めることを目的とする。

1. 民主主義，資本主義，福祉国家

　欧米諸国において民主主義と資本主義は，近代的制度／システムとして，ほぼ同時に発展し，福祉国家はその過程で生まれた（第15章参照）。民主主義社会も資本主義市場も，自由と競争が重視される点において共通する。その一方で，民主主義のもう一つの重要な理念である平等とは，資本主義経済の市場原理は相容れない。この緊張関係は，福祉国家の発展に大きな影響を与えた。19世紀末プロイセンのビスマルク政権下の社会保険制度の導入が，急速な市場経済化の影響から労働者を守ることで，社会主義運動への参加を抑制する目的を持っていたことは，これをよく表している。第二次世界大戦後の1950年代から1970年代初頭にかけての高度経済成長期が，欧米の福祉国家の黄金期と重なるのも偶然ではない。高度経済成長が国家財政の拡大を可能にし，福祉国家化を支えた一方，急速な経済発展は資本主義の生む矛盾を明らかにし，その政治的対応を促したからである。その過程で，所得保障や雇用，医療・保健，その他の給付やサービスからなる，社会保障制度を基本に，広く社会政策に関わる福祉国家が，それぞれの国の特徴を持つ形で確立していくことになった。

　こうした歴史的経緯も踏まえた上で「なぜ福祉国家が発展したか」に関しては，システム／構造論的アプローチと制度論的アプローチの二つの異なる考え方がある（Esping-Andersen 1990: Chapters 1, 2＝2001: 第 1・2 章）。システム／構造論的アプローチは，産業化，資本主義的発展に附随する変化——家族・伝統的

共同体としての宗教組織・職能組織の解体——により，これらが果たしていた機能を，近代的官僚制の成立により国家が代替し，福祉国家が成立したとする考え方である（Pryor 1968; Flora and Alber 1981）。国家が福祉の担い手となり，市民の権利としての社会権を保障するという考え方は，ベヴァリッジ報告（1942年）やマーシャル（Marshall 1950＝1993）の社会的市民権の提唱に見られるように，1940年代，英国で初めて明確に提出された[1]。産業化との関係で福祉国家を見る考え方は，資本主義体制の矛盾を批判的に検討するネオ・マルクス主義にもある[2]。

　以上からわかるように，システム／構造論的アプローチは，平等や再分配を重視する民主主義と資本主義・市場経済が相容れないとする，伝統的自由主義（レッセフェール）と同じ考え方であり，それゆえ経済システムとしての資本主義と政治システムとしての民主主義を分離して考える。これに対し，政治と経済の分離を否定し政治経済制度として福祉国家を考えるのが，制度論的アプローチである。エスピン－アンデルセンは，制度論アプローチの政治学研究として，キャメロン（Cameron 1978）やカッツェンシュタイン（Katzenstein 1985）によるものをあげている。国際市場の変化に晒される開放経済を持つ小国では，労使の利害調整に政府も加わり，公共セクターの拡大，すなわち福祉国家の拡大が起こるとする，制度論的アプローチの観点は，資本主義の類型にも関わり，資本主義の運営と福祉国家が深く関わることを示している（第15章参照）。この点については，本章の最後で再論する。

---

1)　実際には，伝統的共同体が解体してから半世紀から1世紀くらい後になってから，国家が政策により共同体の機能を代替するようになる。ある一定水準の経済発展を達成して初めて，資源を生産や投資だけでなく福祉に回すことができるようになるからである（Wilensky and Lebeaux 1958; Okun 1975）。

2)　福祉国家を，資本と労働の対立や矛盾が存在する資本主義社会における変化としてとらえ，資本の優位が構造的に存在すること（構造主義）を前提としつつも，国家は個別階級の利益を実現するのでなく，自律的な存在であるため，福祉国家の成立が可能になるという考え方である（Poulantzas 1973＝1978-81）。

2. エスピン - アンデルセンの福祉レジーム論

分類の基準——普遍主義的／限定的給付・労働の脱商品化・社会的階級連合

エスピン - アンデルセンの研究（Esping-Andersen 1990＝2001）は，政治と経済を不可分とし国家間比較を重視する制度論アプローチの系譜に連なり，家族や企業など私的主体や市場も含む包括的な福祉国家概念——福祉（国家）レジーム／福祉資本主義——を提唱した[3]。レジームを分類する基準は，制度，市場との関係，社会的階級の連合の三基準である。制度を大きく区別するのは給付のあり方であり，「普遍主義的（universal）給付」か「限定的（targeting）給付」[4]かの相違である。普遍主義的給付が，市民の権利としての給付を保障する一方，限定的給付は貧困層などに対象を絞っている。市場との関係における基準は，「労働の脱商品化」の度合（高低）[5]である。市場において，労働者は労働の対価として（労働を商品として売買し）賃金を得ているが，それに生存を依存しない度合を表すのが脱商品化である。これらに，「社会的階級の連合」が形成され福祉国家の支持基盤となるかの基準が加わり，自由主義・保守主義・社会民主主義の三レジームを区別する（表 16-1）。それ以前の基準である福祉国家の規模による区別との相違がよくわかる。

---

3) エスピン - アンデルセンの 1990 年の著作（Esping-Andersen 1990＝2001）では，福祉国家のレジームという含意で「福祉国家レジーム（welfare state regime）」という言葉が使われ，本の表題は「福祉資本主義（welfare capitalism）」とレジームの特徴を表すものとなっている。その後「福祉レジーム（welfare regime）」という言葉も使われている（例えば Esping-Andersen 1999＝2000）。そのため，本章では簡便化のために主に「レジーム」を用いるが，これらの言葉は同じ意味で用いられる。

4) ミーンズ・テストなどで貧困層に限定された（targeting）給付を指して用いられる（Korpi and Palme 1998）。同意語として selectivism も用いられるため（Gugushvili and Laenen 2021: 113）選別主義と訳される場合もある。

5) エスピン - アンデルセンは，高齢者年金，疾病給付，失業保険における所得の保障の度合を，それぞれ，勤労所得に占める年金最低限給付の割合，受給資格を得る最低加入年限，受給年齢人口に占める実際の年金受給者の割合で表せるとして，これらを用いた数値化を，脱商品化指標としている。脱商品化指標は，市場による所得の分配を，福祉制度がどれだけ再分配できるかの指標と考えられる。

表 16-1　エスピン - アンデルセンの福祉レジームの類型

	給付	労働の脱商品化の度合	福祉国家を支持する社会的階級連合	事例	エスピン - アンデルセン以前の基準福祉国家の規模
自由主義	限定的給付	最低	脆弱	アングロ＝サクソン諸国	小
保守主義	社会保険保険加入で給付	中程度	中間	大陸ヨーロッパ諸国	大
社会民主主義	普遍主義	最高	強い労働者＋中間所得層	北欧諸国	大

社会民主主義レジーム

　北欧諸国をその典型とする社会民主主義レジームでは，市民の権利すなわち社会権としての福祉を保障する普遍主義的給付が基本とされている。これは，女性などマイノリティを含む労働人口の大多数を雇用し，一定期間以上保険料を拠出する社会保険制度の受給者とすることで実現する。雇用を基本とせず，財源を税金でおぎなって一律給付を行うことも考えられるが，それでは，当然のことながら，財政負担により給付レベルが低下することが予想される。それに対し，雇用を基本とするやり方は，非拠出型給付対象者を少数に抑え，所得比例給付も可能とし，それが社会民主主義レジームの普遍主義的給付である。

　労働者は社会保険制度の受給者か非拠出給付の対象者となるので，当然のことながら「労働の脱商品化」の度合は高い。市場は労働を売買する場というよりは雇用を達成する場であり，市場で雇用されない労働力も公共セクターで雇用される。国家が提供する福祉サービスも雇用を促進する経済活動の一部となり，公共セクターと市場の融合が進む。普遍主義的制度により，社会権としての福祉と脱商品化が，中間所得層にまで適用される。その結果，多数派の社会的連合が歴史的に形成され，社会権としての福祉の支持基盤となる。

自由主義レジーム

　社会民主主義レジームと全く対照的な特徴を持つのが，北米やオセアニア諸国，英国の自由主義レジームである。給付は，所得や必要度を調べるミーンズ

テスト（資力調査）により行う，低所得層（多くは労働者階級）対象の限定的給付であり，社会保障は市民であれば与えられる普遍的権利でなく，スティグマを伴う可能性を持つ。

　社会保険制度は存在するが，国家が積極的に維持拡大を図るものでなく，市場の代替サービスに過ぎない。人々は，一律的な福祉により守られるわけではなく，企業年金や私的保険により老後や疾病／失業などに備えるので，当然のことながら，脱商品化の度合は低くなる。

　国家に最低の役割しか期待しない，市場中心主義的経済イデオロギーの下で，福祉国家を支持する階級連合は存在しない。

保守主義レジーム

　この中間に位置すると言えるのが，オーストリア，ドイツ，フランス，イタリアなど大陸ヨーロッパ諸国を中心とする保守主義レジームである。

　ここでは分立した制度が特徴となる。制度としては社会保険方式中心の給付であるが，職域ごとに分立して行われているため，普遍主義的給付とはいえない一方，制度により受給の条件が良い場合も存在するので，貧困層対象の限定的給付とも異なる。これは，近代化の過程で，封建制下の組織や制度や，君主制下の国家主義的遺制や国家コーポラティズムが残存し，伝統的制度を産業化後に適応させレジームが形成されたことに由来する。封建制下のギルドの相互扶助組合を基本に，社会保険制度を導入することなどがその典型例とされる。

　脱商品化の度合が中程度になるのは，教会や家族，伝統的社会連帯（慈善）などの役割が温存されているとともに，分立的制度が，職業的地位による格差を縮めているためである。しかしながら，市民の権利や社会権としての福祉は保障されず，既存の制度により守られる男性筆頭稼得者を中心に家族単位での福祉が実現する。国家は福祉を補完する形となり，より積極的な国家の役割を支持する社会的連合の形成は観察されない。

階級連合と制度の歴史的形成

　エスピン–アンデルセンの分類は，労働者を資本主義市場における弱者・被搾取者としてとらえ，その利益の実現としての脱商品化の度合によりレジーム

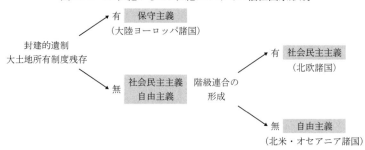

図 16-1　19 世紀から 20 世紀にかけての福祉国家形成

を区別する点では，マルクス主義の系譜に連なる権力資源論（Korpi 1983; Esping-Andersen 1985）[6] と共通性を持つ．権力資源論との相違は，労働者階級のみでは過半数の支持を確保できないことに着目し，労働者階級と中間所得層の多数派連合（赤と緑の連合）[7] の支持による政権の形成を社会民主主義レジームの特徴とする点である．福祉国家への支持の歴史的形成（の有無）から，レジームの分化を説明する点が特徴である．

封建的遺制の強さで，まず保守主義レジームが区別され，封建的遺制の影響が小さい地域では，階級連合の有無で，さらに社会民主主義レジーム・自由主義レジームへと分化する（図 16-1）．封建制による大土地所有が崩壊した北欧諸国では，中間所得層の主体は小規模の資本集約的自営農であり，産業化により増加する労働者と同じ経済的利益を持つため，連携が容易であった．労働者階級と伝統的中間所得層は，社会保障による所得保障を求め，「脱商品化」を求める赤と緑の連合として，社会民主主義政権と社会民主主義レジームを支えたのである．

---

6) 資本家階級の権力資源である資本と労働者階級の権力資源である組織（労働組合）化の分布に着目し，資本家階級と労働者階級の権力の配分に焦点をあわせていることから「権力資源論」と名付けられた．英語では power resource theory とされ，翻訳では，マルクス主義の含意にある「階級」を加えて「階級動員理論」，あるいは「権力資源動員論」と訳されることも多い．

7) 労働者を表す，共産主義や社会主義を象徴する赤，当時の中間所得層の主体であった農業従事者を象徴する緑を用いて，階級連合を表した赤と緑の連合（red-green coalition）は，現在も，ヨーロッパの社会民主主義政党と農民政党（agrarian party）の連合を表す言葉として使われている．

それに対し，北米・オセアニア諸国では，急速な産業化で市場経済に利益を見出す，都市の商工ブルジョワジーを含む中間所得層が，市場から国家へ福祉の主体が移ることを望まなかった。結果として，脱商品化の度合が最も低い自由主義レジームが形成される。

これら二レジームと異なり，大陸ヨーロッパ諸国を典型とする保守主義レジームでは，封建的遺制の残存が決定的な影響を与えた。領主の小作に対する恩情主義（パターナリズム），ギルドなど同業者の職業組合的連帯，教会による貧者の保護や慈善など，前資本主義的遺制の影響が残り，それが人々の生活を保護する役割を担い続けた一方で，労働集約的大規模農業経営者を主体とする中間所得層が，労働者と共通の利益を見出すことはなかった。社会権としての福祉は，ビスマルクの事例に見られるように，労働者の不満を封じ込めるための国家主義の手段として考えられ，労働と資本の利益が国家主導で調整される国家コーポラティズムの下で，既存の職業別連帯から発展した分立的社会保障制度が発達することになる。

この歴史的説明の帰結として，政府＝公共支出の規模といった「量」から福祉国家を分類する見方を批判し，レジームごとの制度の相違，すなわち，給付や制度のあり方といった「質」的相違を重視した点（表16-1参照）では，それ以前の制度論的アプローチをより徹底したものとみなすこともできる。

3. エスピン‐アンデルセンへの批判とその後の展開

階級連合と制度がどのように歴史的に形成されたかという観点から，エスピン‐アンデルセンの分類を批判的に検討し，その福祉国家の比較における意義を異なる側面からとらえ直したのが，ボールドウィン（Baldwin 1990）とマノー（Manow 2008）である。

中間所得層を中心とする階級連合

ボールドウィン（Baldwin 1990）は，福祉国家を支持する階級連合——赤と緑の連合——の重要性については同意しつつも，その中心を労働者階級でなく中間所得層とした。農業中心から工業中心へと移行する経済においては，農民や

都市中小自営業者から成る中間所得層が，国家が福祉の役割を担うことを支持するか否かが重要であり，労働者階級でなく中間所得層が，福祉国家への多数派の支持を左右すると主張し，階級連合の歴史的形成（図16-1参照）を中間所得層中心に説明し直すのである。すなわち，中間所得層が国家的規模の福祉制度の形成を支持すれば，普遍主義的制度が広まり社会民主主義レジームとなる。中間所得層の支持がない場合でも，国家規模の福祉制度に先行する社会集団の職業別連帯が存在し，福祉国家がそれを補完する形で制度を形成すれば，保守主義レジームとなる。自由主義レジームは，中間所得層の支持が存在せず，かつ国家制度に代替する職業的連帯がない場合である。

　ボールドウィンの中間所得層の役割を重視する批判は，財政赤字の慢性化が明らかになった1980年代以降新たな意味を持つこととなる。1990年代にかけて，福祉国家の縮減が重要な政治課題となったが，その鍵を握るのが中間所得層であった。貧困層や困窮層などに給付を限定する国ほど，中間所得層の支持を得られず，平等が達成されないという再分配のパラドックス（Korpi and Palme 1998）が明らかになったのである（邦語文献としては高橋ほか 2023）。中間所得層の福祉国家への支持（Korpi and Palme 2003）や中間所得層を受益者とするプログラム（Pierson 1994）が，福祉国家の縮減を抑制するという帰結は階級連合における中間所得層の役割の重要性を再認識させるものであった[8]。

多数派の形成と政党

　マノー（Manow 2008）の主張もエスピン - アンデルセンと必ずしも矛盾するものではないが，多数派形成の観点から福祉レジームの三類型をとらえ直し，ヨーロッパにおける福祉国家の形成と政党制の形成（Lipset and Rokkan 1967b）

---

8)　福祉国家が普遍主義的に給付を行い，中間所得層の支持を得ることができる場合には縮減が抑制でき，それが各国間の相違を生むと，権力資源論の立場からコルピとパルメは説明する（Korpi and Palme 2003）。福祉国家の制度的膠着（institutional stickness）により，自由主義レジームである英国や米国でも福祉国家の縮減が進んでいないとして，新制度論の立場から権力資源論を批判したピアソン（Pierson 1994）は，中間所得層を受益者とするプログラムが必ずしも縮減されていないことをその根拠としている。対立する立場ながら，福祉国家の縮減の抑制を説明する際の焦点が，労働者階級ではなく中間所得層に絞られている点は共通している。

との接点を明らかにする。北欧においては社会民主主義政党と農民政党の赤と緑の連合により，大陸ヨーロッパにおいては社会民主主義政党とキリスト教民主主義政党の赤と黒[9]の連合により，比例代表制の下で多数派が形成され，それぞれ社会民主主義レジーム，保守主義レジームの福祉国家に分化していくことになる。それに対し，英米の多数決主義的選挙制度の下では，福祉国家を支持する低中所得層が多数派となることが難しく，残余的な自由主義レジームとなる。社会的亀裂（第7章）と選挙制度（第8章）に左右される階級連合の形成が，福祉レジームを特徴づけるという主張である。

　マノーの指摘した多数派形成の重要性は，1970年代以降に民主化や産業化を進めた新興国の事例で，より明確に示されることとなった。これらの国では，平等を求める貧困層の福祉国家への支持が形成された場合でも，それと連合する中間所得層が存在しないため福祉国家化は進まないからである。階級やその連合が，ヨーロッパと異なることが，エスピン－アンデルセンの福祉レジームの類型が，ラテンアメリカ諸国などにあてはまらない重要な理由となっているのである（Huber and Stephens 2012）。

福祉国家の第四の世界

　ボールドウィンとマノーによる三類型の再検証に対し，分類自体に疑義を唱え，第四の世界を提唱する批判もある。

　キャスルとミッチェル（Castles and Mitchell 1992; 1993）は，オーストラリア・ニュージーランドのオセアニア諸国と英国では，世帯筆頭稼得者の雇用と収入を労働市場で確保することにより，再分配と同じ効果を持つ所得保障がなされているとし，これらの国々を，急進的賃金稼得者モデルと名づけ，米国などの自由主義レジーム諸国と区別した。これらの国では，労働者の利益を代表する労働党が存在しつつも，北欧型の社会民主主義レジームと区別される形の労働市場規制が存在することに着目したのである。オセアニア諸国は，1980年代の経済状況の悪化に対応した自由主義的改革により雇用・賃金政策も変化を迫られたが，私的セクターである労働市場の規制の重要性に着目し，今でも独自の

9）　黒はキリスト教の法服を象徴する。

類型をなすという見方もある（Deeming 2013; 加藤 2012）。

第四の世界として他に取り上げられる国の例としては，日本を含む東アジア諸国がある。1990 年当時のエスピン－アンデルセンの類型では，日本は，企業（職域）福祉の観察などからは自由主義レジームと保守主義レジームの間に位置づけられた一方，失業率の低さから社会民主主義レジームの特徴を持つとされた（Esping-Andersen 1990＝2001; 1999＝2000）。このような特徴から，規制政策や公共事業などによる雇用の確保や租税政策など広く経済運営も含めて日本の福祉国家を考える観点もあり（Estévez-Abe 2008），資本主義の多様性（第 15章）とも深く関わる。日本は，欧米諸国より福祉国家化が遅く，社会福祉元年と呼ばれた 1973 年はオイルショックと高度経済成長の終焉と重なり，福祉国家の形成と危機が同時進行した。1990 年代以降，急速な産業発展に伴い，福祉国家化も進めた韓国や台湾も日本と同様，家族や共同体的連帯の他，職域別の断片化した制度や，終身雇用の大企業と零細企業・非正規就業といった二重構造を持つことから，南欧・地中海諸国の福祉国家（Leibfried 1992）とともに，東アジアの福祉国家も第四の類型をなすのではと主張された。

日本を含む東アジアの福祉国家も，ラテンアメリカ諸国の福祉国家も，また東欧の福祉国家も，エスピン－アンデルセンの類型とは別に，それぞれの地域や国の特性が議論されるようになっている（Haggard and Kaufman 2008; 金 2010）。しかし，その場合でも，エスピン－アンデルセンが提唱した観点は，大きな影響を及ぼしている。例えば，福祉国家化に際し，国家レベルの福祉を代替するような既存の制度が存在するか否かに着目する観点は，ラテンアメリカ諸国の福祉レジームの理解に重要である。

欧米諸国以外の事例では，政治的・社会的弱者である貧困層の多数の支持があっても，必ずしも平等化が進まないことは，エスピン－アンデルセンへの重要な批判となっている（Huber and Stephens 2012）一方，これはエスピン－アンデルセンの福祉レジーム論の重要性を必ずしも否定するものではない。マノーによる再検証を紹介した際にも触れたように，1970 年代以降に民主化・産業化した新興国では，欧米諸国と異なる階級政治が存在し，福祉国家を支持する多数派連合の形成が難しい。欧米諸国と同じ支持連合形成のメカニズムが働かないことは確かであるが，多数派連合の形成が妨げられる場合も，エスピン－ア

第 16 章　福祉国家　　259

表 16-2　家族主義を含む分類

a

	労働市場のジェンダー平等度 高	労働市場のジェンダー平等度 低
家族への公的支出 高 or 中～高	プロテスタント社会民主主義 福祉国家 （北欧諸国）	先進キリスト教民主主義 福祉国家 （大陸ヨーロッパ諸国）
家族への公的支出 低	プロテスタント自由主義 福祉国家 （アングロ＝サクソン諸国）	後発女性動員 福祉国家 （日本，ギリシャ・イタリアなど南欧）

出典：Siaroff（1994: Figure 6.1）より作成

b

		脱家族化	
		高	低
脱商品化	高	社会民主主義 （北欧）	保守主義 （大陸ヨーロッパ）
	低	自由主義 （アングロ＝サクソン系諸国）	家族主義 （南欧）

出典：新川（2022: 図 7-1）より作成

ンデルセンが指摘した社会階級の重要性には変わりがない[10]。福祉国家を理解する理論枠組という観点からは，エスピン - アンデルセンの福祉レジーム論は，今日でも重要性を持つ。

家族主義とジェンダー論

エスピン - アンデルセンの「脱商品化」の基準に対しては，ジェンダーの観点から，家族主義に関わる批判がある。「脱商品化」の考え方は，労働と賃金との関係で市場に組み込まれた個人を前提とするが，男性に比較し，労働力「商品化以前」の状態にある女性が，圧倒的に多く存在するという批判である（Sainsbury 1994）。脱商品化において市場への依存が問題となるのであれば，多くの女性にとって，それに機能的に対応するのは家族への依存，すなわち「家族主義」であり，福祉義務の「脱家族化」が必要であるという批判である。

---

10)　例えば，東アジア，ラテンアメリカ，東欧の事例を対象とした Haggard and Kaufman（2008）でも社会階級の重要性は明らかである。

［解説］ジェンダーと社会保障の受給権

　社会保障の受給権を性別の観点から考える，最も古典的なモデルは，男性稼得者（male-breadwinner）モデルで，雇用労働により男性が家計を支え，受給権を得て，女性はその配偶者として家計単位で保護される。性別役割分担（separate gender roles）モデルでは，男性が雇用労働により受給権を得ることは，男性稼得者モデルと変わらないが，家族の中のケア労働も受給の対象となる点が異なる。女性のケア労働も社会保障の受給権の対象となるため，例えば，児童手当は育児を行う母としての女性へ与えられる。ケア労働にさらに国家の介入を深め，役割分担を廃したのが，個人稼得者／ケア供給者（individual earner-carer）モデルであり，両性とも雇用労働とケア労働を両立させるよう，介護保険や育児休暇など公的サービスが供給され，社会保障のみならず，税・社会保障とも個人単位となる（Sainsbury 1999: Table 3-1）。それに対し，普遍的稼得者（universal breadwinner）モデルは，両性とも就労優先でケア労働は最低限にする形の両立を目指し，ケア労働を公的或いは市場のケアサービスで代替させる。受給権に着目すれば，ジェンダー論によるモデルも，家族や女性の観点を取り入れて，市場での就労を重視してより実質的な「脱商品化」を目指しているのであって，エスピン-アンデルセンの福祉レジーム論の理論枠組の重要性を否定しているのではないことがよくわかる。

　これには，エスピン-アンデルセンも同意し（Esping-Andersen 1999: Chapter 4＝2000: 第4章），三類型と連続的な形で第四の類型である家族主義を区別する試みもある。シャロフ（Siaroff 1994）は，労働市場におけるジェンダーの平等性と家族を単位とした福祉支出の高低を基準とし，エスピン-アンデルセンの分類と呼称は異なるものの，実質的に同じ三類型に加え，ジェンダーの平等性の低い家族主義的な「後発女性動員福祉国家」を区別した（表16-2a）。新川（2022）は，脱家族化の高低に，エスピン-アンデルセンの脱商品化の基準を組み合わせ，国の分類としてはシャロフと同じ形で，家族主義が区別できることを示した（表16-2b）。

　シャロフや新川の類型は，今まで逸脱事例や残余事例と考えられてきた南欧の福祉国家や，家族主義的な考え方が強いとされる日本を含む東アジアの福祉国家が，類型の一つとなる点に強みがある。しかしながら，こうした連続性を重視する福祉レジームの考え方とは別に，ジェンダーの観点から，社会保障の受給権が性別によるかよらないかで，社会保障政策をモデル化し区別する見方

（Lewis 1992; Sainsbury 1994; 1999）[11] もある（［解説］ジェンダーと社会保障の受給権）。

4. 社会的投資と資本主義の多様性

社会的投資

エスピン‐アンデルセンの研究をきっかけに福祉レジームの多様性に関心が高まった 1990 年代はまた，福祉国家への挑戦とその結果としての変化が始まった時代でもあり，福祉国家と資本主義の関係が，改めて問われるようになった。資本主義の矛盾を解決する福祉国家の新たな方向性として着目されたのは，社会的投資政策である。

それ以前の福祉政策が，社会保障による再分配に象徴されるように，市場経済活動の結果として生じた困難や不平等などへの事後的対応を主眼としていたのに対し，社会的投資政策は，広く人的資本に関わる政策で事前的な政策である。児童の教育やケアや教育一般，職業訓練などを含む人的資本の開発，積極的労働市場政策のみならず，女性や一人親などへの支援による人的資本の活用，そして労働市場から排除されていた集団の市場参入を促進する社会的包摂に関わる政策などに分けられる。

労働人口の増加や労働の質の向上などで，経済活動自体を活性化させ，その結果として人々の福祉を向上させることを目的とする。社会的投資政策は，社会保障政策や再分配と必ずしも矛盾するものではなく，例えば，最低賃金保障や雇用の確保は両者に含まれる。

1990 年代中葉以降，EU のイニシアティブにより加盟国を中心にヨーロッパ全体に広がった社会的投資政策であるが（Porte and Palier 2022），その起源は，それ以前から積極的労働市場政策を行っていた北欧諸国である。雇用を前提として普遍主義的福祉国家となった社会民主主義レジームにおいて，福祉国家を取り巻く条件が厳しくなる中，更に積極的な労働市場政策や資本主義経済運営への配慮（第 15 章）や，ベーシック・インカム（［解説］ベーシック・インカム）など給付の強化が必要になった結果と見なすこともできる。

---

11) この観点から書かれた邦語文献としては，田村（2006）や辻（2012）を参照。

［解説］ベーシック・インカム

　社会的投資の考え方と並んで，近年，福祉国家の新たな政策としてベーシック・インカムも注目を浴びている。社会の（成人）構成員全員に，ミーンズテストや労働への従事を要件とせず，無条件に所得（定期的給付）を保障するというユニバーサル・ベーシック・インカム（van Parijs 1995; 2006）として取り上げられることが多く，一見，資本主義の経済原理とは無縁の政策のように見える。しかし，ベーシック・インカムは，必ずしも，いわゆる「バラマキ」のような，効果を考えない給付として始まったのではない。ヨーロッパにおいては，失業者や低所得者の効果的な就労を図る政策には限界があるとする批判的認識から，無条件のベーシック・インカムを支持する考え方もある[12]。また，労働への従事の要件を（少数者を除き）厳しく適用して，就労するまでの一定期間，給付を行うなど，給付の要件による政策的効果を重視する考え方もある（van Parijs and Vanderborght 2017）。ベーシック・インカムの考え方が，普遍主義的福祉国家において，就労の動機付けと所得分配の両立をより効果的に達成しようとする試みから生まれたことは忘れてはならない。社会的投資の考え方同様，福祉国家と資本主義の関係を再考する問題意識から生じた政策的考え方とみなすことができる。

　このような経緯から，社会的投資政策が EU 加盟国に広まった現在でも，北欧型の社会民主主義的アプローチと 1990 年代英国のブレア政権を典型とする「第三の道」アプローチを区別する考え方もある（Morel, Palier, and Palme 2012: 17-19; 新川 2022: 273-281; 第 15 章［解説］比較政治経済研究における北欧諸国：コーポラティズムと社会民主主義参照）。前者が，平等は経済の効率的運営のためにも重要であるとし，社会的投資によって不平等の削減を目指すのに対し（Esping-Andersen et al. 2002），後者は，ギデンス（Giddens 1998＝1999）らの考え方に基づき，機会の平等を社会的正義とする点に特徴がある。しかしながら，いずれのアプローチも，国家の事前的対応の有効性を前提としており，経済運営も含め，どのような対応を国家が行うかにおいて異なるに過ぎない。両者の考え方の相違は，例えば，ケインズ主義に代表される大きな政府と，古典的自由主義から新自由主義の系譜に連なる小さな政府の対立とは，全く異質のものである（Morel, Palier, and Palme 2012: Table 1.1; Hemerijck 2017: Table 35.31）。

12）　邦文のわかりやすい解説としては，堀内（2021）参照。

図 16-2　福祉資本主義と資本主義の多様性

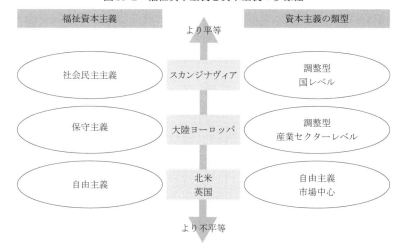

福祉国家と資本主義の多様性

　社会的投資は，福祉国家と資本主義の関係の重要性を前提とするが，エスピン - アンデルセン（Esping-Andersen 1990＝2001）が，福祉レジームを福祉資本主義とも呼んだように，資本主義との関係は，福祉国家研究の出発点でもある。資本主義経済運営においても積極的労働市場政策なども重要な役割を果たすことは，第 15 章で扱った（第 4 節）。こうした両者の緊密な関係を考えれば，福祉国家レジーム，調整型市場経済と自由主義市場経済の区別には対応関係があるのも理解できる（図 16-2）。北欧諸国は，社会民主主義福祉レジームを形成し，経済運営においては国レベルの調整型市場経済である。大陸ヨーロッパ諸国を中心とする保守主義福祉レジームは，産業／セクターレベル調整型市場経済と共存し，北米や英国のアングロ＝サクソン諸国では，自由主義福祉レジームと自由主義市場経済で市場レベルの調整が一貫して行われる。

　福祉国家研究と資本主義研究は，元来，異なる分野として異なる研究者によって担われてきたが，近年はこれらを関係づけ，比較研究が行われるようにもなってきている（Ebbinghaus and Manow 2001; Soskice 2007）。

　本章では，民主主義・資本主義の政治経済体制から福祉国家を考える福祉レ

ジーム論に始まり，福祉国家の形成とその類型を扱った。社会的投資など，現在の福祉国家における考え方や政策にも，民主主義と資本主義は深く関わり合っている。

第 17 章 | 国際関係と国内政治

　政治学においては，国際関係と国内政治は，当初は別々の分析対象となっていた。アナーキー（無政府状態）を前提とする国際関係と政府の存在を前提とする国内政治は，実質的に異なる分析対象であると考えられたことに加え，第二次世界大戦直後の国際関係が，社会主義・共産主義体制の東側圏と民主主義・資本主義体制の西側圏が対立する冷戦構造であったことも大きい。国際関係における冷戦構造と国内のイデオロギー対立が連動し一元的に定義されるため，かえって国際関係と国内の現象を独立した分析の対象とすることができるという逆説的な関係である。

　現在，国際関係を分析する視点は，国際関係と国内政治経済の両者を別個の対象として見るのではなく，相互関連的に見ることを前提とする。本章では，その変遷を追うとともに，国際環境の影響やグローバリゼーションを通して，民主化（第14章），民主主義と資本主義の関係（第15章）や福祉国家（第16章）とも関連し，また方法としてはゲーム理論（第3章）とも関係が深い国際関係の理論や考え方を扱う。

1. 合理的な単一行為者としての国家と無政府状態の国際関係

　国際関係における政治は，政府のような上位の存在がないまま，主権国家が並存しているという点で，国内政治とは大きく異なる。国際関係を見る出発点となる，リアリズムとリベラリズムは，そのアナーキー（無政府状態）に関する対立的見方である。

リアリズム
リアリズムは，国際関係を，主権国家が生存のために熾烈な競争を繰り広げ，

強制的権力（第2章参照）が行使される，弱肉強食・ゼロサム状態と考える。東西両陣営間で軍拡競争が行われた1950年代から1960年代にかけての冷戦期の国際関係を前提とした考え方である。リアリズムは，合理的行為者である国家は，生存のため権力を追求し，その結果，最悪の事態（たとえば核戦争）も起こりうるとする。囚人のジレンマゲームやチキンゲームの構造を説明する際に，冷戦期の軍拡競争や核戦争の危機がその事例とされたことは，すでに述べた（第3章）[1]。

リアリズムは，国家のない自然状態では個々人の自己利益の追求により「万人の万人に対する闘争」が起こるとするホッブズ（Hobbes 1946［1651］＝1992）の考え方などに源流を持つ。アナーキーな中にも秩序の維持を図る上では，モーゲンソー（Morgenthau 1978［1948］＝2013）が提唱するように，国家間の勢力均衡（balance of power）が重要とされる。

リベラリズム

リアリズムとは対照的に，国際関係に秩序や協調の可能性を見出すのがリベラリズムの考え方である。国家を合理的行為者とみなすリアリズムに対し，リベラリズムは，合理的な個人や集団を行為者とし，国内社会を代表して形成された国家の選好がその行動を決め，国際システムを形作ると考える（Moravcsik 2003: 161-167）。リベラリズムは，これら共通の前提を持ちながらも多様な知的伝統を持つ（Moravcsik 2003: 168-179）。カント（1985［1795］）の恒久的平和の考え方や，市場には神の見えざる手が働くとする古典派経済学に連なるスミス（2020［1776］）の観点など，18〜19世紀の哲学者にさかのぼる，異なる知的伝統を，リベラリズムの考え方は内包している。例えば，国内の（民主主義的）政治代表の表れとして外交を考える共和主義的（Republican）リベラリズムに対し，市場原理を重視し自由貿易を支持する商業主義的（Commercial）リベラリズムが区別される（Moravcsik 2003: 171-179）。国内の社会的主体や正統性を持つ秩序が国家の選好を決定し，それが国家間の紛争や協力にも影響するという観点から，国際協調を可能であるとする考え方の系譜もある[2]。

1）　リアリズムにおけるこうしたゲーム理論の応用の特徴については Snidal（1985b）参照。

第 17 章　国際関係と国内政治　　267

　第一次・第二次世界大戦の戦間期——危機の 20 年——には，大恐慌が起こり，各国間の植民地をめぐる争いが激化し保護主義が台頭するなど，経済自体が国家間の紛争の原因となり，国内でのケインズ主義の興隆に加え，国際関係においても，国家の介入を伴う政治的解決の必要性が明らかになり（Carr 1946［1939］＝ 2011），リベラリズムの批判的検討はネオリベラリズムへつながっていく（第 3 節参照）。

2.　ネオリアリズム

　アナーキーな国際関係を重視するリアリズムの観点は保持しながらも，国際関係の構造を重視するのが，ネオ（構造的）リアリズムの考え方である。

ウォルツと第三イメージ（国際システム）

　ウォルツ（Waltz 1959 ＝ 2013）は，国際関係を，個人・国家・国際システムのレベルで分析できると考え，それぞれを，第一イメージ，第二イメージ，第三イメージとして区別する。

　第一イメージは，対外・外交政策決定に関わる政治家や政策決定者の，個人的資質・行動パターンに着目し，政策過程を個人レベルで分析する視点である。国家指導者のリーダーシップと外交政策の決定を結びつける説明などが考えられる。国家のレベルの第二イメージでは，その国の政治経済体制（民主主義・権威主義や資本主義・共産主義の区別）や社会構造（同質的か分断されているかの相違）が，国際関係に与える影響——例えば，戦争や経済紛争を引き起こ

---

　2)　Moravcsik（2003）は，これを観念的（Ideational）リベラリズムと呼び，ネオリベラリズムの国際レジーム論につながるラギー（Ruggie 1983 ＝ 2020）の考え方（第 4 節参照）や，コンストラクティヴィズム（第 5 節参照）につながる，文化・規範が安全保障に影響を与えるとする研究（Katzenstein 1996）もこの系譜としている（Moravcsik 2003: note 14）。この節の記述は，リベラリズムの現在までの変遷に関わる体系的解説である Moravcsik（2003）に依拠しているが，より歴史的なリベラリズムの様々な知的伝統の紹介としては Matthew and Zacher（1995）がある。そこでも，共和主義的リベラリズム・商業主義的リベラリズムに加え，国際レジームの考え方に連なる系譜——制度的（Institutional）リベラリズム——を区別している。リベラリズムの多様な知的伝統に関わる邦文の解説としては，中西・石田・田所（2013: 24-29）がある。

しやすいかなど——を考える問題設定が可能である。

国際システムのレベルを分析対象とする第三イメージを，ウォルツは最も重視する。国家間の権力の配分や相互作用関係が，構造として把握できるからである。アナーキーの下で国家が自己保存を図る（相手の力が上回れば自己が脅かされるためそれを回避する）という行動前提で全て説明でき，第一イメージや第二イメージより少ない要因（説明変数）で結果（被説明変数）を説明できる。

ウォルツの三つのイメージの区別は，国際システムと国内政治過程の相互作用を前提とする点に特徴がある。たとえば，アリソン（Allison 1971＝1977）によるキューバ危機の研究は，合理的行為者モデルに加え，組織過程モデルや官僚政治モデルにより説明を試みている一方で，国際システムを，国内政治過程から独立したものとみなしている。それに対し，ウォルツは，国家単位での多様性や特徴——例えば，政治経済体制や国内政策決定過程，政策決定者の選好など——も考慮に入れ，国際システムを分析する。

この点で，ウォルツの考え方は，国際システムを最も重要な分析レベルとしながらも，国家が合理的で単一な行為者であるという前提に立つシステム論とは一線を画す（Fearon 1998: 299-301）。国家間の権力配分や権力闘争のあり方を構造として把握し，国家が位置付けられる構造を最も重要な分析対象とする点で，古典的リアリズムと袂を分つ。たとえば，数多くの国が分立する多極化は，二大国による二極化による均衡より，情報が不完全で不確実性が高いといったように，特定のパターンや規則性を見いだせる統一体やシステムとして，国際関係を把握するのである。

逆第二イメージ——国際関係と国内政治経済の相互作用の研究の深化

ウォルツが，ネオリアリズムの立場から，国際システムに影響を与える第二イメージとして国家を明示的に区別したことは，国際関係と国内政治経済との相互作用を考える新たな観点を生むこととなった。国家の政治経済体制が国際関係に影響を与える第二イメージに対し，国際関係の国内政治経済への影響を分析する「逆第二イメージ」と呼ばれ，比較政治学者であるグルヴィッチ（Gourevitch 1978）により提唱された。

第17章　国際関係と国内政治　　269

　国家が主体として国際関係に影響を与えるとする第二イメージが，国際関係
の研究において，国家間の相違や多様性を考慮する観点であるとすれば，逆第
二イメージは，国家間の政治経済システムや政策を比較する比較政治経済の研
究の際に，国際関係の影響を考慮する観点である。換言すれば，逆第二イメー
ジは，第二イメージを否定したものではなく，それに逆の方向性も付け加えた
ものである。逆第二イメージは，国際関係が国内政治経済に影響を与え，影響
を受けた国家が国際関係に影響を与えるという相互作用を重視する観点から，
国際関係の研究と国内政治経済の研究を理論的・実証的に結びつけることに貢
献した（第6節参照）。

3.　覇権安定論とネオリベラリズム

リベラリズム・リアリズムの批判的検討と覇権安定論

　リベラリズムからネオリベラリズムへの流れに大きな影響を与えたのは，覇
権安定論（hegemonic stability theory）である。権力の不均衡を前提とする国
際システムにおける覇権国（hegemon）による安定に着目した点では，覇権安
定論は，リアリズムの批判的検討の系譜に属する（Gilpin 1981＝2022; 1987＝1990）。
しかしながら，覇権を，権力行使ではなく国際経済の安定や国際経済秩序とい
った公共財の供給に結びつけ，レッセフェールの考え方から一線を画した点で
は，リベラリズムの批判的検討にも結びつく[3]。

公共財としての国際経済体制

　19世紀中頃の英国は，自由貿易体制を支えたが，20世紀前半には，その経
済力が衰える一方，新興勢力である米国が経済的優位にもかかわらず，英国に
代わる役割を果たさなかったため，大恐慌から保護主義やブロック経済化の道
を歩み，国際関係の不安定化を招いた。それに対し，20世紀中頃の米国は，
第二次世界大戦後の国際経済体制を形成し，その安定に貢献した。覇権安定論
は，こうした歴史事例の解釈に基づいた考え方であり，覇権国が，軍事力のみ

---

　3)　ネオリアリズム・ネオリベラリズムそれぞれによる覇権安定論の対比についてはWal-
　　ter（1996）参照。

ならず傑出した経済力で国際経済体制を支える側面を重視する（たとえば
Kindleberger 1986a［1973］＝2009）。

　覇権安定論は，国際経済体制を公共財と考え，覇権国がそれを供給すること
で，他の国が国際経済の安定を享受できると考える。本来政府により供給され
ると考えられた公共財の考え方を国際関係の理論に明示的に取り入れたのは，
その重要な理論的貢献である。公共財は排除されることなくその便益を享受で
きるためフリーライドによる集合行為（第3章）の問題が生じる。しかし，他
国に対し圧倒的優位を持ち，経済規模の大きい覇権国にとっては，経済の開放
性と安定を確保する公共財の供給の費用は負担とはならず，他の小国のフリー
ライドを許容し，公共財の供給が可能になるとするのが覇権安定論の考え方で
ある。

米国の覇権の衰退と覇権安定論

　第二次世界大戦後の国際経済秩序を形作った国際貿易体制や国際通貨制度は，
米国の覇権の下での公共財の典型である。しかし，米国の覇権を対象とする覇
権安定論への関心が高まったのは，その優位のもとで秩序が形成された第二次
世界大戦直後ではなく，覇権の衰退が明らかになった1980年代中頃以降であ
った。

　その象徴的なきっかけとなる出来事としては，1971年のニクソン・ショック
による，国際通貨体制の固定相場制から変動相場制への移行がある。これによ
り，関税及び貿易に関する一般協定（GATT）・国際通貨基金（IMF）・世界銀
行[4]といった国際経済機関の設立から始まり，第二次世界大戦後の国際経済体
制を担ってきたブレトンウッズ体制は実質的に終わることになる。変動相場制
への移行は資本の移動の自由化を促し，各国は為替相場の安定のため政策協調
を行わざるを得なくなる。高度経済成長の終焉と国際経済秩序の揺らぎは，各
国間の相互依存（interdependence）の関係を改めて認識させることになり，
その対応が迫られた[5]。

　またGATT下の自由貿易体制も，米国の絶対的な経済的優位を前提として

---

[4]　1944年に欧米各国が集まり合意した際の，世界銀行の前身は国際復興開発銀行（IBRD）
　であり，GATTは1995年に世界貿易機関（WTO）に移行した。

いたため，1980年代以降，米国とヨーロッパや日本との貿易摩擦が激しくなり，見直しが迫られることになる。さらに，低成長に伴う失業，積極財政の必要とインフレ，財政不均衡による財政赤字のような問題は，各国間の政策介入の必要性を高め，国際経済秩序の維持は以前より重要となる。

このような状況に際して，覇権国が衰退しても，必ずしも国際経済秩序が不安定化しないのはなぜかという問題意識が生じた。覇権国による安定という，リアリズムの系譜においては，覇権安定論は，現実を説明する理論としての有効性を失った。しかし，逆説的ではあるが，その問題意識から，かえって，覇権安定論が，国際関係における公共財の供給を可能とする点への関心が高まった（Russett 1985）。覇権安定論のリベラリズムの批判的検討につながる側面，すなわち，国際経済制度や秩序といった公共財の供給に関わる側面に関心が寄せられたのである。

4. 国家間の相互依存の下での国際制度の形成

埋め込まれた自由主義と国際レジーム論

覇権安定論は，米国の経済的優位下で，多国間自由主義経済体制と国内経済を分離しつつ両立させることが可能であることを体系化して示すことを試みた。このような多国間主義に基づく国際経済秩序——ブレトンウッズ体制——を，ラギー（Ruggie 1983＝2020）は，経済の成長や安定を図る各国の政策介入を受け入れる妥協の結果であるとして，「埋め込まれた自由主義（embedded liberalism）」と呼んだ。

「埋め込まれた自由主義」の考え方は，米国の経済的優位の揺らぎが明らかになった1980年代に，覇権衰退後の多国間主義的国際経済秩序の形成は可能かという問題意識とも結びつく。その問題意識が，覇権国ではなく国家間の協力関係による秩序形成を考える国際レジーム論につながる（Krasner 1983b＝2020）。覇権国による国際経済秩序の維持が不可能になったにもかかわらず，各国間の協力による国際レジームという形で，公共財の供給が維持されるとする立場で

---

5) 国家間の相互依存関係を，最初に体系的に示した研究としては Keohane and Nye（1977）。邦文の解説書としては山本（1989）。

ある。

国際レジームは「国際関係の特定の領域で，明示的或いは暗黙の原則，規範，規則と決定手続きの集合体」で「行為者の期待を収斂させる」役割を持つと定義される（Krasner 1983a＝2020）。国際レジームの形成は，相互依存関係を持つ国家にとっては共通の利益であり，相互依存と国際レジームは深い関係を持ち[6]，覇権による安定後の国際秩序を研究する視角となった[7]。

国家間の協調や協力──繰り返しゲームにおける協力と取引費用

国家間の協力による国際レジームの形成は，公共財の供給に関わる集合行為の問題（第3章）として考えることができる。政府が存在しない国際関係において，利己的で合理的な国家は，非排除性を持つ公共財の供給に関してはフリーライドの動機づけを持ち，国際レジームの形成・維持は困難であると考えられる。にもかかわらず，なぜ国際レジームは形成・維持されるのであろうか。ゲーム理論や新制度派経済学などの知見を用いてこの問いに答えたのは，コヘイン（Keohane 1984＝1998）である。

ゲーム理論の応用においては，利己的な国家間の関係は，囚人のジレンマゲームやチキンゲームの合理的プレイヤーの関係と同じであるとするリアリズム・ネオリアリズムの立場とは異なり，国家間の関係が将来にわたり継続的であることに着目する。利己的な行為者であっても繰り返しゲームでは，協力の可能性が高まるというゲーム理論の含意（第3章参照）に基づき，国家間の協力関係は可能であるとするのである（Axelrod and Keohane 1985）[8]。

さらに，コヘイン（Keohane 1984＝1998）は，市場で解決できない問題，いわゆる外部性の問題の解決を制度の役割と関係づけて考える，新制度派経済学からも理論的示唆を得る（例えば Coase 1937; Williamson 1983 [1975]＝1980; 1985）。

---

6)　この点についての詳細な説明としては Keohane and Nye（1987）。

7)　このような観点から，覇権による安定後の国際経済秩序を分析する研究としては Keohane（1984＝1998），Snidal（1985a），Kindleberger（1986b），Gowa（1989）などがある。

8)　リアリズム・リベラリズム間におけるゲーム理論の観点の相違については Snidal（1985b）に詳しい。またスナイダル（Snidal 1985b: note 8）は，アナーキーな状態での権力追求という点では，ウォルツも同じであるとしている（Waltz 1979: Chapter 7＝2010: 第7章）。

例えば，国際機関や国際制度は，主体間の取引費用（transaction costs）を小さくする形で，組織化や制度化を行うことも可能である。そうであれば，市場メカニズムが働かない場合に生じる，国際経済における外部性の問題も，解決が可能であるとする。

これらは，国際的な制度をより詳細に観察し，国家間の協力関係を理論で補強して裏打ちする考え方であり，ネオリベラル制度論（neoliberal institutionalism）と呼ばれることもある（Stein 2008; Keohane 2011）。

5. コンストラクティヴィズム

ネオリアリズムとネオリベラリズムの論争（[解説] ネオリアリズム vs ネオリベラリズム）に対し，両者とも合理主義的説明として批判する観点として，1990年代以降，影響力を増したのが，コンストラクティヴィズムの考え方である。提唱者であるウェント（Wendt 1992; 1999）は，ネオリアリズム，ネオリベラリズムはいずれも合理主義（rationalism）に基づいていると批判する。たとえば，ある国家が安全保障を強化すると，それは他の国家の安全保障を脅かすといった形で，安全保障のジレンマは概念化される。しかし，これら国家がどのような国家で，どのような利害関係を持っているかも，ジレンマ自体に深く関わるはずであり，ジレンマは無政府状態や自然状態から必然的に生じるものでない。どのような国家であるかといった主体やその利害の認識は，多くの人に共有され意味づけられ，社会的に構成され，また再構成されることもある（Wendt 1992: 407）。このように，国際関係における主体や現象であっても，その社会的構成（或いは構成される過程）に関わる知識や，どのように社会的に考えられているかという認識に基づき概念化・分析しなければならないと考えるのが，コンストラクティヴィズムの特徴である。先の例で言えば，社会的意味づけを無視して「ジレンマ」として一般化するのは意味がないと考えるのである。

コンストラクティヴィズムは，第一に，多くの人に共有されるアイデアの重要性に着目し，たとえ物質的状態であっても，それがどのような意味を持つと考えられるのかによって，社会では影響が異なると考える[9]。第二に，主体や対象を，先験的に定義し所与として分析するのでなく，それらがどのように社

［解説］ネオリアリズム vs ネオリベラリズム

ネオリアリズムとネオリベラリズムの間の論争[10]は，多くの論者が様々な側面から関わり，多岐にわたる。その一方で両者の対立はいくつかの論点に集約される。例えば，ボールドウィン（Baldwin 1993a）は，1）アナーキーの本質と帰結，2）国際協力，3）相対的利得・絶対的利得，4）国家の目的の優先順位，5）国家の意図と能力，6）制度とレジームの六点をあげ，次のように対比している[11]。

ネオリアリズムでは，国際関係におけるアナーキーを，国家が生存を目的に独立に決定を行う状況と単純に定義する。それに対し，ネオリベラリズムでは，アナーキーを，文字通り政府が存在しない状況と定義し，そうした状況でも，国家間の相互依存の関係は存在し，利己的で自律的な国家であっても，国際レジームのような形で共同決定も行い，そこに利益も見出すとする。

国際協力に関し，ネオリアリズムが，その達成も維持も難しく，その可否は国家の権力によるとするのに対し，ネオリベラリズムは，国際協力は可能であるとする。この相違は，国際協力から得られる相対的利得（他の国家と比較した場合の利得）を重視するネオリアリズムと，個々の国家の絶対的利得を重視するネオリベラリズムの相違にもつながる。

国際協力や利得に関わる相違は，国家の優先順位の高い目的として，ネオリベラリズムが軍事・安全保障を考えるのに対し，ネオリベラリズムは，経済や福祉の増大を考えるという相違とも対応する。

以上を踏まえ，将来，他国がどのような意図や利益を持つかは不確実であり，そうした不確実性に備えるのは国家の能力であるとするのが，ネオリアリストの立場である。それに対し，ネオリベラリストは，アナーキーな状況から来る制約があっても，国家の意図により協力が可能であるとする。

上記の論点は全て，国家間の協力に，国際レジームや国際制度を有効とするネオリベラリズムに対し，それに疑義を呈するネオリアリズムという対比にもつながっている。

---

9) コンストラクティヴィズム以外にも，国際関係の研究において，アイデアを重視する観点は存在する（Goldstein and Keohane 1993a）。しかし，コンストラクティヴィズムの場合と異なり，利害対立や制度の影響も加味した上でアイデアの役割を考える，これらの観点は，ネオリアリズムやネオリベラリズムとも必ずしも矛盾するものではない（Garrett and Weingast 1993; Goldstein and Keohane 1993b）。

10) ネオリアリズムとネオリベラリズムの間の論争に関する代表的な研究書としては，Keohane（1986），Baldwin（1993a），Powell（1994）がある。

11) Baldwin（1993a）は，その編著（Baldwin 1993b）に，ネオリベラリズムの代表的論者が寄稿した各章を含む文献を引用する形で，これら論点をまとめている。

会的に構成されるかという立場から，分析の対象とする[12]。

コンストラクティヴィズムは，方法論的個人主義により原因と結果を結びつける因果的説明より，現象全体を分析の対象とし，それがどのように社会的に構成されるかに重点をおいて分析を行う。コンストラクティヴィズムは，国際政治の実態や本質の定義に関わる理論というより，分析に関わる考え方であり（Fearon and Wendt 2002: 56-58），合理主義の立場に立った既存理論とは異なる側面から分析を行う観点を提示しているとも考えられる（Fearon and Wendt 2002: 67-68）。

6. 国際関係と国内政治経済

埋め込まれた自由主義の体制が崩れ，さらに 1990 年代以降，人・物・資本の国境を超えた移動の増加に伴う，グローバリゼーションの加速により，国際レベルの変化と国内の変化が不可分となることによって，国内政治経済体制も国際関係からより大きく影響を受けることになった（この点については，第 15 章を参照）。国際関係と国内政治経済が相互に影響を与えるという前提に立った研究をいくつか紹介する[13]。

二層ゲーム

逆第二イメージが，第二イメージを逆転しただけでなく，国際関係と国内的要因の相互作用に着目したものであることは既に述べたが，これをゲーム理論に基づいて一般化したのが，パットナムによる二層ゲーム（two level game）の考え方である（Putnam 1988）。

国際交渉において，国家は，単一行為者として，自国の利益を最大化するように行動する，国際レベルのゲーム（レベル I）に加え，異なる利害関係者間で政策への合意を得る国内政治レベルのゲーム（レベル II）を行っていると考

---

12)　たとえば，合理主義的なアプローチでは，理性に基づき行動し自律的で責任能力がある個人や国家といったように主体を定義するが，このような先験的な定義でなく，どのような主体であるかを考えなければならないという立場である。

13)　このような研究の初期の包括的レビューとしては Fearon（1998）参照。

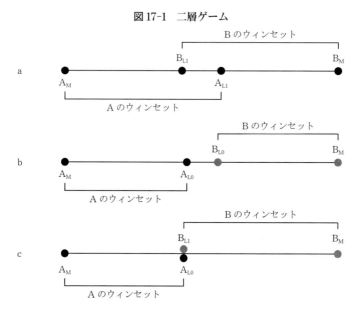

図17-1 二層ゲーム

　える。合意の結果決定された外交政策や，批准された条約は，国内政治に影響を及ぼす。そのため，国際交渉においては，国内の利害関係者が受け入れ可能な妥協の範囲が制約として働くことになる。この妥協可能な範囲をウィンセット（win-set：勝利集合）とし，国内政治レベル（II）のゲームの制約として，国際レベル（I）のゲームに表現することで，二層のゲームの相互作用を具体的に表現できる。

　国際交渉に臨む国においては同じような二層ゲームが行われており，その相互作用を考えた上で二国間交渉を定式化できる。たとえば，A国とB国が交渉し，それぞれにとって利益を最大化できる最も好ましい場合を A_M，B_M，妥協の範囲内で最も好ましくない場合を A_{L1}，B_{L1} と表せるとすると，A_M から A_{L1} までの範囲がAにとってのウィンセットとなり，B_M から B_{L1} までの範囲がBにとってのウィンセットとなる（図17-1a）。それぞれのウィンセットの重なる B_{L1} と A_{L1} の間が，両国の共同利益である交渉妥結の範囲となるが，A・B両国ともなるべく自国にとって最も好ましい A_M，B_M の近く，すなわち相手国にとって最も好ましくない妥協点である B_{L1}，A_{L1} が，それぞれ，最も好まし

くなる。

これは，国内政治の制約が，国際交渉における両国の力関係や戦略と，複雑な関係を持つことも示唆する。例えば，妥協の範囲内で最も好ましくない点が A_{L0}，B_{L0} と，両国のウィンセットの範囲が狭まった場合は，交渉妥結が不可能になる（図17-1b）。その一方で，例えば，A国のみウィンセットが狭まり A_M から A_{L0} までの範囲となり，B国のウィンセットが B_M から B_{L1} までの範囲で変わらない場合（図17-1c）は，B_{L1} と A_{L0} が重なる点が交渉妥結点となり，ウィンセットが狭まったA国にとって，最も好ましい A_M により近い決定となる。言い換えれば，国内政治の制約によりウィンセットの範囲が狭まることは，交渉決裂に至れば，その国にとって不利に働くが，交渉妥結の可能性がある限りにおいては，相手より有利な立場となることを意味する。これは，国内要因の制約を理由に，より自国にとって望ましい結果を相手国に受け入れさせることにもつながる。

二層ゲームの考え方は，その後，国際関係と国内政治の相互作用をより緻密にかつ現実的に分析するため，理論的にも実証的にも拡張された。情報の不確実性や非対称性も分析に加え，相手国に自国内の政治的制約が大きいと信じさせれば交渉が有利になるといった，新たな含意も得られる（Iida 1993）。さらに，交渉の行方には，国内利益の対立とそれを外交政策に反映する際に関わる政治制度や，国内集団の相互作用も影響する（Milner 1997）。相手国内に利害対立がある場合，自国と合致する利益を持つ社会集団と連携することも可能である。こうした国際交渉と国内政治の制約に関わる理論的発展を背景に，1980年代後半から1990年代にかけて激化した日米経済摩擦の際の日米構造協議における，対日輸出を増やし貿易赤字解消を図る米国と日本の交渉の研究にも，二層ゲームは応用されている（Schoppa 1997）。

貿易と国内政治・民主主義

国際レベルと国内レベルの相互作用を前提とすれば，貿易をめぐる国際関係が国内政治経済体制にどのような影響を与えるかを体系化することもできる。比較政治学者であるロゴウスキー（Rogowski 1989）は，生産要素が他国と比較して豊富で生産に優位な産業に特化することで自由貿易から利益が得られると

する比較優位の理論を出発点とし，貿易の自由化や保護が，国内の所得分配に影響を与えることに着目する[14]。自由貿易からの受益者すなわち比較優位を持つ生産要素の所有者である社会集団は，自由貿易を定着させようとする。反対に，比較劣位を持つ産業に関わる社会集団は関税の賦課など保護貿易を定着させようとする。結果として，貿易からの経済的利益の相違は，異なる国内政治経済体制の制度化のための政治権力の行使に結びつく。19世紀後半の米国において，広大な土地を持ち自由貿易を求める農業セクターと保護主義を支持する資本家・労働者の対立が南北戦争に結びついた事例や，19世紀後半のドイツで，労働集約的で比較優位を持つ産業の労働者と保護貿易を支持する資本家・地主の対立が階級対立となった事例が取り上げられている。

ロゴウスキーの研究は，貿易における比較優位・劣位という国際的要因が，国内の政策対立や政治的連携へどのような影響を与えるか，さらに，その結果選択された自由化か保護かという政策が，国際関係にどのような影響を与えるかも射程に入れ，国際・国内過程の相互作用関係を分析している。国際関係と国内政治経済との相互作用を前提として，第二イメージに加え，逆第二イメージにも基づいた分析（第2節参照）を行うようになる流れを作った比較政治研究でもある。国内過程を国際関係から分離して分析することから生じる問題も認識されるようになり（Oatley 2011），現在では，国際システムや国際関係と国内政治の相互作用がどのようにモデル化できるかなどの方法も工夫され，それに沿って，例えば政治体制によってどのように貿易政策が異なるかといった観点から，各国を比較する定量的分析も行われるようになっている（Chaudoin, Milner, and Pang 2015）。

さらに，国際機関が関わる，国際関係と国内的要因の相互作用を前提とする研究も行われるようになった。日本の事例も対象とした研究では，二国間貿易で紛争が生じた際に，国家がそれをWTOに提訴し裁決を求めるか否かに関

---

14) 生産要素が他国と比較して希少で生産に不利な（比較劣位を持つ）産業においては，国内生産するより輸入した方が効率的であるというヘクシャー＝オリーンの定理に基づけば，比較優位は国内の所得分配へ帰結する。その定式化は，W. F. ストルパーとP. A. サミュエルソンによって行われたので，ストルパー＝サミュエルソンの定理と呼ばれる。ロゴウスキー自身は，著書でストルパー＝サミュエルソンの定理として言及している。理論的側面の説明はRogowski（1987）に詳しい。

して，その国の国内政治要因が深く関わることを指摘したデーヴィスの研究（Davis 2012）がある。紛争の対象となる貿易政策の分野で，国内の権力が分立し当事者間の相互抑制や権力関係の均衡の傾向が強いと，政府が WTO に提訴・付託し，その勧告や裁定を求める傾向が強まることを指摘している。さらに，政治的影響力の強い産業が紛争当事者となっている場合は，WTO への提訴・付託の傾向がさらに強まるとしている。総じて，国内で利害対立が激しく決定が難しい場合には相手国との交渉でなく WTO への付託の傾向が強まる。WTO へ提訴し裁決を求める場合も国内政治の要因が深く関わり，国際機関における政治においても国内政治が影響を与えることを示唆している[15]。

国内社会での利益追求や社会集団間の競争が，国際レベルにどのような影響を与えるのかといった問題意識からの研究としては他にも例がある。米国のヨーロッパ諸国・日本との貿易交渉（1970 〜 90 年）では，農業・産業セクターの交渉が連携（リンケージ）した形で行われることにより，保護主義の圧力が強いと考えられる農業分野においても自由化が進むなど，国内の利益政治も必ずしも変化の妨げとならないといった指摘もなされている（Davis 2004）。より一般的に，民主化が進む国では貿易の自由化も進むといった形で，民主主義と自由貿易が相互に強化し合う側面（Milner and Kubota 2005）も観察されている[16]。

国際関係の安定や維持と国内利益政治が両立するというだけでなく，多国間主義に基づいたグローバルな国際関係が，各国内の民主主義の維持の妨げとなるとする「民主主義の赤字（democratic deficits）」[17]に対する批判や見直しもある。コヘインら（Keohane, Macedo, and Moravcsik 2009）は，特殊利益に対抗し，個人や少数派の権利を守り，多数が参加する集合的討議の機会が確保できるのであれば，多国間主義やそれが制度化された国際関係の影響は，かえって各国の民主主義を強化する方向に働くと主張している。

---

15) WTO への提訴・紛争の付託は，二国間協議など他の方法より，紛争を解決に導く可能性を高めることも確認されている。

16) 国際関係と国内的要因との相互作用に焦点を絞った研究は，政治経済学的なアプローチを取るものが多く，その中で日本は重要な事例となっている。例えば飯田（2007）参照。

17) 「民主主義の赤字」とは，欧州統合が進むにつれ，多国間主義の国際機関として最も強力な EU による決定により，加盟国において民主主義が損なわれるとする批判的観点から生まれた概念である（Dahrendorf 1999）。

合理的戦争と国内政治・民主主義

　国内政治や民主主義が影響を与えるのは，もちろん国際経済のみではない。戦争がなぜ起こるかに関する説明としては，国際関係において合理的単一主体である国家が国益を考え，費用と効果，コスト・ベネフィットを計算・考慮するという説明が有力であった。その一方で，実際にはその結果から得られる効果に見合わないコストの高い戦争が起こっている。

　この疑問を出発点に，国家が合理的行為者であるという前提は共有しながらも，フィアロン（Fearon 1995）は，戦争が起こる理由として，国際関係レベルの分析では必ずしも重視されてこなかった，価値の不可分性，情報の問題，コミットメントの問題の三つを考える。例えば，他に代替することができない価値を持つ領土の所有が紛争の焦点となっている場合には，どちらかがそれを得てどちらかが失うというゼロサム状態となり，戦争を解決の手段とすることも合理的となる。ここにおいて重要なのは，例えば，宗教やそれを支持する国内勢力を背景として，土地の所有に関わる価値の不可分性が生じるという点である。情報の問題は，単純化すれば，自国と相手国が戦争を行った場合どちらが強いか弱いかに関わる問題である。自分が相手より強ければ戦争を引き起こす誘因となるが，その情報自体が正しくなかったり，意図的に歪められて伝えられたりする場合もある。コミットメントの問題に関してはフィアロンは，相手国の攻撃や侵略を予測して先制攻撃をする先制戦争や，将来想定される自国にとっての不利な状況や損失を防ぐために行う予防戦争などをその例として挙げている[18]。

　このようにして起こる戦争に，国内の政治制度が影響を与えるとする考え方の一例として，民主的平和（democratic peace），すなわち，民主主義国同士の間では戦争が起こりにくいという考え方がある（Maoz and Russett 1993; Russett 1993＝1996）。民主主義は，戦争と相容れない規範を持つと同時に，武力行使に支持を得るのに時間のかかる手続きという構造的制約もあり，これら規範や構造が戦争の回避に結びつくことも定量的分析により実証された。さらに，民主主義国では，戦争といった対外政策に関わる情報も市民に開示され，戦争によ

---

18) より詳しい説明としては多湖（2024: 150-152）参照。

る損害や負担にもかかわらず見返りが低い場合に支持を失うこともある，すなわち，観衆費用（audience cost）が生じる。そのため，戦争ではなく，交渉や外交によって問題の解決を図る動機付けが生じるという仮説に基づく検証も行われている[19]。

　こうした，国内政治との相互作用の関心はまた国際関係論の分野における実験研究（第18章参照）にもつながる。権力関係により主権国家を定義するマクロ・レベルの分析が行われてきた国際関係論においても，国内の政治的要因が着目されるようになった結果，ミクロ・レベルの分析の手法として，実験の方法も導入されるようになった（Hyde 2015）。グローバリゼーションの加速に対する国内の反動である反グローバーリゼーション（Walter 2021）は，今や，各国共通の問題（第6章第7節参照）であり，各国政府への支持を揺るがすとともに，自由貿易体制を基本とする国際経済秩序を脅かす可能性を持つ。その現象の理解には，国内の世論の動向や有権者の選好や政策決定者の反応を含む政治過程の分析が重要となり，こうしたミクロ・レベルの分析のために，サーベイ実験の方法も用いられるようになったのである（Naoi 2020）。検証の結果，自由貿易を通して生み出される経済的利益も，グローバリゼーション下の経済的不利益に対応する政府の福祉政策（第16章参照）とともに，国際経済秩序への支持を確保するための，重要な国内支持基盤となりうることも報告されている（久米 2023）[20]。

　本章では，リアリズムとリベラリズムの対比からネオリアリズム・ネオリベラリズムの論争をへてコンストラクティヴィズムまでの国際関係の理論を紹介

---

19) このような研究の例としては，例えば Fearon（1994），Tomz（2007），Kurizaki and Whang（2015），Kohama, Quek, and Tago（2024）。国内の政治的制度的要因に着目しミクロ・レベルの分析にゲーム理論を応用することで，これら研究は，合理的行為者である国家の対立を不可避とする古典的なリアリズムの考え方を修正する（Bueno de Mesquita 2006）。

20) 久米（2023）は，日本にヨーロッパ・北米・南米諸国を加えた，サーベイ実験による比較研究でもあり，貿易の自由化が，国内政治において支持を得ることが難しいという見方に疑義を呈している。貿易の自由化が，国内の利益政治を遮断した行政でなく，かえって民意を代表する議会の多数派連合により進められることを，日本も事例として実証的に検証した研究としては Naoi（2015）がある。

するとともに，国際関係と国内政治経済社会との相互作用を前提に分析を行う，二層ゲームなどの考え方も扱った。現在，国際関係の研究は，国内政治経済分析と結びつき，歴史事例分析はもちろん，ゲーム理論や定量的分析から，実験の方法など，様々な方法を用いる形で進められている[21]。例えば，サーベイ実験は，従来，国際関係や国際政治経済の分野で研究対象とされてこなかった世論を分析することで，個人・国家・国際システムの三イメージを結びつけるとともに，コンストラクティヴィズムが重視する，社会や文化に関わる規定要因を，科学的に検証しようという融合的な試みでもある。リアリズム・リベラリズムの対立に遡る国際関係におけるパラダイム論争は，ミクロ・レベルの分析も含むようになった実証研究に新たな形で復活したとも言えよう。次章で扱う政治学における方法論の展開は，国際関係や国際政治経済の研究においても顕著な形で現れているのである。

---

21) これら様々な方法の国際関係論研究への応用に関しては松原・飯田（2012）の他，テキスト分析や実験の方法まで射程を広げて解説を行っている鈴木・飯田（2021）がある。

第18章 方法論の展開——実験と定量的分析・定性的分析

　1990年代以降，コンピュータ関連の技術の発展を背景に，実験の方法が政治学の方法（第1章参照）に加わり，2000年代以降，急速に広まることになる（Morton and Williams 2008: 340; Druckman et al. 2011: 5）。本章では，様々な方法を用いる政治学のあり方を振り返りつつ実験の方法を紹介し，現在の政治学の方法への理解を深める。

1. 定量的分析と定性的分析——再論

方法から見た政治学の研究

　第1章では，定性的分析の方法と定量的分析の方法を区別しながらも，その論理に共通性もあることも学んだ。第2章から第17章で紹介した，政治学の知見を考えれば，両者の方法が，相互補完的に両立することは理解できる。

　民主化の研究（第14章）はそのことを示す良い例であろう。欧米諸国を主要な事例とする研究（例えばMoore 1966＝2019）やラテンアメリカ諸国（例えばO'Donnell 1973; Collier 1979）あるいは東アジア諸国（Slater 2010）を事例とする研究といった，同じ地域で近い時期に民主化した国の研究では，定性的分析である比較事例分析が多く用いられた。その一方，そうした比較事例研究で得られた含意をより多くの国で検証する場合には，定量的分析も用いられている。経済発展など経済的要因が民主化に資するか（例えばPrzeworski et al. 2000），資源の存在が民主化を妨げるか進めるか（例えばRoss 2001）といった問題意識による研究が典型的である。国内の政治過程に着目し，政治体制の選択に関して利害が対立するエリートと大衆との関係を分析する際には，ゲーム理論などのフォーマル・モデルも用いられた（Acemoglu and Robinson 2006）。フォーマル・モデル，定量的分析，事例分析を全て組み合わせた資源の呪いの研究もある

(Dunning 2008)。

　レイプハルトによる民主主義の制度類型の区別（第13章）は，各国を事例に，民主主義の制度の特徴を比較し区別するという，定性的分析の特徴をよく表した研究成果である。実際に，レイプハルトは，オランダの一国研究（Lijphart 1968）から出発し，他のヨーロッパ小国（多極共存型デモクラシー）の事例を加え（Lijphart 1977＝1979），36カ国の制度類型を区別するに至った（Lijphart 1999＝2005; 2012＝2014）。その一方で，比較事例分析の積み重ねで得られたウェストミンスター（多数決型）・モデルとコンセンサス（合意形成型）・モデルの制度類型の対比や，その変化を表現する際には，因子分析という定量的分析の方法を用いている。

　定量的分析と定性的分析を組み合わせて用いることは，第1章で触れた『社会科学のリサーチ・デザイン』（King, Keohane, and Verba 1994＝2004）により，定量的分析の方法と定性的分析の方法に関わる議論が活発化する以前からも行われていたが[1]，より有用性が認識されるようになったと言って良い。その一つの重要なきっかけは，合理的選択新制度論と歴史的新制度論の間で共通の分析基盤を求める動きである。両者とも広い意味での制度への関心を持ちながら，合理的選択論は個人の選好（preferences）とそれに対する制度の制約に関心を持つのに対し，比較歴史分析は制度が織りなす状況（situations）の包括的把握に重点を置くとし，両者の相互補完性を強調する見方（Katznelson and Weingast 2005）も支持されるようになった。例えば，個人が置かれた状況の制約を考える限定合理性（第12章［解説］日本の官僚制研究参照）の概念であれば比較歴史分析的アプローチとも一貫する（Kato 1996）。政治学における，異なる方法の広まりと同時に，一つの研究で複数の方法を用いることも多くなり，混合手法（mixed method）と呼ばれることもある[2]。

1）　比較政治学者のタロー（Tarrow 2010＝2014）はそれをトライアンギュレーション（triangulation）と呼んで紹介している。

2）　定量的分析と定性的分析の混合手法の代表的な例として，比較政治学の多国間統計分析と事例研究を組み合わせた方法があるが，その方法と研究の邦文の解説としては，東島（2021）がある。

因果推論をめぐる問題

こうした方法論の展開は因果推論をめぐる論争から始まった。

キングらの『社会科学のリサーチ・デザイン』（King, Keohane, and Verba 1994＝2004）は，定性的研究を，定量的分析の方法の論理とリサーチ・デザインで明確化することを提案し（第1章），方法論に関わる論争を活発化させるきっかけとなった。これに対応する形で定性的分析を重視する立場から書かれたのが，ブレイディとコリアーらの『社会科学の方法論争』（Brady and Collier 2010＝2014）である[3]。

『社会科学のリサーチ・デザイン』は，反実仮想に基づく，統計学の因果効果の考え方（Rubin 1974; Holland 1986）を因果推論の基本とする。原因がなかったら何が起こっていたかを反実仮想し，それを，原因がある場合の結果と比較する考え方で，反実仮想により独立変数（原因）の値を変え，従属変数（結果）の（実現しなかった）変化を，因果効果として推定することを基本とする[4]。反実仮想による因果効果の考え方を基本としたことは評価しつつも，『社会科学の方法論争』は，観察データの分析に応用する際の様々な問題への対応をより重視する（Collier, Seawright, and Munck 2010: 59-71＝2014: 61-75）。因果関係を証明するためには，どのように研究をデザインするか，どのモデルを用いるか，どの変数を含めるかが重要となり，これらを考える上で，対象とする出来事の因果プロセス観察（causal process observation）——すなわち定性的観察——は不可欠であるとする。『社会科学の方法論争』は，『社会科学のリサーチ・デザイン』が，これらの重要性に十分な注意を喚起していないと指摘している[5]。

定量的分析の方法を中心とした『社会科学のリサーチ・デザイン』に対し，『社会科学の方法論争』は定性的分析の方法に焦点をしぼる。その一方，両者の立場は根本的には矛盾しない。定性的観察をきちんと行わずにモデル化され

---

3) 全体の主張の要約としては，第1章である Brady, Collier, and Seawright（2010＝2014）を参照。『社会科学の方法論争』の原著の初版は，1990年代の米国政治学会における『社会科学のリサーチ・デザイン』についての議論などに基づいて2004年に出版されており，こちらは，さらに議論が進み，章の入れ替えや付け加えも行った第2版である。

4) この因果効果のわかりやすい統計学的説明を行った邦語文献としては，星野（2016）参照。

た定量的分析は，統計学の立場からも有効な分析ではないからである[6]。比較研究や単一事例研究にも意義を認めるかという問い（Rogowski 2010＝2014）に対し，『社会科学のリサーチ・デザイン』の著者キングら（King, Keohane, and Verba 2010＝2014）は，こうした研究の重要性も認める立場を明確にしている[7]。

両者の論争の結果，定量的分析と定性的分析の方法のそれぞれの重要性の理解が進み，方法論をめぐる議論もそれに沿って展開する[8]。定性的分析の発想や方法を重視した結果，因果プロセスや因果メカニズムに関する定量的分析の方法も提案され用いられるようになってきている（Imai et al. 2011; Druckman and Green 2021）[9]（［解説］因果プロセスと比較政治学）。

また 1990 年代から 2000 年代にかけての論争のもう一つの重要な帰結は，定量的分析・定性的分析の方法とともに，実験の論理や方法の因果推論に関する有効性が示唆されたことである[10]。その後，実験の方法も政治学の主要な方

---

5) 因果プロセス観察と対照されるのは，統計モデルに含まれる変数をそのままデータセットから得るデータセット観察（data-set observation）である。ブレイディ（Brady 2010＝2014）は，2000 年大統領選を題材に，シーライト（Seawright 2010＝2014）も民主化を題材に，定量的分析の際にも適切な因果プロセス観察による定性的分析が重要であるという主張を展開している。

6) 統計学自体が，定性的観察を行ったデータを分析する方法として発達してきたことを考えれば，当たり前のことではある一方，統計学が体系化された広範な分野となってしまったため，わかりにくい面もある。定性的観察を出発点とする，統計学の発展に関しては，基礎統計学シリーズ（東京大学教養学部統計学教室 1991; 1992; 1994）のコラム欄が随所で非常に優れた解説を行っている。

7) これらは 1990 年代半ばの米国政治学会でのセッションの議論を元に書かれた章で，その時点からキングらは，政治学では様々な研究が行われることにより知識が積み重なる（collective enterprises）として，これら研究の重要性を明確に認めている。キングらが重要性を認めた研究には，レイプハルトのオランダの一国研究（Lijphart 1968）も含まれる。

8) 例えば『社会科学の方法論争』の第 9 章（Collier, Brady, and Seawright 2010＝2014）は，定性的分析重視の立場から，政治学における定量的分析にも導入すべき方法として，計量心理学（psychometrics）の分析手法やベイズ統計学をあげているが，その後の政治学の定量的分析は，計量心理学の方法やベイズ統計学も用いる（Gill 2012; 白糸 2024）方向に進んできている。

9) 実験政治学の方法の解説としては Druckman and Green（2021），研究例としては Imai et al.（2011），Yamamoto（2012），Acharya, Blackwell, and Sen（2016）。

10) 『社会科学の方法論争』の最終章で，比較政治学者のダニング（Dunning 2010＝2014）は，実験の論理を用いた自然実験（第 4 節参照）を有効なリサーチ・デザインとして既に取り上げている。

第 18 章　方法論の展開——実験と定量的分析・定性的分析　　　287

[解説] 因果プロセスと比較政治学

　方法の混合が進む一方で，因果プロセス（causal process）や因果メカニズムに着目することで，定量的分析と定性的分析の相違が強調される場合もある。定性的分析では，対象とする事例で何が結果を引き起こすかという関心から，複数の変数が存在する過程を考え，過程追跡（process tracing）を行い，その因果メカニズムが分析の対象となるというジョージやベネットの考え方（George and Bennett 2005＝2013; Bennett 2010＝2014）や，定量的分析と定性的分析を二つの文化（two cultures）と見做すガーツやマホーニー（Goertz and Mahoney 2012＝2015）らの立場がそれにあたる。しかし，ここでも必要以上に相違を強調することには慎重でなければならない。

　例えば，母集団や標本の中の特定の変数の平均効果である「原因の効果（effects of causes）」を見る定量的分析に対し，定性的分析は，個別事例の結果の説明や個々の事例における特定の因果要因の説明という，「結果の理由（causes-of-effects）」を説明するという区別がされることがある（Goertz and Mahoney 2012＝2015）。しかし，定性的分析とされる比較政治学でも，「原因の効果」に着目する手法を用いることもある。個々の変数がどのように結果を引き起こすかという，定量的分析の論理と共通性を持った，違ったシステムデザインに基づいた研究——可能な場合は統計分析も行う研究——が，それにあたり，それも比較政治学の重要な一分野である（第 1 章第 6 節参照）。さらに定量的分析においても，既に起こった過去の出来事の原因を考える——「結果の理由」を説明する——方法も重視され提案されている（Yamamoto 2012）。

　さらに，定量的分析と定性的分析を二つの文化とする区別は，異なる専門的トレーニングを必要とする方法という意味では，全くその通りである。しかし，二つの文化という場合も，これらが相容れない考え方や論理の体系を持っていることを意味しているのではない。このことは，ガーツやマホーニーが，ブール代数（第 1 章[解説] 差異法と一致法の論理参照）や集合論（第 1 章[解説] 必要条件・十分条件と集合論参照）などの方法を提示するにあたって，社会学者レイガンの方法を参照していることからも明らかである。レイガンは，自らの方法論を，定量的分析と定性的分析を統合するものと明確に位置付けている（たとえば，Ragin 1987＝1993の表題参照）。

法に加わることになる。次節ではまずそれを扱う。

2. 実験の方法——その基本と種類

因果推論における強み

実験の方法は，定性的分析の方法や定量的分析の方法とは何が異なり，なぜ，既存の方法とともに，主要な方法として用いられるようになったのであろうか。レイプハルト（Lijphart 1971: 683-684）は，対象とする変数の間の関係を検証することが政治学の方法の基本にあるとし，政治学の実験研究が殆ど存在しなかった 1970 年代[11] に，実験の方法と他の方法を対比している（以下，第 1 章参照）。実験の方法は，同質と考えられる二つの集団間で，検証の対象となる変数 X を一方では変化させて他方では変化させない[12]で，両者を比較し，変数 X の変化が結果となる変数 Y の変化を引き起こすかを検証する方法である。統計や定量的分析の方法は，観察データを操作して，実験の方法の近似を図る方法である。それに対し，比較政治学の方法のような定性的分析の方法は，そのいずれも困難な場合に用いられる方法であるとしている。

レイプハルトによる対比からもわかるように，実験の方法は，対象となっている変数 X の変化が変数 Y の変化を引き起こしたかを理想的な形で検証できる，因果推論において強みを持つ方法である。政治学の既存の方法に加えて用いられるようになった大きな理由もここにある。

介入・実験群と統制群・無作為割当

実験研究では，検証対象の変数 X への介入（treatment）[13] を行い，介入を受ける（変数を変化させた）実験群（experimental/treatment group）と，介入を受けない（変数を変化させない）統制群（control group）を区別し，比

---

11) *American Political Science Review, American Journal of Political Science, Journal of Politics* といった政治学で影響力のある学術雑誌において，1970 年代に実験研究と分類される論文は 15 本を切っている（Morton and Williams 2008: 341）。

12) レイプハルトは，これら二集団を，実験群・統制群（後述）として区別し，括弧付きで付記しているが，ここでは，その後の説明のため，割愛している。

13) 介入の代わりに，刺激（stimulus）という言葉が使われることもある（心理学の実験でよく見られる）が，同じ意味で用いられる。

第18章　方法論の展開——実験と定量的分析・定性的分析　　289

[解説] 無作為割当

　無作為割当の優れた点は，交絡要因の統制である。交絡要因は擬似相関の原因となる（第1章第3節参照）。独立変数 X と従属変数 Y の両者に影響を与える交絡要因が，$X \cdot Y$ 間に因果関係があるかのように見せているだけかどうかは確認しなければならない。しかし，全ての（隠されたものや潜在的なものも含む）交絡要因を事前に把握し，それについてデータを得た上で検証の対象とすることは，現実的に不可能である。検証の対象となる変数以外の変数に関しては統制群と実験群が同質であると考えられる無作為割当実験においては，未知の交絡要因があったとしても統制されているのと同じになり，それが因果関係の推定に有利な条件となる。

較・検証する手続きを取る。実験群・統制群に割り当てられる実験の対象としては，被験者や参加者と呼ばれる個人が多いが，組織や地域の場合もある。実験群と統制群の比較においては，無作為割当，すなわち実験の対象となる変数を，実験群と統制群に無作為（ランダム）に割り当てることが前提となり，この手続きを踏まえ，両者を比較検証する（Morton and Williams 2008: 341）。

　無作為割当により，検証の対象となる要因 X 以外の変数に関し実験群と統制群が同質であれば，独立変数 X が，着目する結果である従属変数 Y の，実験群・統制群間の差を説明することになる（[解説] 無作為割当）。この条件が成立するのが，理想的な無作為割当実験（randomized experiment）である。

政治学の実験と定性的分析・定量的分析

　理想的な無作為割当実験は，自然科学における実験の基本となるが，例えば，医学の治験のように，人（やその集合体）を対象とする実験では，実践的にも倫理的にも（[解説] 倫理審査），その条件を満たすことは困難であり，政治学を含む社会科学の実験もその制約を免れない。これは，政治学の実験研究における問いが，そもそも単純な変数間関係の因果効果に還元されるものでない，複雑な対象——社会における現象や人間の行動——に関わることに端を発している[14]。この制約を前提として，政治学の実験研究は，実験デザインを定性的

---

14)　こうした政治学の実験の特徴については，Gibson, Caldeira, and Spence（2002），Morton and Williams（2008: 341）参照。政治学の実験について，実例も交えて読める邦語文献としては，肥前（2016）がある。

> **［解説］倫理審査**
>
> 　実験参加者が何を行うかという実験デザインが決定した後，実験研究でまず行う
> のは倫理審査である。人を対象とする実験では，それが行われる研究機関や実験者
> が所属する研究機関の倫理審査委員会の審査を受ける必要があり，その承認を受け
> ることが実験を行う前提となる。実験で得られる個人情報の適切な管理の確認など
> の他に，実験デザインの内容が実際に行うのに問題がないかなどが審査される。個
> 人が実験への参加を決定する際には，実験で何を行うか説明し，理解の上，自発的
> 同意を得ること——インフォームドコンセント（informed consent）の手続きをと
> ること——が前提であり，これも審査の対象となる。

分析により工夫し，実験データを定量的分析の方法を用いて分析，実験結果を
解釈することで発展してきた。この点については後述する（第4節・第5節）。

実験室実験・サーベイ実験・フィールド実験

　実験が行われる場所や媒体により，実験室実験・サーベイ実験・フィールド
実験が区別される。それぞれ政治学の既存の問題意識を実験で検証する形で行
われている。

　実験室実験（laboratory experiment）は，参加者に実験室に来てもらい，ラ
ンダムに条件を割り当てる形で行われ，実験デザインには既存の理論や仮説が
用いられることが多い。例えば囚人のジレンマの繰り返しゲームでは，協力が
より多く選ばれる傾向やどのような戦略が有利になるかはシミュレーションで
確かめられていたが（第3章第2節参照），実際に実験室で参加者にゲームをや
ってもらい，行動の選択や戦略の有利・不利に関わる仮説を検証するのである
（Dawes 1980）。他にも公共財の供給や集合行為に関わる理論的含意を検証する
実験もある（Coleman and Ostrom 2011）[15]。投票行動に関わる研究，メディア
ン・ヴォーター定理や戦略投票（第4章第2節参照）に関わる実験研究もある

15）　これらの実験研究は，既存の理論を確認するだけでなく，批判的に検討する結果も生む。
　　経済学的合理性に対し，他者の福祉や公正を望み規範に反した他者には懲罰を与えるとい
　　った，他者に関わる選好（other-regarding preference）——社会的選好（social preferences）
　　とも呼ばれる——の重要性を立証するのに貢献したのはその例である（Bowles and Gintis
　　2006）。

第 18 章　方法論の展開——実験と定量的分析・定性的分析　　291

(Morton and Williams 2011)[16]。実験デザインとして作られた政治宣伝コマーシャル（Brader 2005）や新聞記事（Druckman and Nelson 2003）を参加者に見せて，その効果を見るといった実験も心理学と関心を共有して行われる[17]。これらの実験は，現在ではインターネットを用いてウェブ上で行われることも多い。その一方で，実験室実験は，実験的統制を行うには適しており，神経科学の方法と組み合わされた行動実験も可能である（章末の［解説］MRI を用いた脳神経学実験と政治学参照）。

　サーベイ実験（survey experiment）は，質問調査票を用いる点では通常の調査研究と接点を持つが，実験デザインに基づき質問票を作成する。提示する情報や聞き方・順番など質問の仕方を変えることで，介入の有無や内容を変えた質問票を作成し，無作為割当することで，実験群・統制群を比較する。例えば，どの政策に関わる選好が有権者の政党支持を決めているのか，政治家のどのような個人的属性が有権者の支持獲得に有効なのか，といった質問調査で対象とされてきた問題を，実験デザインに組み込んで検証し結果を分析する。日本政治を対象とした研究も数多くある（Horiuchi, Smith, and Yamamoto 2018; 2020）[18]。インターネットなどのテクノロジーの発展は大規模な調査を，ウェブ上で参加者を募ることにより，費用を抑えて行うことを可能にし[19]，様々な実験的統制を加えた質問票であっても，回答者を増やすことができれば検証に十分な回答を得ることができる強みがある。

----

16)　候補者の当選確率がわかっている場合，実際に戦略投票を行うかといった心理的作用の検証を試みた様々な実験が行われている（Rietz 2008）。デュヴェルジェの法則を一般化した M+1 ルールにおいて，戦略投票が行われるかを検証した実験もある（黒阪・肥前・芦野 2014）。

17)　実験室実験は，心理学の分野では以前から行われていた実験形態であり，実際には存在しない政治宣伝や新聞記事を見せるといったディセプション（deception）は心理学におけるやり方である。それに対し，行動経済学以降行われるようになった経済学の実験では，ディセプションは使われない。心理学と経済学の実験研究の伝統とのやり方の相違については，Dickson（2011）を参照。

18)　これら論文で用いられているコンジョイント分析は，サーベイ実験が盛んに行われるきっかけとなり，方法の革新とみなされることもある（Sniderman 2018）。

19)　回答者が，コンピュータ上の質問に自分で回答するコンピュータ支援型自記方式調査（Computer Assisted Self-administered Interview: CASI）が，現在のサーベイ実験の主流となっている。

表18-1　介入を組み合わせた実験デザイン

電話と対面の有無を組み合わせた 2×2 の実験デザイン

電話と対面の有無にダイレクトメールを組み合わせた 2×2×4 の実験デザイン

	電話 有				電話 無			
対面 有	○　○				○　×			
	0通	1通	2通	3通	0通	1通	2通	3通
対面 無	×　○				×　×			
	0通	1通	2通	3通	0通	1通	2通	3通

　フィールド実験（field experiment）は，選挙・集会など実際の政治的出来事に関して，実験を行うものである[20]。現実の状況への介入は，財政的障壁や倫理的障壁がある。費用を調達し実験が可能な場合でも，倫理的に問題のない介入で──例えば投票に行くよう呼びかける──行われることが多い。

　有権者に投票の呼びかけを行う場合を例に，実験デザインを見てみよう。例えば，有権者に投票を呼びかける手段として，対面や電話での呼びかけや投票を呼びかけるダイレクトメールが考えられる。実験は，これら複数の介入を組み合わせる形で行われる（表 18-1）。電話と対面の有無を組み合わせると，2×2（[電話／対面]×[有／無]）の実験デザインとなり，4通りの組み合わせになる（表 18-1 の四つのセルに対応する）。例えば，ダイレクトメールを 0〜3 通出すかという介入を区別すると 4通りの組み合わせとなるが，それを先の 2×2（[電話／対面]×[有／無]）の実験デザインと組み合わせると，4×2×2の実験となり，16 通りの組み合わせとなる（表 18-1 の 16 のセルに対応する）。それぞれの介入の組み合わせに参加者を無作為に割り当て，結果を比較する。これは実際に行われたフィールド実験の例（Gerber and Green 2000）である。有権者が投票に行くのか行かないのかに，対面の訪問・電話・ダイレクトメールが影響を与えるのか，定量的分析で結果を検証し，それぞれの介入の効果を比較する。このように複雑な条件で行う場合は，比較検証のために多くの参加者が必要となり，実験条件に関わるどの要因がどのように結果に影響を及ぼしているのかを精査し検証することが必要となり，結果の解釈も難しくなる[21]。

---

20)　フィールド実験の解説としては，Gerber and Green（2008），Gerber（2011）参照。

第 18 章　方法論の展開——実験と定量的分析・定性的分析　　　293

3. 実験研究の妥当性

　実験の方法は，因果推論において，定量的分析や定性的分析にはない強みがある一方で，人為的な介入を伴う方法であるため，実験研究が得たとされる知識や推論がどの位真実に近いか（approximate truth）という妥当性に関わる問題がある。これらは，統計的妥当性・因果的妥当性・構成的妥当性・外的妥当性と区別され，実験の種類によってトレードオフが観察される[22]。

統計的妥当性

　統計的妥当性（statistical validity）とは，実験データの分析と分析結果の解釈，すなわち，統計や定量的分析の方法に関わる妥当性である。実験データとして得た変数の関係を証明するのに適した方法で解析を行ったか，関心の対象とする変数間に，統計的に有意な共変関係が存在するかなどに関わる妥当性を評価する。

因果的妥当性

　介入の対象となる独立変数と結果である従属変数の因果関係を検証できる研究デザインになっているかに関わるのが，因果的妥当性（causal validity）である。ミルによる因果関係の定義（第 1 章）を，シャディシュら（Shadish, Cook, and Campbell 2002: 6）は，社会科学の実験研究の場合に即し，次のように言い換えている。

　「X を統制し，その後に起こる結果 Y を観察する」

---

21)　実際に行われた実験では，2 万 9380 人の参加者が，対面・電話・ダイレクトメールの全ての条件を組み合わせて比較した 16 の群に無作為割当された。ガーバーとグリーン（Gerber and Green 2000）は，分析の結果，電話をかけると投票率が 5% 下がるとした。しかし，その後，今井（Imai 2005）が，結果を解釈する統計の分析手法を批判的に検討し，逆に電話が 5% 投票率を上げることを示したことからも，実験解釈の難しさの一端が理解できる。

22)　社会科学における実験研究の先駆者である，シャディシュ，クック，キャンベル（Shadish, Cook, and Campbell 2002）が行ったこの区別は，モートンら（Morton and Williams 2008: 344-345）によって政治学に紹介され，実験研究の指針となっている。

「X の変化が Y の変化に関係がある」

「排除できない代替的説明を探り，その妥当性を減殺する様々な方法を用いる」

三点目が，因果的妥当性の検証に関わる。定量的分析を用いて，実験群・統制群を検証の対象となる X 以外の要因に関して同質であると考え分析して良いか，X と Y の因果関係に関わる代替的説明がないかを考え，その上で代替的説明を反証することが特に重要となる。

構成的妥当性

検証の対象とする理論，それが含む構成概念や変数が，実験で適切に操作化されているかに関わるのが，構成的妥当性（construct validity）である。たとえば，どの政策問題を重視するかへの報道の影響を検証したい場合に，過去の（参加者が現実に見ていない）報道ニュースを利用するか，実験者が作成し統制された架空のものを用いるのが良いのかといった実験デザインの問題がある。その他にも，サーベイ実験で参加者が質問項目を読み理解した上で回答しているか（適当に答えていないか）といった参加者の反応に関わる問題まで，広範な問題を含む。検証したい問題が実験デザインに再現されているかと共に参加者の行動にも左右される問題でもある。

内的妥当性

統計的妥当性と因果的妥当性に関係があることは，既に述べたが，広く実験デザインが焦点となる問題を検証するのに適切かに関わる構成的妥当性も，その両者に関係する。そのため，この三つをまとめ，内的妥当性（internal validity）として，後述の外的妥当性と対比させる考え方もあるが，統計的妥当性と構成的妥当性は，一般化に関わる，外的妥当性の文脈で問題になることもある。

因果関係の検証に関わる問題——欠落・不服従・交絡要因

内的妥当性，特に，対象となる独立変数 X と従属変数 Y の因果関係の検証に関わる問題としては，欠落と不服従（ノンコンプライアンス）と交絡要因が

第 18 章　方法論の展開──実験と定量的分析・定性的分析　　295

ある。

　　欠落と不服従　欠落（attrition）は目的とするデータが得られない問題で，調査への回答が得られない場合などがわかりやすい例である。囚人のジレンマの繰り返しゲームを行う実験で，最初に協力が多くの参加者に選ばれ，裏切が選ばれた後の展開に関しデータが十分に得られなくなった場合，これもデータの欠落となる。それに対し，不服従（non-compliance）は，介入を受けるべき実験群が介入を受けなかったり，介入を受けないはずの統制群が介入を受けたりする問題であり，意図的でなくても，参加者が介入の効果に従わない場合を全て含み，実験者の介入の意図に反した逸脱の総称である。例えば，投票呼びかけの実験でダイレクトメールを出した場合，実験群の中には，受け取っても見ないで捨ててしまう参加者もいるかもしれないし，郵便が誤配されて，統制群の参加者が見る場合もあるかもしれない[23]。どのような参加者にも一定の低い確率で，不服従が起こるのでなく，年齢層や性別により生じ方が偏る（例えば，若いほど，男性ほどダイレクトメールを受け取っても見ない傾向が強い）のであれば，介入の効果の検証に影響を及ぼす。欠落の場合も同様である。欠落や不服従がランダムではなく体系的に生じているか否か，それがどのようなバイアスを生んでいるかを調べた上で，因果関係を検証するには，定量的分析を用いる[24]。

　　交絡要因　調査研究と異なり，実験研究は交絡要因（第 1 章第 3 節）を統制す

23）　ここではフィールド実験の事例で述べたが，参加者が実験室に来る実験室実験でも，不服従の問題は起こる。たとえば，囚人のジレンマの繰り返しゲームで，相手とのコミュニケーションが協力の選択に影響を与えるかを検証する実験デザインを考えてみよう。もし，実験の間，参加者の中に，注意が続かなくなりコミュニケーションの内容を読みとばしてしまったり，適当に反応したりする者が出てきた場合，ここでも不服従の問題が生じる。

24）　欠落の問題は，例えば次のような場合である。参加者の属性にかかわらず生じる（例えば訪問や電話の際にたまたま留守でありかつ投票データも得られなかった）のでなく，年齢や性別に偏りがあり（例えば若年層の男性が最も留守が多く，高齢者は性別にかかわらず在宅している可能性が高いといった体系的な相違があり），実験群・統制群で（投票データも含む）欠落の頻度が異なると，介入の効果の検証にバイアスが生じる。欠落と不服従が，実験にどのような影響を与えるかについての詳細な説明と可能な対応については Gerber and Green（2008）を参照。不確実性が過小評価される（本来有意でない結果を有意と判定してしまう可能性が生じる）ことも，対応が必要な問題である。

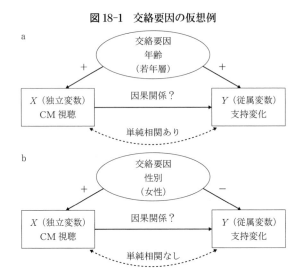

図 18-1 交絡要因の仮想例

る方法を持つ。例えば，世論調査で，ネガティブ・キャンペーンコマーシャル (CM)[25] の視聴頻度と支持の変化の頻度を調べ，若年層が CM 視聴の頻度も高く支持変化の頻度も高い一方，中高年層では CM 視聴の頻度も低く支持変化の頻度も低く，CM 視聴と支持変化に単純相関が観察されたとしよう。しかし，これだけでは，CM 視聴が支持変化を引き起こしているのか，或いは若年層であれば CM 視聴頻度も支持変化の頻度も高いだけなのかわからない。実験であれば，年齢によらず，CM を視聴する実験群・視聴しない統制群が無作為に割り当てられ，高年齢層・低年齢層とも，視聴した場合としなかった場合を比較し，年齢という交絡要因を統制した上で，視聴が支持の変化を引き起こしているかを検証できる（図 18-1a）。

さらに，世論調査で単純相関が観察されない場合でも，関係がないとは断定できない。例えば，女性は CM 視聴頻度が高いが，全般的に支持が変化しにくいといった場合，性別要因が交絡要因となり，CM 視聴の効果を相殺し，単純

---

25) 候補者が自身への支持を訴える通常の選挙 CM に対し，対立候補を登場させたり相手候補に言及したりして攻撃するネガティブ・キャンペーン CM は，対立候補に不利な情報を流したり攻撃したりすることで，対立候補の支持を減らすことを目的とし，米国大統領選などで多用される。

相関が観察されない可能性がある。実験であれば，性別によらず，CMを視聴する実験群・視聴しない統制群が無作為に割り当てられるので，性別という交絡要因を統制した上で，CM視聴の支持変化への影響が検証できる（図18-1b）。

　その一方で，交絡要因の候補は多くある。上記の例でも，教育レベルや政治参加の度合など支持変化に影響する要因は他にも考えられ，それが因果関係の検証に影響を与える。必ずしも理想的な無作為割当が成立しない場合は，実験デザインに加え，実験結果の解釈を通じ，交絡要因に関わる問題を解決することで，内的妥当性を高めることになる（［解説］実験デザインや定量的分析による対応）。

外的妥当性

　外的妥当性（external validity）とは，実験の結果を，どれだけ一般化できるかに関わる妥当性である。たとえば，大学の学生を主体として行われる実験室実験の他，インターネットを通じ広く年齢や性別，居住地の異なる参加者を募集するサーベイ実験や大規模な行動実験でも，参加者の同意を得て行う実験研究である以上，研究者が実験結果を一般化したい社会全体を参加者が代表しているかには疑問が残る。実験の介入に関わる問題もあり，たとえば，CMの視聴も，実験に参加しているということで，現実の生活でCMを視聴する場合より，参加者が注意深くなることも，外的妥当性を失う理由になり得る。外的妥当性は，実験研究のアキレス腱（Morton and Williams 2008）とも言われ，同じ独立変数と従属変数を対象とし，別個に行われた実験結果を比較検証したり，他の研究者が，他の参加者を対象に，既存の実験結果を追試したりといった，事後的な対応が行われる。

妥当性のトレードオフ

　介入を行う実験研究においては，得られた結果をこれら妥当性により検証する必要があり，また実験の種類によっても妥当性の間にトレードオフがある。統制が容易な実験室実験は，因果的妥当性が高く，構成的妥当性や外的妥当性が低い。それに対し，現実の出来事を対象とするフィールド実験では，不服従や欠落などの問題が発生しやすいため，因果的妥当性が，実験室実験に比べて

[解説] 実験デザインや定量的分析による対応

　理想的な無作為割当が成立せず，実験者の意図通りに実験が行われない問題に対応する方法には様々なものがある。ここでは基本的なやり方を例として扱う。

　まず，実験デザインの段階で問題に対応して実験系を組むことが考えられる。その一例であるランダムブロックデザイン（random block design）は，実験結果に影響を与える（独立変数以外で従属変数と相関する）と考えられる変数に関して，類似する参加者で，集団＝ブロックを作り，ブロックごとに無作為割当を行い，検証したい（介入に関わる）独立変数以外の共変量を（割当の段階で）統制する方法である。例えば，サーベイ実験で，質問の文言を変えるか変えないかにより回答に変化があるかを検証したい場合に，［2（質問Aの文言の変化の有無）］×［2（質問Bの文言の変化の有無）］×［2（AB順かBA順か）］の実験条件を考え，8種類の質問票を作ったとしよう。回答に性別や年齢が影響を与えると予想される場合，性別や年齢において同質の複数の集団（例えば，年齢で20代から80代以上の7世代を区別し，それらをさらに性別で分けた14集団）を作り，これら集団＝ブロックごとに，8種類の質問票の無作為割当を行う。サーベイ実験などでは，対象とする母集団の構成における性別・年齢・居住地を前もって調べ，各実験条件に割り当てられた集団がそれと同じ構成となるまでサンプリングを行う（参加者を集める）という場合もある。それに対し，反復測定（repeated measure）は，同じ参加者が実験群にも統制群にも含まれるようにする。介入の有無や内容などを変えることなく，同じことを，やる順番をランダム化したり逆順にしたりして，参加者全員にやってもらうやり方である。参加者の負担や順番が結果に与える影響などの問題があるが，参加者の数が限られる時に有効な方法である。

　このように実験デザインを工夫した場合でも，実験群と統制群が異なる属性を持っている可能性は残る。そうした属性に関わる変数が実験の結果（従属変数）に影響を与えていないか確認するのが，多変量解析（multivariate analysis）である。実験の対象となったサンプルがどのような属性をもっているか確認するとともに，参加者の属性（年齢や性別などはその典型で学歴や社会経済的地位なども含まれる）の相違を変数として含み，それが実験結果に影響を与えていないかを分析する手法で，回帰分析（regression analysis）や分散分析（analysis of variance: ANOVA）などがある。

相対的に低くなる危険性が高い。このように，実験では，これら妥当性を全て高めるように実験をデザインすることは難しい。

定量的分析の方法との連携──実験と定量的分析

欠落と不服従，交絡要因の統制の問題とそれらへの対応からもわかるように，実験研究における定量的分析の役割は大きい。政治学における実験研究の広がりは，変数間の因果関係を解明しようとする定量的分析の方法の発展に支えられてきた（今井 2007）[26]。個々の方法の専門性は高まりつつも，実験の方法と定量的分析の方法の相互関係は強化されている。

4. 実験の論理の現実への応用

実験の論理の応用──定性的分析によるリサーチ・デザイン

実験のリサーチ・デザインが，因果関係の検証において優れていることは，実験研究を超えて，さらなる方法の展開につながった。現実の社会の出来事に実験の論理を応用し，因果関係を検証する，政策実験と自然実験への関心の高まりである。これらは，実験研究と，実験の方法および実験の論理を共有する。実験研究の増加とともに，以前から存在した政策実験や自然実験も重視されるようになった経緯がある。実際の政治的出来事を対象とするという点ではフィールド実験に最も近い。政策実験や自然実験でも，結果の分析や解釈に関わる定量的分析の方法に加え，問題を設定しリサーチのデザインを行う際には，定性的分析の方法が用いられる。

政策実験

政策実験（policy experiment）は，既存の，或いは新たに行うこととなった，政策やプログラムの効果を評価することを目的とする。医学の治験などで，被験者を無作為に分け，片方には治療や投薬を行い，もう片方には行わないとするように，片方の（集団や地方自治体などの）単位には政策を行い，もう片方には行わない，或いは，両者間で異なる（政策の）やり方を割り当て，その結果を比較する。ランダム化比較試験（randomized controlled trial）と呼ばれる

---

26) 今井（2007）は，実験研究と関係づけた定量的分析の方法の展開についての，わかりやすい邦文の解説である。自然実験なども含む実験研究の例を用いて，実際にどのように因果推論の問題を解決するかに関する邦文の参考書としては松林（2021）がある。

方法である。無作為とはいえ，効果がある（可能性を持つ）政策を割り当てられる対象とそうでない対象が生じるため，政府や社会がそれを受け入れない限り，実施は難しく，従来は，経済発展や社会の安定が重要な課題である新興国でよく行われていた。例えば，貧困の問題に対応する政策の効果を検証するといった研究は，2019 年のノーベル経済学賞[27]の対象ともなっている。

欧米などの民主主義国では難しいと考えられていたが，国や地方の政府が協力（或いは共同や参加）すれば，政策の有効性を検証する政策実験は可能となる。例えば，不要不急の救急通報は，救命・予算の両面から望ましくなく各国共通の問題である一方，多くの国で解決が難しい問題である。政府の協力が得られれば，何らかの措置——例えば救急通報を取り次がれた看護師による，通常搬送・自己治療（セルフケア）への振り分け（トリアージ）——が，不要不急の救急搬送を減らす対応として有効であるか検証できる（Wilson et al. 2024）。これは，米国で実際に行われた政策実験である[28]。米国では，オバマ政権時の2015 年に設立された評価科学部（Office of Evaluation Sciences: OES〈https://oes.gsa.gov〉）が，既存の政策プログラムの評価のデザインと実施を研究者と共同で行い，それに基づいたプログラム変更を試みている。また，ワシントンD.C. にも同様な政策評価を共同で行う組織が存在する[29]。

国や地方の政府が政策実験に参画し社会が受け入れている例は，ヨーロッパでも見られる。例えば，フィンランド（2017 〜 18 年）・オランダ（2017 〜 19年）で，政府が，或いは政府主導で，ベーシック・インカムの就労や参加者の態度や心理に与える影響を検証する実験が行われている[30]。

---

27) 貧困問題に関わる政策のランダム化比較試験を行った 3 人の経済学者（Abhijit Banerjee, Esther Duflo, Michael Kremer）に与えられたノーベル経済学賞の受賞理由は「世界的貧困を緩和するための実験的アプローチ（experimental approach to alleviating global poverty）」となっている。

28) 予防措置——例えば，所得補助（income support）を付与するプログラムの申請の締切が近いという注意喚起（リマインダー）の手紙の期日送付——が，申請の締切に遅れる家庭を減らすかといった有効性の検証も行っている（Moore et al. 2022）。

29) DC の実験室（The Lab @ DC〈https://thelabprojects.dc.gov〉）と呼ばれる組織である。サンディエゴなど他の都市でも同じような試みが見られる（2024 年現在）。これら国や地方の組織の実態については，米国アメリカン大学のライアン・ムーア（Ryan T. Moore）教授から教示を得た（2023 年 8 月 23 日早稲田大学現代政治研究所セミナー）。

第18章　方法論の展開——実験と定量的分析・定性的分析　　301

政策実験では，どのようなプログラムや政策を検証の対象とするかはもちろん，どのような政策や対応策を無作為割当するかなど，現実や実態の理解とともにそれを実験デザインにどう盛り込むかといった，定性的分析の能力が要求されることになる。研究の設計における定性的観察や分析と結果の検証や分析における定量的分析が，実験の方法と連携した形で行われる。

たとえば，開発経済学におけるランダム化比較試験[31]は，フィールドリサーチを重視し事例をよく理解しなければ行えないという点では，比較政治学とも親和性があり（Malesky 2008），政治学者が参画する政策実験も増えている。公衆衛生や環境など自然科学とも境界分野で，ランダム化比較試験の手法が用いられるようになっている（Krauss 2024）ことからも，政策実験は，今後も国や分野の範囲を広げ増加していくと考えられる。

自然実験

自然実験（natural experiment）は，介入による無作為割当が行われていないという点では，実験研究でなく，定量的分析を行う調査観察研究といって良い。実験の妥当性から見た場合，自然実験は，現実に起こった出来事を対象とし外的妥当性が高くなることに加え，無作為割当の条件が介入なしに成立する（ことを前提とする）ため，構成的妥当性や因果的妥当性に関し，有利な条件が存在する。

自然実験は，実質的に実験とみなせるような実験的統制が自然に成立している状況を対象に，制度や政策を独立変数とし，それらの下での変化を従属変数とし，実験が行われたかのように検証する方法である。たとえば，投票用紙に記載された候補者を一人選び投票する場合，名前の記載順により得票の有利・

---

30)　いずれの実験結果も就労の有無の単純な効果を検証するのではなく，どのような対象者に何に関してどの位効果があるかといったことが検証の対象とされている。スペインでも同時期に実験が行われたが，厳密には公的扶助を対象としている。詳しい邦文の解説としては堀内（2021）がある。フィンランドの実験は中央政府が行ったが，政治的理由で実験の成果は必ずしも政策に反映されていない（例えば Hiilamo 2022 参照）。

31)　政策の割当を介入とみなして，フィールド実験と呼ばれ，同等にみなされることもある（例えば Malesky 2008; Moore et al. 2022）。既に述べたようにランダム化比較試験は，医学の治験や疫学の分野でも行われる。

不利が生じることが考えられる。これを検証する目的のフィールド実験を考えた場合，大規模な投票実験となり莫大な費用がかかる。しかし，候補者名の記載順が異なる投票用紙を無作為に有権者に割り当てるやり方で，実際に選挙が行われているのであれば，その投票（用紙ごとの）結果を比較する定量的分析を行うことで，あたかも実験を行ったかのように，この問題を検証できる。そうした制度を持つカルフォルニア州の選挙を利用して行われた自然実験研究 (Ho and Imai 2008) は，最初に名前を記載された場合に，得票において最も有利になることを確認した。

どのような問題でも，現実の中に理想的な実験デザインが存在し，それを研究者が見出せば，自然実験は可能となる。例えば，選挙前に住民票が異動し，それが選挙結果に影響を及ぼす可能性については，日本の地方選挙でもよく話題とされる。選挙以外の様々な要因も関係するため，同じような自治体に選挙の有無を無作為に割り当て，その結果を比較する実験が，因果関係の検証には理想的である。現実に実験を行うことは不可能である一方，統一地方選挙が，全国一律に行われていない——すなわち選挙の有無が自治体によって異なる——ことに着目した自然実験研究がある (Fukumoto and Horiuchi 2011)。

地方公共団体の長や議会の議員の選挙は，統一地方選挙として，4 年に一度期日を定め 1947 年から行われるようになったが，長の死亡・辞職，議会の解散や市町村の合併などがあると，その自治体は，この期日に選挙を行えなくなる。そういった自治体が無作為に生じてきたこと，つまり統一地方選挙の期日に選挙を行う・行わない自治体の無作為割当と同じ状況が存在することに目をつけた自然実験研究である。選挙の有無により自治体を比較した結果，住民票の異動が，選挙があった自治体——特に得票の僅差で当落が決定する可能性の高い小さな自治体——で突出して増加し，住民票の異動が当落に影響を与える可能性がある規模であったことを示し，住民票の異動が選挙結果に影響を与えたという結論を導き出している[32]。

選挙など定量的分析が行われていた分野でも，無作為割当といった実験的統制の成立に見立てて行われる場合は自然実験となる。その一方で，実験研究では不可能な無作為化——例えば，同じ地理的位置や歴史的背景を持つ植民地支配地域が国境により分けられる——に着目した自然実験研究も存在する。同じ

第 18 章　方法論の展開——実験と定量的分析・定性的分析　　303

ように民族的多様性を持つ隣接国でありながら，独立後改革が進められたタンザニアでは，ケニア側より，国境で分けられた地域でも教育・公衆衛生・給水など公共財が民族間の差異なく高いレベルで供給されており，改革や政策により社会的分断を緩和できる例となっている（Miguel 2004）。

自然実験と定性的分析の論理

　以上の事例からも，実質的に実験に見立てられる状況が，自然に成立していることを見出すことが，自然実験の基本にあることがわかる。そして，自然実験の根幹を成す，「無作為であるかのように（as-if at random）」割り当てられた状況をどのように見出すかに関しては，これは定性的分析や研究による（Dunning 2010＝2014; Freedman 2010＝2014）。誰の目から見ても明らかに無作為割当が成立する状況が存在したり，研究者の目からも成立していることが当初からわかるわけではなく，その事例を調べる事例研究の方法を用いて割当をめぐる状況を検証して，セレクション・バイアスが生じていないかを，「無作為であるかのように」を判断し示すことになる。自然実験は，定性的分析の方法と深い関係を持つとともに，実験研究と定性的研究を架橋する役割を果たしているのである。

自然実験と一国研究

　そう考えれば，自然実験が，従来，もっぱら定性的分析の対象と考えられてきた分野，典型的な例として，単一事例研究，特に一国研究で用いられることも理解できよう。一国研究は，事例を詳細に検証・記述し，それから一般的含意を引き出し理論形成に資する一方，複数の国（の事例）を比較する比較研究とは異なり，それ自体，変数間の関係について一般的含意を検証するものでは

---

32)　より詳細には，選挙があった自治体と選挙がなかった自治体で，2001 年 1 月から 2004 年 12 月までの，前年同月比の（市町村別）転入者数の増減を比較し，2003 年 4 月の選挙で投票が認められる 3 カ月在住の条件を満たし，かつ住民票異動が住民税納税に影響を与えない，2003 年 1 月の転入者数のみが，選挙があった自治体——特に得票の僅差で当落が決定する可能性の高い小さな自治体——で突出して増加していることを確認した。さらに，住民票異動の規模と最下位の当選者と最上位の落選者の得票差を比較し，住民票の異動が当落に影響を与える可能性がある規模であったことを示した。

なかった（第 1 章）。自然実験の方法が，それを変えることになる。

　例えば，一国の事例であっても，興味深い出来事や事件が起こったり，重要な政策が施行されたりした場合，その前後でどのような変化が起こったかは，因果推論の立場からは興味深い。こういった事前・事後比較は，単一事例研究や一国研究でも，その事例や国の事情や観察データをよく知る専門家によって行われてきた。自然実験の考え方は，これに実験の論理の応用が可能であることを示唆する（Pepinsky 2019: 194）。出来事が起こったり政策が行われたりする直前と直後の状況の間では他の様々な要因の変化は少なく，あたかも他の側面では同じ状況に，検証の対象となる出来事の有無を無作為に割り当てたのと同じように考えることができる。前後の比較を，実験の介入無し・介入有りの状況の比較のように見立て，定量的分析（回帰不連続デザイン分析［章末の［解説］自然実験と定量的分析の方法参照]）を行う。例えば，公共の場や私有地で防衛のために殺傷能力のある武器を使用することを認めた正当防衛法（stand-your-ground law）がフロリダ州で効力を持った日を境に（閾値とし）前後で人口当たりの殺人発生率を比較し，「殺人（原著では unlawful murder）」の増加を検証した研究がある（Humphreys, Gasparrini, and Wiebe 2017）。

　一国や一事例を対象とする場合でも，自然実験の方法は，重要性の高い出来事（上記の例の場合は政策の施行）とそれが引き起こす結果との因果関係の証明を可能にするという点で，単一事例研究の新たな可能性を示唆するのである（Pepinsky 2019; Callis, Dunning, and Tuñón 2024）。

自然実験と比較政治学研究

　さらに，自然実験は，比較歴史分析のような比較政治学研究の含意を検証する方法としても用いられる。例えば，英国の植民地であった北米・オセアニア諸国や香港・シンガポールなどは，経済的自由を守る制度を持ち，他の植民地（スペイン・ポルトガル・フランス・オランダなどを宗主国とする）における収奪的経済とは一線を画しており，それが，独立後のこれら諸国における順調な経済発展に繋がったという歴史的観察がある（Hayek 1960; Lipset 1994）。植民地時代の経済制度（X）とその後の経済発展（Y）の両者に関係があることは当然である一方，その両者に様々な要因が同時に影響を与えている。そのため，

独立変数である経済制度（X）が，従属変数である経済発展（Y）を引き起こしたかといった効果の検証は，（歴史的事例では不可能な）実験でも行わない限り困難である。しかし，経済制度（X）を，他の変数（例えば，植民地入植者の死亡率 Z で操作変数と呼ぶ）から予測し，その予測値を用いて従属変数である経済発展（Y）への効果を検証する定量的分析の方法（操作変数法[[解説]自然実験と定量的分析の方法参照]）は，経済制度を無作為割当したのと同じ効果を持つ。それに着目した自然実験研究（Acemoglu, Johnson, and Robinson 2001: 1372）は，定量的分析により，植民地時代の財産権の尊重や政府への監視が，その後の順調な経済発展につながるという歴史的洞察を支持する結果を報告している[33]。

実験の論理と比較政治学

自然実験研究は，定量的分析や定性的分析の方法が共同して重要な役割を果たす可能性を示唆する。その根底には，これら異なる方法が，全て比較の論理を共有していることも大きく影響する（第1章参照）。

例えば，先述の日本の地方選挙における住民票の異動の影響の検証で，統一地方選挙が行われた自治体 A と行われなかった自治体 B の比較を考えてみよう。選挙が行われなかった B と比べ，選挙が行われた A に何が起こったかを観察することは，定性的研究・比較研究でも普通に行われる。これは，選挙の前後での A の住民票の異動（前後の差）と，同じく前後での B の住民票の異動（前後の差）を比較する，つまりそれぞれの自治体の「前後の差の差」（すなわち自治体間の差）を検証することと同じである。統一地方選の有無を無作為割当とみなした自然実験研究（Fukumoto and Horiuchi 2011）も，この比較を定量的分析で行う（差分の差分析[[解説]自然実験と定量的分析の方法参照]）。

比較の論理を共有するのであれば，実験の論理を比較政治学のリサーチ・デザインに生かすことも可能である。比較政治学の方法の応用における問題は，因果関係の検証ができるように変数が必ずしも分布していない（第1章参照），すなわち，実験的検証が行えるような状況が自然に成立していないことである。

33）　過去の出来事の理由を説明する比較歴史研究においても，データが得られれば定量的分析が可能であることを示した方法論の論文として Yamamoto（2012）がある。

例えば，ある出来事が原因となって結果に影響を及ぼしているかを検証する場合，差異法の論理が適用できるように，原因となる変数のみ異なり，他の変数が全く同じように分布していれば検証は容易であるが，現実にはそうした例はまずない。そのため，理想的な比較のリサーチ・デザインを作り出す定量的分析の方法もある。

例えば，マッチング（matching）では，実験群と統制群の両方に存在する類似性を持つ参加者（集団）を対応させ，従属変数の差をとり，因果効果を推定する[34]。その手法の一つで，独立変数が二項変数の場合に，共変数[35]を再加重（reweighting）し，実験群と統制群を比較可能にする手法（例えば，エントロピーバランシング［entropy balancing］）(Hainmueller 2012)[36]があるが，これは比較のリサーチ・デザインとしても応用できる。国際経済機関は，政府財政や経済の安定のため新興国への付加価値税の導入を推奨するが，その歳入増が新興国の民主化に資するかは，欧米諸国における近代化と課税権の確立の関係からも興味深い問題である（第14章）。民主化には，経済発展・貿易自由化・天然資源・社会の不平等度などの要因も影響を与える。それら様々な変数のばらつきを再加重し，付加価値税を導入した国（実験群）としなかった国（統制群）を比較可能にし，付加価値税による歳入増が民主化に繋がることも検証できる (Kato and Tanaka 2019)[37]。同じマッチング法を使って，コロナ（COVID-19）の際のロックダウンを導入する前と後を比較し，ロックダウンが政権や政権党への支持を高めたことも検証されている (Bol et al. 2020)[38]。

比較の対象となる統制群を合成的に作り出し，実験群（着目した現象）との比較を可能にする方法（統合制御法［synthetic control method］）もある (Abadie and Gardeazabal 2003; Abadie, Diamond, and Hainmueller 2010; 2015)。例えば大

---

34) 政治学の実験研究でよく用いられる傾向スコア マッチング（propensity score matching）に関するわかりやすい説明としては，星野（2016）。マッチングの手法を用いて回帰モデルで因果推論を行う方法に関しては Imai and Kim（2019），Imai, Kim, and Wang（2023）。

35) 独立変数・従属変数両者に影響を与える可能性のある変数を指す（第1章参照）。

36) 実験群と統制群の間で共変量の分布をバランスさせる（covariate balance）ことで，独立変数の従属変数に対する効果を推定する方法である。

37) 1960年から2007年までの期間で，143カ国を分析の対象としている。

規模な自然災害が民主化にどのような影響を与えたのかを検証したい場合には，なるべく同じような国で，片方には地震が起こり，もう片方には起こらない国を探せれば良いが，比較に適した国が存在する可能性は極めて低い。そうした場合に，地震が起きたメキシコに対し，地震が起きなかった'合成'メキシコを反実仮想的に作り出し，比較することで，地震が民主化を早めたか検証できる（高橋 2017）。統合制御法は，定性的な比較分析で，反実仮想が難しい一方で重要性が高い事例で行われることが多い。コンゴ共和国における内戦が，森林環境にどのような影響を及ぼしたかといった研究でも，統合制御法が用いられ，通常であれば検証不可能な，内戦の自然破壊への影響を明らかにしている研究もある（Kikuta 2020）。統合制御法は，反実仮想による定量的分析の因果効果の考え方に基づき考案された後になって，比較政治学の差異法の論理に基づいたリサーチ・デザインであることから比較政治学での応用が着目されるようになった例である[39]。

このように，自然実験を含む実験研究と比較政治学の関係も強化されている[40]。

---

38) この研究ではロックダウン直前・直後にサーベイを行い，直前・直後の回答者集団間の属性に関わる共変数のばらつきを揃えるのにエントロピーバランシングを用いる。このように，エントロピーバランシングはサーベイデータの再加重によく用いられている。2015年・2022年の欧州難民危機の前後で，内戦などによる北アフリカや中東の難民が急増した前後でも人々の難民受け入れに対する意識が大きく変化しないことを検証した，比較政治学的課題を扱ったコンジョイント研究でも用いられている（Bansak, Hainmueller, and Hangartner 2023）。
39) アバディらは当初の分析では，統合制御法を差異法の論理と結び付けていなかった（Abadie and Gardeazabal 2003; Abadie, Diamond, and Hainmueller 2010）。両者を結び付けるようになったのは，比較政治学者シドニー・タローの指摘を受けてからである（Abadie, Diamond, and Hainmueller 2015）。最近では，比例代表制という選挙制度が再分配を高めるという比較政治経済学の理論を統合制御法を用いて，ニュージーランドの事例で検証した研究もある（Iversen and Soskice 2006; Pang, Liu, and Xu 2022; Górecki and Pierzgalski 2023）。
40) 比較政治学と実験研究の関係についての日本語のレビューとしては高橋（2024）参照。

5. 方法の混合から方法の交差へ

　政治学の方法としては，定性的分析・定量的分析に，実験の方法も加わることになった。自然実験や政策実験も含め，実験の方法は，定量的分析・定性的分析と，因果推論への関心を共有する一方，既存の方法とは異なり，因果関係の検証を介入によって行うという特徴がある。そのために，既存の理論や仮説，研究課題の検証に用いられることが多い新しい手法であるが，今後も，政治学の知識の蓄積に貢献していくと考えられる。

　政治学の方法は多様化し分岐しているが，これは方法による分断より，かえって関係性の強化を生む結果となった。実験の結果の分析が定量的分析で行われることに加え，実験の方法においても，定性的観察や論理が重要なため，定性的分析の方法も含め，方法の相互補完性は深まり，方法の混合から方法の交差とも言える状況が生じている。

　『社会科学の方法論争』で，疫学研究の例を用いて定性的観察の重要性を説得的に示した数理統計学者のフリードマン（Freedman 2010: 222＝2014: 245-246）は，「定性的推論，定量的分析，実験の三者を組み合わせることが可能ならば，それによって得られる説得力はきわめて高い」と述べている。この立場は，比較政治学の研究者にも共有されるようになっている（Dunning 2012; Pepinsky 2019）。方法論の交差により，今後も様々な知見が積み重ねられることが期待される。

［解説］自然実験と定量的分析の方法[41]

　自然実験は，無作為化が成立すれば，実験的統制を行わなくても因果推論ができる可能性を示した点で，逆説的にではあるが，実験研究の強みを体現しているとも言える。自然実験で用いられる定量的分析の方法には，下記のようなものがある。

41）　ここで取り上げた定量的分析の方法について，比較政治学者のダニングがまとめた研究書（Dunning 2012）は，定性的分析との方法の交差をよく表している。統計学の専門の立場からのわかりやすい説明としては，津川（2016），星野（2016），松林（2021）がある。

第 18 章　方法論の展開──実験と定量的分析・定性的分析　　309

　差分の差分析　本文で紹介したように，無作為割当の有り無し，それぞれの前後の差の，さらにその差を比較検証するのが，差分の差分析（difference-in-difference analysis）である。例えば，ニュージャージー州で最低賃金が引き上げられ（実験群），ペンシルヴェニア州では引き上げられなかった（統制群）場合，最低賃金引き上げ前後の，ニュージャージー州の雇用状態の変化とペンシルヴェニア州の雇用状態の変化を，両州の境界にあるファストフードレストランで検証するといった応用もある（Card and Krueger 1994）。

　回帰不連続デザイン　理想的な無作為割当が不可能である政治学の実験では，結果の分析において，実験的統制がされていない変数の影響を考慮しなければならないが，これは定量的分析で変数間の因果関係を考える場合にも共通の問題である。そのため，従来から，計量経済学でも用いられてきた手法が，自然実験への評価の高まりとともに注目された例として，回帰不連続デザイン（regression-discontinuity design）[42]がある。例えば，あるテストで一定の点数以上をとった学生に達成証書を授与し，その点数には近かったが至らなかった学生には成果を誉める手紙を送ったとしよう。達成証書送付がその後の成績を上昇させる効果を，その得点を閾値として，そのすぐ上と下の学生を実験群と統制群と考えて比較し確認する（Thistlewaite and Campbell 1960）。試験の結果は運や偶然に左右され予測できないので，ある得点のすぐ上下に位置する学生集団は類似し，実験群と統制群への無作為割当された状態に近いと考えられることが応用の前提となる。このデザインは，時間を割当変数（running variable）とし，政策実施や出来事（処置変数：D）の直前（D＝0）や直後（D＝1）の状況を比較する場合などにも応用できる（regression-discontinuity in time）。本文で紹介した米国フロリダ州の正当防衛法の研究がその例である（Humphreys, Gasparrini, and Wiebe 2017）。回帰不連続デザインが応用できる状況は，実験デザインとして内的妥当性が成立する状況であり，その状況に関しての理解が必要となる。そのため，従来，因果推論に関しては不利であると考えられてきた一国研究・単一事例研究で因果関係を検証する方法として活用されるようになっていることは本文で述べた通りである（Pepinsky 2019）。政策の効果を検証した例として，70 歳を境に自己負担額が 3 割から 1 割に下がる日本の医療制度に注目して回帰不連続デザインで分析を行い，70 歳を境に高齢者の医療費の需要が増大している一方，健康状態や死亡率に変化はないとした研究もある（Shigeoka 2014）。

　操作変数法　計量経済学（econometrics）の分野において，操作変数法（instrumental variable method）は，内生性の問題──回帰モデルで説明変数が誤差項と相関する問題（回帰モデル・誤差項については第 1 章注 10 参照）──に対応する方

---

42)　回帰不連続デザインは，回帰非連続デザイン・不（非）連続回帰デザイン・回帰分断デザインなどと呼ばれることもある。数学では "discontinuous" を「不連続」と訳すことから，ここでは回帰不連続デザインとした。

法である。隠れた交絡要因（共変量）の存在や欠落変数がある時に推定を可能にする。操作変数法で用いる操作変数 Z とは独立変数 X を通じてのみ従属変数 Y に影響を与える変数（X とは関係がある一方で，従属変数 Y には影響されず，その他原因とも関係を持たない変数）である。本文で紹介したアセモグルらの研究（Acemoglu, Johnson, and Robinson 2001）で用いられた操作変数 Z は植民地入植者の死亡率である。植民地時代の経済制度（X）とその後の経済発展（Y）の両者に関係があることは当然予想されるが，死亡率 Z は，植民地時代の制度 X とは関係があるが，その後の経済成長 Y とは（X を通じて影響する経路を除けば）無関係である。そこで死亡率 Z を操作変数とし，それに基づき経済制度に関わる変数 X を予測し，その予測値を元のデータの代わりに割り当て分析を行った。操作変数による予測値の割当は，無作為割当と同じ（隠れた交絡要因の影響を統制する）効果があり，植民地時代の制度 X のその後の経済成長 Y への因果効果を推定できる。この研究は，本文でも紹介したように，経済学者ハイエク（Hayek 1960）や民主化研究のリプセット（Lipset 1994）らの研究から出発している。それに加え，入植者死亡率を操作変数とする選択も，母国からの入植者が定着する（つまり入植者の死亡率が低い）ことで母国と似た自由な経済制度が成立したとする観察を行った歴史研究から示唆を得ている（Acemoglu, Johnson, and Robinson 2001: 1373-1374）。

このように既存の定性的研究から多くを学びデザインされた研究ではあるが，死亡率の歴史的データの不足のため，複数のデータセットを組み合わせたり欠損値の推定を行ったことから，これが主張を裏付ける分析結果を導き出したのではないかという批判もあった（Albouy 2012，筆者らの応答としては Acemoglu, Johnson, and Robinson 2012 参照）。因果推論に関し強みを持つ一方，定量的研究には，定性的研究とは異なる分析上の問題もあり，両者の共同が重要であることが示唆される。

現代の事例でも用いられ，例えば，降雨量を操作変数とした，2009 年米国のティー・パーティ運動の分析では，大衆運動（この例では運動の保守的立場）が政策決定にも影響を与えるという結論を導き出している（Madestam et al. 2013）。

[解説] MRI を用いた脳神経科学実験と政治学

政治学の分野で急速に実験研究が行われるようになった 1990 年代から 2000 年代にかけての時期に，脳神経科学の分野で，非侵襲的脳機能計測の方法である fMRI（機能的磁気共鳴画像法）実験が広まったこともあり，政治学の実験においても脳神経科学の手法が広まることが期待され（Fowler and Schreiber 2008; Morton and Williams 2008），米国政治の党派性に関わる研究も行われた（Schreiber et al.

第 18 章　方法論の展開——実験と定量的分析・定性的分析　　311

2013)。しかしニューロエコノミクス（Neuroeconomics）のように，ニューロポリティクス（Neuropolitics）は成立していない。そもそも，脳神経科学の分野では，人間の社会的行動の際に活動する部位[43]は区別されることはあっても，政治行動に特化した部位が区別されないことも大きな理由である。ニューロエコノミクスにしても，ゲーム理論など経済学の数理モデルを社会的行動の分析に応用する研究の総称であり（Lee 2005; 2020），経済行動に対応する脳の部位を研究するという理由からニューロエコノミクスと呼ばれているわけではない。

　しかし，数は少ないとはいえ，行われた実験においては，行動分析では検証できない政治学の知見を検証することができる強みを持つ。筆者の研究チームの実験でも，ネガティブ・キャンペーン CM 視聴時に感情的反応とともに情報を得ようとする認知活動も観察される（Kato et al. 2009; 加藤・井手・神作 2009），繰り返し囚人のジレンマゲームの相手の戦略により感情的反応が異なる（Sakaiya et al. 2013; 加藤・境家・武居 2016），所得分配の平等の支持には，自身のリスクも他者への配慮もその動機付けとなり得る（Takesue et al. 2017; 加藤・境家・武居 2017）といった知見が検証されている。また専門家と素人が，被告人に対する量刑を判断する際の脳の活動の相違を比較する実験では，両者の間で活動する脳の部位には差異が見られないものの，脳の部位間の機能連結（例えば感情に関わる部位と認知コントロールに関わる部位のどちらが先に活動するか）が異なることも観察された（Asamizuya et al. 2022）。神経科学実験は，実験室実験同様，外的妥当性の問題を持つ。その一方で，観察された行動と認知過程の対応に関しては，通常の実験研究にはない心理過程に関わるデータを提供する（Lee 2020）。

　また，脳神経科学は，政治学と，人間を対象とする学問としての方法の共通性を持ち，方法の側面でも得る示唆は多い。第一は因果推論に関するものである。政治学の方法において，「科学的方法」を考え，因果推論を重視する（第 1 章）のは，自然科学を想定してのことであるが，少なくとも人間を対象とする神経科学は因果関係の証明に関しては慎重である。無作為割当実験によらない場合は，変数間の関係や相関として報告するのが規範となっており，そうした慎重な姿勢の方が科学的とされる。その意味では，因果関係の証明が至上であり，それが実現されているという，政治学の方法で従来手本としてきたような自然科学観とはかなりずれる[44]。第二は，定性的分析と定量的分析の相互補強的な関係である。神経科学の分野で，特異なシンドローム，例えば，切断した手足が存在するように感じ（幻肢）時には痛む（幻肢痛）といった症状の解明について画期的な業績を上げたラマチャンドランら（Ramachandran and Blakeslee 1998: xiii＝1999）は，この点について次のよ

---

43)　報酬系やデフォルトモードネットワークは，社会性に関わる部位を含むことがよく知られている（Stanley and Adolphs 2013; Ruff and Fehr 2014; Menon 2023）。

44)　この点についての，政治学におけるわかりやすい解説としては境家（2014）参照。

うに述べている。神経科学では「多数を対象に統計分析する方法」と「一例であっても検証したい対象（例えばシンドローム）を徹底的に調べる方法」のどちらがより意義ある発見につながるかといった議論があるが，それには意味がなく，「最も良いやり方は1事例から始め，徐々に事例を加え，数を増やしていくことである」。『社会科学の方法論争』（Brady and Collier 2010＝2014）で定性的分析と定量的分析の方法を組み合わせることの有効性を説得的に主張したフリードマン（Freedman 2010＝2014）が，用いた事例も疫学であったことを考えると，人間を対象とする自然科学は，政治学と方法の共通性を持つことをよく示している。

引用文献

Abadie, Alberto, Alexis Diamond, and Jens Hainmueller. 2010. "Synthetic Control Methods for Comparative Case Studies: Estimating the Effect of California's Tobacco Control Program." *Journal of the American Statistical Association* 105 (490): 493-505.

———. 2015. "Comparative Politics and the Synthetic Control Method." *American Journal of Political Science* 59 (2): 495-510.

Abadie, Alberto, and Javier Gardeazabal. 2003. "The Economic Costs of Conflict: A Case Study of the Basque Country." *The American Economic Review* 93 (1): 113-132.

Aberbach, Joel D., Robert D. Putnam, and Bert A. Rockman. 1981. *Bureaucrats and Politicians in Western Democracies.* Harvard University Press.

Acemoglu, Daron, Simon Johnson, and James A. Robinson. 2001. "The Colonial Origins of Comparative Development: An Empirical Investigation." *American Economic Review* 91 (5): 1369-1401.

———. 2012. "The Colonial Origins of Comparative Development: An Empirical Investigation: Reply." *American Economic Review* 102 (6): 3077-3110.

Acemoglu, Daron, and James A. Robinson. 2006. *Economic Origins of Dictatorship and Democracy.* Cambridge University Press.

Acharya, Avidit, Matthew Blackwell, and Maya Sen. 2016. "Explaining Causal Findings without Bias: Detecting and Assessing Direct Effects." *American Political Science Review* 110 (3): 512-529.

Albouy, David Y. 2012. "The Colonial Origins of Comparative Development: An Empirical Investigation: Comment." *The American Economic Review* 102 (6): 3059-3076.

Aldrich, John H. 1995. *Why Parties? The Origin and Transformation of Political Parties in America.* University of Chicago Press.

Alesina, Alberto, Enrico Spolaore, and Romain Wacziarg. 2000. "Economic Integration and Political Disintegration." *American Economic Review* 90 (5): 1276-1296.

Alesina, Alberto, and Romain Wacziarg. 1998. "Openness, Country Size and Government." *Journal of Public Economics* 69 (3): 305-321.

Allison, Graham T. 1971. *Essence of Decision: Explaining the Cuban Missile Crisis.* Little, Brown. (宮里政玄訳『決定の本質：キューバ・ミサイル危機の分析』中央公論社, 1977 年）[2nd ed., with Philip Zelikow, Longman, 1999（漆嶋稔訳, 日経 BP クラシックス, 2016 年)]

Almond, Gabriel A., and G. Bingham Powell. 1966. *Comparative Politics: A Developmental Approach.* Little, Brown.

Almond, Gabriel A., and Sidney Verba. 1963. *The Civic Culture: Political Attitudes and Democracy in Five Nations.* Princeton University Press.（石川一雄ほか訳『現代市民の政治文化：5カ国における政治的態度と民主主義』勁草書房，1974年）

——, eds. 1980. *The Civic Culture Revisited: An Analytic Study.* Little, Brown.

Alvarez, R. Michael, Geoffrey Garrett, and Peter Lange. 1991. "Government Partisanship, Labor Organization, and Macroeconomic Performance." *American Political Science Review* 85 (2): 539-556.

Andeweg, R. B., Lieven de Winter, and Patrick Dumont, eds. 2011. *Puzzles of Government Formation: Coalition Theory and Deviant Cases.* Routledge.

Ansell, Ben W., and David J. Samuels. 2014. *Inequality and Democratization: An Elite-Competition Approach.* Cambridge University Press.

Arendt, Hannah. 1970. *On Violence.* Allen Lane.（「暴力について」山田正行訳『暴力について：共和国の危機』みすず書房，2000年，97-194頁）

Arrow, Kenneth. 2012 [1951]. *Social Choice and Individual Values.* Martino Fine Books (Reprint of 1951 edition).（長名寛明訳『社会的選択と個人的評価』日本経済新聞社，1977年）[3rd ed., Yale University Press, 2012（長名寛明訳，勁草書房，2013年）]

Arthur, W. Brian. 1989. "Competing Technologies, Increasing Returns, and Lock-In by Historical Events." *The Economic Journal* 99 (394): 116-131.

Asamizuya, Takeshi, Hiroharu Saito, Ryosuke Higuchi, Go Naruse, Shozo Ota, and Junko Kato. 2022. "Effective Connectivity and Criminal Sentencing Decisions: Dynamic Causal Models in Laypersons and Legal Experts." *Cerebral Cortex* 32: 4304-4316.

Austen-Smith, David, and Jeffrey Banks. 1990. "Stable Governments and the Allocation of Policy Portfolios." *American Political Science Review* 84 (3): 891-906.

Axelrod, Robert. 1970. *Conflict of Interest: A Theory of Divergent Goals with Applications to Politics.* Markham.

——. 1984. *The Evolution of Cooperation.* Basic Books.（松田裕之訳『つきあい方の科学：バクテリアから国際関係まで』ミネルヴァ書房，1998年）

Axelrod, Robert, and Robert O. Keohane. 1985. "Achieving Cooperation under Anarchy: Strategies and Institutions." *World Politics* 38 (1): 226-254.

Bachrach, Peter, and Morton S. Baratz. 1962. "Two Faces of Power." *The American Political Science Review* 56 (4): 947-952. [Reprinted in P. Bachrach and M. S. Baratz. 1970. *Power and Poverty: Theory and Practice.* Oxford University Press; R. Bell, D. V. Edwards, and R. H. Wagner, eds. 1969. *Political Power: A Reader in Theory and Re-*

search. Free Press; J. Scott, ed. 1994. *Power: Critical Concepts*, 3 vols. Routledge〕（佐治孝夫訳「権力の二面性」加藤秀治郎・岩渕美克編『政治社会学（第 5 版）』一藝社, 2013 年, 172-186 頁）

――. 1963. "Decisions and Nondecisions: An Analytical Framework." *The American Political Science Review* 57 (3): 632-642. 〔Reprinted in P. Bachrach and M. S. Baratz. 1970. *Power and Poverty: Theory and Practice*. Oxford University Press; R. Bell, D. V. Edwards, and R. H. Wagner, eds. 1969. *Political Power: A Reader in Theory and Research*. Free Press; J. Scott, ed. 1994. *Power: Critical Concepts*, 3 vols. Routledge〕

Baldwin, David A. 1993a. "Neoliberlaism, Neorealism, and World Politics." In D. A. Baldwin, ed. *Neorealism and Neoliberalism: The Contemporary Debate*. Columbia University Press, 3-25.

――, ed. 1993b. *Neorealism and Neoliberalism: The Contemporary Debate*. Columbia University Press.

Baldwin, Peter. 1990. *The Politics of Social Solidarity: Class Bases of the European Welfare State 1875-1975*. Cambridge University Press.

Bansak, Kirk, Jens Hainmueller, and Dominik Hangartner. 2023. "Europeans' Support for Refugees of Varying Background Is Stable over Time." *Nature* 620 (7975): 849-854.

Banzhaf, John F., III. 1965. "Weighted Voting Doesn't Work: A Mathematical Analysis." *Rutgers Law Review* 19: 317-343.

Barro, Robert J. 1999. "Determinants of Democracy." *Journal of Political Economy* 107 (S6): S158-S183.

Bartolini, Stefano. 2000. *The Political Mobilization of the European Left, 1860-1980: The Class Cleavage*. Cambridge University Press.

Bartolini, Stefano, and Peter Mair. 1990. *Identity, Competition, and Electoral Availability: The Stabilisation of European Electorates 1885-1985*. Cambridge University Press.

Bates, Robert H., Avner Greif, Margaret Levi, Jean-Laurent Rosenthal, and Barry R. Weingast. 1998. *Analytic Narratives*. Princeton University Press.

Batto, Nathan F., Chi Huang, Alexander C. Tan, and Gary W. Cox, eds. 2016. *Mixed-Member Electoral Systems in Constitutional Context: Taiwan, Japan, and Beyond*. University of Michigan Press.

Bauer, Michael W., and Stefan Becker. 2020. "Democratic Backsliding, Populism, and Public Administration." *Perspectives on Public Management and Governance* 3 (1): 19-31.

Bell, Daniel. 1973. *The Coming of Post-Industrial Society: A Venture in Social Forecasting*. Basic Books.（内田忠夫ほか訳『脱工業社会の到来：社会予測の一つの試み』ダ

イヤモンド社, 1975 年)

Bennett, Andrew. 2010. "Process Tracing and Causal Inference." In H. E. Brady and D. Collier, eds. *Rethinking Social Inquiry: Diverse Tools, Shared Standards*. Rowman & Littlefield Publishers, Chapter 10. (泉川泰博・宮下明聡訳『社会科学の方法論争：多様な分析道具と共通の基準（原著第 2 版）』勁草書房, 2014 年, 第 10 章)

Benoit, Kenneth, and Michael Laver. 2006. *Party Policy in Modern Democracies*. Routledge.

Beramendi, Pablo, and David Rueda. 2007. "Social Democracy Constrained: Indirect Taxation in Industrialized Democracies." *British Journal of Political Science* 37 (4): 619-641.

Berger, Suzanne. 1981. *Organizing Interests in Western Europe: Pluralism, Corporatism, and the Transformation of Politics*. Cambridge University Press.

Berger, Suzanne, and Ronald Dore, eds. 1996. *National Diversity and Global Capitalism*. Cornell University Press.

Bergeron-Boutin, Olivier, John M. Carey, Gretchen Helmke, and Eli Rau. 2024. "Expert Bias and Democratic Erosion: Assessing Expert Perceptions of Contemporary American Democracy." *PS: Political Science & Politics* 57 (2): 184-193.

Berlucchi, Antonio Benasaglio, and Marisa Kellam. 2023. "Who's to Blame for Democratic Backsliding: Populists, Presidents or Dominant Executives?" *Democratization* 30 (5): 815-835.

Bjørnskov, Christian, and Martin Rode. 2020. "Regime Types and Regime Change: A New Dataset on Democracy, Coups, and Political Institutions." *The Review of International Organizations* 15 (2): 531-551.

Black, Duncan. 1948. "On the Rationale of Group Decision-Making." *Journal of Political Economy* 56 (1): 23-34. [Reprinted in Kenneth Arrow and Tibor Scitovsky, eds. 1969. *Readings in Welfare Economics*. R. D. Irwin, 133-146]

Blondel, Jean. 1970. "Legislative Behaviour: Some Steps towards Cross-National Measurement." *Government and Opposition* 5 (1): 67-85.

――. 1973. *Comparative Legislatures*. Prentice-Hall.

Boix, Carles. 2003. *Democracy and Redistribution*. Cambridge University Press.

Boix, Carles, Michael Miller, and Sebastian Rosato. 2013. "A Complete Data Set of Political Regimes, 1800-2007." *Comparative Political Studies* 46 (12): 1523-1554.

Boix, Carles, and Susan C. Stokes. 2003. "Endogenous Democratization." *World Politics* 55 (4): 517-549.

Bol, Damien, Marco Giani, André Blais, and Peter Loewen. 2020. "The Effect of COVID-19 Lockdowns on Political Support: Some Good News for Democracy?" *European Jour-*

nal of Political Research 60 (2): 497-505.

Bowler, Shaun, and Bernard Grofman, eds. 2000. *Elections in Australia, Ireland, and Malta under the Single Transferable Vote: Reflections on an Embedded Institution.* University of Michigan Press.

Bowles, Samuel, and Herbert Gintis. 2006. "The Evolutionary Basis of Collective Action." In D. A. Wittman and B. R. Weingast, eds. *The Oxford Handbook of Political Economy.* Oxford University Press, 951-968.

Brader, Ted. 2005. "Striking a Responsive Chord: How Political Ads Motivate and Persuade Voters by Appealing to Emotions." *American Journal of Political Science* 49 (2): 388-405.

Brady, Henry E. 2010. "Data-Set Observations versus Causal-Process Observations: The 2000 U.S. Presidential Election." In H. E. Brady and D. Collier, eds. *Rethinking Social Inquiry: Diverse Tools, Shared Standards*, 2nd ed. Rowman & Littlefield Publishers, Chapter 12. (泉川泰博・宮下明聡訳『社会科学の方法論争：多様な分析道具と共通の基準（原著第 2 版）』勁草書房，2014 年，第 12 章)

Brady, Henry E., and David Collier, eds. 2010. *Rethinking Social Inquiry: Diverse Tools, Shared Standards*, 2nd ed.: Rowman & Littlefield Publishers. (泉川泰博・宮下明聡訳『社会科学の方法論争：多様な分析道具と共通の基準（原著第 2 版）』勁草書房，2014 年)

Brady, Henry E., David Collier, and Jason Seawright. 2010. "Refocusing the Discussion of Methodology." In H. E. Brady and D. Collier, eds. *Rethinking Social Inquiry: Diverse Tools, Shared Standards*, 2nd ed. Rowman & Littlefield Publishers, Chapter 1. (泉川泰博・宮下明聡訳『社会科学の方法論争：多様な分析道具と共通の基準（原著第 2 版）』勁草書房，2014 年，第 1 章)

Brennan, H. Geoffrey, and James M. Buchanan. 1980. *The Power to Tax: Analytical Foundations of a Fiscal Constitution.* Cambridge University Press.

Bueno de Mesquita, Bruce. 2006. "Game Theory, Political Economy, and the Evolving Study of War and Peace." *American Political Science Review* 100 (4): 637-642.

Burke, Edmund. 1960 [1770]. "Thoughts on the Causes of the Present Discontents (1770)." In E. Burke (Author), L. I. Bredvold, et al., eds. *The Philosophy of Edmund Burke: A Selection from His Speeches and Writings.* University of Michigan Press, 134-138. (中野好之編訳『バーク政治経済論集：保守主義の精神』法政大学出版局，2000 年，80-86 頁)

Callis, Anna, Thad Dunning, and Guadalupe Tuñón. 2024. "Causal Inference and Knowledge Accumulation in Historical Political Economy." In J. A. Jenkins and J. Rubin, eds. *The Oxford Handbook of Historical Political Economy.* Oxford University Press,

55-74.

Cameron, David R. 1978. "The Expansion of the Public Economy: A Comparative Analysis." *American Political Science Review* 72 (4): 1243-1261.

Campbell, Angus, Philip E. Converse, Warren E. Miller, and Donald E. Stokes. 1960. *The American Voter.* John Wiley & Sons.

Capoccia, Giovanni. 2016. "Critical Junctures." In O. Fioretos, T. G. Falleti, et al., eds. *The Oxford Handbook of Historical Institutionalism.* Oxford University Press, 89-106.

Card, David, and Alan B. Krueger. 1994. "Minimum Wages and Employment: A Case Study of the Fast-Food Industry in New Jersey and Pennsylvania." *The American Economic Review* 84 (4): 772-793.

Cardoso, Fernando Henrique, and Enzo Faletto. 1979. *Dependency and Development in Latin America.* University of California Press. (鈴木茂・受田宏之・宮地隆廣訳『ラテンアメリカにおける従属と発展：グローバリゼーションの歴史社会学』東京外国語大学出版会，2012年)

Carothers, Thomas. 2002. "The End of the Transition Paradigm." *Journal of Democracy* 13 (1): 5-21.

Carr, E. H. 1946 [1939]. *The Twenty Years' Crisis, 1919-1939: An Introduction to the Study of International Relations*, 2nd ed. Macmillan. (原彬久訳『危機の二十年：理想と現実』岩波文庫，2011年)

Castanho Silva, Bruno, Sebastian Jungkunz, Marc Helbling, and Levente Littvay. 2020. "An Empirical Comparison of Seven Populist Attitudes Scales." *Political Research Quarterly* 73 (2): 409-424.

Castles, Francis G., and Peter Mair. 1984. "Left-Right Political Scales: Some 'Expert' Judgments." *European Journal of Political Research* 12 (1): 73-88.

Castles, Francis G., Peter Mair, and Mogens N. Pedersen. 1997. "Left-Right Political Scales." *European Journal of Political Research* 31 (1-2): 147-157.

Castles, Francis G., and Deborah Mitchell. 1992. "Identifying Welfare State Regimes: The Links between Politics, Instruments and Outcomes." *Governance* 5 (1): 1-26.

——. 1993. "Worlds of Welfare and Families of Nations." In F. G. Castles, ed. *Families of Nations: Patterns of Public Policy in Western Democracies.* Dartmouth, 93-128.

Cawson, Alan, ed. 1985. *Organized Interests and the State: Studies in Meso-Corporatism.* SAGE Publications.

——. 1986. *Corporatism and Political Theory.* Basil Blackwell.

Chaudoin, Stephen, Helen V. Milner, and Xun Pang. 2015. "International Systems and Domestic Politics: Linking Complex Interactions with Empirical Models in International Relations." *International Organization* 69 (2): 275-309.

Coase, Ronald H. 1937. "The Nature of the Firm." *Economica* 4 (16): 386-405.

Coleman, Eric, and Elinor Ostrom. 2011. "Experimental Contributions to Collective Action Theory." In J. N. Druckman, D. P. Greene, et al., eds. *Cambridge Handbook of Experimental Political Science*. Cambridge University Press, 339-352.

Collier, David, ed. 1979. *The New Authoritarianism in Latin America*. Princeton University Press.

——. 1991. "The Comparative Method: Two Decades of Change." In R. D. Alexander and K. P. Erickson, eds. *Comparative Political Dynamics: Global Research Perspectives*. HarperCollins, 7-19.

Collier, David, Henry E. Brady, and Jason Seawright. 2010. "Sources of Leverage in Causal Inference: Toward an Alternative View of Methodology." In H. E. Brady and D. Collier, eds. *Rethinking Social Inquiry: Diverse Tools, Shared Standards*, 2nd ed. Rowman & Littlefield Publishers, Chapter 9.（泉川泰博・宮下明聡訳『社会科学の方法論争：多様な分析道具と共通の基準（原著第 2 版）』勁草書房，2014 年，第 9 章）

Collier, David, and James E. Mahon, Jr. 1993. "Conceptual 'Stretching' Revisited: Adapting Categories in Comparative Analysis." *The American Political Science Review* 87 (4): 845-855.

Collier, David, and Gerardo L. Munck. 2017. "Building Blocks and Methodological Challenges: A Framework for Studying Critical Junctures." *Qualitative and Multi-Method Research* 15 (1): 2-9.

Collier, David, Jason Seawright, and Gerardo L. Munck. 2010. "The Quest for Standards: King, Keohane, and Verba's *Designing Social Inquiry*." In H. E. Brady and D. Collier, eds. *Rethinking Social Inquiry: Diverse Tools, Shared Standards*, 2nd ed. Rowman & Littlefield Publishers, Chapter 2.（泉川泰博・宮下明聡訳『社会科学の方法論争：多様な分析道具と共通の基準（原著第 2 版）』勁草書房，2014 年，第 2 章）

Condorcet, Marie-Jean-Antoine-Nicolas de Caritat, Marquis de. 1785. *Essai sur l'Application de l'Analyse á la Probabilité des Décisions Rendues á la Pluralité des Voix*. Impr. Royale.

Conradt, David P. 1980. "Changing German Political Culture." In G. A. Almond and S. Verba, eds. *The Civic Culture Revisited: An Analytic Study*. Little, Brown, 212-272.

Coppedge, Michael, John Gerring, Adam N. Glynn, Carl Henrik Knutsen, Staffan I. Lindberg, Daniel Pemstein, Brigitte Seim, Svend-Erik Skaaning, and Jan Teorell. 2020. *Varieties of Democracy: Measuring Two Centuries of Political Change*. Cambridge University Press.

Cox, Gary W. 1994. "Strategic Voting Equilibria under the Single Nontransferable Vote." *American Political Science Review* 88 (3): 608-621.

Cox, Gary W., and Mathew D. McCubbins. 1993. *Legislative Leviathan: Party Government in the House.* University of California Press.

Craig, Stephen C., Richard G. Niemi, and Glenn E. Silver. 1990. "Political Efficacy and Trust: A Report on the NES Pilot Study Items." *Political Behavior* 12 (3): 289-314.

Crenson, Matthew A. 1971. *The Un-Politics of Air Pollution: A Study of Non-Decision-Making in the Cities.* Johns Hopkins Press.

Crouch, Colin, and Wolfgang Streeck. 1997. *Political Economy of Modern Capitalism: Mapping Convergence and Diversity.* SAGE. (山田鋭夫訳『現代の資本主義制度：グローバリズムと多様性』NTT 出版, 2001 年)

Crum, Ben, and Alvaro Oleart, eds. 2023. *Populist Parties and Democratic Resilience: A Cross-National Analysis of Populist Parties' Impact on Democratic Pluralism in Europe.* Routledge.

Curtis, Gerald L. 1999. *The Logic of Japanese Politics: Leaders, Institutions, and the Limits of Change.* Columbia University Press. (野口やよい訳『永田町政治の興亡』新潮社, 2001 年)

Dahl, Robert A. 1956. *A Preface to Democratic Theory.* University of Chicago Press. (内山秀夫訳『民主主義理論の基礎』未来社, 1970 年)

——. 1957. "The Concept of Power." *Behavioral Science* 2 (3): 201-215. [Reprinted in J. Scott, ed. 1994. *Power: Critical Concepts*, 3 vols. Routledge]

——. 1961. *Who Governs? Democracy and Power in an American City.* Yale University Press. (河村望・高橋和宏監訳『統治するのはだれか：アメリカの一都市における民主主義と権力』行人社, 1988 年)

——. 1971. *Polyarchy: Participation and Opposition.* Yale University Press. (高畠通敏・前田脩訳『ポリアーキー』岩波文庫, 2014 年)

Dahrendorf, Ralf. 1999. "The Third Way and Liberty: An Authoritarian Streak in Europe's New Center." *Foreign Affairs* 78 (5): 13-17.

Däubler, Thomas, and Kenneth Benoit. 2022. "Scaling Hand-Coded Political Texts to Learn More about Left-Right Policy Content." *Party Politics* 28 (5): 834-844.

Davis, Christina L. 2004. "International Institutions and Issue Linkage: Building Support for Agricultural Trade Liberalization." *The American Political Science Review* 98 (1): 153-169.

——. 2012. *Why Adjudicate? Enforcing Trade Rules in the WTO.* Princeton University Press.

Dawes, Robyn M. 1980. "Social Dilemmas." *Annual Review of Psychology* 31 (1): 169-193.

Deeming, Christopher. 2013. "The Working Class and Welfare: Francis G. Castles on the Political Development of the Welfare State in Australia and New Zealand Thirty Years On." *Social Policy & Administration* 47 (6): 668-691.

Della Porta, Donatella. 2008. "Comparative Analysis: Case-Oriented versus Variable-Oriented Research." In D. Della Porta and M. Keating, eds. *Approaches and Methodologies in the Social Sciences: A Pluralist Perspective.* Cambridge University Press, 198-222.

De Swaan, Abram. 1973. *Coalition Theories and Cabinet Formations: A Study of Formal Theories of Coalition Formation Applied to Nine European Parliaments after 1918.* Elsevier Scientific Pub. Co.

Diamond, Larry. 2002. "Elections without Democracy: Thinking about Hybrid Regimes." *Journal of Democracy* 13 (2): 21-35.

Dickson, Eric S. 2011. "Economics versus Psychology Experiments: Stylization, Incentives, and Deception." In J. N. Druckman, D. P. Greene, et al., eds. *Cambridge Handbook of Experimental Political Science.* Cambridge University Press, 58-70.

Dimitrov, Martin K. 2024. *The Adaptability of the Chinese Communist Party.* Cambridge University Press.

Dinas, Elias, and Pedro Riera. 2018. "Do European Parliament Elections Impact National Party System Fragmentation?" *Comparative Political Studies* 51 (4): 447-476.

Dixit, Avinash K., and Barry Nalebuff. 2008. *The Art of Strategy: A Game Theorist's Guide to Success in Business and Life.* W. W. Norton. (嶋津祐一・池村千秋訳『戦略的思考をどう実践するか』阪急コミュニケーションズ，2010 年)

Downs, Anthony. 1957. *An Economic Theory of Democracy.* HarperCollins. (古田精司監訳『民主主義の経済理論』成文堂，1980 年)

――. 1965. "A Theory of Bureaucracy." *The American Economic Review* 55 (1/2): 439-446.

――. 1967. *Inside Bureaucracy.* Little, Brown. (渡辺保男訳『官僚制の解剖：官僚と官僚機構の行動様式』サイマル出版会，1975 年)

Drazen, Allan. 2000. "The Political Business Cycle after 25 Years." *NBER Macroeconomics Annual* 15: 75-117.

Druckman, James N., and Donald P. Green, eds. 2021. *Advances in Experimental Political Science.* Cambridge University Press.

Druckman, James N., Donald P. Green, James H. Kuklinski, and Arthur Lupia. 2011. "Experimentation in Political Science." In J. N. Druckman, D. P. Greene, et al., eds. *Cambridge Handbook of Experimental Political Science.* Cambridge University Press, 3-12.

Druckman, James N., and Kjersten R. Nelson. 2003. "Framing and Deliberation: How

Citizens' Conversations Limit Elite Influence." *American Journal of Political Science* 47 (4): 729–745.

Dryzek, John S. 1990. *Discursive Democracy: Politics, Policy, and Political Science.* Cambridge University Press.

Dunleavy, Patrick. 1991. *Democracy, Bureaucracy and Public Choice: Economic Explanations in Political Science.* Harvester Wheatsheaf.

Dunning, Thad. 2008. *Crude Democracy: Natural Resource Wealth and Political Regimes.* Cambridge University Press.

──. 2010. "Design-Based Inference: Beyond the Pitfalls of Regression Analysis?" In H. E. Brady and D. Collier, eds. *Rethinking Social Inquiry: Diverse Tools, Shared Standards,* 2nd ed. Rowman & Littlefield Publishers, Chapter 14.（泉川泰博・宮下明聡訳『社会科学の方法論争：多様な分析道具と共通の基準（原著第 2 版）』勁草書房，2014 年，第 14 章）

──. 2012. *Natural Experiments in the Social Sciences: A Design-Based Approach.* Cambridge University Press.

──. 2017. "Contingency and Determinism in Research on Critical Junctures: Avoiding the 'Inevitability Framework'." *Qualitative and Multi-Method Research* 15 (1): 41–47.

Duverger, Maurice. 1954 [1951]. *Political Parties: Their Organization and Activity in the Modern State,* translated by B. North and R. North. Methuen; Wiley.（岡野加穂留訳『政党社会学：現代政党の組織と活動』潮出版社，1970 年）

Easton, David. 1965. *A Systems Analysis of Political Life.* John Wiley.（片岡寛光監訳，薄井秀二・依田博訳『政治生活の体系分析（上・下）（新装版）』早稲田大学出版部，2002 年）

Easton, David, and Dennis Jack. 1969. *Children in the Political System: Origins of Political Legitimacy.* McGraw-Hill Book Company.

Ebbinghaus, Bernhard, and Philip Manow, eds. 2001. *Comparing Welfare Capitalism: Social Policy and Political Economy in Europe, Japan and the USA.* Routledge.

Eckstein, Harry. 1975. "Case Study and Theory in Political Science." In F. I. Greenstein and N. W. Polsby, eds. *Strategies of Inquiry* (Handbook of Political Science, v. 7). Addison-Wesley Pub. Co., 79–137.

Einy, Ezra. 1985. "On Connected Coalitions in Dominated Simple Games." *International Journal of Game Theory* 14 (2): 103–125.

Elster, Jon, ed. 1998. *Deliberative Democracy.* Cambridge University Press.

Esping-Andersen, Gøsta. 1985. *Politics against Markets: The Social Democratic Road to Power.* Princeton University Press.

──. 1990. *The Three Worlds of Welfare Capitalism.* Polity Press.（岡沢憲芙・宮本太

郎監訳『福祉資本主義の三つの世界：比較福祉国家の理論と動態』ミネルヴァ書房，2001 年）

―. 1999. *Social Foundations of Postindustrial Economies*. Oxford University Press. （渡辺雅男・渡辺景子訳『ポスト工業経済の社会的基礎：市場・福祉国家・家族の政治経済学』桜井書店，2000 年）

Esping-Andersen, Gøsta, Duncan Gallie, A. C. Hemerijck, and John Myles. 2002. *Why We Need a New Welfare State*. Oxford University Press.

Estévez-Abe, Margarita. 2008. *Welfare and Capitalism in Postwar Japan*. Cambridge University Press.

Evans, Peter B. 1979. *Dependent Development: The Alliance of Multinational, State, and Local Capital in Brazil*. Princeton University Press.

Fair, Ray C. 1978. "The Effect of Economic Events on Votes for President." *The Review of Economics and Statistics* 60 (2): 159-173.

Fearon, James D. 1994. "Domestic Political Audiences and the Escalation of International Disputes." *The American Political Science Review* 88 (3): 577-592.

―. 1995. "Rationalist Explanations for War." *International Organization* 49 (3): 379-414.

―. 1998. "Domestic Politics, Foreign Policy, and Theories of International Relations." *Annual Review of Political Science* 1: 289-313.

Fearon, James, and Alexander Wendt. 2002. "Rationalism v. Constructivism: A Skeptical View." In W. Carlsnaes, T. Risse-Kappen, et al., eds. *Handbook of International Relations*. Sage Publications, 52-72.

Fiorina, Morris P. 1981. *Retrospective Voting in American National Elections*. Yale University Press.

Fish, M. Steven. 2002. "Islam and Authoritarianism." *World Politics* 55 (1): 4-37.

Fishkin, James S. 2009. *When the People Speak: Deliberative Democracy and Public Consultation*. Oxford University Press. （岩木貴子訳『人々の声が響き合うとき：熟議空間と民主主義』早川書房，2011 年）

Fishkin, James S., and Peter Laslett, eds. 2003. *Debating Deliberative Democracy*, Vol. 7. Blackwell.

Flora, Peter, and Jens Alber. 1981. "Modernization, Democratization, and the Development of Welfare States in Western Europe." In P. Flora and A. J. Heidenheimer, eds. *The Development of Welfare States in Europe and America*. Transaction Books, 37-80.

Foucault, Michel. 1978 [1975]. *Discipline and Punish: The Birth of the Prison*, translated by A. Sheridan. Random House. （田村俶訳『監獄の誕生：監視と処罰（新装版）』新潮社，2020 年）

——. 1980. *Power/Knowledge: Selected Interviews and Other Writings, 1972–1977,* edited and translated by C. Gordon. Harvester Press.

Fowler, James H., and Darren Schreiber. 2008. "Biology, Politics, and the Emerging Science of Human Nature." *Science* 322 (5903): 912-914.

Frankel, Jeffrey A., and David Romer. 1999. "Does Trade Cause Growth?" *The American Economic Review* 89 (3): 379-399.

Frantz, Erica. 2018. *Authoritarianism: What Everyone Needs to Know.* Oxford University Press.（上谷直克・今井宏平・中井遼訳『権威主義：独裁政治の歴史と変貌』白水社，2021 年）

Frantz, Erica, Andrea Kendall-Taylor, and Joe Wright. 2024. *The Origins of Elected Strongmen: How Personalist Parties Destroy Democracy from Within.* Oxford University Press.

Freedman, David A. 2010. "On Types of Scientific Inquiry: The Role of Qualitative Reasoning." In H. E. Brady and D. Collier, eds. *Rethinking Social Inquiry: Diverse Tools, Shared Standards,* 2nd ed. Rowman & Littlefield Publishers, Chapter 11.（泉川泰博・宮下明聡訳『社会科学の方法論争：多様な分析道具と共通の基準（原著第 2 版）』勁草書房，2014 年，第 11 章）

Freeman, John R., and Dennis P. Quinn. 2012. "The Economic Origins of Democracy Reconsidered." *American Political Science Review* 106 (1): 58-80.

Fukumoto, Kentaro, and Yusaku Horiuchi. 2011. "Making Outsiders' Votes Count: Detecting Electoral Fraud through a Natural Experiment." *American Political Science Review* 105 (3): 586-603.

Gandhi, Jennifer. 2008. *Political Institutions under Dictatorship.* Cambridge University Press.

Garrett, Geoffrey. 1998. *Partisan Politics in the Global Economy.* Cambridge University Press.

Garrett, Geoffrey, and Barry R. Weingast. 1993. "Ideas, Interests, and Institutions: Constructing the European Community's Internal Market." In J. Goldstein and R. O. Keohane, eds. *Ideas and Foreign Policy.* Cornell University Press, 173-206.

Gaventa, John. 1980. *Power and Powerlessness: Quiescence and Rebellion in an Appalachian Valley.* University of Illinois Press.

Geddes, Barbara, Joseph Wright, and Erica Frantz. 2014. "Autocratic Breakdown and Regime Transitions: A New Data Set." *Perspectives on Politics* 12 (2): 313-331.

——. 2018. *How Dictatorships Work: Power, Personalization, and Collapse.* Cambridge University Press.

George, Alexander L., and Andrew Bennett. 2005. *Case Studies and Theory Develop-*

ment in the Social Sciences. MIT Press.（泉川泰博訳『社会科学のケース・スタディ：理論形成のための定性的手法』勁草書房，2013 年）

Gerber, Alan S. 2011. "Field Experiments in Political Science." In J. N. Druckman, D. P. Greene, et al., eds. *Cambridge Handbook of Experimental Political Science.* Cambridge University Press, 115-138.

Gerber, Alan S., and Donald P. Green. 2000. "The Effects of Canvassing, Telephone Calls, and Direct Mail on Voter Turnout: A Field Experiment." *American Political Science Review* 94 (3): 653-663.

———. 2008. "Field Experiments and Natural Experiments." In J. M. Box-Steffensmeier, H. E. Brady, et al., eds. *The Oxford Handbook of Political Methodology.* Oxford University Press, 357-382.

Gerring, John. 2007. *Case Study Research: Principles and Practices.* Cambridge University Press.

Gerschenkron, Alexander. 1962. *Economic Backwardness in Historical Perspective: A Book of Essays.* Belknap Press of Harvard University Press.

Giannetti, Daniela, Karen Umansky, and Itai Sened. 2024. "The Entry of the M5S and the Reshaping of Party Politics in Italy (2008-2018)." *Government and Opposition* 59 (2): 464-481.

Gibson, James L., Gregory A. Caldeira, and Lester Kenyatta Spence. 2002. "The Role of Theory in Experimental Design: Experiments without Randomization." *Political Analysis* 10 (4): 362-375.

Giddens, Anthony. 1998. *The Third Way: The Renewal of Social Democracy.* Polity Press.（佐和隆光訳『第三の道：効率と公正の新たな同盟』日本経済新聞社，1999 年）

Gidron, Benjamin, Ralph M. Kramer, and Lester M. Salamon. 1992. *Government and the Third Sector: Emerging Relationships in Welfare States.* Jossey-Bass.

Gill, Jeff. 2012. "Bayesian Methods in Political Science: Introduction to the Virtual Issue." *Political Analysis* 20 (3): 1-9.

Gilpin, Robert. 1981. *War and Change in World Politics.* Cambridge University Press.（納家政嗣監訳『覇権国の交代：戦争と変動の国際政治学』勁草書房，2022 年）

———. 1987. *The Political Economy of International Relations.* Princeton University Press.（佐藤誠三郎・竹内透監修，大蔵省世界システム研究会訳『世界システムの政治経済学：国際関係の新段階』東洋経済新報社，1990 年）

Goertz, Gary. 2003. "The Substantive Importance of Necessary Condition Hypotheses." In G. Goertz and H. Starr, eds. *Necessary Conditions: Theory, Methodology, and Applications.* Rowman & Littlefield, 65-94.

Goertz, Gary, and James Mahoney. 2012. *A Tale of Two Cultures: Qualitative and Quan-*

titative Research in the Social Sciences. Princeton University Press. (西川賢・今井真士訳『社会科学のパラダイム論争：2つの文化の物語』勁草書房，2015年)

Goldstein, Judith, and Robert O. Keohane, eds. 1993a. *Ideas and Foreign Policy: Beliefs, Institutions, and Political Change*. Cornell University Press.

――. 1993b. "Ideas and Foreign Policy: An Analytical Framework." In J. Goldstein and R. O. Keohane, eds. *Ideas and Foreign Policy*. Cornell University Press, 3-30.

Goldthorpe, John H., ed. 1984. *Order and Conflict in Contemporary Capitalism*. Oxford University Press. (稲上毅ほか訳『収斂の終焉：現代西欧社会のコーポラティズムとデュアリズム』有信堂高文社，1987年［抄訳］)

Górecki, Maciej A., and Michał Pierzgalski. 2023. "Electoral Systems, Partisan Politics, and Income Redistribution: A Critical Quasi-Experiment." *Comparative Political Studies* 56 (14): 2165-2200.

Gorokhovskaia, Yana. 2024. "Difficult to Count, Important to Measure: Assessing Democratic Backsliding." *PS: Political Science & Politics* 57 (2): 178-183.

Gourevitch, Peter. 1978. "The Second Image Reversed: The International Sources of Domestic Politics." *International Organization* 32 (4): 881-912.

――. 1986. *Politics in Hard Times: Comparative Responses to International Economic Crises*. Cornell University Press.

Gowa, Joanne. 1989. "Rational Hegemons, Excludable Goods, and Small Groups: An Epitaph for Hegemonic Stability Theory?" *World Politics* 41 (3): 307-324.

Graham, Benjamin A. T., Michael K. Miller, and Kaare W. Strøm. 2017. "Safeguarding Democracy: Powersharing and Democratic Survival." *American Political Science Review* 111 (4): 686-704.

Graham, Matthew H., and Milan W. Svolik. 2020. "Democracy in America? Partisanship, Polarization, and the Robustness of Support for Democracy in the United States." *American Political Science Review* 114 (2): 392-409.

Green, Jane. 2007. "When Voters and Parties Agree: Valence Issues and Party Competition." *Political Studies* 55 (3): 629-655.

Green, Jane, and Sara B. Hobolt. 2008. "Owning the Issue Agenda: Party Strategies and Vote Choices in British Elections." *Electoral Studies* 27 (3): 460-476.

Greenstein, Fred I. 1970. "Children and Politics." In E. Greenberg, ed. *Political Socialization*. Routledge, 56-63.

Grimmer, Justin, and Brandon M. Stewart. 2013. "Text as Data: The Promise and Pitfalls of Automatic Content Analysis Methods for Political Texts." *Political Analysis* 21 (3): 267-297.

Grofman, Bernard, Sung-Chull Lee, Edwin A. Winckler, and Brian Woodall, eds. 1999.

Elections in Japan, Korea, and Taiwan under the Single Non-Transferable Vote: The Comparative Study of an Embedded Institution. University of Michigan Press.

Groth, Alexander J. 1970. "Structural Functionalism and Political Development: Three Problems." *Western Political Quarterly* 23 (3): 485-499.

Gugushvili, Dimitri, and Tijs Laenen. 2021. "Two Decades after Korpi and Palme's 'Paradox of Redistribution': What Have We Learned So Far and Where Do We Take It from Here?" *Journal of International and Comparative Social Policy* 37 (2): 112-127.

Haber, Stephen, and Victor Menaldo. 2011. "Do Natural Resources Fuel Authoritarianism? A Reappraisal of the Resource Curse." *American Political Science Review* 105 (1): 1-26.

Haggard, Stephan, and Robert R. Kaufman. 1995. *The Political Economy of Democratic Transitions.* Princeton University Press.

———. 2008. *Development, Democracy, and Welfare States: Latin America, East Asia, and Eastern Europe.* Princeton University Press.

———. 2012. "Inequality and Regime Change: Democratic Transitions and the Stability of Democratic Rule." *American Political Science Review* 106 (3): 495-516.

———. 2016a. "Democratization during the Third Wave." *Annual Review of Political Science* 19 (1): 125-144.

———. 2016b. *Dictators and Democrats: Masses, Elites and Regime Change.* Princeton University Press.

———. 2021a. "The Anatomy of Democratic Backsliding." *Journal of Democracy* 32 (4): 27-41.

———. 2021b. *Backsliding.* Cambridge University Press.

Hagopian, Frances. 2000. "Political Development, Revisited." *Comparative Political Studies* 33 (6-7): 880-911.

Hainmueller, Jens. 2012. "Entropy Balancing for Causal Effects: A Multivariate Reweighting Method to Produce Balanced Samples in Observational Studies." *Political Analysis* 20 (1): 25-46.

Hall, Peter A. 1986. *Governing the Economy: The Politics of State Intervention in Britain and France.* Oxford University Press.

———, ed. 1989. *The Political Power of Economic Ideas: Keynesianism across Nations.* Princeton University Press.

Hall, Peter A., and David W. Soskice, eds. 2001. *Varieties of Capitalism: The Institutional Foundations of Comparative Advantage.* Oxford University Press. (遠山弘徳・安孫子誠男・山田鋭夫・宇仁宏幸・藤田菜々子訳『資本主義の多様性：比較優位の制度的基礎』ナカニシヤ出版，2007年)

Handlin, Samuel. 2017. *State Crisis in Fragile Democracies: Polarization and Political Regimes in South America*. Cambridge University Press.

Hardin, Garrett. 1968. "The Tragedy of Commons." *Science* 162 (3859): 1243-1248.

Hayek, Friedrich A. 1960. *The Constitution of Liberty*. University of Chicago Press.

Heller, William B., and Carol Mershon, eds. 2009. *Political Parties and Legislative Party Switching*. Palgrave Macmillan.

Hemerijck, Anton, ed. 2017. *The Uses of Social Investment*. Oxford University Press.

Herb, Michael. 2005. "No Representation without Taxation? Rents, Development, and Democracy." *Comparative Politics* 37 (3): 297-316.

Hibbs, Douglas A. 1977. "Political Parties and Macroeconomic Policy." *American Political Science Review* 71 (4): 1467-1487.

Higashijima, Masaaki. 2022. *The Dictator's Dilemma at the Ballot Box: Electoral Manipulation, Economic Maneuvering, and Political Order in Autocracies*. University of Michigan Press. (『民主主義を装う権威主義：世界化する選挙独裁とその論理』千倉書房, 2023 年)

Hiilamo, Heikki. 2022. "A Truly Missed Opportunity: The Political Context and Impact of the Basic Income Experiment in Finland." *European Journal of Social Security* 24 (3): 177-191.

Hirschman, Albert O. 1970. *Exit, Voice, and Loyalty: Responses to Decline in Firms, Organizations, and States*. Harvard University Press. (矢野修一訳『離脱・発言・忠誠：企業・組織・国家における衰退への反応』ミネルヴァ書房, 2005 年)

Ho, Daniel E., and Kosuke Imai. 2008. "Estimating Causal Effects of Ballot Order from a Randomized Natural Experiment: The California Alphabet Lottery, 1978-2002." *Public Opinion Quarterly* 72 (2): 216-240.

Hobbes, Thomas. 1946 [1651]. *Leviathan, or, The Matter, Forme and Power of a Commonwealth, Ecclesiasticall and Civil*. B. Blackwell. (水田洋訳『リヴァイアサン（1 ～ 4）』改訳, 岩波文庫, 1992 年)

Holland, Paul W. 1986. "Statistics and Causal Inference." *Journal of the American Statistical Association* 81 (396): 945-960.

Hollingsworth, J. Rogers, and Robert Boyer, eds. 1997. *Contemporary Capitalism: The Embeddedness of Institutions*. Cambridge University Press.

Hopkin, Jonathan, and Mark Blyth. 2019. "The Global Economics of European Populism: Growth Regimes and Party System Change in Europe (The Government and Opposition/Leonard Schapiro Lecture 2017)." *Government and Opposition* 54 (2): 193-225.

Horiuchi, Yusaku, Daniel M. Smith, and Teppei Yamamoto. 2018. "Measuring Voters' Multidimensional Policy Preferences with Conjoint Analysis: Application to Japan's

2014 Election." *Political Analysis* 26 (2): 190-209.

——. 2020. "Identifying Voter Preferences for Politicians' Personal Attributes: A Conjoint Experiment in Japan." *Political Science Research and Methods* 8 (1): 75-91.

Houle, Christian. 2009. "Inequality and Democracy: Why Inequality Harms Consolidation but Does Not Affect Democratization." *World Politics* 61 (4): 589-562.

Huber, Evelyne, and John D. Stephens. 2012. *Democracy and the Left: Social Policy and Inequality in Latin America.* University of Chicago Press.

Huber, Robert A., Michael Jankowski, and Christina-Marie Juen. 2023. "Populist Parties and the Two-Dimensional Policy Space." *European Journal of Political Research* 62 (3): 989-1004.

Humphreys, David K., Antonio Gasparrini, and Douglas J. Wiebe. 2017. "Association between Enactment of a 'Stand Your Ground' Self-Defense Law and Unlawful Homicides in Florida." *JAMA Internal Medicine* 177 (10): 1523-1524.

Hundt, David, and Jitendra Uttam. 2017. *Varieties of Capitalism in Asia: Beyond the Developmental State.* Palgrave Macmillan.

Huntington, Samuel P. 1965. "Political Development and Political Decay." *World Politics* 17 (3): 386-430.

——. 1991. *The Third Wave: Democratization in the Late Twentieth Century.* University of Oklahoma Press. (川中豪訳『第三の波：20世紀後半の民主化』白水社，2023年)

——. 2006 [1968]. *Political Order in Changing Societies.* Yale University Press. (内山秀夫訳『変革期社会の政治秩序（上・下）』サイマル出版会，1972年)

Huntington, Samuel P., and Jorge I. Dominguez. 1975. "Political Development." In F. I. Greenstein and N. W. Polsby, eds. *Macropolitical Theory* (Handbook of Political Science, v. 3). Addison-Wesley Pub. Co., 1-114.

Huntington, Samuel P., and Joan M. Nelson. 1976. *No Easy Choice: Political Participation in Developing Countries.* Harvard University Press.

Hyde, Susan D. 2015. "Experiments in International Relations: Lab, Survey, and Field." *Annual Review of Political Science* 18: 403-424.

Iida, Keisuke. 1993. "When and How Do Domestic Constraints Matter? Two-Level Games with Uncertainty." *The Journal of Conflict Resolution* 37 (3): 403-426.

Iizuka, Ryusuke, Fujio Toriumi, Mao Nishiguchi, Masanori Takano, and Mitsuo Yoshida. 2022. "Impact of Correcting Misinformation on Social Disruption." *PLOS ONE* 17 (4): e0265734.

Imai, Kosuke. 2005. "Do Get-Out-the-Vote Calls Reduce Turnout? The Importance of Statistical Methods for Field Experiments." *The American Political Science Review* 99 (2): 283-300.

——. 2017. *Quantitative Social Science: An Introduction.* Princeton University Press. (粕谷祐子・原田勝孝・久保浩樹訳『社会科学のためのデータ分析入門 (上・下)』岩波書店, 2018 年)

Imai, Kosuke, Luke Keele, Dustin Tingley, and Teppei Yamamoto. 2011. "Unpacking the Black Box of Causality: Learning about Causal Mechanisms from Experimental and Observational Studies." *American Political Science Review* 105 (4): 765-789.

Imai, Kosuke, and In Song Kim. 2019. "When Should We Use Unit Fixed Effects Regression Models for Causal Inference with Longitudinal Data?" *American Journal of Political Science* 63 (2): 467-490.

Imai, Kosuke, In Song Kim, and Erik H. Wang. 2023. "Matching Methods for Causal Inference with Time-Series Cross-Sectional Data." *American Journal of Political Science* 67 (3): 587-605.

Immergut, Ellen M. 1992. "The Rules of the Game: The Logic of Health Policy-Making in France, Switzerland, and Sweden." In S. Steinmo, K. Thelen, et al., eds. *Structuring Politics: Historical Institutionalism in Comparative Analysis.* Cambridge University Press, 57-89.

Inglehart, Ronald. 1977. *The Silent Revolution: Changing Values and Political Styles among Western Publics.* Princeton University Press. (三宅一郎ほか訳『静かなる革命：政治意識と行動様式の変化』東洋経済新報社, 1978 年)

——. 1990. *Culture Shift in Advanced Industrial Society.* Princeton University Press. (村山皓・富沢克・武重雅文訳『カルチャーシフトと政治変動』東洋経済新報社, 1993 年)

——. 1997. *Modernization and Postmodernization: Cultural, Economic, and Political Change in 43 Societies.* Princeton University Press.

——. 2007. "Postmaterialist Values and the Shift from Survival to Self-Expression Values." In R. J. Dalton and H. D. Klingemann, eds. *The Oxford Handbook of Political Behavior.* Oxford University Press, 223-239.

Inglehart, Ronald, and Paul R. Abramson. 1994. "Economic Security and Value Change." *The American Political Science Review* 88 (2): 336-354.

——. 1999. "Measuring Postmaterialism." *American Political Science Review* 93 (3): 665-677.

Inglehart, Ronald, and Pippa Norris. 2003. *Rising Tide: Gender Equality and Cultural Change around the World.* Cambridge University Press.

Inglehart, Ronald, and Christian Welzel. 2005. *Modernization, Cultural Change, and Democracy: The Human Development Sequence.* Cambridge University Press.

Iversen, Torben. 1999. *Contested Economic Institutions: The Politics of Macroeconomics and Wage Bargaining in Advanced Democracies.* Cambridge University Press.

Iversen, Torben, Jonas Pontusson, and David W. Soskice, eds. 2000. *Unions, Employers, and Central Banks: Macroeconomic Coordination and Institutional Change in Social Market Economies.* Cambridge University Press.

Iversen, Torben, and David Soskice. 2006. "Electoral Institutions and the Politics of Coalitions: Why Some Democracies Redistribute More Than Others." *American Political Science Review* 100 (2): 165-181.

Jennings, M. Kent. 2002. "Generation Units and the Student Protest Movement in the United States: An Intra-and Intergenerational Analysis." *Political Psychology* 23 (2): 303-324.

Jennings, M. Kent, and Richard G. Niemi. 1981. *Generations and Politics: A Panel Study of Young Adults and Their Parents.* Princeton University Press.

Johnson, Chalmers A. 1982. *MITI and the Japanese Miracle: The Growth of Industrial Policy, 1925-1975.* Stanford University Press. (佐々田博教訳『通産省と日本の奇跡：産業政策の発展 1925-1975』勁草書房，2018 年)

Kage, Rieko. 2011. *Civic Engagement in Postwar Japan: The Revival of a Defeated Society.* Cambridge University Press.

Kaltwasser, Cristóbal Rovira, Paul Taggart, Paulina Ochoa Espejo, and Pierre Ostiguy, eds. 2017a. *The Oxford Handbook of Populism.* Oxford University Press.

——. 2017b. "Populism: An Overview of the Concept and the State of the Art." In C. R. Kaltwasser, P. Taggart, et al., eds. *The Oxford Handbook of Populism.* Oxford University Press, 1-24.

Karvonen, Lauri, and Stein Kuhnle, eds. 2001. *Party Systems and Voter Alignments Revisited.* Routledge.

Kato, Junko. 1995. *The Problem of Bureaucratic Rationality: Tax Politics in Japan.* Princeton University Press.

——. 1996. "Institution and Rationality in Politics: Three Varieties of Neo-Institutionalist." *British Journal of Political Science* 26 (4): 553-582. [Reprinted in B. G. Peters and J. Pierre, eds. 2007. *Institutionalism,* vol. 1. London: SAGE Publications.]

——. 1998. "When the Party Breaks Up: Exit and Voice among Japanese Legislators." *American Political Science Review* 92 (4): 857-870.

——. 2003. *Regressive Taxation and the Welfare State: Path Dependency and Policy Diffusion.* Cambridge University Press.

Kato, Junko, Hiroko Ide, Ikuo Kabashima, Hiroshi Kadota, Kouji Takano, and Kenji Kansaku. 2009. "Neural Correlates of Attitude Change following Positive and Negative Advertisements." *Frontiers in Behavioral Neuroscience* 3.

Kato, Junko, and Bo Rothstein. 2006. "Government Partisanship and Managing the

Economy: Japan and Sweden in Comparative Perspective." *Governance* 19 (1): 75-97. (加藤淳子，ボー・ロスタイン。2005。「政府の党派性と経済運営：日本とスウェーデンの比較」『レヴァイアサン』37：48-74)

Kato, Junko, and Seiki Tanaka. 2019. "Does Taxation Lose Its Role in Contemporary Democratisation? State Revenue Production Revisited in the Third Wave of Democratisation." *European Journal of Political Research* 58 (1): 184-208.

Kato, Junko, and Kentaro Yamamoto. 2009. "Competition for Power: Party Switching and Party System Change in Japan." In W. B. Heller and C. Mershon, eds. *Political Parties and Legislative Party Switching*. Palgrave Macmillan, 233-264.

Katz, Richard S., and Peter Mair. 1993. "The Evolution of Party Organizations in Europe: The Three Faces of Party Organization." *The American Review of Politics* 14: 593-617.

——. 1995. "Changing Models of Party Organization and Party Democracy: The Emergence of the Cartel Party." *Party Politics* 1 (1): 5-28.

——. 1996. "Cadre, Catch-All or Cartel? A Rejoinder." *Party Politics* 2 (4): 525-534.

——. 2009. "The Cartel Party Thesis: A Restatement." *Perspectives on Politics* 7 (4): 753-766.

——. 2018. *Democracy and the Cartelization of Political Parties*. Oxford University Press. (岩崎正洋・浅井直哉訳『カルテル化する政党』勁草書房，2023 年)

Katzenstein, Peter J., ed. 1978. *Between Power and Plenty: Foreign Economic Policies of Advanced Industrial States*. University of Wisconsin Press.

——. 1984. *Corporatism and Change: Austria, Switzerland, and the Politics of Industry*. Cornell University Press.

——. 1985. *Small States in World Markets: Industrial Policy in Europe*. Cornell University Press.

——, ed. 1996. *The Culture of National Security: Norms and Identity in World Politics*. Columbia University Press.

Katznelson, Ira, and Barry R. Weingast, eds. 2005. *Preferences and Situations: Points of Intersection between Historical and Rational Choice Institutionalism*. Russell Sage Foundation.

Keohane, Robert O. 1984. *After Hegemony: Cooperation and Discord in the World Political Economy*. Princeton University Press. (石黒馨・小林誠訳『覇権後の国際政治経済学』晃洋書房，1998 年)

——, ed. 1986. *Neorealism and Its Critics*. Columbia University Press.

——. 2011. "Neoliberal Institutionalism." In C. W. Hughes and Y. M. Lai, eds. *Security Studies*. Routledge, 157-164.

Keohane, Robert O., Stephen Macedo, and Andrew Moravcsik. 2009. "Democracy-Enhancing Multilateralism." *International Organization* 63 (1): 1-31.

Keohane, Robert O., and Joseph S. Nye. 1977. *Power and Interdependence: World Politics in Transition.* Little, Brown. [3rd ed., Longman, 2001 (滝田賢治監訳『パワーと相互依存』ミネルヴァ書房，2012 年)]

――. 1987. "Power and Interdependence Revisited." *International Organization* 41 (4): 725-753.

Kiewiet, D. Roderick, and Mathew D. McCubbins. 1991. *The Logic of Delegation: Congressional Parties and the Appropriations Process.* University of Chicago Press.

Kikuta, Kyosuke. 2020. "The Environmental Costs of Civil War: A Synthetic Comparison of the Congolese Forests with and without the Great War of Africa." *The Journal of Politics* 82 (4): 1243-1255.

Kim, Hyung-Ki, Michio Muramatsu, T. J. Pempel, and Kozo Yamamura, eds. 1995. *The Japanese Civil Service and Economic Development: Catalysts of Change.* Clarendon Press.

Kindleberger, Charles P. 1986a [1973]. *The World in Depression, 1929-1939*, rev. and enl. ed. University of California Press. (石崎昭彦・木村一朗訳『大不況下の世界 1929-1939』岩波書店，2009 年)

――. 1986b. "International Public Goods without International Government." *The American Economic Review* 76 (1): 1-13.

King, Anthony. 1976. "Modes of Executive-Legislative Relations: Great Britain, France, and West Germany." *Legislative Studies Quarterly* 1 (1): 11-36.

King, Gary, Robert O. Keohane, and Sidney Verba. 1994. *Designing Social Inquiry: Scientific Inference in Qualitative Research.* Princeton University Press. (真渕勝監訳『社会科学のリサーチ・デザイン：定性的研究における科学的推論』勁草書房，2004 年)

――. 2010. "The Importance of Research Design." In H. E. Brady and D. Collier, eds. *Rethinking Social Inquiry: Diverse Tools, Shared Standards*, 2nd ed. Rowman & Littlefield Publishers, Chapter 7. (泉川泰博・宮下明聡訳『社会科学の方法論争：多様な分析道具と共通の基準（原著第 2 版）』勁草書房，2014 年，第 7 章)

Kirchheimer, Otto. 1966. "The Transformation of the Western European Party System." In J. LaPalombara and M. Weiner, eds. *Political Parties and Political Development.* Princeton University Press, 177-200.

Kitschelt, Herbert. 2000. "Citizens, Politicians, and Party Cartellization: Political Representation and State Failure in Post-Industrial Democracies." *European Journal of Political Research* 37 (2): 149-179.

Kitschelt, Herbert, Peter Lange, Gary Marks, and John D. Stephens, eds. 1999. *Conti-*

nuity and Change in Contemporary Capitalism. Cambridge University Press.

Knutsen, Carl Henrik, and S. Dahlum. 2022. "Economic Determinants." In M. Coppedge, A. B. Edgell, et al., eds. *Why Democracies Develop and Decline.* Cambridge University Press.

Knutsen, Carl Henrik, Kyle L. Marquardt, Brigitte Seim, Michael Coppedge, Amanda B. Edgell, Juraj Medzihorsky, Daniel Pemstein, Jan Teorell, John Gerring, and Staffan I. Lindberg. 2024. "Conceptual and Measurement Issues in Assessing Democratic Backsliding." *PS: Political Science & Politics* 57 (2): 162-177.

Knutsen, Carl Henrik, and Tore Wig. 2015. "Government Turnover and the Effects of Regime Type: How Requiring Alternation in Power Biases against the Estimated Economic Benefits of Democracy." *Comparative Political Studies* 48 (7): 882-914.

Kohama, Shoko, Kai Quek, and Atsushi Tago. 2024. "Managing the Costs of Backing Down: A 'Mirror Experiment' on Reputations and Audience Costs in a Real-World Conflict." *The Journal of Politics* 86 (1): 388-393.

Kohno, Masaru. 1997. *Japan's Postwar Party Politics.* Princeton University Press.

Koole, Ruud. 1996. "Cadre, Catch-all or Cartel? A Comment on the Notion of the Cartel Party." *Party Politics* 2 (4): 507-523.

Korpi, Walter. 1983. *The Democratic Class Struggle.* Routledge & K. Paul.

Korpi, Walter, and Joakim Palme. 1998. "The Paradox of Redistribution and Strategies of Equality: Welfare State Institutions, Inequality, and Poverty in the Western Countries." *American Sociological Review* 63 (5): 661-687.

——. 2003. "New Politics and Class Politics in the Context of Austerity and Globalization: Welfare State Regress in 18 Countries, 1975-95." *American Political Science Review* 97 (3): 425-446.

Koß, Michael. 2018. *Parliaments in Time: The Evolution of Legislative Democracy in Western Europe, 1866-2015.* Oxford University Press.

Kramer, Gerald H. 1971. "Short-Term Fluctuations in U.S. Voting Behavior, 1896-1964." *American Political Science Review* 65 (1): 131-143.

Krasner, Stephen D. 1983a. "Structural Causes and Regime Consequences: Regimes as Intervening Variables." In S. D. Krasner, ed. *International Regimes.* Cornell University Press, 1-22. (河野勝監訳『国際レジーム』勁草書房, 2020 年, 第 1 章)

——, ed. 1983b. *International Regimes.* Cornell University Press. (河野勝監訳『国際レジーム』勁草書房, 2020 年)

Krauss, Alexander. 2024. "How Nobel-Prize Breakthroughs in Economics Emerge and the Field's Influential Empirical Methods." *Journal of Economic Behavior & Organization* 221: 657-674.

Krouwel, Andre. 2003. "Otto Kirchheimer and the Catch-All Party." *West European Politics* 26: 23-40.

Kurizaki, Shuhei, and Taehee Whang. 2015. "Detecting Audience Costs in International Disputes." *International Organization* 69 (4): 949-980.

Laakso, Markku, and Rein Taagepera. 1979. "'Effective' Number of Parties: A Measure with Application to West Europe." *Comparative Political Studies* 12 (1): 3-27.

Lane, Jan-Erik. 1987. "Introduction: The Concept of Bureaucracy." In J.-E. Lane, ed. *Bureaucracy and Public Choice.* Sage, 1-31.

LaPalombara, Joseph, and Myron Weiner. 2015 [1966]. "The Origin and Development of Political Parties." In J. LaPalombara and M. Weiner, eds. *Political Parties and Political Development.* Princeton University Press, 3-42.

Laver, Michael. 2014. "Measuring Policy Positions in Political Space." *Annual Review of Political Science* 17: 207-223.

Laver, Michael, and W. Ben Hunt. 1992. *Policy and Party Competition.* Routledge.

Laver, Michael, and Junko Kato. 2001. "Dynamic Approaches to Government Formation and the Generic Instability of Decisive Structures in Japan." *Electoral Studies* 20 (4): 509-527.

Laver, Michael, and Kenneth A. Shepsle. 1996. *Making and Breaking Governments: Cabinets and Legislatures in Parliamentary Democracies.* Cambridge University Press.

Lazarsfeld, Paul F., Bernard Berelson, and Hazel Gaudet. 1968 [1944]. *The People's Choice: How the Voter Mkes up His Mind in a Presidential Campaign*, 3rd ed. Columbia University Press.（有吉広介監訳『ピープルズ・チョイス：アメリカ人と大統領選挙』芦書房，1987 年）

Lee, Daeyeol. 2005. "Neuroeconomics: Making Risky Choices in the Brain." *Nature Neuroscience* 8 (9): 1129-1130.

――. 2020. *Birth of Intelligence: From RNA to Artificial Intelligence.* Oxford University Press.（阿部央訳『知能の誕生』木鐸社，2022 年）

Leftwich, Adrian. 1997. "From Democratization to Democratic Consolidation." In D. Potter, D. Goldblatt, et al., eds. *Democratization.* Polity Press, 517-536.

Leibfried. 1992. "Towards a European Welfare State: On Integrating Poverty Regimes in the European Community." In Z. Ferge and J. E. Kolberg, eds. *Social Policy in a Changing Europe.* Campus Verlag, 245-280.

Leiserson, Michael Avery. 1966. "Coalitions in Politics: A Theoretical and Empirical Study." Ph.D. Dissertation, Yale University.

Levitsky, Steven, and Lucan A. Way. 2002. "Elections without Democracy: The Rise of Competitive Authoritarianism." *Journal of Democracy* 13 (2): 51-65.

——. 2010. *Competitive Authoritarianism: Hybrid Regimes after the Cold War*. Cambridge University Press.

——. 2024. "The Resilience of Democracy's Third Wave." *PS: Political Science & Politics* 57 (2): 198-201.

Levitsky, Steven, and Daniel Ziblatt. 2018. *How Democracies Die*. Crown.（濱野大道訳『民主主義の死に方：二極化する政治が招く独裁への道』新潮社，2018 年）

Lewis, Jane. 1992. "Gender and the Development of Welfare Regimes." *Journal of European Social Policy* 2 (3): 159-173.

Leys, Colin. 1982. "Samuel Huntington and the End of Classical Modernization Theory." In H. Alavi and T. Shanin, eds. *Introduction to the Sociology of "Developing Societies"*. Macmillan Education UK, 332-349.

Lieberson, Stanley. 1994. "More on the Uneasy Case for Using Mill-Type Methods in Small-N Comparative Studies." *Social Forces* 72 (4): 1225-1237.

Liebowitz, S. J., and Stephen E. Margolis. 1995. "Path Dependence, Lock-In, and History." *Journal of Law, Economics, & Organization* 11 (1): 205-226.

Liff, Adam P., and Ko Maeda. 2019. "Electoral Incentives, Policy Compromise, and Coalition Durability: Japan's LDP-Komeito Government in a Mixed Electoral System." *Japanese Journal of Political Science* 20 (1): 53-73.

Lijphart, Arend. 1968. *The Politics of Accommodation: Pluralism and Democracy in the Netherlands*. University of California Press.

——. 1971. "Comparative Politics and the Comparative Method." *The American Political Science Review* 65 (3): 682-693.

——. 1977. *Democracy in Plural Societies: A Comparative Exploration*. Yale University Press.（内山秀夫訳『多元社会のデモクラシー』三一書房，1979 年）

——. 1984. *Democracies: Patterns of Majoritarian and Consensus Government in Twenty-One Countries*. Yale University Press.

——. 1994. *Electoral Systems and Party Systems: A Study of Twenty-Seven Democracies, 1945-1990*. Oxford University Press.

——. 1999. *Patterns of Democracy: Government Forms and Performance in Thirty-Six Countries*. Yale University Press.（粕谷祐子訳『民主主義対民主主義：多数決型とコンセンサス型の 36 ヶ国比較研究』勁草書房，2005 年）

——. 2012. *Patterns of Democracy: Government Forms and Performance in Thirty-Six Countries*, 2nd ed. Yale University Press.（粕谷祐子・菊池啓一訳『民主主義対民主主義：多数決型とコンセンサス型の 36 カ国比較研究（原著第 2 版）』勁草書房，2014）

Linz, Juan J. 1975. "Totalitarian and Authoritarian Regimes." In F. I. Greenstein and N. W. Polsby, eds. *Macropolitical Theory* (Handbook of Political Science, v. 3). Addison-

Wesley Pub. Co., 175-411.（高橋進監訳，睦月規子ほか訳『全体主義体制と権威主義体制』法律文化社，1995 年）

Linz, Juan J., and Alfred C. Stepan. 1996. *Problems of Democratic Transition and Consolidation: Southern Europe, South America, and Post-Communist Europe.* Johns Hopkins University Press.（荒井祐介・五十嵐誠一・上田太郎訳『民主化の理論：民主主義への移行と定着の課題』一藝社，2005 年）

Lipset, Seymour Martin. 1959. "Some Social Requisites of Democracy: Economic Development and Political Legitimacy." *American Political Science Review* 53（1）: 69-105.

——. 1960. *Political Man: The Social Bases of Politics.* Heinemann.（内山秀夫訳『政治のなかの人間：ポリティカル・マン』東京創元新社，1963 年）［Expanded ed., Johns Hopkins University Press, 1981］

——. 1994. "The Social Requisites of Democracy Revisited: 1993 Presidential Address." *American Sociological Review* 59（1）: 1-22.

Lipset, Seymour Martin, and Stein Rokkan. 1967a. "Cleavage Structures, Party Systems, and Voter Alignments: An Introduction." In S. M. Lipset and S. Rokkan, eds. *Party Systems and Voter Alignments: Cross-National Perspectives.* Free Press, 1-64.（白鳥浩・加藤秀治郎訳「クリヴィジ構造，政党制，有権者の連携関係」加藤秀治郎・岩渕美克編『政治社会学（第 5 版）』一藝社，2013 年，189-280 頁）

——, eds. 1967b. *Party Systems and Voter Alignments: Cross-National Perspectives.* Free Press.

Little, Andrew T., and Anne Meng. 2024. "Measuring Democratic Backsliding." *PS: Political Science & Politics* 57（2）: 149-161.

Llaudet, Elena, and Kosuke Imai. 2022. *Data Analysis for Social Science: A Friendly and Practical Introduction.* Princeton University Press.（原田勝孝訳『新・社会科学のためのデータ分析入門　導入編』岩波書店，2025 年）

Loewenberg, Gerhard, Peverill Squire, and D. Roderick Kiewiet, eds. 2002. *Legislatures: Comparative Perspectives on Representative Assemblies.* University of Michigan Press.

Lowande, Kenneth, and Jon C. Rogowski. 2021. "Presidential Unilateral Power." *Annual Review of Political Science* 24（1）: 21-43.

Lowi, Theodore J. 1972. "Four Systems of Policy, Politics, and Choice." *Public Administration Review* 32（4）: 298-310.

——. 1979. *The End of Liberalism: The Second Republic of the United States*, 2nd ed. Norton.（村松岐夫監訳『自由主義の終焉：現代政府の問題性』木鐸社，1981 年）

Luebbert, Gregory M. 1987. "Social Foundations of Political Order in Interwar Europe." *World Politics* 39（4）: 449-478.

——. 1991. *Liberalism, Fascism, or Social Democracy: Social Classes and the Political*

Origins of Regimes in Interwar Europe. Oxford University Press.

Lukes, Steven. 1974. *Power: A Radical View*. Macmillan. (中島吉弘訳『現代権力論批判』未来社, 1995 年)

——. 2005. *Power: A Radical View*, 2nd ed. Palgrave Macmillan.

——. 2021. *Power: A Radical View*, 3rd ed. Red Globe Press.

Mackie, J. L. 1965. "Causes and Conditions." *American Philosophical Quarterly* 2 (4): 245-264.

Madestam, Andreas, Daniel Shoag, Stan Veuger, and David Yanagizawa-Drott. 2013. "Do Political Protests Matter? Evidence from the Tea Party Movement." *The Quarterly Journal of Economics* 128 (4): 1633-1685.

Magaloni, Beatriz. 2008. *Voting for Autocracy: Hegemonic Party Survival and Its Demise in Mexico*. Cambridge University Press.

Mahoney, James, Erin Kimball, and Kendra L. Koivu. 2009. "The Logic of Historical Explanation in the Social Sciences." *Comparative Political Studies* 42 (1): 114-146.

Mahoney, James, and Kathleen Thelen, eds. 2015. *Advances in Comparative-Historical Analysis*. Cambridge University Press.

Malesky, Edmund J. 2008. "Battling Onward: The Debate over Field Research in Developmental Economics and Its Implications for Comparative Politics." *Qualitative Methods* (Fall): 17-21.

Manow, Philip. 2008. "Electoral Rules, Class Coalitions and Welfare State Regimes, or How to Explain Esping-Andersen with Stein Rokkan." *Socio-Economic Review* 7 (1): 101-121.

Maoz, Zeev, and Bruce Russett. 1993. "Normative and Structural Causes of Democratic Peace, 1946-1986." *The American Political Science Review* 87 (3): 624-638.

March, James G., and Johan P. Olsen. 1976. *Ambiguity and Choice in Organizations*. Universitetsforlaget. (遠田雄志, アリソン・ユング訳『組織におけるあいまいさと決定』有斐閣, 1986 年)

Marshall, T. H. 1950. *Citizenship and Social Class: and Other Essays*. Cambridge University Press. (岩崎信彦・中村健吾訳『シティズンシップと社会的階級：近現代を総括するマニフェスト』法律文化社, 1993 年, 第 I 部)

Massicotte, Louis, and André Blais. 1999. "Mixed Electoral Systems: A Conceptual and Empirical Survey." *Electoral Studies* 18 (3): 341-366.

Matsumoto, Tomoko, Kenneth Mori McElwain, Kensuke Okada, and Junko Kato. 2024. "Generational Differences in Economic Perceptions." *Electoral Studies* 91: 102830.

Matthew, Richard A., and Mark W. Zacher. 1995. "Liberal International Theory: Common Threads, Divergent Strands." In Charles W. Kegley, ed. *Controversies in Inter-*

national Relations Theory: Realism and the Neo-Liberal Challenge. St. Martin's Press, 107-150.

Mayhew, David R. 1991. *Divided We Govern: Party Control, Lawmaking, and Investigations, 1946-1990.* Yale University Press. [2nd ed., Yale University Press, 2005]

McCoy, Jennifer, Tahmina Rahman, and Murat Somer. 2018. "Polarization and the Global Crisis of Democracy: Common Patterns, Dynamics, and Pernicious Consequences for Democratic Polities." *American Behavioral Scientist* 62 (1): 16-42.

McGann, Anthony J. 2019. "Logrolling and Coalitions." In R. D. Congleton, B. Grofman, et al., eds. *The Oxford Handbook of Public Choice*, Volume 1. Oxford University Press, 452-462.

McKelvey, Richard D. 1976. "Intransitivities in Multidimensional Voting Models and Some Implications for Agenda Control." *Journal of Economic Theory* 12 (3): 472-482.

Meijers, Maurits J., and Andrej Zaslove. 2021. "Measuring Populism in Political Parties: Appraisal of a New Approach." *Comparative Political Studies* 54 (2): 372-407.

Meltzer, Allan H., and Scott F. Richard. 1981. "A Rational Theory of the Size of Government." *Journal of Political Economy* 89 (5): 914-927.

Menon, Vinod. 2023. "20 Years of the Default Mode Network: A Review and Synthesis." *Neuron* 111 (16): 2469-2487.

Merrill, Samuel, and Bernard Grofman. 1999. *A Unified Theory of Voting: Directional and Proximity Spatial Models.* Cambridge University Press.

Merz, Nicolas, Sven Regel, and Jirka Lewandowski. 2016. "The Manifesto Corpus: A New Resource for Research on Political Parties and Quantitative Text Analysis." *Research & Politics* 3 (2).

Miguel, Edward. 2004. "Tribe or Nation? Nation Building and Public Goods in Kenya versus Tanzania." *World Politics* 56 (3): 327-362.

Miliband, Ralph. 1969. *The State in Capitalist Society.* Weidenfeld & Nicolson.（田口富久治訳『現代資本主義国家論：西欧権力体系の一分析』未来社，1970 年）

Mill, John Stuart. 2011a [1843]. "Of the Chemical, or Experimental Method in the Social Science." In *A System of Logic, Ratiocinative and Inductive: Being a Connected View of the Principles of Evidence, and the Methods of Scientific Investigation*, volume 2. Cambridge University Press, 537-548.

——. 2011b [1843]. *A System of Logic, Ratiocinative and Inductive: Being a Connected View of the Principles of Evidence, and the Methods of Scientific Investigation.* Cambridge University Press.

Miller, Gary J. 2005. "The Political Evolution of Principal-Agent Models." *Annual Review of Political Science* 8 (1): 203-225.

Miller, Michael K. 2024. "How Little and Meng's Objective Approach Fails in Democracies." *PS: Political Science & Politics* 57 (2): 202-207.

Mills, C. Wright. 1956. *The Power Elite*. Oxford University Press. (鵜飼信成・綿貫譲治訳『パワー・エリート』ちくま学芸文庫，2020 年)

Milner, Helen V. 1997. *Interests, Institutions, and Information: Domestic Politics and International Relations*. Princeton University Press.

Milner, Helen V., and Keiko Kubota. 2005. "Why the Move to Free Trade? Democracy and Trade Policy in the Developing Countries." *International Organization* 59 (1): 107-143.

Mochizuki, Mike Masato. 1982. "Managing and Influencing the Japanese Legislative Process: The Role of Parties and the National Diet." Ph. D. Dissertation, Harvard University.

Molina, Oscar, and Martin Rhodes. 2002. "Corporatism: The Past, Present, and Future of a Concept." *Annual Review of Political Science* 5 (1): 305-331.

Moore, Barrington, Jr. 1966. *Social Origins of Dictatorship and Democracy: Lord and Peasant in the Making of the Modern World*. Beacon Press. (宮崎隆次・森山茂徳・高橋直樹訳『独裁と民主政治の社会的起源：近代世界形成過程における領主と農民（上・下）』岩波文庫，2019 年)

Moore, Ryan T., Katherine N. Gan, Karissa Minnich, and David Yokum. 2022. "Anchor Management: A Field Experiment to Encourage Families to Meet Critical Programme Deadlines." *Journal of Public Policy* 42 (4): 615-636.

Moravcsik, Andrew. 2003. "Liberal International Relations Theory: A Scientific Assessment." In C. Elman and M. F. Elman, eds. *Progress in International Relations Theory*. MIT Press, 159-204.

Morel, Nathalie, Bruno Palier, and Joakim Palme, eds. 2012. *Towards a Social Investment Welfare State? Ideas, Policies and Challenges*. Policy Press.

Morgenthau, Hans J. 1978 [1948]. *Politics among Nations: The Struggle for Power and Peace*, 5th, rev. ed. Alfred A. Knopf. (原彬久監訳『国際政治：権力と平和』岩波文庫，2013 年)

Morton, Rebecca B., and Kenneth C. Williams. 2008. "Experimentation in Political Science." In J. M. Box-Steffensmeier, H. E. Brady, et al., eds. *The Oxford Handbook of Political Methodology*. Oxford University Press, 339-356.

――. 2011. "Electoral Systems and Strategic Voting (Laboratory Election Experiments)." In J. N. Druckman, D. P. Greene, et al., eds. *Cambridge Handbook of Experimental Political Science*. Cambridge University Press, 369-383.

Moser, Robert G., and Ethan Scheiner. 2004. "Mixed Electoral Systems and Electoral

System Effects: Controlled Comparison and Cross-National Analysis." *Electoral Studies* 23 (4): 575-599.

Mudde, Cas. 2004. "The Populist Zeitgeist." *Government and Opposition* 39 (4): 541-563.

Mueller, Dennis C. 2003. *Public Choice III*. Cambridge University Press.

Mukoyama, Naosuke. 2024. *Fueling Sovereignty: Colonial Oil and the Creation of Unlikely States*. Cambridge University Press. (向山直佑訳『石油が国家を作るとき：天然資源と脱植民地化』慶應義塾大学出版会，近刊)

Naoi, Megumi. 2015. *Building Legislative Coalitions for Free Trade in Asia: Globalization as Legislation*. Cambridge University Press.

———. 2020. "Survey Experiments in International Political Economy: What We (Don't) Know about the Backlash against Globalization." *Annual Review of Political Science* 23: 333-356.

Nathan, Andrew J. 2003. "Authoritarian Resilience." *Journal of Democracy* 14 (1): 6-17.

Niskanen, William A. 1971. *Bureaucracy and Representative Government*. Aldine, Atherton.

———. 1987. "Bureaucracy." In C. K. Rowley and G. Tullock, eds. *Democracy and Public Choice: Essays in Honor of Gordon Tullock*. B. Blackwell, 135-140.

Nordhaus, William D. 1975. "The Political Business Cycle 12." *The Review of Economic Studies* 42 (2): 169-190.

Norris, Pippa. 2020. "Measuring Populism Worldwide." *Party Politics* 26 (6): 697-717.

Norris, Pippa, and Ronald Inglehart. 2019. *Cultural Backlash: Trump, Brexit, and Authoritarian Populism*. Cambridge University Press.

North, Douglass C., and Barry R. Weingast. 1989. "Constitutions and Commitment: The Evolution of Institutions Governing Public Choice in Seventeenth-Century England." *The Journal of Economic History* 49 (4): 803-832.

Oatley, Thomas. 2011. "The Reductionist Gamble: Open Economy Politics in the Global Economy." *International Organization* 65 (2): 311-341.

O'Donnell, Guillermo A. 1973. *Modernization and Bureaucratic-Authoritarianism: Studies in South American Politics*. University of California.

O'Donnell, Guillermo A., and Philippe C. Schmitter. 1986. *Transitions From Authoritarian Rule: Tentative Conclusions about Uncertain Democracies*. Johns Hopkins University Press. (真柄秀子・井戸正伸訳『民主化の比較政治学：権威主義支配以後の政治世界』未来社，1986 年)

Offe, Claus. 1981. "The Attribution of Public Status to Interest Groups." In S. Berger, ed. *Organizing Interests in Western Europe: Pluralism, Corporatism, and the Transformation of Politics*. Cambridge University Press, 123-158.

Okimoto, Daniel I. 1989. *Between MITI and the Market: Japanese Industrial Policy for High Technology*. Stanford University Press. (渡辺敏訳『通産省とハイテク産業：日本の競争力を生むメカニズム』サイマル出版会，1991 年)

Okun, Arthur M. 1975. *Equality and Efficiency: The Big Tradeoff*. Brookings Institution.

Olson, Mancur. 1965. *The Logic of Collective Action: Public Goods and the Theory of Groups*. Harvard University Press. (依田博・森脇俊雅訳『集合行為論：公共財と集団理論（新装版)』ミネルヴァ書房，1996 年)

Organski, A. F. K. 1965. *The Stages of Political Development*. Alfred A. Knopf. (沖野安春・高柳先男訳『政治発展の諸段階』福村出版，1968 年)

Ostiguy, Pierre. 2017. "Populism: A Socio-Cultural Approach." In C. R. Kaltwasser, P. Taggart, et al., eds. *The Oxford Handbook of Populism*. Oxford University Press, 73-98.

Ostrom, Elinor. 1990. *Governing the Commons: The Evolution of Institutions for Collective Action*. Cambridge University Press. (原田禎夫・齋藤暖生・嶋田大作訳『コモンズのガバナンス：人びとの協働と制度の進化』晃洋書房，2022 年)

———. 2007. "Collective Action Theory." In C. Boix and S. C. Stokes, eds. *The Oxford Handbook of Comparative Politics*. Oxford University Press, 186-208.

Panebianco, Angelo. 1988 [1982]. *Political Parties: Organization and Power*, translated by M. Silver. Cambridge University Press. (村上信一郎訳『政党：組織と権力』ミネルヴァ書房，2005 年)

Pang, Xun, Licheng Liu, and Yiqing Xu. 2022. "A Bayesian Alternative to Synthetic Control for Comparative Case Studies." *Political Analysis* 30 (2): 269-288.

Parsons, Talcott. 1967. *Sociological Theory and Modern Society*. Free Press.

Pedersen, Mogens N. 1979. "The Dynamics of European Party Systems: Changing Patterns of Electoral Volatility." *European Journal of Political Research* 7 (1): 1-26.

Pekkanen, Robert. 2006. *Japan's Dual Civil Society: Members without Advocates*. Stanford University Press.

Peleg, Bezalel. 1981. "Coalition Formation in Simple Games with Dominant Players." *International Journal of Game Theory* 10 (1): 11-33.

Pempel, T. J., ed. 1990. *Uncommon Democracies: The One-Party Dominant Regimes*. Cornell University Press.

———. 1997. "Regime Shift: Japanese Politics in a Changing World Economy." *Journal of Japanese Studies* 23 (2): 333-361.

Pempel, T. J., and Keiichi Tsunekawa. 1979. "Corporatism without Labor? The Japanese Anomaly." In P. C. Schmitter and G. Lehmbruch, eds. *Trends Toward Corporatist Intermediation*. Sage Publications, 231-270. (山口定監訳，高橋進・辻中豊・坪

郷実訳『現代コーポラティズム（Ⅰ）：団体統合主義の政治とその理論』木鐸社，1984 年，第 5 章）

Pepinsky, Thomas B. 2019. "The Return of the Single-Country Study." *Annual Review of Political Science* 22: 187-203.

Pierson, Paul. 1994. *Dismantling the Welfare State? Reagan, Thatcher, and the Politics of Retrenchment*. Cambridge University Press.

――. 2000. "Increasing Returns, Path Dependence, and the Study of Politics." *The American Political Science Review* 94 (2): 251-267.

Piore, Michael J., and Charles F. Sabel. 1984. *The Second Industrial Divide: Possibilities for Prosperity*. Basic Books. （山之内靖・永易浩一・菅山あつみ訳『第二の産業分水嶺』筑摩書房，2016 年）

Polsby, Nelson W. 1975. "Legislatures." In F. I. Greenstein and N. W. Polsby, eds. *Governmental Institutions and Processes* (Handbook of Political Science, v. 5). Addison-Wesley Pub. Co., 257-319.

Popp-Madsen, Benjamin Ask. 2020. "Should We be Afraid? Liberal Democracy, Democratic Backsliding, and Contemporary Populism." *Contemporary Political Theory* 19 (3): 161-168.

Porte, Caroline de la, and Bruno Palier. 2022. "The Politics of European Union's Social Investment Initiatives." In J. L. Garritzmann, S. Häusermann, et al., eds. *The World Politics of Social Investment, Volume I: Welfare States in the Knowledge Economy*. Oxford University Press, 132-170.

Poulantzas, Nicos. 1973. *Political Power and Social Classes*. New Left Books, Sheed and Ward. （田口富久治・山岸紘一訳（Ⅰ）田口富久治・綱井幸裕・山岸紘一訳（Ⅱ）『資本主義国家の構造：政治権力と社会階級（Ⅰ・Ⅱ）』未来社，1978-81 年）

Powell, Robert. 1994. "Anarchy in International Relations Theory: The Neorealist-Neoliberal Debate." *International Organization* 48 (2): 313-344.

Prasad, Monica, and Yingying Deng. 2009. "Taxation and the Worlds of Welfare." *Socio-Economic Review* 7 (3): 431-457.

Pridham, Geoffrey, ed. 1991. *Encouraging Democracy: The International Context of Regime Transition in Southern Europe*. Leicester University Press.

Pryor, Frederic L. 1968. *Public Expenditures in Communist and Capitalist Nations*. Allen & Unwin.

Przeworski, Adam. 2019. *Crises of Democracy*. Cambridge University Press. （吉田徹・伊﨑直志訳『民主主義の危機：比較分析が示す変容』白水社，2023 年）

Przeworski, Adam, Michael E. Alvarez, José Antônio Cheibub, and Fernando Limongi. 2000. *Democracy and Development: Political Institutions and Well-being in the World,*

1950-1990. Cambridge University Press.

Przeworski, Adam, and Fernando Limongi. 1997. "Modernization: Theories and Facts." *World Politics* 49 (2): 155-183.

Przeworski, Adam, and Henry Teune. 1970. *The Logic of Comparative Social Inquiry.* Wiley-Interscience. [Reprint, R. E. Krieger Pub. Co., 1982]

Putnam, Robert D. 1988. "Diplomacy and Domestic Politics: The Logic of Two-Level Games." *International Organization* 42 (3): 427-460.

――. 1993. *Making Democracy Work: Civic Traditions in Modern Italy.* Princeton University Press. (河田潤一訳『哲学する民主主義：伝統と改革の市民的構造』NTT 出版, 2001 年)

――. 2000. *Bowling Alone: The Collapse and Revival of American Community.* Simon & Schuster. (柴内康文訳『孤独なボウリング：米国コミュニティの崩壊と再生』柏書房, 2006 年)

Ragin, Charles C. 1987. *The Comparative Method: Moving beyond Qualitative and Quantitative Strategies.* University of California Press. (鹿又伸夫監訳『社会科学における比較研究：質的分析と計量的分析の統合にむけて』ミネルヴァ書房, 1993 年)

――. 2000. *Fuzzy-Set Social Science.* University of Chicago Press.

――. 2008. *Redesigning Social Inquiry: Fuzzy Sets and Beyond.* University of Chicago Press.

Ramachandran, Vilayanur S., and Sandra Blakeslee. 1998. *Phantoms in the Brain: Probing the Mysteries of the Human Mind.* William Morrow. (山下篤子訳『脳のなかの幽霊』角川書店, 1999 年)

Ramseyer, J. Mark, and Frances McCall Rosenbluth. 1993. *Japan's Political Marketplace.* Harvard University Press. (川野辺裕幸・細野助博訳『日本政治の経済学：政権政党の合理的選択』弘文堂, 1995 年)

Reed, Steven R. 1990. "Structure and Behaviour: Extending Duverger's Law to the Japanese Case." *British Journal of Political Science* 20 (3): 335-356.

Rehm, Philipp. 2016. *Risk Inequality and Welfare States.* Cambridge University Press.

Rietz, Thomas. 2008. "Three-Way Experimental Election Results: Strategic Voting, Coordinated Outcomes and Duverger's Law." In C. R. Plott and V. L. Smith, eds. *Handbook of Experimental Economics Results.* Elsevier, 889-897.

Rihoux, Benoît, and Charles C. Ragin. 2009. *Configurational Comparative Methods: Qualitative Comparative Analysis (QCA) and Related Techniques.* Sage. (根岸弓ほか訳『質的比較分析（QCA）と関連手法入門』晃洋書房, 2016 年)

Riker, William H. 1962. *The Theory of Political Coalitions.* Yale University Press.

――. 1982. *Liberalism against Populism: A Confrontation between the Theory of Democ-*

racy and the Theory of Social Choice. W. H. Freeman.（森脇俊雅訳『民主的決定の政治学：リベラリズムとポピュリズム』芦書房，1991 年）

Riker, William H., and Peter C. Ordeshook. 1968. "A Theory of the Calculus of Voting." *American Political Science Review* 62 (1): 25-42.

Rodríguez, Francisco, and Dani Rodrik. 2000. "Trade Policy and Economic Growth: A Skeptic's Guide to the Cross-National Evidence." *NBER Macroeconomics Annual* 15: 261-325.

Rogowski, Ronald. 1987. "Political Cleavages and Changing Exposure to Trade." *The American Political Science Review* 81 (4): 1121-1137.

――. 1989. *Commerce and Coalitions: How Trade Affects Domestic Political Alignments*. Princeton University Press.

――. 2010. "How Inference in the Social (but Not the Physical) Sciences Neglects Theoretical Anomaly." In H. E. Brady and D. Collier, eds. *Rethinking Social Inquiry: Diverse Tools, Shared Standards*, 2nd ed. Rowman & Littlefield Publishers, Chapter 5.（泉川泰博・宮下明聡訳『社会科学の方法論争：多様な分析道具と共通の基準（原著第 2 版）』勁草書房，2014 年，第 5 章）

Rooduijn, Matthijs, Andrea L. P. Pirro, Daphne Halikiopoulou, Caterina Froio, Stijn Van Kessel, Sarah L. De Lange, Cas Mudde, and Paul Taggart. 2024. "The PopuList: A Database of Populist, Far-Left, and Far-Right Parties Using Expert-Informed Qualitative Comparative Classification (EiQCC)." *British Journal of Political Science* 54 (3): 969-978.

Rosenau, James N., ed. 1969. *Linkage Politics: Essays on the Convergence of National and International Systems*. Free Press.

Ross, Michael Lewin. 2001. "Does Oil Hinder Democracy?" *World Politics* 53 (3): 325-361.

――. 2012. *The Oil Curse: How Petroleum Wealth Shapes the Development of Nations*. Princeton University Press.（松尾昌樹・浜中新吾訳『石油の呪い：国家の発展経路はいかに決定されるか』吉田書店，2017 年）

Rothenberg, Lawrence S. 1992. *Linking Citizens to Government: Interest Group Politics at Common Cause*. Cambridge University Press.

Rothstein, Bo. 2015. "The Moral, Economic, and Political Logic of the Swedish Welfare State." In J. Pierre, ed. *The Oxford Handbook of Swedish Politics*. Oxford University Press, 69-84.

Rubin, Donald B. 1974. "Estimating Causal Effects of Treatments in Randomized and Nonrandomized Studies." *Journal of Educational Psychology* 66 (5): 688-701.

Rueda, David, and Daniel Stegmueller. 2019. *Who Wants What? Redistribution Prefer-*

ences in Comparative Perspective. Cambridge University Press.

Rueschemeyer, Dietrich, Evelyne Huber Stephens, and John D. Stephens. 1992. *Capitalist Dvelopment and Democracy*. University of Chicago Press.

Ruff, Christian C., and Ernst Fehr. 2014. "The Neurobiology of Rewards and Values in Social Decision Making." *Nature Reviews Neuroscience* 15 (8): 549-562.

Ruggie, John Gerard. 1983. "International Regimes, Transactions, and Change: Embedded Liberalism in the Postwar Economic Order." In S. D. Krasner, ed. *International Regimes*. Cornell University Press, 195-231. (河野勝監訳『国際レジーム』勁草書房, 2020 年, 第 8 章)

Russell, Bertrand. 1938. *Power: A New Social Analysis*. George Allen & Unwin. (東宮隆訳『権力：その歴史と心理』みすず書房, 1951 年)

Russett, Bruce M. 1985. "The Mysterious Case of Vanishing Hegemony; or, Is Mark Twain Really Dead?" *International Organization* 39 (2): 207-231.

――. 1993. *Grasping the Democratic Peace: Principles for a Post-Cold War World*. Princeton University Press. (鴨武彦訳『パクス・デモクラティア：冷戦後世界への原理』東京大学出版会, 1996 年)

Sainsbury, Diane, ed. 1994. *Gendering Welfare States*. SAGE Publications.

――, ed. 1999. *Gender and Welfare State Regimes*. Oxford University Press.

Sakaiya, Shiro, Yuki Shiraito, Junko Kato, Hiroko Ide, Kensuke Okada, Kouji Takano, and Kenji Kansaku. 2013. "Neural Correlate of Human Reciprocity in Social Interactions." *Frontiers in Neuroscience* 7.

Sartori, Giovanni. 1976. *Parties and Party Systems: A Framework for Analysis*. Cambridge University Press. (岡沢憲芙・川野秀之訳『現代政党学：政党システム論の分析枠組み（普及版)』早稲田大学出版部, 2000 年) [ECPR Press, 2016]

Schedler, Andreas. 2002. "Elections without Democracy: The Menu of Manipulation." *Journal of Democracy* 13 (2): 36-50.

Schmitter, Philippe C., and Gerhard Lehmbruch, eds. 1979. *Trends Toward Corporatist Intermediation*. Sage Publications. (山口定監訳, 高橋進・辻中豊・坪郷実訳『現代コーポラティズム（Ⅰ)：団体統合主義の政治とその理論』木鐸社, 1984 年)

Schneider, Carsten Q., and Claudius Wagemann. 2012. *Set-Theoretic Methods for the Social Sciences: A Guide to Qualitative Comparative Analysis*. Cambridge University Press.

Schofield, Norman. 1993. "Political Competition and Multiparty Coalition Governments." *European Journal of Political Research* 23 (1): 1-33.

――. 1996. "The Heart of a Polity." In N. Schofield, ed. *Collective Decision-Making: Social Choice and Political Economy*. Springer, 183-220.

引用文献 347

Schoppa, Leonard J. 1997. *Bargaining with Japan: What American Pressure Can and Cannot Do.* Columbia University Press.

Schreiber, Darren, Greg Fonzo, Alan N. Simmons, Christopher T. Dawes, Taru Flagan, James H. Fowler, and Martin P. Paulus. 2013. "Red Brain, Blue Brain: Evaluative Processes Differ in Democrats and Republicans." *PLOS ONE* 8 (2): e52970.

Schumpeter, Joseph A. 1942. *Capitalism, Socialism, and Democracy.* Harper & Brothers. (中山伊知郎・東畑精一訳『資本主義・社会主義・民主主義』東洋経済新報社, 1995 年 [大野一訳『資本主義, 社会主義, 民主主義 (I・II)』日経 BP クラシックス, 2016 年])

Seawright, Jason. 2010. "Regression-Based Inference: A Case Study in Failed Causal Assessment." In H. E. Brady and D. Collier, eds. *Rethinking Social Inquiry: Diverse Tools, Shared Standards*, 2nd ed. Rowman & Littlefield Publishers, Chapter 12. (泉川泰博・宮下明聡訳『社会科学の方法論争:多様な分析道具と共通の基準 (原著第 2 版)』勁草書房, 2014 年, 第 13 章)

Sen, Amatya K. 1970. "The Impossibility of a Paretian Liberal." *Journal of Political Economy* 78: 152-157.

Shadish, William R., Thomas D. Cook, and Donald Thomas Campbell. 2002. *Experimental and Quasi-Experimental Designs for Generalized Causal Inference.* Houghton Mifflin.

Shapley, L. S., and Martin Shubik. 1954. "A Method for Evaluating the Distribution of Power in a Committee System." *American Political Science Review* 48 (3): 787-792.

Shepsle, Kenneth A. 2008. "Rational Choice Institutionalism." In S. A. Binder, R. A. W. Rhodes, et al., eds. *The Oxford Handbook of Political Institutions.* Oxford University Press, 23-38.

Shigeoka, Hitoshi. 2014. "The Effect of Patient Cost Sharing on Utilization, Health, and Risk Protection." *American Economic Review* 104 (7): 2152-2184.

Shonfield, Andrew. 1965. *Modern Capitalism: The Changing Balance of Public and Private Power.* Oxford University Press.

Shugart, Matthew Soberg. 2001. "Electoral 'Efficiency' and the Move to Mixed-Member Systems." *Electoral Studies* 20 (2): 173-193.

Shugart, Matthew Soberg, and Martin P. Wattenberg, eds. 2003. *Mixed-Member Electoral Systems: The Best of Both Worlds?* Oxford University Press.

Siaroff, Alan. 1994. "Work, Welfare and Gender Equality: A New Typology." In D. Sainsbury, ed. *Gendering Welfare States.* SAGE Publications, 82-100.

Silberman, Bernard S. 1993. *Cages of Reason: The Rise of the Rational State in France, Japan, the United States, and Great Britain.* University of Chicago Press. (武藤博己ほ

か訳『比較官僚制成立史：フランス，日本，アメリカ，イギリスにおける政治と官僚制』三嶺書房，1999年）

——. 1995. "The Structure of Bureaucratic Rationality and Economic Development in Japan." In H.-K. Kim, M. Muramatsu, et al., eds. *The Japanese Civil Service and Economic Development: Catalysts of Change*. Clarendon Press, 135-173.

Simon, Herbert A. 1972. "Theories of Bounded Rationality." In C. B. McGuire and Roy Radner, eds. *Decision and Organization*, North-Holland, 161-176. [Reprinted in Herbert A. Simon. 1982. *Models of Bounded Rationality: Behavioral Economics and Business Organization*. MIT Press, 408-423.

——. 1985. "Human Nature in Politics: The Dialogue of Psychology with Political Science." *The American Political Science Review* 79 (2): 293-304.

——. 1997 [1947]. *Administrative Behavior*, 4th ed. Free Press. （二村敏子ほか訳『経営行動：経営組織における意思決定過程の研究（新版）』ダイヤモンド社，2009年）

Skocpol, Theda. 1979. *States and Social Revolutions: A Comparative Analysis of France, Russia, and China*. Cambridge University Press.

Slater, Dan. 2010. *Ordering Power: Contentious Politics and Authoritarian Leviathans in Southeast Asia*. Cambridge University Press.

Snidal, Duncan. 1985a. "The Game Theory of International Politics." *World Politics* 38 (1): 25-57.

——. 1985b. "The Limits of Hegemonic Stability Theory." *International Organization* 39: 579-614.

Sniderman, Paul M. 2018. "Some Advances in the Design of Survey Experiments." *Annual Review of Political Science* 21: 259-275.

Soskice, David. 2007. "Macroeconomics and Varieties of Capitalism." In B. Hancké, M. Rhodes, et al., eds. *Beyond Varieties of Capitalism: Conflict, Contradictions, and Complementarities in the European Economy*. Oxford University Press, 89-121.

Stanley, Damian A., and Ralph Adolphs. 2013. "Toward a Neural Basis for Social Behavior." *Neuron* 80 (3): 816-826.

Stein, Arthur A. 2008. "Neoliberal Institutionalism." In C. Reus-Smit and D. Snidal, eds. *The Oxford Handbook of International Relations*. Oxford University Press, 201-221.

Strøm, Kaare. 1990. *Minority Government and Majority Rule*. Cambridge University Press.

——. 2000. "Delegation and Accountability in Parliamentary Democracies." *European Journal of Political Research* 37 (3): 261-289.

Svolik, Milan W. 2012. *The Politics of Authoritarian Rule*. Cambridge University Press.

Swank, Duane. 2002. *Global Capital, Political Institutions, and Policy Change in Devel-*

oped Welfare States. Cambridge University Press.

Takesue, Hirofumi, Carlos Makoto Miyauchi, Shiro Sakaiya, Hongwei Fan, Tetsuya Matsuda, and Junko Kato. 2017. "Human Pursuance of Equality Hinges on Mental Processes of Projecting Oneself into the Perspectives of Others and into Future Situations." *Scientific Reports* 7 (1): 5878.

Tarrow, Sidney. 1996. "Making Social Science Work across Space and Time: A Critical Reflection on Robert Putnam's *Making Democracy Work*." *The American Political Science Review* 90 (2): 389-397.

――. 2010. "Bridging the Quantitative-Qualitative Divide." In H. E. Brady and D. Collier, eds. *Rethinking Social Inquiry: Diverse Tools, Shared Standards*, 2nd ed. Rowman & Littlefield Publishers, Chapter 6. (泉川泰博・宮下明聡訳『社会科学の方法論争：多様な分析道具と共通の基準（原著第2版）』勁草書房，2014年，第6章)

Thelen, Kathleen. 2014. *Varieties of Liberalization and the New Politics of Social Solidarity*. Cambridge University Press.

Thelen, Kathleen, and Ikuo Kume. 2006. "Coordination as a Political Problem in Coordinated Market Economies." *Governance* 19 (1): 11-42. (久米郁男，K. セーレン。2005。「政治課題としてのコーディネーション：調整型市場経済における労使関係の変化」『レヴァイアサン』37：75-109)

Thistlewaite, Donald L., and Donald T. Campbell. 1960. "Regression-Discontinuity Analysis: An Alternative to the Ex-Post Facto Experiment." *Observational Studies* 3: 119-128. [*Journal of Educational Psychology* 51 (6): 309-317]

Tilly, Charles, ed. 1975. *The Formation of National States in Western Europe*. Princeton University Press.

Timbro. 2019. *Authoritarian Populist Index 2019*. Stockholm Sweden.

――. 2024. *Authoritarian Populist Index 2024*. Stockholm Sweden.

Tóka, Gábor, and Tania Gosselin. 2010. "Persistent Political Divides, Electoral Volatility and Citizen Involvement: The Freezing Hypothesis in the 2004 European Election." *West European Politics* 33 (3): 608-633.

Tomz, Michael. 2007. "Domestic Audience Costs in International Relations: An Experimental Approach." *International Organization* 61 (4): 821-840.

Tomz, Michael, and Robert P. Van Houweling. 2008. "Candidate Positioning and Voter Choice." *American Political Science Review* 102 (3): 303-318.

Treisman, Daniel. 2020. "Economic Development and Democracy: Predispositions and Triggers." *Annual Review of Political Science* 23: 241-257.

――. 2024. "Psychological Biases and Democratic Anxiety: A Comment on Little and Meng (2023)." *PS: Political Science & Politics* 57 (2): 194-197.

Truman, David B. 1951. *The Governmental Process: Political Interests and Public Opinion.* Knopf. [Reprint, Praeger (Greenwood), 1981]

Tsebelis, George. 2002. *Veto Players: How Political Institutions Work.* Princeton University Press. (眞柄秀子・井戸正伸監訳『拒否権プレイヤー』早稲田大学出版部, 2009 年)

Tufte, Edward R. 1975. "Determinants of the Outcomes of Midterm Congressional Elections." *American Political Science Review* 69 (3): 812-826.

――. 1978. *Political Control of the Economy.* Princeton University Press.

Tullock, Gordon. 1965. *The Politics of Bureaucracy.* Public Affairs Press.

――. 1967. *Toward a Mathematics of Politics.* University of Michigan Press.

Vachris, Michelle A. 2004. "Principal-Agent Relationships in the Theory of Bureaucracy." In C. K. Rowley and F. Schneider, eds. *The Encyclopedia of Public Choice.* Springer US, 758-761.

van Biezen, Ingrid, and Thomas Poguntke. 2014. "The Decline of Membership-Based Politics." *Party Politics* 20 (2): 205-216.

van Parijs, Philippe. 1995. *Real Freedom for All: What (If Anything) Can Justify Capitalism?* Oxford University Press. (後藤玲子・齊藤拓訳『ベーシック・インカムの哲学：すべての人にリアルな自由を』勁草書房, 2009 年)

――. 2006. "Basic Income versus Stakeholder Grants: Some Afterthoughts on How Best to Redesign Distribution." In B. A. Ackerman, A. Alstott, et al., eds. *Redesigning Distribution: Basic Income and Stakeholder Grants as Cornerstones for an More Egalitarian Capitalism.* Verso, 199-208.

van Parijs, Philippe, and Yannick Vanderborght. 2017. *Basic Income: A Radical Proposal for a Free Society and a Sane Economy.* Harvard University Press. (竹中平蔵監訳『ベーシック・インカム：自由な社会と健全な経済のためのラディカルな提案』クロスメディア・パブリッシング, 2022 年)

van Roozendaal, Peter. 1992. "The Effect of Dominant and Central Parties on Cabinet Composition and Durability." *Legislative Studies Quarterly* 17 (1): 5-36.

Verba, Sidney, Norman H. Nie, and Jae-on Kim. 1978. *Participation and Political Equality: A Seven-Nation Comparison.* Cambridge University Press; University of Chicago Press. (三宅一郎・蒲島郁夫・小田健訳『政治参加と平等：比較政治学的分析』東京大学出版会, 1981 年)

Verba, Sidney, Kay Lehman Schlozman, and Henry E. Brady. 1995. *Voice and Equality: Civic Voluntarism in American Politics.* Harvard University Press.

von Neumann, John, and Oskar Morgenstern. 1953. *Theory of Games and Economic Behavior,* 3rd ed. Princeton University Press. (銀林浩・橋本和美・宮本敏雄監訳『ゲー

ムの理論と経済行動（Ⅰ・Ⅱ・Ⅲ）』ちくま学芸文庫，2009 年）

Walter, Andrew. 1996. "The United States and Western Europe: The Theory of Hege-monic Stability." In N. Woods, ed. *Explaining International Relations since 1945.* Oxford University Press, 126-154.

Walter, Stefanie. 2021. "The Backlash against Globalization." *Annual Review of Political Science* 24: 421-442.

Waltz, Kenneth N. 1959. *Man, the State and War: A Theoretical Analysis.* Columbia University Press.（渡邉昭夫・岡垣知子訳『人間・国家・戦争：国際政治の 3 つのイメージ』勁草書房，2013 年）

――. 1979. *Theory of International Politics.* Addison-Wesley Pub. Co.（河野勝・岡垣知子訳『国際政治の理論』勁草書房，2010 年）

Ware, Alan. 1996. *Political Parties and Party Systems.* Oxford University Press.

Wassenberg, Arthur. 1982. "Neo-Corporatism and the Quest for Control: The Cuckoo Game." In G. Lehmbruch and P. C. Schmitter, eds. *Patterns of Corporatist Policy-Making.* Sage Publications, 83-107.（山口定監訳，高橋進・辻中豊・藪野祐三・阪野智一・河越弘明訳『現代コーポラティズム（Ⅱ）：先進諸国の比較分析』木鐸社，1986 年，第 2 章）

Weber, Max. 1919. *Politik als Beruf.* München: Duncker & Humblot.（脇圭平訳『職業としての政治』岩波書店，2020 年）

――. 1978 [1910-14]. *Economy and Society: An Outline of Interpretive Sociology,* translated by E. Fischoff, edited by G. Roth and C. Wittich. University of California Press.

Wendt, Alexander. 1992. "Anarchy Is What States Make of It: The Social Construction of Power Politics." *International Organization* 46（2）: 391-425.

――. 1999. *Social Theory of International Politics.* Cambridge University Press.

Weyland, Kurt. 2017. "Populism: A Political-Strategic Approach." In C. R. Kaltwasser, P. Taggart, et al., eds. *The Oxford Handbook of Populism.* Oxford University Press, 48-72.

Wiarda, Howard J. 1997. *Corporatism and Comparative Politics: The Other Great "Ism".* M. E. Sharpe.

Wilensky, Harold L., and Charles Nathan Lebeaux. 1958. *Industrial Society and Social Welfare: The Impact of Industrialization on the Supply and Organization of Social Welfare Services in the United States.* Russell Sage Foundation.（四方寿雄監訳（上巻）本出祐之監訳・徳岡秀雄訳（下巻）『産業社会と社会福祉（上・下）』岩崎学術出版社，1971 年）

Wilkerson, John, and Andreu Casas. 2017. "Large-Scale Computerized Text Analysis in Political Science: Opportunities and Challenges." *Annual Review of Political Science*

20 (1): 529-544.

Williamson, Oliver E. 1983 [1975]. *Markets and Hierarchies, Analysis and Antitrust Implications: A Study in the Economics of Internal Organization*. Free Press.（浅沼萬里・岩崎晃訳『市場と企業組織』日本評論社，1980 年）

——. 1985. *The Economic Institutions of Capitalism: Firms, Markets, Relational Contracting*. Free Press.

Wilson, James Q. 1973. *Political Organizations*. Basic Books.

Wilson, Kevin H., Rebecca A. Johnson, Chrysanthi Hatzimasoura, Robert P. Holman, Ryan T. Moore, and David Yokum. 2024. "A Randomized Controlled Trial Evaluating the Effects of Nurse-Led Triage of 911 Calls." *Nature Human Behaviour* 8 (7): 1276-1284.

Yamamoto, Teppei. 2012. "Understanding the Past: Statistical Analysis of Causal Attribution." *American Journal of Political Science* 56 (1): 237-256.

Yamamura, Kozo, and Yasukichi Yasuba. 1987. *The Domestic Transformation*. Stanford University Press.

Zaslove, Andrej, Maurits J. Meijers, and Robert A. Huber. 2024. "The State of Populism: Introducing the 2023 Wave of the Populism and Political Parties Expert Survey." SocArXiv. November 19. doi:10.31235/osf.io/9wmjb.

Zysman, John. 1983. *Governments, Markets and Growth: Financial Systems and the Politics of Industrial Change*. Cornell University Press.

芦田淳。2006。「イタリアにおける選挙制度改革」『外国の立法：立法情報・翻訳・解説』230：132-147。

——。2018。「イタリア　上下両院選挙法の改正」『外国の立法：立法情報・翻訳・解説』274：8-11。

飯尾潤。2007。『日本の統治構造：官僚内閣制から議院内閣制へ』中公新書。

飯田敬輔。2007。『国際政治経済』（シリーズ国際関係論 3）東京大学出版会。

石間英雄。2017。「事前審査による政党の一体性：オーストラリア労働党を事例として」『年報政治学』68 (1)：134-158.

——。2018。「政党内政策組織と強い上院：日豪の事前審査に関する比較研究」『選挙研究』34 (2)：47-57。

伊藤武。2020。「イタリアにおける同盟の挑戦」水島治郎編『ポピュリズムという挑戦：岐路に立つ現代デモクラシー』岩波書店，第 6 章。

伊藤光利・田中愛治・真渕勝。2000。『政治過程論』有斐閣。

今井耕介。2007。「計量政治学における因果的推論」『レヴァイアサン』40：224-233。

今井貴子。2018。『政権交代の政治力学：イギリスの労働党の軌跡 1994-2010』東京大学

出版会。

──。2020。「遅れてきたポピュリズムの衝撃」水島治郎編『ポピュリズムという挑戦：岐路に立つ現代デモクラシー』岩波書店，第3章。

ヴェーバー，マックス。1998 [1904]。富永祐治・立野保男訳，折原浩補訳『社会科学と社会政策にかかわる認識の「客観性」』岩波文庫。

内山融。1998。『現代日本の国家と市場：石油危機以降の市場の脱「公的領域」化』東京大学出版会。

内山融・伊藤武・岡山裕編。2012。『専門性の政治学：デモクラシーとの相克と和解』ミネルヴァ書房。

梅川健。2015。『大統領が変えるアメリカの三権分立制：署名時声明をめぐる議会との攻防』東京大学出版会。

岡本哲和。2017。『日本のネット選挙：黎明期から18歳選挙権時代まで』法律文化社。

奥健太郎・河野康子編。2015。『自民党政治の源流：事前審査制の史的検証』吉田書店。

粕谷祐子。2024。「民主主義」中溝和弥・佐橋亮編『世界の岐路をよみとく基礎概念：比較政治学と国際政治学への誘い』岩波書店，59-82頁。

加藤淳子。1997。『税制改革と官僚制』東京大学出版会。

──。2024。「租税政策をめぐる福祉国家の政治」東京大学法学部「現代と政治」委員会編『現代と政治』東京大学出版会，第13章。

加藤淳子・井手弘子・神作憲司。2009。「ニューロポリティックス（神経政治学）は政治的行動の理解に寄与するか：fMRI実験の方法の意味とニューロポリティックス実験のもたらす含意についての考察」『レヴァイアサン』44：47-70。

加藤淳子・境家史郎・武居寛史。2016。「脳神経科学の方法は政治学の方法になり得るか：囚人のジレンマゲームのfMRI実験を通して」『行動計量学』43（2）：143-154。

──。2017。「行動分析としての政治学と脳神経科学」『年報政治学』68（2）：173-203。

加藤淳子・M. レイヴァー・K. A. シェプスリー。1996。「日本における連立政権の形成：ヨーロッパ連合政治分析におけるポートフォリオアロケーションモデルを用いて」『レヴァイアサン』19：63-85。

加藤雅俊。2012。『福祉国家再編の政治学的分析：オーストラリアを事例として』御茶の水書房。

蒲島郁夫・境家史郎。2020。『政治参加論』東京大学出版会。

川人貞史。2005。『日本の国会制度と政党政治』東京大学出版会。

──。2015。『議院内閣制』（シリーズ日本の政治1）東京大学出版会。

──。2016。「与党審査の制度化とその源流」奥健太郎・河野康子編『自民党政治の源流』と研究の進展に向けて」『選挙研究』2（2）：77-86。

──。2024。『日本の選挙制度と1票の較差』東京大学出版会。

川人貞史・吉野孝・平野浩・加藤淳子。2011。『現代の政党と選挙』新版，有斐閣。

川中豪編。2018。『後退する民主主義，強化される権威主義：最良の政治制度とは何か』ミネルヴァ書房。

カント，イマニュエル。1985［1795］。宇都宮芳明訳『永遠平和のために』岩波文庫。

金成垣。2010。『現代の比較福祉国家論：東アジア発の新しい理論構築に向けて』ミネルヴァ書房。

久保慶一・末近浩太・高橋百合子。2016。『比較政治学の考え方』有斐閣。

久保文明。2013。『アメリカの政治』新版，弘文堂。

久保文明・岡山裕。2022。『アメリカ政治史講義』東京大学出版会。

久保文明・砂田一郎・松岡泰・森脇俊雅。2017。『アメリカ政治』第3版，有斐閣。

久米郁男。2013。『原因を推論する：政治分析方法論のすゝめ』有斐閣。

——編。2023。『なぜ自由貿易は支持されるのか：貿易政治の国際比較』有斐閣。

グライフ，アヴナー。2006。河野勝訳「歴史比較制度分析のフロンティア」河野勝編『制度からガヴァナンスへ：社会科学における知の交差』東京大学出版会，第1章。

黒阪健吾・肥前洋一・芦野琴美。2014。「実験室実験によるM＋1ルールの検証」『選挙研究』30（1）：16-30。

佐伯胖。2018［1980］。『「きめ方」の論理：社会的決定理論への招待』ちくま学芸文庫。

境家史郎。2014。「政治学における『科学的アプローチ』観と実験的手法：認知神経科学における研究蓄積過程を手掛かりに」『選挙研究』30（1）：81-95。

——。2023。『戦後日本政治史：占領期から「ネオ55年体制」まで』中公新書。

坂本治也。2010。「市民社会組織のもう1つの顔」辻中豊・森裕城編『現代社会集団の政治機能：利益団体と市民社会』（現代市民社会叢書2）木鐸社，287-302頁。

佐々木毅。2012。『政治学講義』第2版，東京大学出版会。

——。2018。『民主政とポピュリズム：ヨーロッパ・アメリカ・日本の比較政治学』筑摩選書。

佐藤誠三郎・松崎哲久。1986。『自民党政権』中央公論社。

島田幸典・木村幹編。2009。『ポピュリズム・民主主義・政治指導：制度的変動期の比較政治学』ミネルヴァ書房。

白糸裕輝。2024。「ベイズ統計モデルを用いた政治データ分析」中溝和弥・佐橋亮編『世界の岐路をよみとく基礎概念：比較政治学と国際政治学への誘い』岩波書店，277-306頁。

城山英明・鈴木寛・細野助博編。1999。『中央省庁の政策形成過程：日本官僚制の解剖』中央大学出版会。

城山英明・細野助博編。2002。『中央省庁の政策形成過程：その持続と変容』中央大学出版会。

新川敏光。2022。『政治学：概念・理論・歴史』ミネルヴァ書房。

鈴木基史・飯田敬輔編。2021。『国際関係研究の方法：解説と実践』東京大学出版会。

スミス，アダム。2020［1776］。高哲男訳『国富論（上・下）』講談社学術文庫。

曽我謙悟。2016。『現代日本の官僚制』東京大学出版会。

高橋正幸・近藤康史・佐藤滋・西岡晋編。2023。『揺らぐ中間層と福祉国家：支持調達の財政と政治』ナカニシヤ出版。

高橋百合子。2017。「大規模自然災害と体制移行：統合制御法（the synthetic control method）によるメキシコ 1985 年大地震の事例分析」『年報政治学』68（2）：149-172。

———。2024。「比較政治学における実験的手法：動向と展望」『選挙研究』40（1）：19-29。

高原明生。2004。「中国の政治体制と中国共産党」日本比較政治学会編『比較の中の中国政治』（日本比較政治学会年報第 6 号）早稲田大学出版部，25-46 頁。

多湖淳。2024。『国際関係論』勁草書房。

田代光輝。2023。『ネット選挙』総合教育出版。

田中愛治。2003。「無党派層と有権者の意識・行動」『アエラ・ムック　新・政治学がわかる』朝日新聞社出版。

谷口将紀。2012。『政党支持の理論』岩波書店。

———。2018。「忍び寄る『新しい政治的疎外』」谷口将紀・水島治郎編『ポピュリズムの本質：「政治的疎外」を克服できるか』中央公論新社，序章。

———。2020。『現代日本の代表制民主政治：有権者と政治家』東京大学出版会。

谷口将紀・水島治郎編。2018。『ポピュリズムの本質：「政治的疎外」を克服できるか』中央公論新社。

田村哲樹。2006。「ジェンダー平等・言説戦略・制度改革」宮本太郎編『比較福祉政治：制度転換のアクターと戦略』（比較政治叢書 2）早稲田大学出版部，91-114 頁。

津川友介。2016。「準実験のデザイン」『因果推論：実世界のデータから因果を読む』（岩波データサイエンス vol. 3）岩波書店，49-61 頁。

辻清明。1969。『日本官僚制の研究』新版，東京大学出版会。

辻由希。2012。『家族主義福祉レジームの再編とジェンダー政治』ミネルヴァ書房。

辻中豊・坂本治也・山本英弘。2012。『現代日本の NPO 政治：市民社会の新局面』（現代市民社会叢書 4）木鐸社。

土屋大洋・川口貴久編。2022。『ハックされる民主主義：デジタル社会の選挙干渉リスク』千倉書房。

恒川恵市。1996。『企業と国家』（現代政治学叢書 16）東京大学出版会。

———。2023。『新興国は世界を変えるか：29 ヵ国の経済・民主化・軍事行動』中公新書。

東京大学教養学部統計学教室編。1991。『統計学入門』東京大学出版会。

———編。1992。『自然科学の統計学』東京大学出版会。

———編。1994。『人文・社会科学の統計学』東京大学出版会。

羅芝賢・前田健太郎。2023。『権力を読み解く政治学』有斐閣。

中西寛・石田淳・田所昌幸。2013。『国際政治学』有斐閣。

中山洋平。2017。『戦後フランス中央集権国家の変容：下からの分権化への道』東京大学出版会。

———。2020。「革命と焦土」水島治郎編『ポピュリズムという挑戦：岐路に立つ現代デモクラシー』岩波書店，第 10 章。

西平重喜。2003。『各国の選挙：変遷と実状』木鐸社。

日本比較政治学会編。2017。『競争的権威主義の安定性と不安定性』（日本比較政治学会年報第 19 号）ミネルヴァ書房。

———編。2020。『民主主義の脆弱性と権威主義の強靱性』（日本比較政治学会年報第 22 号）ミネルヴァ書房。

野中尚人。1995。『自民党政権下の政治エリート：新制度論による日仏比較』東京大学出版会。

東島雅昌。2021。「多国間統計分析と国内事例研究による混合手法：分析アプローチとしての発展と方法論的限界への処方箋」『アジア経済』62（4）：49-78。

肥前洋一編。2016。『実験政治学』（フロンティア実験社会科学 3）勁草書房。

福元健太郎。2000。『日本の国会政治：全政府立法の分析』東京大学出版会。

星野崇宏。2016。「統計的因果効果の基礎」『因果推論：実世界のデータから因果を読む』（岩波データサイエンス vol. 3）岩波書店，62-90 頁。

細野昭雄・恒川恵市。1986。『ラテンアメリカ危機の構図：累積債務と民主化のゆくえ』有斐閣。

細谷雄一・板橋拓己編。2024。『民主主義は甦るのか？：歴史から考えるポピュリズム』慶應義塾大学出版会。

堀内雄斗。2021。「欧州の『ベーシックインカム実験』と公的扶助改革」『レファレンス』847：31-48。

前田健太郎。2014。『市民を雇わない国家：日本が公務員の少ない国へと至った道』東京大学出版会。

増原綾子。2010。『スハルト体制のインドネシア：個人支配の変容と 1998 年政変』東京大学出版会。

増山幹高。2003。「書評 議員立法のすすめ：谷勝宏著『議員立法の実証研究』信山社，2003 年」『レヴァイアサン』33：173-178。

———。2015。『立法と権力分立』（シリーズ日本の政治 7）東京大学出版会。

待鳥聡史。2009。「分極化の起源としての議会改革：変換型議会とイデオロギー対立」五十嵐武士・久保文明編『アメリカ現代政治の構図：イデオロギー対立とそのゆくえ』東京大学出版会，第 5 章。

———。2015。『政党システムと政党組織』（シリーズ日本の政治 6）東京大学出版会。

松林哲也。2021。『政治学と因果推論：比較から見える政治と社会』岩波書店。

松原望・飯田敬輔編。2012。『国際政治の数理・計量分析入門』東京大学出版会。

水島治郎。2016。『ポピュリズムとは何か：民主主義の敵か，改革の希望か』中公新書。

──編。2020。『ポピュリズムという挑戦：岐路に立つ現代デモクラシー』岩波書店。

三宅一郎。1989。『投票行動』（現代政治学叢書 5）東京大学出版会。

──。1998。『政党支持の構造』木鐸社。

向山直佑。2018。「天然資源と政治体制：『資源の呪い』研究の展開と展望」『アジア経済』59（4）：34-56。

──。2024。「政治学における質的分析」中溝和弥・佐橋亮編『世界の岐路をよみとく基礎概念：比較政治学と国際政治学への誘い』岩波書店，307-333 頁。

村松岐夫。1981。『戦後日本の官僚制』東洋経済新報社。

山田真裕。2016。『政治参加と民主政治』（シリーズ日本の政治 4）東京大学出版会。

山田真裕・飯田健編。2009。『投票行動研究のフロンティア』おうふう。

山本健太郎。2010。『政党間移動と政党システム：日本における「政界再編」の研究』木鐸社。

──。2021。『政界再編：離合集散の 30 年から何を学ぶか』中公新書。

山本吉宣。1989。『国際的相互依存』東京大学出版会。

李昊。2023。『派閥の中国政治：毛沢東から習近平まで』名古屋大学出版会。

鷲田任邦。2021。「政治的分極化はいかに民主主義を後退させるのか：選挙不正認識ギャップ，権威主義の許容，非リベラル政党の台頭」『年報政治学』72（1）：81-104。

あとがき

　本書の原型となったのは，他の専門科目の入門として，政治学の実証分析に
関わる基本概念や理論枠組を，分野横断的に教える講義である（「はじめに」参
照）。あまりない位置付けの講義を引き受けてしまったのは，博士号を取得し
た米国イェール大学で受けた資格試験に理由がある。米国の大学の博士課程で
は，論文を執筆する資格を得るために，専門分野の広い範囲にわたって試験を
受ける必要があり，私が在籍した当時のイェール大学政治学部では4分野のう
ち3分野の試験が課された。私が取り組んだのは，政治哲学や政治思想を扱う
「政治理論」以外の，「比較政治学」「政治経済学」「国際関係論」で，講義に含
むように打診された分野に対応していた。苦労して膨大な文献を読み，資格試
験のために間口を広げたにもかかわらず，このまま忘れていってしまうのもと
思って引き受けてしまったのである。その後さらに専門分化していく三つの分
野を追いかけ，政治学の方法論の進展や各分野の新たな展開に即し内容の更新
を行いながら，20年以上四苦八苦し講義を続けた結果が，本書につながった。

　講義録のように毎年更新できないことを配慮し書き直したり書き足したり，
詳しく出典を確かめたりで，本書の執筆には，思った以上に時間と労力がかか
った。その過程で，大学や大学院で良い教育を受けさせてもらったこと，研究
でも共著者を含む共同研究者に恵まれたことに改めて気づかされた。出典や引
用のために文献を調べた結果，直接教えを受けた政治学者や社会科学者に思わ
ぬところで影響を受けていたことに気づいたことも再々で，教える立場となっ
た自分の至らなさに反省もさせられた。博士号を取得したイェール大学だけで
も，David Cameron, Robert Dahl, Joseph LaPalombala, David Mayhew, Mike
Mochizuki, Douglas Rae, Bruce Russett, Edward Tufte といった本書の引用文
献に登場する政治学者の名前があがり，隣接・学際分野では指導教授であった
Susan Rose-Ackerman やゲーム理論を教わった Barry Nalebuff や統計学の
John Hartigan の名前が浮かぶ。女性研究者が殆どいなかった当時に，米国で
の博士号取得が研究者になる唯一確実な方法として海外へと背中を押したのは

佐藤誠三郎であった。政治学の広い分野に興味関心を持ち続けられたのも，様々な研究に誘ってくれた内外の研究者のお蔭であり，連合理論の Michael Laver と福祉国家の Bo Rothstein には特に影響を受けた。

　元々教科書を書くのが苦手な上，執筆開始から原稿提出までの 1 年半の間に公私ともに予測しなかったことが続けて起こるという不運にも見舞われた。そんな私に快く手を差し延べ，それぞれの専門分野を中心に，何らかの形で助言をいただいた方々も多数にのぼる。飯田敬輔，伊藤武，境家史郎，白糸裕輝，杉之原真子，鈴木早苗，高橋百合子，武居寛史，武見綾子，田中世紀，豊福実紀，直井恵，樋渡展洋，古川知志雄，松本朋子，向山直佑，山本健太郎，山本鉄平，李昊，鷲田任邦の各氏には，草稿から初校・再校までのいずれかの段階の原稿の一部を読んでいただいた。中には，多くの章を読んでいただいたり，詳細なコメントをいただき，やりとりを重ねた方もいる。さらに，下津克己，松井彰彦の両氏にも経済学の観点からコメントをいただいた。執筆を助けていただいただけでなく，意外な論点や研究の展開に気づかせてもらい，新しい気持ちで政治学に向き合う貴重な機会となった。ここで，それぞれの方に相応しい御礼を詳細かつ十分に申し上げられないことをお詫びしつつ，貴重な時間を割いてのご助力に心から御礼申し上げたい。とはいえ，記述や説明を初学者にもわかるように正確に行わなければならないという点では，教科書は特有の難しさがある。思わぬ間違いや不適切な記述は全て筆者の責任である。また，私の研究室の西川弘子氏にも心より御礼申し上げたい。文献の整理や引用を中心に執筆を支えてくれただけではなく，執筆に忙殺され疎かになったスケジュールの管理まで，嫌な顔一つせず，この間の研究教育を支えてくれた。こうした配慮に満ちた，きめ細かな研究補助がいなければ，本書の刊行は不可能であったろう。

　東京大学及び筆者が所属する法学政治学研究科・法学部の恵まれた教育・研究環境とスタッフの方々にも心から感謝したい。執筆に追われる中，図書館や電子ジャーナルやデータベースといったリソースに加え，それを支えるスタッフの方々がいて研究環境は成り立つことを改めて痛感した。最後に，東京大学出版会の奥田修一氏には，本書の企画から，遅れがちな予定の管理，さらには原稿の各段階で適切で詳細な助言をいただいた。なんとか刊行にこぎつけるこ

とができるのも，ひとえに氏のご尽力の賜物である。この場を借りて心より御礼申し上げる。

2024 年 12 月 　　　　　　　　　　　　　　　　　　加藤　淳子

人名索引

ア 行

アクセルロッド（Axelrod, Robert） 46, 172
アセモグル（Acemoglu, Daron） 228, 229, 310
アバディ（Abadie, Alberto） 307
アババック（Aberbach, Joel D.） 189, 191
アーモンド（Almond, Gabriel A.） 75-77
アリソン（Allison, Graham T.） 268
アーレント（Arendt, Hannah） 33, 36
アロー（Arrow, Kenneth） 68-71
アンセル（Ansell, Ben W.） 229, 230
イーストン（Easton, David） 74, 75
イングルハート（Inglehart, Ronald.） 82, 83, 104
ヴァーバ（Verba, Sidney） 75-77, 80
ウェア（Ware, Alan） 88, 89
ウェイ（Way, Lucan A.） 223
ウェーバー（Weber, Max） 32, 92, 93, 185, 188
ウェント（Wendt, Alexander） 273
ウォルツ（Waltz, Kenneth N.） 267, 268
エスピン - アンデルセン（Esping-Andersen, Gøsta） 23, 250-252, 255-261, 263
オストロム（Ostrom, Elinor） 54
オーデシュック（Ordeshook, Peter C.） 143
オドネル（O'Donnell, Guillermo A.） 217
オルセン（Olsen, Johan P.） 188
オルソン（Olson, Mancur） 51, 52

カ 行

ガヴェンタ（Gaventa, John） 36-38
カウフマン（Kaufman, Robert R.） 228, 231
ガーシェンクロン（Gerschenkron, Alexander） 191, 192, 239
ガーツ（Goertz, Gary） 27, 287
カッツ（Katz, Richard S.） 96
カッツェンシュタイン（Katzenstein, Peter J.） 236, 250
ガーバー（Gerber, Alan S.） 293
カント（Kant, Immanuel） 266

キデンス（Giddens, Anthony） 262
キム（Kim, Jae-on） 80
キャスル（Castles, Francis G.） 257
キャメロン（Cameron, David R.） 236, 250
キャンベル（Campbell, Donald Thomas） 293
キルヒハイマー（Kirchheimer, Otto） 94, 95
キング（King, Gary） 4, 15, 24, 155-158, 285, 286
クウィン（Quinn, Dennis P.） 229
クック（Cook, Thomas D.） 293
グリーン（Green, Donald P.） 293
グルヴィッチ（Gourevitch, Peter） 235, 268
グロフマン（Grofman, Bernard） 67
ゲデス（Geddes, Barbara） 215
コヘイン（Keohane, Robert O.） 272, 279
コリアー（Collier, David） 285
ゴールドソルプ（Goldthorpe, John H.） 236, 240
コルピ（Korpi, Walter） 256

サ 行

サミュエルス（Samuels, David J.） 229, 230
サルトーリ（Sartori, Giovanni） 89, 117, 126-130
ジェニングス（Jennings, M. Kent） 78
シャディシュ（Shadish, William R.） 293
シャロフ（Siaroff, Alan） 260
シュミッター（Schmitter, Philippe C.） 217
シュンペーター（Schumpeter, Joseph A.） 72
ジョージ（George, Alexander L.） 287
ショフィールド（Schofield, Norman） 176
ションフィールド（Shonfield, Andrew） 239
シーライト（Seawright, Jason） 286
シルバーマン（Silberman, Bernard S.） 193-196
スコチポル（Skocpol, Theda） 213, 230
ステグミュラー（Stegmueller, Daniel） 242
ステパン（Stepan, Alfred C.） 217

ストークス(Stokes, Susan C.) 227
スナイダル(Snidal, Duncan) 272
スミス(Smith, Adam) 266
スレーター(Slater, Dan) 230
セレン(Thelen, Kathleen) 243, 245
セン(Sen, Amatya K.) 68, 70, 71
ソスキス(Soskice, David) 240

タ 行
ダウンズ(Downs, Anthony) 64, 123, 124, 129,
　130, 172, 174, 186
タゲペラ(Taagepera, Rein) 202
ダニング(Dunning, Thad) 224, 226, 286
ダール(Dahl, Robert A.) 32, 34, 72, 73, 199,
　226
タロック(Tullock, Gordon) 186
ダンレヴィ(Dunleavy, Patrick) 187
ツェベリス(Tsebelis, George) 180
デュヴェルジェ(Duverger, Maurice) 93, 167
ドゥ・スワン(De Swaan, Abram) 174
トクヴィル(Tocqueville, Alexis de) 84
トルーマン(Truman, David B.) 146

ナ 行
ナイ(Nie, Norman H.) 80
ニエミ(Niemi, Richard G.) 78
ニスカネン(Niskanen, William A.) 186-188
ノリス(Norris, Pippa) 104, 111, 113, 114

ハ 行
ハイエク(Hayek, Friedrich A.) 310
ハガード(Haggard, Stephan) 228, 231
バーク(Burke, Edmund) 86
ハーシュマン(Hirschman, Albert O.) 54, 55
パーソンズ(Parsons, Talcott) 33, 36
バックラック(Bachrach, Peter) 35
パットナム(Putnam, Robert D.) 83, 84, 189,
　191, 275
ハーディン(Hardin, Garrett) 53
パネビアンコ(Panebianco, Angelo) 95
バラッツ(Baratz, Morton S.) 35
パルメ(Palme, Joakim) 256
ハンチントン(Huntington, Samuel P.) 212,

216, 217
ピアソン(Pierson, Paul) 118, 256
フィアロン(Fearon, James D.) 280
ブキャナン(Buchanan, James M.) 187, 188
フーコー(Foucault, Michel) 36, 37
プシェヴォルスキー(Przeworski, Adam) 24,
　25, 225, 227
プーランザス(Poulantzas, Nicos) 37
プリドハム(Pridham, Geoffrey) 222
フリードマン(Freedman, David A.) 308, 312
フリーマン(Freeman, John R.) 229
ブレイディ(Brady, Henry E.) 285, 286
ブレナン(Brennan, H. Geoffrey) 187, 188
ブロンデル(Blondel, Jean) 162
ペゼアセン(Pedersen, Mogens N.) 139
ベネット(Bennett, Andrew) 287
ボイッシュ(Boix, Carles) 227, 229
ホッブズ(Hobbes, Thomas) 31, 266
ホール(Hall, Peter A.) 235, 240
ポルスビー(Polsby, Nelson W.) 161, 162
ボールドウィン(Baldwin, David A.) 274
ボールドウィン(Baldwin, Peter) 255-257

マ 行
マーチ(March, James G.) 188
マッケルヴィー(McKelvey, Richard D.) 176
マノー(Manow, Philip) 255-258
マホーニー(Mahoney, James) 27-29, 287
ミッチェル(Mitchell, Deborah) 257
ミリバンド(Miliband, Ralph) 37
ミル(Mill, John Stuart) 11, 15, 18, 293
ミルズ(Mills, C. Wright) 33
ムーア(Moore, Barrington, Jr.) 27-29, 212,
　213, 229, 230
メア(Mair, Peter) 96
メリル(Merrill, Samuel) 67
メルツァー(Meltzer, Allan H.) 242
モーゲンソー(Morgenthau, Hans J.) 266
モートン(Morton, Rebecca B.) 293

ラ 行
ライカー(Riker, William H.) 143, 170, 204
ラギー(Ruggie, John Gerard) 267, 271

ラクソ（Laakso, Markku） 202

ラッセル（Russell, Bertrand） 31, 32

ラパロンバラ（LaPalombara, Joseph） 91, 92

ラマチャンドラン（Ramachandran, Vilayanur
S.） 311

リチャード（Richard, Scott F.） 242

リプセット（Lipset, Seymour Martin） 75, 117,
118, 129, 130, 212, 217, 223, 227, 238, 310

リンス（Linz, Juan J.） 214, 215, 217

ルエダ（Rueda, David） 242

ルークス（Lukes, Steven） 33-38

レイガン（Ragin, Charles C.） 17, 27, 287

レイサーソン（Leiserson, Michael Avery） 170

レイプハルト（Lijphart, Arend） 18-20, 23, 24,
138, 157, 198-201, 203-206, 208, 209, 284,
286, 288

レヴィッツキー（Levitsky, Steven） 222

ロウィ（Lowi, Theodore J.） 153

ロゴウスキー（Rogowski, Ronald） 277, 278

ロッカン（Rokkan, Stein） 117, 118, 129, 130,
238

ロックマン（Rockman, Bert A.） 189, 191

ロビンソン（Robinson, James A.） 228, 229

事項索引

ア 行

アジェンダ(議事)・コントロール　35, 58, 59, 162-165
アリーナ型議会　161-163
違憲立法審査権　208
移譲式　135, 137
一院制　159, 207
一元的政策追求モデル　172, 174-176, 179
一次元的権力　35
一致法　15-20, 22, 23
一党優位制　4, 127-129, 159
一般化　2, 3
一般可能性定理　68-71
イデオロギー　64, 94, 98-112, 122, 126, 127, 149, 159, 164, 172-175, 177, 180, 214, 231, 234, 265
イデオロギー距離　126-128, 130
イデオロギーの終焉　94, 97
因果関係　11, 12
因果(的)推論　5, 6, 8, 285, 288, 293, 304, 308-311
因果的妥当性　293, 294, 297, 301
因果プロセス　286, 287
ヴァレンス・イシュー・モデル　68
ウェストミンスター・モデル　23, 157, 200-202, 205-210, 284
埋め込まれた自由主義　271, 275
M+1ルール　126, 137, 291
演説型議会　163, 164
穏健な多党制　127, 128

カ 行

回帰不連続デザイン　304, 309
階級連合　254-257
外的妥当性　293, 294, 297, 311
介入　288, 291-293, 295, 297, 298, 301, 304, 308
家族主義　259, 260
過大連合　174, 204

価値推進団体　147
要となる政党　169, 170
カルテル政党　96, 97, 103
幹部政党　93
議院内閣制　154, 157-159, 161-164, 166, 167, 176, 202-205
議会の衰退　160, 161
棄権　66, 90, 143, 187
議事コントロール　→アジェンダ・コントロール
ル
擬似相関　9-11, 289
記述的推論　5-7
貴族政党　92, 103
逆第二イメージ　268, 269, 275, 278
業績投票　144
競争的権威主義　127, 215, 218-220, 225
共有資源管理　53, 54
共有地の悲劇　53, 54
拒否権プレイヤー　180
近接性モデル　67, 68
近代化論　212, 214, 216-218, 227, 234
近代組織政党　92, 97
空間理論　56, 64, 66, 67, 71, 124, 129, 130, 172, 180
繰り返しゲーム　46, 272, 290, 295, 311
グローバリゼーション　220, 223, 231, 237, 239, 243, 265, 275, 281
経済発展　38, 191, 192, 194, 212, 217, 218, 223, 224, 226-228, 233, 234, 283, 304-306, 310
経路依存性　118-121
決定的選挙　141
決定的分岐点　118-121
欠落　294, 295, 297, 298
ゲーム理論　40, 41, 46-48, 50, 126, 170, 228, 265, 272, 275, 282, 283
権威主義　214-221, 223, 224, 229-232
限定的給付　251-253
憲法改正　207, 208

事項索引 365

抗議　54, 55
公共財　50-54, 270-272, 290
公共選択論　40, 68, 71, 185-187
構成的妥当性　293, 294, 297, 301
構造主義的アプローチ　212, 230
高度経済成長　94, 97, 118, 187, 192, 235, 236, 239, 258, 270
交絡要因　10, 11, 289, 294-297, 299, 310
合理性　39, 40, 50, 91, 129, 144, 164, 187, 188, 196, 284, 290
合理的選択新制度論　40, 168, 284
合理的選択論　39, 40, 116, 121, 125, 130, 143, 158, 164, 165, 284
国際経済体制　270
国際レジーム論　267, 271
コーポラティズム　146, 150-153, 160, 205, 206, 236-238, 240, 243
ゴミ缶モデル　188
コロンビア・モデル　→社会学モデル
混合制　97, 133, 134, 138
コンストラクティヴィズム　267, 273-275, 281, 282
コンセンサス型　198-200, 206, 208, 209
コンセンサス・モデル　23, 157, 200-202, 205-210, 284
コンドルセ・パラドックス　58, 165

サ　行

最小勝利連合　170, 171, 182, 183, 202-204
最大剰余法　134
最大平均法　134
差異法　15-20, 22-24, 306, 307
作業型議会　163, 164
差分の差分析　305, 309
サーベイ実験　281, 282, 290, 291, 294, 297, 298
参加型政治文化　76
三次元的権力　36-38, 47
ジェンダー　38, 83, 114, 259, 260
鹿狩りゲーム　48-50
資源の呪い　224, 283
市場団体　147
自然実験　299, 301-305, 307-309
実験　18, 19, 26, 281-283, 286, 288-295, 297-

299, 301-304, 307-311
実験群　288, 289, 291, 294, 295, 298, 306, 309
実験室実験　290, 291, 295, 297
実験デザイン　289-292, 294, 297, 298, 301, 309
支配戦略　43
支配的プレイヤー　171, 175
資本主義の多様性　238-240, 242, 243, 247, 248, 258, 263
社会学モデル（コロンビア・モデル）　142-144
社会的亀裂　117, 118, 120, 121, 129, 140, 206, 257
社会的コーポラティズム　151
社会的選択論　40, 68, 71
社会的投資　261-264
社会保障の受給権　260
社会民主主義レジーム　22, 23, 238, 251, 252, 254-258, 261, 263
弱順序　56, 57, 68, 69
集合行為理論　51
集合財　51-53
集合論　28, 29, 287
自由主義（非調整型）市場経済　22, 26, 27, 240-245, 247, 263
自由主義的コーポラティズム　151
自由主義レジーム　22, 23, 251, 252, 254-258, 263
囚人のジレンマゲーム　41, 42, 44, 46-48, 52, 53, 90, 266, 272, 290, 295, 311
従属的発展論　214-216
十分条件　28
少数与党内閣　154, 175, 181, 184, 203-205
小選挙区比例代表併用制　134, 138, 139
小選挙区比例代表並立制　134, 138, 139, 183, 184
情報の非対称性　189, 190
事例研究　19, 286, 303, 304, 309
臣民型政治文化　76
心理学モデル（ミシガン・モデル）　143, 144
政権追求モデル　169-172, 175
政策位置　64, 68, 100-103, 112, 173-177, 180
政策実験　299-301, 308
政策受益団体　147
政策追求モデル　169, 172, 174, 204

政治参加　72, 74, 79-85, 140, 217
政治システム　74, 75
政治発展論　212, 214, 216, 217
政治文化　72, 74-77, 85
政党間移動　181-183
政党帰属意識　140, 142, 144
政党規律　149, 158, 159, 165
政党支持　140-143
政党の数　126, 127, 129
政党の政策位置専門家調査　98-100, 107, 177
政府・政党次元　201, 202, 208, 209
セクター団体　147
世代効果　78-80, 82
積極的労働市場政策　245, 261, 263
絶対多数　132
選挙区　135
選挙 - プロフェッショナル政党　95, 97
選好　56, 57, 60-63, 65, 68-71, 122-124, 129, 175, 284
選択順位投票制　135, 136
専門志向型官僚制　193-195
戦略投票　57, 125, 126, 137, 165, 290, 291
相関関係　9, 12
相互依存　270-272
操作変数法　305, 309
争点投票　144
組織形整モデル　187, 188
組織志向型官僚制　193-195
組織論　185, 186, 188
ソーシャル・キャピタル　83-85

夕 行

第一の波　216, 227
第三イメージ　267, 268
第三の波　216-218, 220, 222, 229, 230, 233
大衆官僚政党　95
大衆政党　93, 95, 103
退出　54, 55
大統領制　154, 155, 157-159, 161, 162, 164, 166, 202, 203, 205, 208
第二の波　216, 217, 227
対話的民主主義　83-85
ダウンズ（＝ホテリング）・モデル　66

多極共存型デモクラシー　199, 206, 284
多元社会　206
多元主義　32, 34, 35, 72, 73, 146, 149, 150, 152, 153, 205, 206, 236
多元的政策追求モデル　172, 175, 176
多数決型　198-200, 206, 208, 209
多数制　132, 135, 139, 159, 201, 205, 206
脱物質主義的価値観　82, 83, 85
多党制　66, 122-125, 127-129, 199, 201, 205
単記移譲式投票制　134-136
単記非移譲式投票制　134, 137
単純多数　132
単峰性　60-63, 65, 66, 175
違ったシステムデザイン　20, 24, 25, 287
チキンゲーム　44-47, 53, 266, 272
地方分権　207
中位投票者定理　→メディアン・ヴォーター定理
中央銀行　208
中央集権　207
忠誠　55
調整型市場経済　22, 26, 27, 240-244, 246-248, 263
超党派モード　156, 157
強い政党　176, 179, 180
定性的分析　12, 17, 24, 26, 283-288, 293, 299, 301, 303, 305, 308, 311
定量的分析　12-15, 26, 278, 282-288, 292-295, 298, 299, 301, 302, 304-306, 308, 309, 311
テキスト分析　99
デモクラティック・バックスライディング　→バックスライディング
デュアリズム　236, 237, 240
デュヴェルジェの法則　124-126, 130, 137, 291
展開型ゲーム　42, 44, 45
同一結果帰着性　26, 27
討議民主主義　83-85
統計的妥当性　293, 294
凍結仮説　117, 118, 121, 129, 130, 140, 238
統制群　288, 289, 291, 294-296, 298, 306, 309
投票のパラドックス　58, 70, 136, 187
閉じた最小距離連合　174

事項索引　367

ナ 行

内的妥当性　294, 297, 309
ナッシュ均衡　43-48
二院制　66, 159, 207
二次元的権力　35, 36, 59
二層ゲーム　275-277, 282
二大政党制　141, 165, 199
二党制　66, 122-124, 127-129, 159, 201, 205
ネオ・コーポラティズム　150
ネオリアリズム　267-269, 272-274, 281
ネオリベラリズム　267, 269, 273, 274, 281
粘着性　162
脳神経科学　310, 311

ハ 行

覇権安定論　269-271
覇権の衰退　270, 271
バックスライディング　211, 230-233
半(擬似)比例代表制　134, 137, 139
非営利組織　148
非協力ゲーム　44
非決定権力　35
非政府組織　148
非単峰性　60-63
非調整型市場経済　→自由主義市場経済
必要条件　28
標準型(戦略型)ゲーム　41, 42, 45
平等　228, 229, 233, 234, 257
比例代表制　97, 117, 124, 125, 131-136, 139, 199,
　　205, 206, 257
フィールド実験　290, 292, 295, 297, 299, 301,
　　302
不服従　294, 295, 297, 298
普遍主義的給付　251, 252, 256
フリーライド　51, 52, 90, 91, 187, 270, 272
プリンシパル・エージェント理論　165, 166,
　　188, 189
分極化　230-232
分極的多党制　127, 128
ベーシック・インカム　261, 262, 300
変換型議会　161-164
貿易　277-279, 281, 306
包括政党　94, 95, 97, 103

マ 行

方向性モデル　67, 68
保守主義レジーム　22, 23, 251-258, 263
ポートフォリオ・アロケーション・モデル
　　176
ポピュリスト政党　88, 103-105, 107-116, 230
ポピュリズム　103-112, 114-116, 230
ポリアーキー　73, 74, 199, 226

マ 行

ミクロ・コーポラティズム　151, 240
ミシガン・モデル　→心理学モデル
未分化型政治文化　76
民主化　23, 25, 27-29, 74, 88, 93, 127, 150, 191,
　　194, 195, 211-224, 226-230, 232-234, 257,
　　258, 283, 306, 307, 310
無作為割当　289, 291, 297, 298, 301-303, 305,
　　309, 310
無党派層　141
名望家政党　92
名簿式比例代表制　133
メソ・コーポラティズム　151, 240
メディアン・ヴォーター(中位投票者)定理
　　65-67, 174, 175, 242, 290
メディアン政党　174-176
メディアンにある内閣　176-178, 180
モラル・ハザード　189

ヤ 行

有効政党数　202, 206
よく似たシステムデザイン　20, 21, 23, 24
予算最大化モデル　186
与党間モード　156, 157
与党内モード　156, 157
与野党協調モード　156
与野党対立モード　156, 157

ラ 行

ライフサイクル効果　79, 80
リアリズム　265-269, 271, 272, 281, 282
利益集団　146-152, 160, 205, 206, 236, 237
理想点　64-66, 121
リベラリズム　265-267, 269, 271, 281, 282
リベラル・パラドックス　68, 70, 71

理論　8
リンケージ　221-223, 227
隣接最小連合　172-174
倫理審査　290
レヴァイアサン・モデル　187
歴史的新制度論　23, 118, 284
レバレッジ　221-223

連合　4, 154, 167-171, 173, 180-184, 199
レンティア国家　224
連邦・単一国家次元　201, 206, 208, 209
連立　127, 155-159, 168, 170, 172, 177, 178, 180-
　　184, 199, 206
労働の脱商品化　251, 252

著者略歴

1961 年　東京に生まれる。
1984 年　東京大学教養学部卒業。
1992 年　イェール大学 Ph.D. 取得。
現　在　東京大学大学院法学政治学研究科教授。

主要著書

The Problem of Bureaucratic Rationality（Princeton University Press, 1994）
『税制改革と官僚制』（東京大学出版会，1997 年）
Regressive Taxation and the Welfare State（Cambridge University Press, 2003）

政治学原論
方法・理論・実証

2025 年 4 月 24 日　初　版

［検印廃止］

著　者　加藤　淳子
　　　　か と う　じゅんこ

発行所　一般財団法人　東京大学出版会
　　　　代表者　中島隆博
　　　　153-0041 東京都目黒区駒場4-5-29
　　　　https://www.utp.or.jp/
　　　　電話 03-6407-1069　Fax 03-6407-1991
　　　　振替 00160-6-59964

組　版　有限会社プログレス
印刷所　株式会社ヒライ
製本所　誠製本株式会社

©2025 Junko Kato
ISBN 978-4-13-032238-6　Printed in Japan

JCOPY〈出版者著作権管理機構　委託出版物〉
本書の無断複写は著作権法上での例外を除き禁じられています．複写される場
合は，そのつど事前に，出版者著作権管理機構（電話 03-5244-5088, FAX
03-5244-5089, e-mail: info@jcopy.or.jp）の許諾を得てください．

加藤 淳子 著	税制改革と官僚制	A5・6000円
東京大学法学部「現代と政治」委員会 編	東大政治学	四六・1800円
川出 良枝谷口 将紀 編	政治学［第2版］	A5・2200円
佐々木 毅 著	政治学講義［第2版］	A5・2800円
蒲島 郁夫境家 史郎 著	政治参加論	A5・2900円
川人 貞史 著	議院内閣制シリーズ日本の政治1	四六・2800円
山田 真裕 著	議院内閣制シリーズ日本の政治4	四六・2800円
待鳥 聡史 著	政党システムと政党組織シリーズ日本の政治6	四六・2800円
増山 幹高 著	立法と権力分立シリーズ日本の政治7	四六・2800円
谷口 将紀 著	政治とマスメディアシリーズ日本の政治10	四六・2800円

ここに表示された価格は本体価格です。ご購入の
際には消費税が加算されますのでご了承ください。